越中乡音漫录

孙旭升 著

南京大学出版社

图书在版编目(CIP)数据

越中乡音漫录 / 孙旭升著. —南京:南京大学
出版社,2015.7
ISBN 978 - 7 - 305 - 15489 - 8

Ⅰ. ①越… Ⅱ. ①孙… Ⅲ. ①吴语-方言研究 Ⅳ.
①H173

中国版本图书馆 CIP 数据核字(2015)第 148710 号

出版发行 南京大学出版社
社　　　址　南京市汉口路 22 号　　　　邮　编 210093
出 版 人　金鑫荣

书　　　名　**越中乡音漫录**
著　　　者　孙旭升
责任编辑　胡　豪　廖昀喆
照　　　排　南京紫藤制版印务中心
印　　　刷　扬州市江扬印务有限公司
开　　　本　880×1230　1/32　印张 14.875　字数 370 千
版　　　次　2015 年 7 月第 1 版　2015 年 7 月第 1 次印刷
ISBN　978 - 7 - 305 - 15489 - 8
定　　　价　35.00 元

网址:http://www.njupco.com
官方微博:http://weibo.com/njupco
官方微信号:njupress
销售咨询热线:(025)83594756

孙旭升 又名孙五康，笔名思衡。1928年出生于浙江省萧山县（今属杭州市）。1954年毕业于南京大学中文系，从事教学工作。著作有《我的积木》、《远去的背影》、《晚明小品名篇译注》、《书画家轶事丛抄》、《笔记小说名篇译注》等。

目　录

前　言

一

　　有人说:"七老八十的人还在那里爬格子爬个不停。"言下之意,不问可知。其实,我自己又何尝不是在想;去年我还写过这样一首小诗:

　　　　盆里的丝瓜
　　　　爬满了整个窗台,
　　　　头还在向着天。
　　　　爬吧,爬吧,
　　　　我们都有这个缺点。

　　就人的本性而言,积极向上本无可厚非,但也要视年龄而定。且看树木,一到秋天就把叶子一片片卸下来,紧缩开支,准备过冬;而不是一味地疯长,好像有使不完的劲似的。人老了也应该检束自己,把世事看得淡一些,做一些力所能及的事,借此驱散内心的空虚与寂寞。宋词云:"乃翁依旧管些儿:管竹,管山,管水。"城里人无山水竹木可管,所以就借种花、养鱼等等作为消遣。我因为不善于养鱼种花,所以就挑了"爬格子"这门行当,而不是说我在这方面有特别的天赋。

二

　　远在"文革"后期,我因为闲着无聊,就摘抄书画家的轶事,

I

同时还记录了不少越中方言，如今还保存着一个小册子，题曰《越语备检》，署名思衡，就是眼下这本《越中乡音漫录》的前身。最初我用"随语记录"法，就是从人们的嘴上(也包括自己的)把方言记录下来。这个方法的好处是"新鲜"，有如黄瓜刚从藤上摘下来；缺点是耗时费力太多，就像"守株待兔"，要是兔子不出现可怎么办？所以我就改用"附舟还乡"法，就是从鲁迅、周作人等越人的著作中找出例子来。这有三个好处，一是这些人的著作早已存在，所以找起来就比较有把握；二是他们已做过一番筛选的工作；三是对某些难懂的方言往往有所诠释。这些越人之中，特别是鲁迅和周作人，他俩不仅是写文章的能手，也是运用方言的积极分子。我将他俩的著作(不包括翻译作品)重新看了一遍，发现那里的方言竟比我原先想象的还要多。

当然，越中方言浩如烟海，单靠"二周"等几个越人的著作是不够的，所以我就又把注意力转而致他，譬如韩邦庆的《海上花列传》和张南庄的《何典》就是我首先想到的。古代的吴越是两个国家，虽然战争不断，但毕竟是山水相连的邻邦，所以在民俗语言诸方面都有着极其相似的地方。同时，这两部小说不仅是吴语文学中的佼佼者，还大量运用方言，其中有好多就是越人也一直在使用的。《海上花列传》好版本难找，我这一本还是该书的整理者典耀先生特地从北京寄来送我的，其中多含勉励之意。

三

有一次，我随一位师长去看望一位绍兴籍的老作家，我对他说起绍兴的方言。他说："别看这区区的方言，要解释它还真不是一桩容易事。"他突然问我："绍兴人说东西差叫'息'，你知道这个字应该如何写？"我说"'皮革'的'革'字旁加一个'以及'的'及'字，据《西湖游览志余》说是'讳低物为靰'，读若'歇'"。但是他却说："据鲁迅的朋友陶望潮说，这是有人把'好歹'的'歹'

字错认为'一朝一夕'的'夕'字所致,开始大家都当作笑话流传,后来不知道为什么竟成了一句方言了。"他还说,方言的成分很复杂,有的是方言,也就是"土语",有的却是"外来语",读音就不同。譬如"跑来跑去"说的是土音,独有"跑马灯"的"跑"字读若"抛",据说这是由绍兴在北京做官的人带回来的。关于方言的读音"有例外",我还曾见周作人在一篇《方言与官音》的文章中说过:"大概学方言难处不在发音别扭,读音有例外最是麻烦事,例如'大'字读'陀'(去声),用于读书时的官音则仍为'大',地名如'大路大坊口'读土音,'大云桥大善寺'却又用官音。'水'字土音读若"史",地名大抵一律如此,但人名如鲁迅小说中的运土本名运水,又仍读作绥(上声)而不叫作'运史'。又如'猪'土音读'支','桃子'读'桃执','人'读'银',但'鸡子、鸭子、杏仁、朱红柿',都还是照普通读法,不曾改变。"

四

方言大致可以分为三个部分,即一词语(包括语音、语法),二名物,三风俗(包括各种传说),都是最贴近老百姓生活的东西。我们习惯把故乡的一条干流叫作"母亲河",因为它不仅哺育我们长大,还是我们"游于斯,钓于斯"的好伙伴。方言不及河流具体,却也与我们有着"知痛着肉"的关系,所以也不妨称之为"母亲语"。一个人别的都可能忘记,包括后学的多种语言,只有"母亲语"是不会忘记的;不仅不会忘记,越到老年印象就越深刻。朱舜水是明末遗民,明亡后起兵反清,后来失败,就流寓日本,能操倭语,但一有机会就与身边的人说余姚话,讲浙东的民间故事,也不管别人听得懂听不懂。

从传情达意的功能来说,方言比不上大众语,即普通话。但就文学的创作而言,它也是一股不可或缺的力量。一个文学家不管他的活动空间有多大,归根到底还是属于某一地区的。譬如鲁迅像一颗流星似的划过大半个中国,但是说到底还是绍兴人,用他自己的话来说,就是"会稽山下之平民"。绍兴话是他最熟悉的语言,绍兴事是他最爱听的故事。他的小说散文无人说是乡土文学,但是却包含着浓郁的乡土气息;绍兴的事不必说,绍兴的话也随处可见。他在《写在〈坟〉后面》中说:"我以为我倘十分努力,大概也还能够博采口语,来改革我的文章。"这博采口语之中,也就包括方言在内。周作人的看法也一样,他在《歌谣与方言调查》中说:"我觉得现在中国语体文的缺点在于语汇之太贫弱,而文法之不密还在其次,这个救济的方法当然有采用古文及外来语这两件事,但采用方言也是同样重要的事情。"

五

上面我说了许多关于越中方言的话,仿佛要对它作一番研究似的,其实不然;我写这本小书,主要是受了"思乡的蛊惑"。所谓"野人怀土,小草恋山",人是没有不爱他的故乡的。但是爱也有一定的内容,大概环境、人物、饮食、语言就是载体。人到老年,故乡也不可能不变,尽管高楼林立,风景如画,"但要找我的故乡只在梦里"。人物更不足恃,所谓物是人非,几十年间不仅老一辈都已作古,就是当年"排排坐,吃果果"的小伙伴也已经为数不多。饮食的变化也许少一点,但是许多食品也都在优胜劣败中消失,即使存在,也往往没福消受,不是齿牙零落,就是胃纳欠佳,孔子"三臭而不作",实在也只能如此。只有语言好像变化不大,贺知章少小离家老大回乡,年过八旬,村里的小孩子自然不会认识他,他就拿出一张"金名片"来:一口地道的萧山话。我没有朱、贺两位前辈的遭遇,但与故乡也总是处在若即若离中,从前住在富春江边,现在定居杭州城里,虽然与故乡都只有一江之隔,但是醒里梦里想的却还是以故乡的事情为多。鲁迅曾在致许寿裳的信中说:"虽于所见事状,时不惬意,然兴会最佳者,

乃在将到未到时也。"我现在一边记录着乡音,一边就像是走在
回乡的路上:

　　　　蓝天里白云绵绵,
　　　　白墙黑瓦——
　　　　映衬出青山一片。
　　　　流水绕过村庄,
　　　　好地方还在那边。

　　　　2014 年 5 月 5 日写于杭州古砖街巷寓居

词 条

1【送】鲁迅《呐喊·自序》:"我从一倍高的柜台外送上衣服或首饰去。"通常解释为递或呈。方言讳典当为送,或者含有此意。陆游《五月十日晓寒甚闻布谷鸣有感》:"弊裤久当脱,短褐竟未送。"自注曰:"吴中谚语曰:'未吃端午粽,布袄未可送。'俗谓典质曰送。"不是通常所谓赠送。吴中指杭州。

2【伊】鲁迅《呐喊·自序》:"然而伊哭了。"伊,人称代词,即他(她),男女均可用。但多数用于女性。周作人《苦雨斋序跋文·空大鼓序》:"除改正错字及标点以外一仍其旧,即如代表女性的字也仍用'伊',不去把它一一改写作'她'了。"

3【两眼】鲁迅《呐喊·狂人日记》:"那赵家的狗,何以看我两眼呢?"犹几眼。两是约数,并非一加一等于二。

4【铁青】鲁迅《呐喊·狂人日记》:"眼色也同赵贵翁一样,脸色也都铁青。"青黑色,形容人在恐惧、盛怒或患病时发青的脸色。

5【风声】鲁迅《呐喊·狂人日记》:"赵贵翁虽然不认识他,一定听到风声。"传闻,谓不很确切的消息。

6【冤对】鲁迅《呐喊·狂人日记》:"约定路上的人,同我作冤对。"冤家对头。作冤对,即作对。

1

7【咬你几口】鲁迅《呐喊·狂人日记》:"我要咬你几口才出气!"表示痛恨之极。

8【出了一惊】鲁迅《呐喊·狂人日记》:"我出了一惊。"吃了一惊。

9【一只鸡鸭】鲁迅《呐喊·狂人日记》:"进了书房,便反扣上门,宛然是关了一只鸡鸭。"一只鸡或一只鸭,并非狂人的语误。如鲁迅在《花边文学·序言》中说:"至于我们的意见不同之处,是我以为我们无须希望外国人待我们比鸡鸭优……"

10【白厉厉】鲁迅《呐喊·狂人日记》:"他们的牙齿,全是白厉厉的排着,这就是吃人的家伙。"常指露出洁白的牙齿,令人想到凶狠的野兽。

11【横竖】鲁迅《呐喊·狂人日记》:"我横竖睡不着,仔细看了半夜。"横也罢,竖也罢,犹似说"反正"。也写作"横直"。

12【笑吟吟】鲁迅《呐喊·狂人日记》:"书上写着这许多字,佃户说了这许多话,却都笑吟吟的睁着怪眼睛看我。"犹笑嘻嘻。

13【蒸鱼】鲁迅《呐喊·狂人日记》:"陈老五送进饭来,一碗菜,一碗蒸鱼。"饭锅里蒸熟的鱼,称为"蒸鱼"。这与用的灶有关系。清人汪辉祖任湖南宁远县知县,劝当地人废鼎用(绍兴)灶,有一篇文章收在《善俗书》里,文云:"余家于越,炊爨以柴以草,宁县亦然,是越灶之法宁邑可通也。越中居人皆有灶舍,其灶约高二尺五六寸,宽二尺余,长六尺八尺不等。灶面着墙处,墙中留一小孔,以泄洗碗之水。设灶口三,安锅三口,小锅径宽一尺四寸,中锅径宽一尺六寸或一尺八寸,大锅径宽二尺或二尺二寸。于两锅相隔处旁留一孔,安砂锅,一曰汤罐,三锅灶可安两汤罐,中人之家大概只用两锅灶。尺四之锅容米三升,如止食十余人,则尺六尺八一锅已足。锅用木盖,约高二尺,上狭下广。入米于锅,米上余水二三指。水干则饭熟矣。以薄竹编架,横置水面,肉汤菜饮之类,皆可蒸于架上,一架不足,则碗上再添一架,下架蒸生物,上架温熟物,饭熟之后稍延片时,揭盖则生者熟,熟者温,饭与菜俱可吃,而汤罐之水可供洗涤之用,便莫甚焉。锅之外置石板一条,上砌砖块,曰灶梁,约高二尺余,宽一尺余,著墙处可供灶神,余置碗盘等物。梁下为灶门,灶门之外拦以石条,曰灰床,饭熟则出灰于床,将满则迁之他处。……"

14【兜肚连肠】鲁迅《呐喊·狂人日记》:"吃了几筷,滑溜溜的不知是鱼是人,便把他兜肚连肠的吐出。"意谓尽肠胃中所有,即全部。

15【晓得】鲁迅《呐喊·狂人日记》:"我晓得他们的方法。"知道。不知道则说"不晓得"。

16【祸祟】鲁迅《呐喊·狂人日记》:"我晓得他们的方法,直捷杀了,是不肯的,而且也不敢,怕有祸祟。"迷信的人指鬼神带给人的灾祸。

17【劝转】鲁迅《呐喊·狂人日记》:"要劝转吃人的人。"劝其回心转意(不再吃人)。

18【斩新】鲁迅《呐喊·狂人日记》:"还有书上都写着,通红斩新。"即"崭新"。有时也说"簇新"。

19【堂门外】鲁迅《呐喊·狂人日记》:"他立在堂门外看

天。"堂,堂屋或堂前。浙东的屋子,大多三间或五间,总把中间的一间作为堂前,堂门外即堂前门外,亦即所谓院子、天井或道地(稻地)。

20【痨病】鲁迅《呐喊·狂人日记》:"还有个生痨病的人,用馒头蘸血舐。"肺病。方言又称"肺痨病"、"损病"、"损症"。

21【见情】鲁迅《呐喊·狂人日记》:"怕还会有人见情。"知道好处。见,助动词。

22【过意不去】鲁迅《呐喊·狂人日记》:"不免有点过意不去。"觉得不好意思。

23【坐在堂前乘凉】鲁迅《呐喊·狂人日记》:"记得我四五岁时,坐在堂前乘凉。"堂前地处屋子当中,又不隔断,同时地下又都铺着大方砖,所以不仅比较宽敞,还比较㳠(hōng)凉。六月夏天人就坐在这里乘凉。民间有《冬至九九歌》云:"六九七十二,黄狗躺阴地。"《夏至九九歌》云:"六九五十四,乘凉入佛寺。"都是同样的意思。关于"㳠"字,《辞源》解释为"清凉",并具引《世说新语·排调》:"刘真长始见王丞相,时盛暑之月,丞相以腹熨弹棋局,曰:'何乃㳠。'"注:"吴人以冷为㳠。"周作人在《冬至九九歌》中说:"其次'八九'这一句里,用了一个替代字,写作'阴'字了,其实应读作去声的。此字本从三点水加一个'阿匐'的'匐'字,读作'印'。《世说新语》里说王家子弟作吴语,有这个字,意思是说凉而不寒,夏天就棋枰(大概是漆器)去靠肚皮,这一句最能表得出这种感觉。"

24【和】鲁迅《呐喊·狂人日记》:"他未必不和在饭菜里,暗暗给我们吃。"读若"贺",搀杂。

25【温酒】鲁迅《呐喊·孔乙己》:"柜里面预备着热水,可以随时温酒。"使酒加温。又叫烫酒。周遐寿在《鲁迅小说里的人物·温酒的工作》中说:"温酒在乡下通称烫酒……在绍兴吃老酒,用的器具与别处不大一样,它不像北京那么用瓷茶壶和盅子,店里用以烫酒的都是一种马口铁制的圆筒,口边再大一圈,形似倒写的凸字,不过上下部当是一与三的比例。这名字叫作窜筒,读如'生窜面'的'窜',却是平声,圆筒内盛酒,拿去放在盛着热水的桶内,上边盖板镂有圆洞,让圆筒下去,上边大的部分便搁在板上。"

26【羼】鲁迅《呐喊·孔乙己》:"在这严重监督之下,羼水也很为难。"羼(chàn),掺杂。鲁迅杂文《热风·随感录三十三》:"先把科学东扯西拉,羼进鬼话……"

27【茴香豆】鲁迅《呐喊·孔乙己》:"倘肯多花一文,便可以买一碟盐煮笋,或者茴香豆,做下酒物了。"茴香豆与盐煮笋等等,通称"过酒坯"。周遐寿在《鲁迅的故家·小酒店里》说:"下酒的东西,顶普通的是鸡肫豆与茴香豆。鸡肫豆乃是用白豆盐煮漉干软硬得中,自有风味……为什么叫作鸡肫豆的呢?其理由不明白,大约为的嚼着有点软带硬,仿佛像鸡肫似的吧。茴香豆是用蚕豆,即乡下所谓罗汉豆所制,只是干煮加香料,大茴香或是桂皮……"鸡肫豆也可用蚕豆煮,不仅吃起来软硬适中,皮皱皱的也很像鸡肫。

28【荐头】鲁迅《呐喊·孔乙己》:"幸亏荐头的情面大,辞退不得。"介绍人。

29【描红纸】鲁迅《呐喊·孔乙己》:"别人便从描红纸上的

'上大人孔乙己'这半懂不懂的话里,替他取下一个绰号,叫作孔乙己。"一种蒙童习字的范本,字为红色楷体,蒙童用墨笔涂描其上。

30【弔】鲁迅《呐喊·孔乙己》:"弔着打。"今写作"吊",捆绑。也可解释为悬空挂着,如"上吊"。陈训正在《甬句方言脞记》中写作"了"字的倒写。

31【青筋条条绽出】鲁迅小说《呐喊·孔乙己》:"额上的青筋条条绽出。"人在情急时的状貌。另有"青筋暴绽"。张南庄《何典》卷十:"把个青筋饱绽的大头,弄得软瘫热化,眼泪撒撒落。"青筋指皮肤下可以看见的静脉血管。人在情急时这些血管就因充血而根根凸起,谓之饱绽。

32【粉板】鲁迅《呐喊·孔乙己》:"暂时记在粉板上。"涂以白漆的小木板,作记账用。平时挂在墙上。

33【发昏】鲁迅《呐喊·孔乙己》:"是自己发昏,竟偷到丁举人家里去了。"脑子糊涂。有时只说一个"昏"字,或说:"昏了头了。"

34【服辩】鲁迅《呐喊·孔乙己》:"先写服辩,后来是打。"旧时犯法者画押承认的供状。服,心服;辩,辩理。当则服,不当则辩,故称。也作"伏辩"。周作人在《知堂集外文〈亦报〉杂笔·佩服老戏文》中说:"一个小花脸的公子与二花脸的帮闲被吊在台角里,打过一顿之后写伏辩。"

35【耳熟】鲁迅《呐喊·孔乙己》:"这声音虽然极低,却很耳熟。"声音熟悉。成语有"耳熟能详",意思是:因经常听说而熟悉。另有"眼熟",也是方言。

36【年关】鲁迅《呐喊·孔乙己》:"到了年关,掌柜取下粉板说……"旧时农历年底,债务人应向债权人清偿债务,过年如过关,故称年底为年关。俗语说:"有的人家操糕裹粽,没有的人家东冲西冲。"冲,冲撞,到处赊米借钱,借以度过年关。

37【灯盏】鲁迅《呐喊·药》:"点上遍身油腻的灯盏。"通称香油灯。周遐寿在《鲁迅的故家·灯火》中说:"这灯有好几种,顶普通的是用黄铜所制,主要部分是椅子背似的东西,头部宽阔,镂空凿花,稍下突出一个铜圈,上搁灯盏,底部是圆的铜盘,高可寸许,中置陶碗,承接灯盏下的滴油,以及灯花余烬等。这名叫灯盏。"

38【撮】鲁迅《呐喊·药》:"那人一只大手,向他摊着;一只手却撮着一个鲜红的馒头,那红的还是一点一点的往下滴。"用手指取物:一,物较细小,如"撮药";二,嫌物秽恶,有怕敢沾手之意。此处作第二义解。

39【馒头】鲁迅《呐喊·药》:"一只手却撮着一个鲜红的馒头。"北方人称有馅的为包子,无馅的为馒头。但在浙东,馒头包子是不分的。周作人在日本小说《如梦记》的译文第五章的附记第二条说:"馒头,在日本不论有馅与否均如此称,中国江浙亦然,无包子之名也。"他还在《知堂集外文〈亦报〉随笔·馒头》中说:"古时候馒头是可以有馅的。宋人笔记说宋仁宗诞日赐群臣包子,但馒头之名更早,诸葛孔明之说固不可靠,唐梵志诗云,城外土馒头,馅草在城里,一人吃一个,莫嫌没滋味,可知馒头有馅唐时已然。"

40【灶下】鲁迅《呐喊·药》:"他的女人,从灶下急急走出。"汪辉祖在《善俗书》中介绍绍兴灶时说:"越中居人皆有灶舍。"灶下也就是灶舍。即普通所谓厨房。

41【灶火】鲁迅《呐喊·药》:"一面整顿灶火,老栓便把一个碧绿的包,一个红红白白的破灯笼,一同塞在灶里,一阵红黑的火焰过去时,店屋里散满了一阵奇怪的香味。"灶火就是汪辉祖在介绍绍兴灶时说"饭熟则出灰于床"的火灰,虽然火不旺,却能燉粥、煨番薯等。这里将人血馒头连同破灯笼一起塞在灶火中也正是这个意思。(参看上述"蒸鱼"条)

42【点心】鲁迅《呐喊·药》:"好香!你们吃什么点心呀?"越中一日三餐米饭,其间无论是饭食、面食或其他食品,均称为点心。

43【拗开】鲁迅《呐喊·药》:"十分小心的拗开了,焦皮里面窜出一道白气,白气散了,是两半个白面的馒头。"如是糕饼、馒头之类,通常多用"拍"字。《水浒传》第二十七回:"武松一个拍开看了,叫道:'酒家,这馒头是人肉的? 是狗肉的?'"但绍兴人习惯用"拗"字。

44【满脸横肉】鲁迅《呐喊·药》:"突然闯进来一个满脸横肉的人,被(披)一件玄色布衫。"形容人长得凶相,往往说"一脸横肉"。又说布衫是"披"着的,足见其人之"歪"派。

45【玄色】鲁迅《呐喊·药》:"突然闯进来一个满脸横肉的人,被(披)一件玄色布衫。"玄,天青色。黑深而玄浅。泛指黑色。思衡《越语备检》:"俗称黑色为元色,其实应当写作玄色才对。许慎《说文解字》'玄'字项下说:'黑而有赤色者为玄。'周作人在《避讳改姓》一文中说:'"玄字"因康熙名字的关系,改写作"元"',不但意义不对,而且声音各别,便一塌糊涂的改了:譬如玄色本是黑色,今如称为元色,岂不指的本色乎?'苏州有个玄妙观,北京有个崇玄观,也都因为避讳的缘故改'玄'为'元',大家叫习惯了,也就将错就错,谁也不想去改正它了。"

46【饱绽】鲁迅《呐喊·药》:"康大叔见众人都耸起耳朵听他,便格外高兴,横肉块块饱绽,越发大声说。"犹饱满。参看"青筋饱绽"。

47【越发】鲁迅《呐喊·药》:"康大叔见众人都耸起耳朵听他,便格外高兴,横肉块块饱绽,越发大声说。"更加。

48【腰包】鲁迅《呐喊·药》:"第一要算我们栓叔运气;第二是夏三爷赏了二十五两雪白的银子,独自落腰包,一文不花。"钱包。参看"搭连"。

49【满们抄斩】鲁迅《呐喊·药》:"要是他不先告官,连他满们抄斩。"全家被杀。俗常以此骂人,含有诅咒之意。"们",为"门"字之误。《呐喊·阿Q正传》即用"门"字:"我总要告一状,看你抓进县里去杀头,——满门抄斩——嚓!嚓!"

50【盘盘底细】鲁迅《呐喊·药》:"你要晓得红眼睛阿义是去盘盘底细的。"了解情况,多指"家底"即财产而言。

51【老虎头上搔痒】鲁迅《呐喊·药》:"他还要老虎头上搔痒,便给他两个嘴巴!"自找没趣。

52【贱骨头】鲁迅《呐喊·药》:"他这贱骨头打不怕。"意谓非打不可。《梦笔生花·杭州俗语杂对》："烂屁股;贱骨头。"

53【城根】鲁迅《呐喊·药》："西关外靠着城根的地面。"城墙边。越语指山脚边为"山脚根"。

54【纸锭】鲁迅《呐喊·药》："外挂一串纸锭。"冥钱的一种。用锡箔纸糊成银锭的样子,用线连成一串。

55【硬着头皮】鲁迅《呐喊·药》："但终于硬着头皮,走到左边的一坐坟前。"谓下了最大的决心。有冒死挺进之意。

56【神签】鲁迅《呐喊·明天》："神签也求过了。"在神佛前求签。上面刻有文字符号用来占卜或赌博等的细长的小竹片,通称为签。

57【愿心】鲁迅《呐喊·明天》："愿心也许过了。"在神佛面前有所承诺。

58【单方】鲁迅《呐喊·明天》："单方也吃过了。"民间流传的药方。

59【料定】鲁迅《呐喊·一件小事》："我料定这老女人并没有伤。"断定。

60【怕敢】鲁迅《呐喊·一件小事》："我走着,一面想,几乎怕敢想到我自己。"不敢。

61【熬】鲁迅《呐喊·一件小事》："我因此也时时熬了痛苦。"坚忍着。

62【隔夜】鲁迅《呐喊·头发的故事》:"我揭去一张隔夜的日历。"隔了一个晚上,即昨天。

63【一生世】鲁迅《呐喊·头发的故事》:"被社会践踏了一生世。"一辈子。

64【冒失鬼】鲁迅《呐喊·头发的故事》:"有的还跟在后面骂:'这冒失鬼!'"做事莽撞的人。

65【大衫】鲁迅《呐喊·头发的故事》:"我于是不穿洋服了,改了大衫。"长衫,有时也说"长大衫"。

66【蒸干菜】鲁迅《呐喊·风波》:"女人端出乌黑的蒸干菜和松花黄的米饭。"青菜用盐腌过,晒干,称为干菜,有芥菜干、油菜干等。吃法很多,可以蒸肉,称为"干菜肉";可以放汤,与虾壳、笋老头同蒸,称为"虾壳笋头汤"。周遐寿在《鲁迅的故家·蒸煮》中说:"大虾挤虾仁后与干菜少许,老笋头蒸汤,内中无甚可吃,可是汤却颇好,这种虾壳笋头汤大概在别处也是少见的。"最简单的是蒸干菜,用碗装了放在饭锅里蒸熟就成。愈多蒸干菜就变得愈黑、愈嫩、愈香。越中有"乌干菜,白米饭"的话。

67【夜叉】鲁迅《呐喊·风波》:"什么地方,闺女生了一个夜叉之类。"佛教指恶鬼。后来用来比喻相貌丑陋、凶恶的人。

68【出场人物】鲁迅《呐喊·风波》:"他在村人里面,的确已经是一名出场人物了。"犹今之所谓"公众人物"。越语中另有"场面上人",意思与此相同。

69 【矮凳】鲁迅《呐喊·风波》："(七斤)慢慢地走来,坐在矮凳上。"通常与"长凳"相对称。矮凳长约尺半,宽约六寸,高约一尺。供吃饭或休息用。长凳长约六尺,宽约四寸,高可二尺,堪称高凳。

70 【搡】鲁迅《呐喊·风波》："装好一碗饭,搡在七斤的面前。"重重地放,含有摔的意思。范寅《越谚》卷下"单辞只义"有此字:"赏,去声。故与人物,令其难受。"

71 【宝蓝色竹布】鲁迅小说《呐喊·风波》："穿着宝蓝色竹布的长衫。"淡蓝色的布称竹布。有时也简称"竹布",如同文云:"因为赵七爷的这件竹布长衫,轻易是不常穿的。"

72 【贱胎】鲁迅《呐喊·风波》："曾经骂过赵七爷是'贱胎'。"骂人的话,有如"畜生"。

73 【一班老小】鲁迅《呐喊·风波》："这样的一班老小,都靠他养活的人……"犹全家的人。

74 【恨棒打人】鲁迅《呐喊·风波》："八一嫂也发怒,大声说,'七斤嫂,你"恨棒打人。"'"打的是甲,恨的却是乙。越语另有"打红娘,骂小姐"的话。

75 【活气】鲁迅《呐喊·故乡》："苍黄的天底下,远近横着几个萧索的荒村,没有一些活气。"生气;活力。

76 【歇息】鲁迅《呐喊·故乡》："教我坐下,歇息,喝茶,且不谈搬家的事。"休息一回。

77【猹】鲁迅《呐喊·故乡》:"要管的是獾猪、刺猬、猹。"鲁迅书信《致舒新城》:"'猹'字是我据乡下人所说的声音,生造出来的,读如'查'。但我自己也不知道究竟是怎样的动物,因为这乃是闰土所说,别人不知其详。现在想起来,也许是獾罢。"

78【值年】鲁迅《呐喊·故乡》:"那一年,我家是一件大祭祀的值年。这祭祀,说是三十多年才轮到一回,所以很郑重;正月里供祖像,供品很多,祭器很讲究,拜的人也很多,祭器也很要防偷去。"在规定的年分办理祭祖的事叫值年。

79【毡帽】鲁迅《呐喊·故乡》:"紫色的圆脸,头戴一顶小毡帽。"绍兴人常戴的一种帽子,用羊毛制成,黑色。冬天可以保暖,雨天可以挡雨。作者在《寄〈戏〉周刊编者信》中说:"这是一种黑色的,半圆形的东西,将那帽边翻起一寸多,戴在头上的。"周作人在《知堂集外文〈亦报〉随笔·戴帽子》中说:"吾乡的老百姓冬天戴毡帽,夏天在家光头,外出晴天用草笠,雨天箬帽,我觉得这倒是很合理的。"

80【沙地上】鲁迅《呐喊·故乡》:"我们沙地上。"指海边一带地方。绍兴人习惯把钱塘江、曹娥江汇合处叫海,这一带地方就叫"沙地上"。

81【潮汛】鲁迅《呐喊·故乡》:"我们沙地里,潮汛要来的时候,就有许多跳鱼儿只是跳。"即潮水。有季节性的涨水,谓之汛。后来通称潮水为潮汛。又有潮汐:早潮为潮,晚潮为汐。

82【跳鱼儿】鲁迅《呐喊·故乡》:"我们沙地里,潮汛要来的时候,就有许多跳鱼儿只是跳。"作者在《辛亥游录二》中说:"水滨有小蟹,大如榆荚。有小鱼,前鳍如足,恃以跃,海人谓之跳鱼。"

83【偷空】鲁迅《呐喊·故乡》:"我一面应酬,偷空便收拾些行李。"拣闲空的时候。

84【干青豆】鲁迅《呐喊·故乡》:"这一点干青豆倒是自家晒在那里的。"毛豆在未老时收获,将青豆煮熟晒干,称干青豆,可以消闲、下酒。

85【抬秤】鲁迅《呐喊·故乡》:"下午,他拣好了几件东西:两条长桌,四个椅子,一副香炉和烛台,一杆抬秤。"又叫"扛秤",称物时须由二人扛着。

86【草灰】鲁迅《呐喊·故乡》:"他又要所有的草灰(我们这里煮饭是烧稻草的,那灰,可以做沙地的肥料)。"

87【狗气杀】鲁迅《呐喊·故乡》:"杨二嫂……便拿了那狗气杀(这是我们这里养鸡的器具,木盘上面有着栅栏,内盛食料,鸡可以伸进颈子去啄,狗却不能,只能看着气死),飞也似的跑了。"我曾在富阳听人说,里山地方有个谜语也是说狗气杀的:"为了成家造个城,造起城市大放心。西家一到低头进,成家一到气凶凶。"实在还不及鲁迅说的生动。狗气杀平常叫鸡食砻或鸡食盆,萧山地方有句谚语曰:"倒翻鸡食盆,大家吃弗成。"显然是从狗气杀引申出来的。

88【装小脚】鲁迅《呐喊·故乡》:"(杨二嫂)便拿了那狗气杀飞也似的跑了,亏伊装着这么高底的小脚,竟跑得这样快。"旧社会的妇女以脚小为美,有的为了"装小脚",就在脚底下垫上一块木头,所以走起路来很不方便。方言常把过分"客气"叫作"装小脚",含有扭捏、羞涩的意思。

89【大头鱼】鲁迅《呐喊·阿Q正传》:"油煎大头鱼。"即鳙鱼,头特别大,俗称胖头鱼。拿它与豆腐同煮,称为鱼头豆腐,在杭州也是一碗名菜,通称木榔豆腐。木榔即木榔头,头指大头鱼。

90【犯忌】鲁迅《呐喊·阿Q正传》:"阿Q是有见识的,他立刻知道和'犯忌'有点抵触,便不再往底下说。"忌讳。

91【癞疮疤】鲁迅《呐喊·阿Q正传》:"他癞疮疤块块通红了。"鲁迅在《致山上正义》信中说:"癞疮疤,即因疥癣而变秃处的痕迹。"

92【虫豸】鲁迅《呐喊·阿Q正传》:"我是虫豸——还不放么?"虫子。豸(zhì):没有脚的虫。另有"虫豸垃煞"一语,表示至微至陋。垃煞,或即垃圾。

93【遭了瘟】鲁迅《呐喊·阿Q正传》:"阿Q这回可遭了瘟。"遭了灾。

94【赛神】鲁迅《呐喊·阿Q正传》:"这是未庄赛神的晚上。"迎神赛会。周作人在《药堂杂文·关于祭神迎会》中说:"诸神照例定期出巡,大约以夏秋间为多,名曰迎会,出巡者普通是东岳,城隍,张老相公,但有时也有佛教方面的,如观音菩萨。"

95【抬举】鲁迅《呐喊·阿Q正传》:"他肯坐下去,简直还是抬举他。"看重或奉承,有时也包括提拔。

96【中】鲁迅《呐喊·阿Q正传》："好容易才捉到一个中的。"中等或中档;或不大不小,适中的。

97【骨头痒】鲁迅《呐喊·阿Q正传》："你的骨头痒了么?"犹言"犯贱",非敲打不可。鲁迅在《致山上正义》信中说："自己去招打(因自己不好,而挨打的)的大傻瓜。"

98【哭丧棒】鲁迅《呐喊·阿Q正传》："就是阿Q所谓哭丧棒。"哭丧棒,就是送葬时子孙手里拿的青竹棒。猜想出典在于《二十四孝》中的"孟宗哭竹"。孟宗,三国吴江夏人,字恭武,本名宗,因避孙皓字讳,改名仁。少从南阳李肃学,以孝著称。为盐池司马时不避嫌疑,以鲊寄母。后为吴令,以母丧,弃官回家。官至司空。有"泣竹生笋"的传说。

99【晦气】鲁迅《呐喊·阿Q正传》："我今天为什么这样晦气。"倒霉(倒楣)。鲁迅在《致山上正义》信中说："晦气(迷信,据说如见到尼姑,便晦气一日)。"

100【断子绝孙】鲁迅《呐喊·阿Q正传》："这断子绝孙的阿Q!"没了后代。是很严厉的一句咒骂。

101【合眼】鲁迅《呐喊·阿Q正传》："他很不容易合眼。"闭上眼睛,亦即睡着。

102【睏觉】鲁迅《呐喊·阿Q正传》："我和你睏觉。"即今所谓上床。不是普通所说的睡觉。

103【短见】鲁迅《呐喊·阿Q正传》："短见是万万寻不得的。"指自杀。常说"寻短见"。

104【赔罪】鲁迅《呐喊·阿Q正传》："明天用红烛——要一斤的——到赵府上去赔罪。"周遐寿在《鲁迅小说里的人物·讨饶》中说："平民被投了地保,向阔人家赔罪,在乡下称作'讨饶',其最普通的办法是送去一对蜡烛。"

105【一注钱】鲁迅《呐喊·阿Q正传》："他早想在路上拾得一注钱,但至今还没有见。"鲁迅在《致山上正义》信中说："'一注钱',即很多钱。"有时也说"一笔钱",多指数目较大的。

106【照壁】鲁迅《呐喊·阿Q正传》："他竟在钱府的照壁前遇见了小D。"与大门相对的一堵矮墙,作为屏蔽之用,叫作照壁。

107【拔步】鲁迅《呐喊·阿Q正传》："阿Q没有说完话,拔步便跑;追来的是一匹很肥大的黑狗。"提起脚步。

108【搭连】鲁迅《呐喊·阿Q正传》："看去腰间还挂着一个大搭连。"关于搭连,周遐寿在《鲁迅小说里的人物》中有解释："搭连是旧式的钱袋,大形的名被囊,长方袋四周密缝,只在一面正中开口,被褥平摺放入,便于装置马上,当时古代北方旅行之具,中形的名钱搭,长二尺许,正与一贯钱的长度相当。虽然也可以放米谷什物,小形的即搭连,长不及一尺,挂腰带或裤带上,但一般老百姓只用一种带有钱兜的阔的马带,搭连可能还是城里人的物品吧。"

109【不上紧】鲁迅《呐喊·阿Q正传》："或怨邹七嫂不上紧。"不抓紧;不当一回事。

110【老鹰不吃窝下食】鲁迅《呐喊·阿Q正传》："做这路生意的大概是'老鹰不吃窝下食',本村倒不必担心的。"盗贼不在本地作案。

111【警醒】鲁迅《呐喊·阿Q正传》："只要自己夜里警醒的就是了。"提高警惕。

112【细底】鲁迅《呐喊·阿Q正传》："还要寻根究底的去探阿Q的细底。"亦即底细,详细情况。

113【乌篷船】鲁迅《呐喊·阿Q正传》："有一只大乌篷船到了赵府上的河埠头。"周作人曾在《泽泻集·乌篷船》一文中云:"乌篷船大的为'四明瓦'(Sy—menngoa),小的为脚划船(划读如 uoa),亦称小船。篷是半圆形的,用竹片编成,中夹竹箬,上涂黑油;在两扇'定篷'之间放着一扇遮阳,也是半圆的,木作格子,嵌着一片片的小鱼鳞,径约一寸,颇有点透明,略似玻璃而坚韧耐用,这就称为明瓦。三明瓦者,谓其中舱有两道,后舱有一道明瓦也。船尾用橹,大抵两支,船首有竹篙,用以定船。船头着眉目,状如老虎,但似在微笑,颇滑稽而不可怕,唯白篷船则无之。三道船篷之高大约可以使你直立,舱宽可以放下一顶方桌……小船则真是一叶扁舟,你坐在船底席上,篷顶离你的头有两三寸,你的两手可以搁在左右的舷上,还把手露出在外边。在这种船里仿佛是在水面上坐,靠近田岸去时泥土便和你的眼鼻接近,而且遇着风浪,或是坐得少不小心,就会船底朝天,发生危险,但是也颇有趣味,是水乡的一种特色。"

114【转折亲】鲁迅《呐喊·阿Q正传》："和赵家排了'转折亲'。"并非直接的亲戚。杭州人称为"南瓜亲",有如南瓜藤一样,是一种拉拉扯扯的关系。扬雄《答刘歆书》:"临邛林闾翁孺,与雄家牵连之亲。"即俗所谓"拉扯亲"。

115 【肚里一轮】鲁迅《呐喊·阿Q正传》:"赵太爷肚里一轮,觉得于他总不会有坏处。"心里想了一下。北方称车子为车骨碌,又写作车毂辘。实际上,碌就是轮,骨转成辘或车,合起来就是车轮,而车字是多余的。因为车轮的特点是圆转,所以凡是有物事从高处滚下来,我们就拿"骨碌骨碌"来形容它。肚里一轮,也就是心里转动了一下。

116 【悔不该,酒醉了错斩了郑贤弟】鲁迅《呐喊·阿Q正传》:"悔不该,酒醉了错斩了郑贤弟,悔不该,呀呀呀……"鲁迅在《致山上正义》信中说:"'悔不该,酒醉了错斩了郑贤弟'系戏曲《龙虎斗》中的唱词。宋太祖赵匡胤被敌击败时唱的。误斩郑姓义弟,后悔削弱了自己。'我手执钢鞭将你打'系其敌人的唱词。"

117 【有】鲁迅《呐喊·阿Q正传》:"穷朋友?你总比我有钱。"鲁迅对运用方言的态度十分谨慎,但有时为了照顾大多数读者,不得不略作改动。譬如这里将"有"改为"有钱"就是。周遐寿在《鲁迅小说中的人物·阿Q的革命》中说:"……买了他搭连的赵白眼想探他的口气,问道:'阿Q哥,像我们这样穷朋友是不要紧的吧?'阿Q回答道:'穷朋友?你总比我有钱。'这一个场面乃是实有的,确实是阿桂自己的事。……阿桂对答得好,你们总比我有。有即是说有油水,不一定严格的说钱。"越中另有关于"年关"的俗语说:"有的人家搡糕裹粽,没有的人家东冲西冲。"有,也是这个意思。而所谓东冲西冲,也就是借米或借钱以渡过这个难关。

118 【宁式床】鲁迅《呐喊·阿Q正传》:"秀才娘子的一张

宁式床先搬到土谷祠。"鲁迅在《致山上正义》信中说:"宁波式的床(奢侈的大床)不是南京床。"

119【航船七斤】鲁迅《呐喊·阿Q正传》:"听说那邻村的航船七斤便着了道儿。"鲁迅在《致山上正义》信中说:"载客往来于城镇和乡村的船,称为'航船'。七斤系人名。"周作人在《知堂集外文〈亦报〉随笔·航船与埠船》中说:"航船走的多是从前的驿路,终点即是驿站,他的职业是送往迎来的事。"周作人还以绍兴开杭州的夜航船为例写过一首《夜航船》的诗,收在《老虎桥杂诗》中。诗云:"往昔常行旅,吾爱夜航船。船身长丈许,白篷竹叶苫。旅客颠倒卧,开铺费百钱。来船靠塘下,(夜中行船以塘路为准,互呼靠塘靠下,以避冲突。)呼声到枕边。火舱明残烛,邻坐各言笑。秀才与和尚,共语亦有缘。尧舜本一人,澹台乃二贤。小僧容伸脚,一觉得安眠。(尧舜澹台及伸脚语,出张宗子《夜航船序》,见《琅嬛文集》中。)晨泊西陵渡,朝日未上檐。徐步出镇口,钱塘在眼前。"

120【拗断】鲁迅《呐喊·阿Q正传》:"他很想即刻揪住他,拗断他的竹筷。"折断。

121【肯】鲁迅《呐喊·阿Q正传》:"我还没有肯,谁愿意在这小县城里做事情。"答应。小说《彷徨·祥林嫂》也曾用到这个字:"你后来一定是自己肯了,倒推说他力气大。"

122【龙牌】鲁迅《呐喊·阿Q正传》:"静修庵里有一块'皇帝万岁万万岁'的龙牌。"鲁迅在《致山上正义》信中说:"龙牌,以木板制成,四边刻有龙的饰文,供于佛前,高一尺五寸许。"

123【顶子】鲁迅《呐喊·阿Q正传》:"未庄人都惊服,说这是柿油党的顶子,抵得一个翰林。"鲁迅在《致山上正义》信中说:"顶子,清朝官阶的标志,安在帽顶的。"

124【刘海仙】鲁迅《呐喊·阿Q正传》:"蓬头散发的像一个刘海仙。"鲁迅在《致山上正义》信中说:"刘海仙即蟾蜍仙人。"

125【开消】鲁迅《呐喊·端午节》:"一总总得一百八十块钱才够开消……"花费。

126【强横】鲁迅《呐喊·端午节》:"方太太见他强横到出乎情理之外。"强硬蛮横不讲理。

127【文不像誊录生,武不像救火兵】鲁迅《呐喊·端午节》:"什么法呢?我'文不像誊录生武不像救火兵',别的做什么?"所谓一无用处。

128【半年六月】鲁迅《呐喊·端午节》:"收版权税又半年六月没消息,'远水救不得近火',谁耐烦。"通常说"半年六个月",表示时间拖得很长。也说"有年无月"。

129【远水救不得近火】鲁迅《呐喊·端午节》:"收版权税又半年六月没消息,'远水救不得近火',谁耐烦。"帮不上忙。《韩非子·说林》:"失火而取水于海,海水虽多,必不灭矣,远水不救近火也。"《蜃中楼》剧:"远水救不得近火。"《借妻》梆子腔:"小生云:'原许我另娶了一房,依然把首饰交还与我。'净云:'这是远水救不得近火。'"

130【灯花】鲁迅《呐喊·白光》:"灯光结了大灯花照着空屋和坑洞。"油灯灯烬未落,结成一朵花的样子。传说灯花兆喜庆。

131 【夹口】鲁迅《呐喊·兔和猫》:"往往夹口的抢去了,而自己并不吃。"夹,对着,有迅速的意思。另有"夹手夹脚"、"夹嘴夹鼻"的话,解释与此相同。

132 【太修善】鲁迅《呐喊·兔和猫》:"我觉得母亲实在太修善。"太慈悲。

133 【杂货店】鲁迅《呐喊·社戏》:"住户不满三十家,是种田,打鱼,只有一家很小的杂货店。"即村店。通称"乡下店"。卖些小百货如牙刷、牙粉、棉纱线之类;副食品如酱油、腐乳、老酒、旱烟等则更是必备的。清沈宸桂在《寿樟书屋诗钞·村居诗》云:"老妻扶杖念弥陀,稚子划船唱棹歌。村店满缸新酒贱,俞公塘上醉人多。"

134 【欺生】鲁迅《呐喊·社戏》:"黄牛、水牛都欺生,敢于欺侮我。"欺侮陌生人。

135 【社戏】鲁迅《呐喊·社戏》:"现在想,那或者是春赛,是社戏了。"据周冠五在《绍兴的风俗习尚》一文中说:"平安戏也就是所谓'社戏',每年的四月底五月初盛行于城乡每一角落。发起这一事情的在乡村多属农民,他们是迷信神权的,他们的动机,确是为恪保人畜(耕牛)平安、五谷丰登,用意是良善的……"

136 【拔·点·磕】鲁迅《呐喊·社戏》:"一出门,便望见月下的平桥内泊着一只白篷的航船,大家跳下船,双喜拔前篙,阿发拔后篙,年幼的都陪我坐在舱中,较大的聚在船尾。母亲送出来吩咐'要小心'的时候,我们已经点开船,在桥石上一磕,退后几尺,即又上前出了桥。"俗语说:"南人使舟如马。"看了双喜等人熟练的撑船技术,可见此话不假。前后篙拔起之后,船就开始晃动,此时双喜将船头点开,点者,轻轻用力,做好了开船的准备。然而如果没有阿发的一磕,即将篙放在船与桥石之间一垫,不仅船容易与桥石相撞,也延缓了开船的时间。所以这一拔,一点,一磕,真是开船的三部曲,缺一不可。

137【跳老虎】鲁迅《呐喊·社戏》:"其次是套了黄布衣跳老虎。"社戏即平安戏,为了确保地方上平安,降龙伏虎的节目是非演不可的。跳,读若"条",平声。周作人在《苦茶随笔·洗斋病学草》中说:"按跳字越有二音,一读如挑,去声,即跳跃义,一读如条,平声,谓两脚伸缩上下践地也,二义不同。"

138【旺相】鲁迅《呐喊·社戏》:"这回想出来的是桂生,说是罗汉豆正旺相,柴火又现成,我们可以偷一点来煮吃的。"兴旺的样子。周作人在《谈虎集·读经之将来》中说:"十六年顷是火头最旺的时候。"最旺,最旺盛。

139【罗汉豆】鲁迅《呐喊·社戏》:"这回想出来的是桂生,说是罗汉豆正旺相,柴火又现成,我们可以偷一点来煮吃的。"即蚕豆。但绍兴人称罗汉豆。而把豌豆叫作蚕豆。周作人在《鲁迅的故家·菜蔬》中说:"总结一句,罗汉豆即是蚕豆,而蚕豆则是豌豆。我以本地人的资格来说话,虽然并不一定拥护罗汉豆这名称,但总觉得蚕豆是叫得很不适当的,它那豆荚总有拇指那么粗,那里像什么蚕呢!"我以为罗汉豆的名称可能是由佛豆变化而来。据说蚕豆原称胡豆,最先在云南发展起来,而云南号称佛国,所以就把蚕豆叫作佛豆。但是在民间,佛、菩萨、罗汉是不分的。在野外煮豆(蚕豆或豌豆)吃,那豆又是偷来的,滋味就特别好,俗称"烧野火豆"。另有"偷来鲜,摸来甜"的话,似乎可作该豆的注解。蚕豆一名,并不一定是象形的,蚕时所生取名为蚕豆也有可能。譬如清归兰珍《蚕豆》诗云："羡煞江南是麦秋,缫丝声里豆盈畴。青连菜圃丛丛秀,绿绽蔬畦粒粒柔。已与樱桃称契友,还同竹笋结良俦。请看无限田家乐,戴胜鸣时荚尽收。"

140【中吃】鲁迅《呐喊·社戏》:"豆可中吃呢?"可口。中,作"适于"讲。

141【送灶】鲁迅《彷徨·祝福》:"接着一声钝响,是送灶的爆竹。"周遐寿在《鲁迅的故家·祭灶》中说:"祭灶的风俗南北没有多少差异,只是日期稍有前后……乡下一律是廿三日送灶,除酒肴外特用一鸡,竹叶包的糖饼,'雅言'云胶牙糖,'好听话'则云元宝糖,俗语直云堕贫糖而已,又买竹灯檠名曰各富,糊红纸加毛竹筷为杠,给灶司菩萨当轿坐,乃是小孩们的专责。"好听话就是吉利话,常出于"惰贫老娘"(老嫚)之口。

142【祝福】鲁迅《彷徨·祝福》:"家中却一律忙,都在准备着'祝福'。这是鲁镇年终的大典,致敬尽礼,迎接福神,拜求来年一年中的好运气的。"周遐寿在《鲁迅小说里的人物·祝福》中说:"这'祝福'二字乃是方言,与普通国语里所用的意思迥不相同,这可能在隔省的江苏就不通用的。范寅《越谚》卷中《风俗门》下云:'祝福,岁暮谢年,谢神祖,名此,开春致祭曰作春福。'在乡下口语里这的确读如'作福',音如桌子之'桌',文人或写作'祝福',虽然比较文从字顺,但'祝'读如'竹',读音上实在是很不一致的。"祝福分"冬福"和"春福"两种:冬福是答谢一年来神的呵护,在年底举行;春福是向神祈求这一年的吉祥,在新年的头一天举行。祝福供神马,神马系用淡黄色薄纸印成,当中是两个大神像,旁边许多小神像,上面有"南朝圣众"四个字。据说原是借祝福之名,纪念宋代的"徽钦二帝"的。鲁迅写的是祝冬福。祝福过后是请祖宗,俗称"回堂羹饭"。

143【那眼珠间或一轮】鲁迅《彷徨·祝福》："只有那眼珠间或一轮,还可以表示她是一个活物。"一轮:一转动。详细可参看《阿Q正传》项下"肚里一轮"注。

144【起见】鲁迅《彷徨·祝福》："为她起见,不如说有罢。"着想,考虑。

145【短工】鲁迅《彷徨·祝福》："他们的短工来冲茶。"鲁迅在小说《故乡》中写道:"我们这里给人做工的分三种:整年给一定人家做工的叫长年;按日给人做工的叫短工;自己也种地,只在过年过节以及收租时候来给一定的人家做工的称忙月。"俗语说:"长年遇到闰月。"长年以年计工资,若遇上闰月,就要白做一个月,自然会觉得很不合算。

146【老了】鲁迅《彷徨·祝福》："'祥林嫂?怎么了?''老了。''死了?'我的心突然紧缩。"民间讳言死,故以"老"代之。现在则用"走了"来代替。

147【无常】鲁迅《彷徨·祝福》："现在总算被无常打扫得干干净净了。"无常鬼。迷信的说法:人死是由于魂灵被无常鬼慑了去,所以无常鬼有"勾魂使者"之称。佛教谓世间一切事物不能久住,都处于生灭成坏之中,故称无常。无常鬼或者由此产生。

148【中人】鲁迅《彷徨·祝福》："四叔家里要换女工,做中人的卫老婆子带她进来了。"中间人;介绍人。

149【月白】鲁迅《彷徨·祝福》："乌裙,蓝夹袄,月白背心。"

淡蓝色。

150【当家人】鲁迅《彷徨·祝福》："死了当家人,所以出来做工了。"犹顶梁柱,指丈夫。

151【周正】鲁迅《彷徨·祝福》："看她模样还周正。"周全端正。

152【顺着眼】鲁迅《彷徨·祝福》："又只是顺着眼,不开一句口。"目光下视,表示温顺安分。

153【食物不论】鲁迅《彷徨·祝福》："食物不论,力气是不惜的。"吃食不论,表示性格随和,什么都吃。不论,不挑剔。

154【扫尘洗地】鲁迅《彷徨·祝福》："到年底,扫尘,洗地,杀鸡,宰鹅。"这是越中居民年终必做的事情,其目的似乎在于"除旧布新"。据周遐寿在《鲁迅的故家·祝福》中说,所谓扫尘,就是砍取新竹箅,缚在长竹竿上,将厅堂掸抹一通;所谓洗地,就是取一两担水来,将地面冲洗一番。但是,据我所知,在萧山只称"掸尘",工作却要认真得多,掸抹的不单是厅堂,地未必洗,却将桌椅、菜厨、眠床凡是搬得动的都搬到池塘里去清洗一番,简直比"大扫除"还彻底。

155【福礼】鲁迅《彷徨·祝福》："彻夜的煮福礼。"祭祀时的供品。用鲁迅的话来说:"杀鸡,宰鹅,买猪肉,用心细细的洗……煮熟之后,横七竖八的插些筷子在这类东西上,可就称为'福礼'了。"

156【宽洪大量】鲁迅《彷徨·祝福》："幸而府上是向来宽洪

大量,不肯和小人计较的。"形容人肚量大。洪也写作"宏"。

157【折罪】鲁迅《彷徨·祝福》:"这一回我一定荐一个好的来折罪……"抵罪、补过。

158【非懒即能】鲁迅《彷徨·祝福》:"因为后来雇用的女工,大抵非懒即能,或者馋而且懒,左右不如意。"不是懒惰就是嘴巴很"能干"——不肯饶人。

159【新正】鲁迅《彷徨·祝福》:"但到第二年的新正。"指农历正月头上的一些日子。

160【回头人】鲁迅《彷徨·祝福》:"回头人出嫁。"寡妇再嫁叫回头人。

161【拜天地】鲁迅《彷徨·祝福》:"拉出轿来,两个男人和她的小叔子使劲的擒住她也还拜不成天地。"拜堂成亲,也就是举行婚礼。

162【香灰】鲁迅《彷徨·祝福》:"她就一头撞在香案角上,头上碰了一个大窟窿,鲜血直流,用了两把香灰,包上两块红布还止不住血呢。"香燃烧后剩下的灰。

163【汇】鲁迅《彷徨·肥皂》:"他好容易曲曲折折的汇出手来。"关于这个字,据后来川岛(章廷谦)在《我和鲁迅相处的日子·当鲁迅先生写"阿Q正传"的时候》中说:"鲁迅先生以后在'肥皂'开始时,描写'四铭就在她面前耸肩曲背的狠命掏着布马褂底下的袍子的大襟后面的口袋,他好容易曲曲折折汇出手来。'——这里的'汇',也是方言,含意与'伸'不同,近乎我们常说的'裉',不过经先生加以'曲曲折折'的形容,很自然的就带便给'汇'字做了注脚,读者也就可以了然于心了。"

164【细簇簇】鲁迅《彷徨·肥皂》:"许多细簇簇的花纹。"又细又密。

165【中通】鲁迅《彷徨·肥皂》:"不如中通的好,便挑了那绿的一块。"中档。可以参看小说《呐喊·阿Q正传》"中"字条。

166【橛】鲁迅《彷徨·肥皂》:"早就橛得狗嘴的了。"通常写作"噘"。嘴巴翘起。

167【天不打吃饭人】鲁迅《彷徨·肥皂》:"'天不打吃饭人',你今天怎么尽闹脾气,连吃饭时候也是打鸡骂狗的。"大意是说,"民以食为天",吃饭是件了不起的大事,就是天要责罚人,也得让他把饭吃完。

168【偏】鲁迅《彷徨·肥皂》:"已经偏过了。"吃的谦词。我疑"偏"通"骗",即随便对付一下。

169【外路人】鲁迅《彷徨·肥皂》:"她大概是'外路人'我不懂她的话。"本地人对别州外府人的称呼。

170【将就】鲁迅《彷徨·肥皂》:"不会做诗也可以将就⋯⋯"勉强对付。

171【长毛造反】鲁迅《彷徨·长明灯》:"连长毛造反的时候也没有熄过⋯⋯"太平天国军起义。

172【小把戏】鲁迅《彷徨·长明灯》："那时你们都还是小把戏呢,单知道喝奶拉矢。"小东西,是对小孩子的爱称。

173【赤膊】鲁迅《彷徨·长明灯》："一个赤膊孩子。"光着上身。膊,胳膊。

174【上半天】鲁迅《彷徨·长明灯》："'上半天',他放松了胡子。"上午。

175【鲇鱼须】鲁迅《彷徨·长明灯》："四爷也捋着上唇的花白的鲇鱼须。"向上翘起的又长又细的胡须。

176【香火】鲁迅《彷徨·长明灯》："可是香火总是绝不得的。"代指子孙。没有子孙,俗称"断了香火",因为死后无人来祭请。

177【气不过】鲁迅《彷徨·弟兄》："老五也说他多用了钱,气不过……"不甘心。

178【拆灶】鲁迅《彷徨·离婚》："去年我们将他们的灶都拆掉了。"周遐寿在《鲁迅小说里的人物·拆灶》中说:"从前听安桥头鲁家的一个亲戚,有着蜑船的'姚嘉福江司'(海边人的尊称)说过海村械斗的情形,以拆灶为终结。无论是家族或村庄聚众进攻,都是械斗的性质,假如对方同样的聚众对抗,便可能闹大。但得胜者的目的不在杀伤,只是浩浩荡荡的直奔敌人家去,走到厨下,用大竹杠通入灶门,多人用力向上一抬,那灶便即坍坏,他们也即退去了。似乎灶是那家的最高代表,拆了灶便是完全坍台……"另有"倒灶"一语,恐怕也与这件事有关系。

179【打火刀】鲁迅《彷徨·离婚》："从肚兜里掏出一柄打火刀,打着火绒,给他按在烟斗上。"周遐寿在《鲁迅的故家·灯火》中说:"在甲午前后,大概家里也已有火柴了……若是厨房或是退堂后放着小风炉的地方,那还是用的打火的傢伙,籐编的长形容器内放着火石,铁片,毛头纸的粗纸煤插在竹筒内的,这都是清楚的记忆着。'开火'工作很不容易,如不熟练不但点不着纸煤,连火星也不大出来。乡下有一句谚语道:'一贼,二先生,三撑船,四老伴',《越谚》注云:'此言火刀火石取火,快者一刀即着,二三四各分其人。'贼入事主家,假如点不着火,老是笃笃的用火刀敲着火石,未免要误事,这是容易了解的,教书先生为什么那么敏捷,他开火只要两刀,他的本领还超出'撑船客人'(妇孺们叫舟夫的名称)之上呢? 这理由范啸风不曾说明,我也至今不得其解。老伴即是看门的人,伴读如上海的浜字,我想这或者是伯字之转也未可知……"

180【对对】鲁迅《彷徨·离婚》:"从肚兜里掏出一柄打火刀,打着火绒,给他按在烟斗上。'对对。'木三点头说。"周遐寿在《鲁迅小说里的人物·拆灶》中说:"这在乡间是很普通的事,特别是擎了烟管吸着烟的人,两个烟斗相对去点火的时候,习惯都是那么的说。这或者如原注所说,'对弗住对弗住'之略,但多在烟管点火或斟酒的时候,用这简略的形式,别的时候也并不然,不知道是什么缘故。"

181【瘪臭虫】鲁迅《彷徨·离婚》:"还有几位少爷们,因为被威光压得像瘪臭虫了。"范寅《越谚》卷上"借喻之谚第五"有此语,解释道:"阴弱叮人。"鲁迅在《致增田涉》的信中说:"瘪:最难译。最初的意思是形容压扁的气球泄气四分之三的样子时,使用此字。引伸到形容精神的萎靡、郁闷的表情、饥饿的肚子等。上海话。又另有'小瘪三'的名词,这指没有能力谋生,而将沦落为乞丐的人,但若成为乞丐,就正式称乞丐,就从'小瘪三'的类型划出。"

182【顺风锣】鲁迅《彷徨·离婚》:"连尖下巴少爷也低声下气地像一个瘪臭虫,还打'顺风锣'。"顺着别人的意思说话。

183【六畜不安】鲁迅《彷徨·离婚》:"那在家里是,简直闹得六畜不安。"犹鸡犬不宁。六畜指猪、牛、羊、马、鸡、狗,也泛指各种家畜、家禽。

184【逃生子】鲁迅《彷徨·离婚》:"叫我爹是'老畜生',叫我口口声声'小畜生','逃生子'。"鲁迅原注:"私生儿。"周遐寿在《鲁迅小说里的人物·拆灶》中说:"其三是骂人的话,如逃生子、贱胎、娘杀、娘滥十十万人生,皆是。"

185【菱角】鲁迅《朝花夕拾·小引》:"我有一时,曾经屡次忆起儿时在故乡所吃的蔬果:菱角、罗汉豆、茭白、香瓜。"菱角是菱的总称,以颜色分,有青菱和水红菱;以角分,有两角菱、四角菱,据说还有三只角的,但我没有见到过。嘉兴南湖的"无角菱",实际上乃是两角菱的变种。从前杭州西湖里出产一种很小的四角菱,被范祖述写进《杭俗遗风》里去:"西湖尤有土产一样,名曰刺菱儿。童子以划船采取,剥而卖之。形同菱角,大如蚕豆,其味鲜美,此亦世所仅有之物也。"其实却是野生的刺菱,在农村里到处都有。绍兴最出名的是四只角的"驼背白"。周作人在《老虎桥杂诗·儿童生活诗》中写道:"妇孺都知驼背白,雷门名物至今称。新鲜酒醉皆佳品,不及寻常煮大菱。"自注云:"菱角通称大菱,驼背白为四角菱之一种,色青白而拱背,出雷门坂一带。"萧山的大菱是两只角的,以产地临浦镇附近的钟家坦为最出名。

186【香瓜】鲁迅《朝花夕拾·小引》:"我有一时,曾经屡次忆起儿时在故乡所吃的蔬果:菱角、罗汉豆、茭白、香瓜。"就广义而言,凡是瓜都有甜味香气。据王祯《农书》说:"瓜品甚多,不可枚举。以状得名,则有龙肝,虎掌,兔头,狸首,羊髓,蜜筒之称;以色得名,则有乌瓜,白团,黄觚,白觚,小青,大斑之别;然其味不出乎甘香而已。"周作人在《老虎桥杂诗·儿童生活诗》中写道:"买得乌皮扑鼻香,蒲瓜松脆亦堪夸。负他沙地殷勤意,难吃喷香呃杀瓜。"自注道:"乌皮香者香瓜之一种,皮青黑,肉微作碧色,香味胜常瓜。蒲瓜柔脆多水分,但不甜耳。冷饭头瓜一名呃杀瓜,以其绵软,食之易噎,但可以饱,有如冷饭,故有是名,沙地种瓜人常用作赠物。"这里似指乌皮香与冷饭瓜而言。乌皮香杭州人叫"爪儿瓜",香味似不及"黄金瓜"好。

187【眼力】鲁迅《朝花夕拾·狗猫鼠》:"其咎却在狗的自己没眼力。"观察鉴别事物的能力。刘禹锡诗:"减书存眼力,省事养心王。"心王:佛教语。指阿赖耶识,因其为心之主宰,故称心王。

188【大大两样】鲁迅散文《朝花夕拾·狗猫鼠》:"我的仇猫,是和这大大两样的。"很大的不同。通常只说"大两样"。

189【口实】鲁迅《朝花夕拾·狗猫鼠》:"这些口实,仿佛又是现在提起笔来的时候添出来的。"假托的理由;可以利用的借口。又如周作人在《苦雨斋序跋文·两条血痕后记》中说:"我觉得不好意思倚老卖老地把'疏懒衰老'等话头来做口实。"

190【睡相】鲁迅《朝花夕拾·阿长与山海经》:"晚上的睡相,怕不见得很好罢?"睡着时的姿态。相,样子。

191 【眉开眼笑】鲁迅《朝花夕拾·阿长与山海经》:"现在神座上确塑着一对少年男女,眉开眼笑,殊与'礼教'有妨。"一副媚态。俗又作"眉花眼笑"。张南庄《何典·第一回》云:"眉花眼笑的坐在上面。"

192 【孤孀】鲁迅《朝花夕拾·阿长与山海经》:"我终于不知道她的姓名,她的经历,仅知道有一个过继的儿子,她大约是青年守寡的孤孀。"越语又叫"孤孀妈妈"。

193 【老弗大】鲁迅《朝花夕拾·父亲的病》:"然而还有平地木十株呢,这可谁也不知道是什么东西了,问药店,问乡下,问卖草药的,问老年,问读书人问木匠,都只是摇摇头,临末才记起了那远房的叔祖,爱种一点花木的老人,跑去一问,他果然知道,是生在山中树下的一种小树,能结红子如小珊瑚珠的,普通都称为'老弗大'。"周作人在旧日记中有关于老弗大的记载,时为光绪己亥(1899)十月十六日,其文云:"午至乌石头墓所,拔老弗大约三四十株。此越中俗名也,即平地木,以其不长故名,高仅二三寸,叶如栗,子鲜红可爱,过冬不凋,乌石极多,他处亦有之。性喜阴,不宜肥,种之墙阴背日处则明岁极茂,或天竹下亦佳,须不见日而有雨露处为妙。"至于平地木,可以参看陈淏子的《秘传花镜》,他说:"平地木高不盈尺,叶似桂深绿色,夏初开粉红细花,结实似南天竹子,至冬大红,子下缀可观。其托根多在瓯兰之傍,虎茨之下,及岩壑幽深处。二三月分栽,乃点缀盆景必须需之物也。"

194 【拖鼻涕】鲁迅《朝花夕拾·范爱农》:"派来了一个拖鼻涕的接收员。"形容其貌不扬,指人的容貌平常或丑陋。但或者还含有幼稚不明事理的意思。

195【不顺眼】鲁迅《朝花夕拾·后记》:"未免有些不顺眼。"看了不舒服。

196【槐蚕】鲁迅《野草·复仇》:"路人们从四面奔来,密密层层地,如槐蚕爬上墙壁。"槐树上的虫子,形状如蚕,俗称槐蚕。作者在《呐喊·自序》中说:"夏夜,蚊子多了,便摇着蒲扇坐在槐树下,从密叶缝里看那一点一点的青天,晚出的槐蚕又每每冰冷的落在头颈里。"

197【蚂蚁扛鲞头】鲁迅《野草·复仇》:"路人们从四面奔来,密密层层地,如槐蚕爬上墙壁,如蚂蚁扛鲞头。"通常作"人多力量大"讲,但此处作麇集讲,含有贬义。越中人称内河淡水鱼干为鱼干,海产鱼干为鲞,普通有鳓鲞、瓜鲞、鲓鲞等等。范寅《越谚》卷上《头字之谚第十三》:"蚂蚁扛鲞头:力小任大。"

198【宝珠山茶】鲁迅《野草·雪》:"雪野中有血红的宝珠山茶。"据陈淏子《花镜·山茶》项下说:"山茶一名曼陀罗。树高者一、二丈,低者二、三尺。枝干交加。叶似木樨,阔厚而尖长,而深绿光滑,背浅绿,经冬不凋。以叶类茶,故得茶名。"下《附山茶释名共十九种》,其中有"宝珠茶",附注曰:"千叶攒簇殷红,若丹砂,出苏、杭。"

199【单瓣梅花】鲁迅《野草·雪》:"白中隐青的单瓣梅花。"据陈淏子《花镜·梅》项下说:"梅一名柟,一名橑(按原加草头)。叶、实、花俱似杏差小,而花独优于杏。昔范石湖有梅谱,约九十余种,大抵一花二、三名者多……"近人将梅花品种分为十个品系,其二为绿萼系:"结蒂时萼呈软绿色,有重瓣、单瓣等品种。"

200【深黄的磬口的蜡梅花】鲁迅《野草·雪》:"深黄的磬口的蜡梅花。"据陈淏子《花镜·蜡梅》项下说:"蜡梅(俗名腊梅)一名黄梅,本非梅类,因其与梅同放,其香又相近,色似蜜蜡,且腊月开,故有是名。树不甚大而枝丛。叶如桃,阔而厚,有磬口、荷花、狗英三种。唯圆瓣深黄,形似白梅,虽盛开如半含者名磬口,最为世珍。若瓶供一枝,香可盈室。"

201【一丈红】鲁迅《野草·好的故事》:"河边枯柳树下的几株瘦削的一丈红。"即"蜀葵"。据陈淏子《花镜·蜀葵》项下说:"蜀葵阳草也,一名戎葵,一名卫足葵。言其倾叶向日,不令照其根也。来自西蜀,今皆有之。叶似桐,大而尖。花似木槿而大,从根至顶,次第开出,单瓣者多,若千叶、五心、重台、剪绒、锯口者,虽有而难得。"

202【野百合】鲁迅《野草·过客》:"那里有许多许多野百合。"据陈淏子《花镜·夜合花》项下说:"夜合一名摩罗春,一名百合。苗高二、三尺,叶细而长,四面攒枝而上,至杪始著花。四、五月开,蜜色紫心,花之香味最浓。日舒夜敛,花大头重,常倾侧,连茎如玉手炉状。又名天香。"

203【野蔷薇】鲁迅《野草·过客》:"那里有许多许多野百合,野蔷薇。"据陈淏子《花镜·野蔷薇》项下说:"野蔷薇,一名雪客。叶细而花小,其本多刺,蔓生篱落间。花有纯白、粉红二色,皆单瓣,不甚可观,但最香甜,似玫瑰,多取蒸作露,采含蕊拌茶亦佳。"朱竹垞《鸳鸯湖棹歌》有句云"白花满把蒸成露",即指此。

204【生凑】鲁迅《坟·题记》:"所以如《摩罗诗力说》那样,简直是生凑。"硬凑。

205 【由他】鲁迅《坟·题记》："现在为排印的方便起见,改了一点,其余的便都由他。"让他那么着。

206 【生涩】鲁迅《坟·题记》："这样生涩的东西,倘是别人的,我恐怕不免要劝他'割爱'。"生硬、涩滞,亦即不成熟。

207 【一心一意】鲁迅《坟·题记》："而有些人们却一心一意在造专给自己舒服的世界。"即"一门心思",没有别的想法。

208 【风凉话】鲁迅《坟·题记》："假如遭了笔祸了,你以为他就尊你为烈士了么? 不,那时另有一番风凉话。"用意恶毒的闲话。

209 【不兴】鲁迅《坟·我之节烈观》："第一个是康有为,指手划脚的说'虚君共和'才好,陈独秀便斥他不兴;其次是一班灵学派的人,不知何以起了极古奥的思想,要请'孟圣矣乎'的鬼来画策;陈百年钱玄同刘半农又道他胡说。"即行不通。

210 【逞能】鲁迅《坟·我之节烈观》："在女子面前逞能。"显示自己能干。

211 【大模大样】鲁迅《坟·我们现在怎样做父亲》："但何以大模大样,用了这九个字的题目呢?"形容傲慢、满不在乎的样子。

212 【心思】鲁迅《坟·我们现在怎样做父亲》："殊不知富翁的杏酪与穷人的豆浆,在爱情上价值同等,而其价值却正在父母当时并无求报的心思;否则变成买卖行为,虽然喝了杏酪,也不异'人乳喂猪',无非要猪肉肥美,在人伦道德上,丝毫没有价值了。"想法。

213【相骂】鲁迅《坟·我们现在怎样做父亲》:"其实也仍是嫖钱至于相骂,要赌本至于相打之类。"彼此对骂,也就是所谓"吵架"。方言常说"讨相骂"。

214【相打】鲁迅《坟·我们现在怎样做父亲》:"其实也仍是嫖钱至于相骂,要赌本至于相打之类。"打架。方言常说"打相打"。

215【烦难】鲁迅《坟·娜拉走后怎样》:"要求经济权固然是很平凡的事,然而也许比要求高尚的参政权以及博大的女子解放之类更烦难。"麻烦、困难。

216【韧】鲁迅《坟·娜拉走后怎样》:"世间有一种无赖精神,那要义就是韧性。"小孩哭个不停,越语就说他"介韧"(这样韧)。

217【绿豆芽】鲁迅《坟·未有天才之前》:"否则,纵有成千成百的天才,也因为没有泥土,不能发达,要像一碟子绿豆芽。"浙东的家常菜之一。制法:将绿豆放在篮里或箩里,以稻草打底,常浇以水,能发芽至两寸长,但因为不见日光,又不扎根在泥土中,所以始终只有那么一点点。比喻长不大。

218【螃蟹】鲁迅《坟·论雷峰塔的倒掉》:"秋高稻熟时节,吴越间所多的是螃蟹。"即蟹。越中称淡水蟹为河蟹,秋天稻熟时,河蟹开始回游,真是多到捉不胜捉。吃法诚如鲁迅在文章中所说:"煮到通红之后,无论取那一只,揭开背壳来,里面就有黄,有膏;倘是雌的,就有石榴子一般鲜红的子。"

219【黄】鲁迅《坟·论雷峰塔的倒掉》:"揭开背壳来,里面就有黄、有膏;倘是雌的,就有石榴子一般鲜红的子。"方言读若"荒"。周作人《知堂集外文(《亦报》随笔)·吃蟹二》:"俗语云,九月团脐十月尖,这说明那时是团脐蟹的黄或尖脐的膏最好吃,实际上也是这顶好吃,别的肉在其次。"

220【断种】鲁迅《坟·论雷峰塔的倒掉》:"非到螃蟹断种的那一天为止出不来。"没有子息,断了后代。另有"断子绝孙"一语,也是越中方言。作者在《阿Q正传》第三章《续优胜记略》中就有这样一句话:"'这断子绝孙的阿Q!'远远地听得小尼姑的带哭的声音。"

221【大相干】鲁迅《坟·说胡须》:"好在即使宋太祖或什么宗的胡子蒙些不白之冤,也不至于就有洪水,就有地震,有什么大相干。"大关系。

222【腌白菜】鲁迅《坟·论照相之类》:"S城有一种习惯,就是凡是小康之家,到冬天一定用盐来腌一缸白菜,以供一年之需。"周遐寿在《鲁迅的故家·厨房的大事件》中说:"此外还有一年一度的事件是腌菜。将白菜切了菜头,(越语有专门名词,大概应该写作帝字加侧刀,读仍作帝,)晾到相当程度,要放进大缸里去腌了,这时候照例要请庆叔,先用温水洗了脚,随即爬入七石缸内,在盐和排好的白菜上面反覆的踏,每加上一排菜,便要踏好一会儿,直到几乎满了为止。这一缸菜是普通人家一年中重要的下饭……"周遐寿还在同书《饭菜》中说:"腌菜也用白菜,普通都是切段蒸食,一缸可供一年的使用,生腌菜细切加麻油,是很好的粥菜,新的时候色如黄金,隔年过夏颜色发黑,叫作臭腌菜,又别有风味,但在外乡人恐怕不能领略,虽然他们也能吃得'臭豆腐'。"

223【眼光娘娘】鲁迅《坟·论照相之类》:"S城庙宇中常有一种菩萨,号曰眼光娘娘。有眼病的,可以去求祷;愈,则用布或绸做眼睛一对,挂神龛上或左右,以答神麻。"

224【目不识丁】鲁迅《坟·论照相之类》:"至少是S城的'目不识丁'的人们都知道。"另有"一字弗识横划"、"开眼瞎子",也是越语中常用的,意为不识字。

225【威光】鲁迅《坟·论照相之类》:"而精神则一名'威光'。"周遐寿在《鲁迅的故家·园里的动物二》中说:"有人讨厌外人来看,几个女人说道,'人多些也好,威光可以大一点。'"指人的精神或元气。有时也用元气,如"元气大伤"。

226【呆鸟】鲁迅《坟·论照相之类》:"至于贵人富户,则因为属于呆鸟一类,所以决计想不出如此雅致的花样来。"如照字面翻译,即笨鸟。方言读"呆"若"额爱"合音,"鸟"读若"弔"上声。鸟又移用为男性的生殖器。旧时长辈分压岁钱,男小孩外加十个铜板的"鸟子钱",可以为证。

227【全家福】鲁迅《坟·论照相之类》:"自己坐在中间,膝下排列着他的一百个儿子,一千个孙子和一万个曾孙(下略)照一张'全家福'。"全家合影。

228【挂起挂倒】鲁迅《坟·论照相之类》:"而该君的麻姑一般的'天女散花''黛玉葬花'像,也确乎比那些缩小放大挂起挂倒的东西标致。"即挂上去取下来,再挂上去又取下来。另有"爬起跌倒"一语,形容人睡不安稳,可以参考。

229【十碗】鲁迅《坟·再论雷峰塔的倒掉》："菜有十碗,音乐有十番。"即十碗头。周作人在《药味集·上坟船》中说:"回船后分别午餐,各船一桌,照例用'十碗头',大底六荤四素,在清末六百文已可用,若八百文则为上等,三鲜改用细十锦,亦称蝴蝶参,扣肉乃用反扣矣。范啸风著《越谚》卷中饮食类下列有六荤四素五荤五素名目,注云:'此荤素两全之席,总以十碗头为一席,吉事用全荤,忏事用全素,此席用之祭扫为多,以妇女多持斋也。'此等家常酒席的菜与宴会颇不相同,如白切肉,扣鸡,醋溜鱼,小炒,细炒,素鸡,香菇鳝,金钩之类,皆质朴有味,虽出厨司之手,却尚少市气,故为可取。"

230【十番】鲁迅《坟·再论雷峰塔的倒掉》:"菜有十碗,音乐有十番。"即"十番鼓"。合奏乐名。用笛、管、鼓、弦、提琴、云铎、汤锣、木鱼、檀板、大鼓十种乐器演奏,故名十番鼓。其乐有花信风、双鸳鸯、风摆荷叶、雨打梧桐等名目。

231【歇手】鲁迅《坟·再论雷峰塔的倒掉》:"仿佛犯了九条的时候总不肯歇手。"罢手。

232【犯不上】鲁迅杂文《坟·再论雷峰塔的倒掉》:"犯不上来做明目张胆的破坏者。"不合算。越语也说"犯弗着"或"弗犯着"。《荡寇志》一百零一回:"将军此次来替高俅出力,甚不犯着。"

233【磨镜】鲁迅《坟·看镜有感》:"但铜镜的供用,大约道光咸丰时候还与玻璃镜并行;至于穷乡僻壤,也许至今还用着。我们那里,则除了婚丧仪式之外,全被玻璃镜驱逐了。然而还有余烈可寻,倘街头遇见一位老翁,肩了长凳似的东西,上面缚着一块猪肝色石和一块青色石,试仝听他的叫喊,就是'磨镜,磨剪刀!'"

234【回避】鲁迅《坟·论"费厄泼赖"应该缓行》:"但题目上不直书'打落水狗'者,乃为回避触目起见。"让开、躲开。

235【脚后跟】鲁迅《坟·论"费厄泼赖"应该缓行》:"它的事业,只是以伶俐的皮毛获得贵人豢养,或者中外的娘儿们上街的时候,脖子上拴了细链子跟在脚后跟。"脚后边,表示跟得很紧。

236【自讨苦吃】鲁迅《坟·论"费厄泼赖"应该缓行》:"这其实是老实人自讨苦吃。"方言另有"自作自受"一语,似与此语用意相同。

237【塌台人物】鲁迅杂文《坟·论"费厄泼赖"应该缓行》:"一是误将塌台人物和落水狗齐观。"下台、失势的人物。

238【食料】鲁迅《坟·论"费厄泼赖"应该缓行》:"殊不知它何尝真是落水,巢窟是早已造好的了,食料是早经储足的了,并且都在租界里。"牲畜的的饲料。这里不用粮食而用食料,显然含有讽刺的意思。

239【对手】鲁迅《坟·论"费厄泼赖"应该缓行》:"所以要'费厄',最好是首先看清对手。"敌对一方,也就是敌人。

240【耳根】鲁迅《坟·论"费厄泼赖"应该缓行》:"我们的耳根也就可以清净许多罢。"耳边。越语有"耳朵脚根"的话。

241【主顾】鲁迅《坟·写在〈坟〉后面》:"愿使偏爱我的文字

的主顾得到一点欢喜。"顾客、读者。

242【寒噤】鲁迅《坟·写在〈坟〉后面》:"这实在使我打了一个寒噤。"身体因受冷或受惊而颤动。

243【跌落】鲁迅杂文《热风·随感录三十九》:"这理想价值的跌落……"方言降价叫跌落。

244【无名肿毒】鲁迅《热风·随感录三十九》:"即使无名肿毒,倘若生在中国人身上,也便'红肿之处,艳若桃花;溃烂之时,美如乳酪'。"说不出名堂的毒疮。

245【驼】鲁迅《热风·随感录四十八》:"驼了旧本领旧思想的旧人物。"扛,背。周作人在《知堂集外文〈亦报〉随笔·十三与五十二》中说:"这里形容旧读书人的糊涂很是深刻,现在的知识阶级不会得如此了,他却去背上美国人的迷信害怕十三,这也够得上说是糊涂了吧。"

246【毛】鲁迅《热风·估〈学衡〉》:"以上不过随手拾来的事,毛举起来,更要费笔费墨费时费力,犯不上,中止了。"粗糙,不细致。越语有"毛毛糙糙"、"毛手毛脚"的话。

247【反胃】鲁迅《热风·"以震其艰深"》:"可是也从未听说,有人因此反胃。"范啸风《日记》:"十三日下午,因饭后查账发肝气,心反(原本从疒),躺卧一时。"周作人在《越谚的著者范啸风》一文中说:"绍兴话恶心曰心泛,在《越谚》中他就用这个怪字。"《越谚》的解释是:"恶心欲呕。"

248【恶作】鲁迅《热风·"以震其艰深"》:"如此'国学',虽不艰深,却是恶作。"即"劣作"。

249【舌苔】鲁迅《热风·对于批评家的希望》:"没有喝醉了酒,没有害着热病,舌苔厚到二三分。"舌头表面上滑腻的物质。健康的人,舌苔薄白而润。中医生常根据病人舌苔的情况来诊断病情。

250【散胙】鲁迅《热风·即小见大》:"凡有牺牲在祭坛前沥血之后,所留给大家的,实在只有'散胙'这一件事了。"旧时祭祀以后散发作为祭品的肉。胙,祭祀用的肉。

251【算命】鲁迅《华盖集·题记》:"我平生没有学过算命。"迷信活动。凭人的生辰八字,用阴阳五行推算人的命运,断定人的吉凶祸福。

252【碰钉子】鲁迅《华盖集·题记》:"我今年开手作杂感时,就碰了两个大钉子。"比喻遭到拒绝或受到斥责。

253【一塌糊涂】鲁迅《华盖集·论辩的魂灵》:"丁牺牲了性命,乃是闹得一塌糊涂,活不下去了的缘故。"事物糟到不可收拾的地步。

254【记性】鲁迅《华盖集·导师》:"我们都不大有记性。"记忆力。

255【金字招牌】鲁迅《华盖集·导师》:"青年又何须寻那挂着金字招牌的导师呢?"商店用金粉写字的招牌,比喻人在知识学问上有真功夫。

256【坐馆】鲁迅《华盖集·‘碰壁’之后》："原来我虽然在学校教书,也等于在杨家坐馆,而这阴惨惨的气味,便是从‘冷板凳’里出来的。"旧时对家庭教师的称呼。

257【冷板凳】鲁迅《华盖集·‘碰壁’之后》："原来我虽然在学校教书,也等于在杨家坐馆,而阴惨惨的气味,便是从‘冷板凳’里出来的。"指旧时教师工作的清闲与无聊。

258【缩头缩脑】鲁迅《华盖集·"碰壁"之后》："并要求学校当局今天缩头缩脑办法的解答。"形容畏缩。方言有"缩头乌龟"的话,与缩头缩脑意思相近。

259【毛丫头】鲁迅《华盖集·"碰壁"之余》："据杨荫榆女士章士钊总长者流之所说,则捣乱的‘毛丫头’是极少数。"即"黄毛丫头",也就是不懂事的小姑娘。含贬义。

260【鬼打墙】鲁迅《华盖集·"碰壁"之余》："我其实又何尝‘碰壁’,至多也不过遇见了‘鬼打墙’罢了。"譬如有人在夜晚或郊外行走,分不清方向,只觉得老是在原地打转。这种情况,迷信的人谓之"鬼打墙"。办法是停下来撒一泡尿。我想这有定神的作用。孙锦标《南通方言疏证》"鬼打墙"项下说:"俗以行路而为鬼所迷者,谓之鬼打墙。"

261【回报】鲁迅《华盖集·评心雕龙》："骂人,自然也许要得到回报的。"报应。这里作反击讲。

262【翘辫子】鲁迅《华盖集·评心雕龙》："这口风一滑溜,凡有非刚的评论都要逼得翘辫儿了。"清代男人也梳辫子,刽子手杀人时要把辫子提起,翘辫子也就成为杀头的同义语,后来也借指死亡。

263【细皮白肉】鲁迅《华盖集·这个与那个》："令夫人却种的是牛痘，所以细皮白肉。"皮肤洁白细腻。

264【壅】鲁迅《华盖集·这个与那个》："当初自然是防其溃决，所以壅上一点土。"堵塞、添加。

265【不识抬举】鲁迅《华盖集·并非闲话（三）》："下等人不大感谢时，则斥之曰'不识抬举！'"即不知好歹。

266【打胎】鲁迅《华盖集·并非闲话（三）》："将青年的急于发表未熟的作品称为'流产'，则我的便是'打胎'。"人工流产的通称。然而在这里含有故意破坏的意思。

267【直直落落】鲁迅《华盖集·并非闲话（三）》："倘真要直直落落，借文字谋生，则据我的经验……"直截了当。

268【温暾】鲁迅《华盖集·并非闲话（三）》："即使还写，也许不过是温暾之谈，两可之论，也即所谓执中之说，公允之言，其实等于不写而已。"不冷不热、不痛不痒。另有"温暾煠（zhá）鳖"的话，表示半生不熟。

269【木主】鲁迅《华盖集·这回是"多数"的把戏》："立刻对章士钊的木主肃然起敬了。"通称神主，写有死者姓名当作供奉神位的木牌。

270【好死不如恶活】鲁迅《华盖集续编及续编的续编·有趣的消息》："俗语说：'好死不如恶活'。"形容人有强烈的求生意志。

271【打官腔】鲁迅《华盖集续编及续编的续编·学界的三魂》:"那魂灵就在做官,——行官势,摆官腔,打官话。"越语通行说"打官腔"。指说些官场上的辞令、口吻,或用冠冕堂皇的话来应付、推托或责难别人。

272【肉麻当有趣】鲁迅《华盖集续编及续编的续编·古书与白话》:"可是竟又会有'肉麻当有趣',述说得津津有味的。"把低级下流的东西说得津津有味。

273【豪猪】鲁迅《华盖集续编及续编的续编·一点比喻》:"有一群豪猪,在冬天想用了大家的体温来御寒冷,紧靠起来了,但它们彼此即刻又觉得刺的疼痛,于是乎又离开。"啮齿类哺乳动物。也称箭猪、毫猪。体肥,全身生棘毛,尖如针。穴居,夜出啮食树皮,伤禾稼。

274【后屁股】鲁迅《华盖集续编及续编的续编·不是信》:"不过在后屁股的《西滢致志摩》是附带的对我的专论。"指文章的末尾。

275【刑名师爷】鲁迅《华盖集续编及续编的续编·不是信》:"灭族呀,株连呀,又有点'刑名师爷'口吻了。"清代官署中承办刑事判牍的幕僚,叫"刑名师爷"。

276【收梢】鲁迅《华盖集续编及续编的续编·不是信》:"太费纸张了,虽然我不至于娇贵到会发热,但也得赶紧的收梢。"结束。

277【炸大】鲁迅《华盖集续编及续编的续编·不是信》:"到外国去炸大过一回……"炸(zhá),油炸。周作人《雨天的书·喝茶》:"我家距三脚桥有步行两小时的路程,故殊不易得,但能吃到油炸者而已。"炸又写作"煠"。孙伯龙《通俗常言疏证》:"油煠鬼儿。国文教科书有油炸鬼三字,按字典无煠、烩二字,然元人杂剧有'炮声如雷炸'语,'炸'音'诈',字典遗之耳。教科书读'炸'为'闸',非也,'煠'乃音'闸'耳。"《梦笔生花》杭州俗语杂对:"油煠鬼、火烧儿。"又元张国宾《大闹相国寺》一剧中说:"那边卖的油煠骨朵儿,你买些来我吃。"根据考查,骨与鬼只是一声之转,现在叫油煠鬼儿的就是。

278【八字胡子】鲁迅《华盖集续编及续编的续编·不是信》:"看他脸上既无我一样的可厌的'八字胡子'。"谓上嘴唇的胡子向左右两边挂下,形成一个"八"字的样子,谓之"八字胡子"。

279【胶牙饧】鲁迅《华盖集续编及续编的续编·送灶日漫笔》:"灶君升天的那日,街上还卖着一种糖,有柑子那么大小,在我们那里也有这东西,然而扁的,像一个厚厚的小烙饼。那就是所谓'胶牙饧'了。本意是在请灶君吃了,粘住他的牙,使他不能调嘴学舌,对玉帝说坏话。"

280【重情面】鲁迅《华盖集续编及续编的续编·送灶日漫笔》:"况且中国是一向重情面的。"看重私人间的情分和面子。俗语有"情面难却"的话。

281【红嘴绿鹦哥】鲁迅《华盖集续编及续编的续编·谈皇帝》:"往昔的我家,曾有一个老仆妇,告诉过我她所知道,而且相信的对付皇帝的方法。她说——皇帝是很可怕的。他坐在龙位上，一不高兴，就要杀人；不容易对付的。所以吃的东西也不能随便给他吃，倘是不容易办到的，他吃了又要，一时办不到；——譬如他冬天想到瓜，秋天要吃桃子，办不到，他就生气，杀人了。现在是一年到头给他吃波菜，一要就有，毫不为难。但是倘说是波菜，他又要生气的，因为这是便宜货，所以大家对他就不称为波菜，另外起一个名字，叫作'红嘴绿鹦哥'。"

282【夹七夹八】鲁迅《华盖集续编及续编的续编·无花的蔷薇》："我也就夹七夹八地来称引了好几回。"拉扯杂沓。

283【急绷绷】鲁迅《华盖集续编及续编的续编·无花的蔷薇》："再不要面皮鼓得急绷绷。"急，亦即"紧"。

284【时行】鲁迅《华盖集续编及续编的续编·无花的蔷薇》："但如其有人拿一些时行的口号，什么打倒帝国主义等等。"当时流行。亦即"时兴"。

285【折本】鲁迅《华盖集续编及续编的续编·"死地"》："似乎还不算是很大的折本。"亏本。折(shé)，亏损。

286【辣手】鲁迅《华盖集续编及续编的续编·空谈》："这样的辣手，只要略有人气者，是万万预想不到的。"手段毒辣。

287【多嘴】鲁迅《华盖集续编及续编的续编·空谈》："所以我们也不敢来多嘴。"多讲，多说。越语中另有"多说多话"、"多嘴多舌"的话。

288【平生不作亏心事，夜半敲门不吃惊】鲁迅《华盖集续编及续编的续编·无花的蔷薇之三》："'平生不作亏心事，夜半敲门不吃惊。'"亏心事,令人感到内疚的事。

289【让去】鲁迅《华盖集续编及续编的续编·马上日记》:
"将五分钱让去。"减少。常用于钱币进出的事情上,有时也说成
"让掉"。

290【工夫】鲁迅《华盖集续编及续编的续编·马上日记》:
"许多工夫之后,他走了。"时间。"许多工夫"指好长一段时间。

291【记得起来】鲁迅《华盖集续编及续编的续编·马上日
记》:"今年又记得起来。"记起来。但越语往往加一"得"字。另
有"想得起来",情形相同。

292【疑心病】鲁迅《华盖集续编及续编的续编·马上支日
记》:"但这也许是我自己的疑心病。"过于多疑。越中有"疑心病
蛮重"的话。

293【头昏眼花】鲁迅《华盖集续编及续编的续编·马上支
日记》:"便轰的一声,飞得你头昏眼花。"头脑昏晕,眼睛发花。

294【字纸篓】鲁迅《华盖集续编及续编的续编·马上支日
记》:"已经团入字纸篓里的了。"丢弃写过字的废纸的竹篓。在
丢弃前总把它揉成"团"。团在这里当动词用。

295【清福】鲁迅《华盖集续编及续编的续编·马上支日
记》:"人倘能够'超然象外',看看报章,倒也是一种清福。"清闲
安适的生活。

296【贪财】鲁迅《华盖集续编及续编的续编·马上支日

记》:"过度的俭省和不正的贪财。"贪图钱财。

297【撑场面】鲁迅杂文《华盖集续编及续编的续编·马上支日记》:"出于本心的分量,倒还是撑场面的分量多。"勉强支撑着局面。

298【戏场小天地,天地大戏场】鲁迅《华盖集续编及续编的续编·马上支日记》:"相传为戏台上的好对联,是'戏场小天地,天地大戏场'。大家本来看得一切事不过是一出戏,有谁认真的,就是蠢物。"

299【可恶】鲁迅《华盖集续编及续编的续编·马上支日记》:"这样的人物,从中国人看来也就已经可恶(kěwù)了。"令人厌恶。越语有"可恶之极"的话。

300【拉倒】鲁迅《华盖集续编及续编的续编·马上支日记》:"现在这书既然借不到,只好拉倒了。"作罢。

301【会稽竹箭】鲁迅《华盖集续编及续编的续编·马上支日记》:"会稽至今多竹。竹,古人是很宝贵的,所以曾有'会稽竹箭'的话。"晋戴凯之《竹谱》:"箭竹,高者不过一丈,节间三尺,坚劲中矢,江南诸山皆有之,会稽所生最精好。故《尔雅》云:东南之美者,有会稽之竹箭焉。"

302【费周折】鲁迅《华盖集续编及续编的续编·马上支日记》:"要得结论,还很费周折罢。"费时费事。周折:曲折,不顺利。

303【醉虾】鲁迅《华盖集续编及续编的续编·马上支日

记》："在燉,蒸,煨的烂熟的肴馔中间,夹着一盘活活的醉虾。"将活虾剪去须和脚,放在碟子里,加上酱油、老酒,盖上盖,过上片刻即可食用。据说为下酒妙品。作者又在杂文《而已集·答有恒先生》中说："中国的筵席上有一种'醉虾',虾越鲜活,吃的人便越高兴,越畅快。"因为这时的虾还未全死,只是"醉"而已。

304【岔开】鲁迅《华盖集续编及续编的续编·马上支日记》："后来也常常想到,但总为别的事情岔开。"分开。俗语有"三岔路口"。

305【灰茭】鲁迅《华盖集续编及续编的续编·马上日记之二》："茭白的心里有黑点的,我们那里称为灰茭,虽是乡下人也不愿意吃,北京却用在大酒席上。"通称"灰茭白",又叫"乌心茭白"。

306【逞威风】鲁迅《华盖集续编及续编的续编·记"发薪"》："人是也总爱逞逞威风的。"即所谓"耍派头"。

307【呷】鲁迅《华盖集续编及续编的续编·记"发薪"》："譬如一碗酸辣汤,耳闻口讲的,总不如亲自呷一口的明白。"喝,方言读 hē。

308【一帆风顺】鲁迅《华盖集续编及续编的续编·记"发薪"》："拿出条子去,签了名,换得钱票,总算一帆风顺。"顺顺当当。旧时对出门人常用的祝颂语。

309【心广体胖】鲁迅《华盖集续编及续编的续编·记"发薪"》："殊不知'心广体胖'的还不在少呢。"通常说成"心宽体胖"。

310【几里古鲁】鲁迅《华盖集续编及续编的续编·记谈话》:"这样的几里古鲁了一年多。"象声词。小声说话,但又听不清楚,近于所谓"腹诽"。

311【懒】鲁迅《华盖集续编及续编的续编·厦门通信》:"我到此快要一个月了,懒在一所三层楼上。"停留着不动。有"耍赖"的意思。

312【癞虾蟆】鲁迅《华盖集续编及续编的续编·厦门通信》:"这块像老虎,那块像癞虾蟆,那一块又像什么什么……"即虾蟆。俗语有"癞虾蟆想吃天鹅肉"的话。

313【吃水】鲁迅《华盖集续编及续编的续编·厦门通信》:"我清早望见许多小船,吃水很重。"浸在水里的部分。似专用于船只。常说"吃水很深"。周建人在《略讲关于鲁迅的事情·鲁迅任绍兴师范学校校长的一年》中说:"船吃水很深,可见人是装的满满的。"

314【一年到头】鲁迅《华盖集续编及续编的续编·厦门通信二》:"四时皆春,一年到头请你看桃花。"从年头到年尾,亦即整年。

315【桃之夭夭】鲁迅《华盖集续编及续编的续编·厦门通信二》:"决不会每天做一首'桃之夭夭'的。"原是《诗经·周南·桃夭》中的一句诗,"桃"与"逃"同音,所以民间借了来作为"逃得无影无踪"的意思用。

316【轻描淡写】鲁迅《而已集·黄花节的杂感》:"轻描淡

写，和我所知道的差不多，于我并不能有所裨益。"不是用力描写或叙述。也就是不痛不痒地说上几句。

317【连累】鲁迅《而已集·略论中国人的脸》："但这些都是满洲人连累我们的。"因事牵连别人，使别人也受到损害。

318【推宕】鲁迅《而已集·革命时代的文学》："这学校是邀过我好几次了，我总是推宕着没有来。"推托、拖延。宕（dàng）：拖延。

319【稳当】鲁迅《而已集·革命时代的文学》："这实在是一件很稳当的买卖。"安稳妥当。

320【青黄不接】鲁迅《而已集·革命时代的文学》："因为中国革命还没有成功，正是青黄不接，忙于革命的时候。"原指豆麦还未成熟，而陈粮已经吃完。《元典章》："诏云：'正是青黄不接之际。'"

321【咬着牙关】鲁迅《而已集·通信》："我只好咬着牙关背了'战士'的招牌走进房里去。"表示坚忍。也说"咬住牙关"、"咬紧牙关"。

322【平平心】鲁迅《而已集·通信》："所以写一点出来，给憎恶我的先生们平平心——"犹得到一点安慰。

323【情有可原】鲁迅《而已集·答有恒先生》："你也就可以原谅我吓得不敢开口之情有可原了罢。"揆诸情理，可以原谅。

324【熬不住】鲁迅《而已集·反"漫谈"》："我一向对于《语

丝》没有恭维过,今天熬不住要说几句了。"忍耐不住。多数说"熬不牢"。

325【书呆子】鲁迅《而已集·反"漫谈"》:"倘再有以上或更深的希望或要求,不是书呆子,就是不安分。"不明事理的读书人。也称"书毒头"。

326【实情】鲁迅《而已集·革"首领"》:"后来终于出了一本《华盖集》,也是实情。"实际情况。

327【口风】鲁迅《而已集·革"首领"》:"后来看'现代派'的口风,仿佛以为这话是我写的。"谈话中透露出一点意思来。

328【元气】鲁迅《而已集·谈"激烈"》:"倒也并非如上海保安会所言,怕'中国元气大损'。"犹"精神"或"生命力"。

329【千里不同风,百里不同俗】鲁迅《而已集·谈"激烈"》:"'千里不同风,百里不同俗。'这里以为平常的,那边就算过激。"各地风俗不同。

330【瘟头瘟脑】鲁迅《而已集·谈"激烈"》:"愤激便有揭竿而起的可能,而'可叹也夫'则瘟头瘟脑……"犹"垂头丧气"。作者在《致王冶秋》的信中说:"'挫折'是可以改为'萎'的,我们那里叫'瘟',一音之转。"越语另有"萎瘪瘪"这句话。

331【发火】鲁迅《而已集·扣丝杂感》:"检查员也同此例,久而久之,就要发火。"恼火。

332【巴结】鲁迅《而已集·扣丝杂感》:"但同时也就发生了

54

胡乱的矫诏和过度的巴结,而晦气的人物呀,刊物呀,植物呀,则于是乎遭灾。"趋炎附势,极力奉承。

333【遭灾】鲁迅《而已集·扣丝杂感》:"但同时也就发生了胡乱的矫诏和过度的巴结,而晦气的人物呀,刊物呀,植物呀,则于是乎遭灾。"遭受灾难。

334【江山好改,本心难移】鲁迅《而已集·"意表之外"》:"但'江山好改,本心难移'。"普通作"江山易改,秉性难移"。元武汉臣《玉壶春》剧:"则你那本性也移,山河易改,雄心犹在。"《杀狗记》剧:"正所谓'江山易改,禀性难移。'"

335【充公】鲁迅《而已集·新时代的放债法》:"倘若他一提倡共产,你的产业便要充公了。"没收归公。

336【本事】鲁迅《而已集·魏晋风度及文章与药及酒之关系》:"曹操是一个很有本事的人。"本领。

337【祸根】鲁迅《而已集·魏晋风度及文章与药及酒之关系》:"这也是嵇康杀身的一条祸根。"灾难的根源。

338【死症】鲁迅《三闲集·序言》:"'杂感'之于我,有些人固然看作'死症'。"绝症。

339【拖延】鲁迅《三闲集·序言》:"因此拖延了大半年。"拖长时间,不立即办理。

340【精光】鲁迅《三闲集·序言》:"一任它烧得精光。"一无所有。周作人著《老虎桥杂诗·儿童生活诗十一》:"带得茶壶上学堂,生书未熟水精光。"一点不剩。

341【直白】鲁迅《三闲集·无声的中国》:"将自己的思想,感情,直白地说出来。"直截了当,坦坦白白。

342【瓜葛】鲁迅《三闲集·'醉眼'中的朦胧》:"和他们已有瓜葛。"瓜和葛都是蔓生植物,能缠绕或攀附在别的物体上,比喻人彼此有拉扯牵连的关系。

343【沸沸扬扬】鲁迅《三闲集·路》:"上海的文界今年是恭迎无产阶级文学使者,沸沸扬扬,说是要来了。"像烧开的水一样沸腾着,多形容议论的喧闹。

344【大王好见,小鬼难当】鲁迅《三闲集·路》:"现在的人间也还是'大王好见,小鬼难当'的处所。"也作"阎王好见,小鬼难当。"

345【路远迢迢】鲁迅《三闲集·头》:"就不至于路远迢迢,将他的头挂给中国人看。"路途遥远。

346【活剥】鲁迅《三闲集·头》:"当三个有闲之暇,活剥一首来吊卢骚。"生吞活剥,亦即生搬硬套。

347【糊口】鲁迅杂文《三闲集·通信》:"我在先前,本来也还无须卖文糊口的。"勉强维持生活。

348【又好气又好笑】鲁迅《三闲集·通信》:"对于这些舆论,我虽然又好气又好笑,但也颇有些高兴。"气,生气。

349【气量】鲁迅《三闲集·我的态度气量和年纪》:"据说错处有三:一是态度,二是气量,三是年纪。"犹"肚量",即容忍谦让的限度。

350【尖酸刻薄】鲁迅《三闲集·我的态度气量和年纪》:"从我看来,'尖酸刻薄'之处也不少。"尖酸:说话带刺,使人难受;刻薄:(待人、说话)冷酷无情。

351【一声不响】鲁迅《三闲集·我的态度气量和年纪》:"他虽然看见正直,却一声不响。"一句话不说。

352【累赘】鲁迅《三闲集·叶永蓁作〈小小十年〉小引》:"我所感到累赘的只是说理之处过于多。"多余,麻烦。

353【作梗】鲁迅《三闲集·叶永蓁作〈小小十年〉小引》:"然而从中作梗的还有许多新名词。"从中阻挠,使事情不能顺利进行。

354【敲竹杠】鲁迅《三闲集·流氓的变迁》:"是因为她要敲人们竹杠。"借某种口实抬高价格或索取财物。方言读"敲"为"拷",如周作人在《立春之前·医师礼赞》中说:"假如他要大拷竹杠,也就不见得可以礼赞。"

355【码洋】鲁迅《三闲集·书籍和财色》:"书籍用实价,废去'码洋'的陋习。"虚价。是可以讨价还价的。

356【草窠】鲁迅《二心集·序言》:"焦先曾经居住的那样的草窠,大约和现在江北穷人手搭的草棚相仿,不过还要小。"另有俗语云:"外面金窠银窠,弗如屋里哺(附)草窠。"

357【含血喷人】鲁迅《二心集·序言》:"所以含血喷人,已成了中国士君子的常经。"比喻捏造事实,诬赖别人。

358【生造】鲁迅《二心集·"硬译"与"文学的阶级性"》:"例如唐译佛经,元译上谕,当时很有些'文法句法词法'是生造的。"即同文底下所说的"硬造":"现在又来了'外国文',许多句子,即也须新造,——说得坏点,就是硬造。"

359【阿狗阿猫】鲁迅《二心集·"硬译"与"文学的阶级性"》:"至于称社会科学的翻译者为'阿狗阿猫',其愤愤有如此。"即随便什么人。有时也说成"阿猫阿狗"。含贬义。

360【枉然】鲁迅《二心集·习惯与改革》:"只枉然失了一条辫子。"即徒然,白白地。

361【人手】鲁迅《二心集·对于左翼作家联唰盟的意见》:"现在人手实在太少了。"人员、人马。

362【精瘦】鲁迅《二心集·"丧家的""资本家的乏走狗"》:"即使无人豢养,饿的精瘦。"消瘦之极。越语常说"精精瘦"和"一副骨头一瓣皮"。

363【夹脸】鲁迅《二心集·"民族主义文学"的任务与运命》:"夹脸就给他一箭。"正对着脸。另有"夹头夹脑"、"夹手夹脚",也是这个意思。

364【送丧】鲁迅《二心集·"民族主义文学"的任务与运命》:"他们将只尽些送丧的任务。"送葬。

365【牢靠】鲁迅《二心集·知难行难》:"做皇帝做牢靠和做倒霉的时候。"牢固、靠得住。倒霉:遇事不利。

366【直说】鲁迅《二心集·野草英文译本序》:"因为那时难于直说,所以有时措辞就很含糊了。"方言有"直话直说"。即不避不忌,是怎样就怎样说。

367【路数】鲁迅《二心集·关于翻译的通信》:"一种新的'路数'(Type)——文雅的译法叫做典型。"路子、模样。

368【开过口】鲁迅《二心集·回信》:"至今没有开过口。"说过话。

369【剩落】鲁迅《二心集·回信》:"渣滓就剩落在过去里。"犹遗忘。

370【眼熟】鲁迅《二心集·回信》:"即使眼熟,也不必尽是采用。"有点认识。

371【不入调】鲁迅《南腔北调集·题记》:"我不会说绵软的苏白,不会打响亮的京腔,不入调,不入流,实在是南腔北调。"语调不标准。另有"弗入调"一语,却作"不够格"解释。作者在致徐懋庸信中说:"'不够格'我记得是北方的通行话,但南方人不懂,'弗入调'则北边人不懂的,在南边,恐怕也只有绍兴人深知其意,否则是可以用的。"

372【配对】鲁迅杂文《南腔北调集·题记》:"准备和还未成书的将来的《五讲三嘘集》配对。"配成一对。

373【恶毒】鲁迅《南腔北调集·辱骂和恐吓决不是战斗》："别德纳衣的诗虽然自认为'恶毒'。"阴险狠毒。

374【势利眼】鲁迅《南腔北调集·祝中俄文字之交》："这可见我们的读者大众，是一向不用自私的'势利眼'来看俄国文学的。"作风势利的人。势利：形容以金钱、地位作为标准对待人的态度。

375【拗口】鲁迅《南腔北调集·我怎样做起小说来》："自己觉得拗口的，就增删几个字，一定要它读得顺口；没有相宜的白话，宁可引古语，希望总有人会懂，只有自己懂得或连自己也不懂的生造出来的字句，是不大用的。"即不"顺口"。所谓"佶屈聱牙"。

376【坏货】鲁迅《南腔北调集·谈金圣叹》："因为他早被官绅们认为坏货了的缘故。"即坏人。

377【空肚鸭】鲁迅《南腔北调集·谈金圣叹》："每一掉换，农民们便愁苦着相告道：'怎么好呢？又换了一只空肚鸭来了！'"形容贪官。欲壑难填，像一只空肚鸭。

378【空荡荡】鲁迅《南腔北调集·大家降一级试试看》："误译的人们洁身远去，出版界上空荡荡了。"空无所有。

379【胚子】鲁迅《南腔北调集·大家降一级试试看》："只配做个译注者的胚子，却踞着高座，昂然说法了。"材料。指人品卑下者。

380【树倒猢狲散】鲁迅《南腔北调集·沙》："就如猢狲的上树,'树倒猢狲散',另外还有树,他们决不会吃苦。"失去了靠山,大家也就只得走散。

381【挂羊头卖狗肉】鲁迅《南腔北调集·祝〈涛声〉》："还有消息奖,'挂羊头卖狗肉'也成了过去的事。"借好名义做坏事。

382【拼死拼活】鲁迅《南腔北调集·祝〈涛声〉》："《涛声》上常有赤膊打仗,拼死拼活的文章"。拼着命干。

383【乱烘烘】鲁迅《南腔北调集·上海的儿童》："真是一个乱烘烘的小世界。"声音嘈杂。烘烘,也写作"哄哄"。

384【即即足足】鲁迅《南腔北调集·"论语一年"》："譬如有一堆蛆虫在这里罢,一律即即足足,自以为是绅士淑女……"象声词。指蛆虫发"作"的声音。

385【刻薄】鲁迅《南腔北调集·"论语一年"》："只闻其骚音怨音以及刻薄刁毒之音。"冷酷无情。

386【谣言】鲁迅《南腔北调集·谣言世家》："但是,可惜是谣言。"没有事实根据的消息。

387【受人一饭,听人使唤】鲁迅《南腔北调集·关于妇女解放》："俗语说:'受人一饭,听人使唤',就是这。"亦作"吃他一碗,听他使唤"。得了别人的好处,就不得不听从别人摆布。

388【眼格】鲁迅《南腔北调集·作文秘诀》："从小看惯书籍纸笔,眼格也许比较的可以大一点罢。"犹眼界。或曰"视野"。

389【刻毒】鲁迅《伪自由书·从讽刺到幽默》："俏皮话,刻毒,可恶……"酷刻毒辣。

390【讨便宜】鲁迅《伪自由书·从讽刺到幽默》："即堕入传统的'说笑话'和'讨便宜'。"存心占便宜。周作人在《苦竹杂记·入厕读书》中说:"小时候听祖父说,北京的跟班有一句口诀云,老爷吃饭快,小的拉矢快,跟班的话里含有一种讨便宜的意思,恐怕也是事实。"

391【替代】鲁迅《伪自由书·从幽默到正经》："于是他就不免寻求敌人的替代。"传说中恶鬼找人作替身谓之"讨替代"。后专指替别人受罪顶过的人为替代。周作人在《知堂集外文〈亦报〉随笔·河伯与龙王》中说:"水里的鬼神如河伯龙王现今都不为害,只有溺鬼讨替代一种迷信,大概在民间还很普遍的存在而且当作故事谈吧。"

392【松松爽爽】鲁迅《伪自由书·"以夷制夷"》："他们自己倒是不做恶人的,只是松松爽爽的送给华人。"轻松爽快。

393【探头探脑】鲁迅《伪自由书·言论自由的界限》："还有几位拿着马粪,前来探头探脑的英雄。"不断伸出头来,却又怕被人发觉的模样。另有"鬼头鬼脑"一语,意思与此相仿。

394【敲边鼓】鲁迅《伪自由书·文章与题目》："每天又有帮闲的敲边鼓。"比喻从旁帮腔,以助长声势。

395【掏腰包】鲁迅《伪自由书·不负责任的坦克车》："然而也有人惴惴然,唯恐又要掏腰包。"拿出钱来。

396【横冲直撞】鲁迅《准风月谈·推》:"我们在上海路上走,时常会遇见两种横冲直撞,对于对面或前面的行人,决不稍让的人物。"乱冲乱闯。《水浒传》五十四回:"那连环马军,漫山遍野,横冲直撞将来。"撞,读上声。

397【人山人海】鲁迅《准风月谈·推》:"据说去看的又有万余人,人山人海。"形容人多。

398【二花脸】鲁迅《准风月谈·二丑艺术》:"浙东的有一处的戏班中,有一种脚色叫作'二花脸',译得雅一点,那么,'二丑'就是。他和小丑的不同,是不扮横行无忌的花花公子,也不扮一味仗势的宰相家丁,他所扮演的是保护公子的拳师,或是趋奉公子的清客。总之:身分比小丑高,而性格却比小丑坏。"作者又说:"义仆是老生扮的,先以谏诤,终以殉主;恶仆是小丑扮的,只会作恶,到底灭亡。而二丑的本领却不同,他有点上等人模样,也懂些琴棋书画,也来得行令猜谜,但倚靠的是权门,凌蔑的是百姓,有谁被压迫了,他就来冷笑几声,畅快一下,有谁被陷害了,他又去吓唬一下,吆喝几声。不过他的态度又不常常如此的,大抵一面又回过脸来,向台下的看客指出他公子的缺点,摇着头装起鬼脸道:你看这家伙,这回可要倒楣哩!"

399【生意清淡】鲁迅《准风月谈·偶成》:"结果是茶馆主人遭殃,生意清淡了。"买卖不兴旺。

400【爬塌】鲁迅《准风月谈·偶成》:"台上群玉班,台下都走散。连忙关庙门,两边墙壁都爬塌(平声)。"因攀越而倒塌。另有"乡下大娘吃橄榄,草屋都爬塌"的话。

401【馄饨担】鲁迅《准风月谈·偶成》:"台上群玉班,台下都走散。连忙关庙门,两边墙壁都爬塌(平声),连忙扯得牢,只剩下一担馄饨担。"卖馄饨者扛的担仗,用竹竿做成,状如骆驼,所以苏州人叫"骆驼担"。骆驼担是把灶具、碗盘、食物全放在担子上。小贩一边挑着担一边敲着竹梆,发出"笃笃笃"的声响,人们听到这声响就知道卖馄饨的人来了。

402【脸孔一翻】鲁迅《准风月谈·"吃白相饭"》:"脸孔一翻,化为威吓。"一变脸。多作贬义讲。另有"翻脸不认人"的话。

403【白相饭】鲁迅《准风月谈·"吃白相饭"》:"因为他还直直落落的告诉人们说,'吃白相饭的!'"白相即白相人,游手好闲,为非作歹的人,也就是流氓。

404【堕民】鲁迅《准风月谈·我谈"堕民"》:"我只要说,在绍兴的堕民,是一种已经解放了的奴才,这解放就在雍正年间罢,也说不定。所以他们是已经都有别的职业的了,自然是贱业。男人们是收旧货,卖鸡毛,捉青蛙,做戏;女的则每逢过年过节,到她所认为主人的家里去道喜,有庆吊事情就帮忙,在这里还留着奴才的皮毛,但事毕便走,而且有颇多的犒赏,就可见是曾经解放过的了。"又说:"每一家堕民所走的主人家是有一定的,不能随便走;婆婆死了,就使儿媳妇去,传给后代,恰如遗产的一般;必须非常贫穷,将走动的权利卖给了别人,这才和旧主人断绝了关系。"

405【出风头】鲁迅《准风月谈·诗和预言》:"以至于现在还有'伪'溥仪出风头的日子。"出头露面显示自己。

406【打折扣】鲁迅《准风月谈·豪语的折扣》:"凡作者的自

述,往往须打一个折扣。"降低商品的定价(出售)。折(zhé)扣:买卖货物时,照标价减去一个数目,减到原标价的十分之几叫做几折或几扣。

407【有口无心】鲁迅《准风月谈·豪语的折扣》:"说的是有口无心,听的也不以为意。"说的未必是心里想的。俗语说:"小和尚经,有口无心。"

408【揩油】鲁迅《准风月谈·"揩油"》:"'揩油',是说明着奴才的品行的全部的。"占别人的便宜。同文又说:"设法向妇女调笑几句,或乘机摸一下,也谓之'揩油',这虽然不及对于金钱的名正言顺,但无大损于被揩者则一也。"

409【名正言顺】鲁迅《准风月谈·"揩油"》:"设法向妇女调笑几句,或乘机摸一下,也谓之'揩油',这虽然不及对于金钱的名正言顺,但无大损于被揩者则一也。"名义正当,道理也讲得通。

410【打开天窗说亮话】鲁迅《准风月谈·"揩油"》:"打开天窗说亮话,其实,所谓'高等华人'也者,也何尝逃得出这模子。"比喻毫无隐瞒地公开说出来。

411【空口说白话】鲁迅《准风月谈·我们怎样教育儿童的?》:"盖亦知易行难,遂只得空口说白话,而望垦辟于健者也。"没有实际效果。垦辟:开荒辟地。《旧唐书·宪宗纪》:"裴度曰:'君子小人,观其所行,当自区别。'上曰:'卿等既言之,当行之,勿空口说。'"《通俗编》引此,有"空口说白话"之语。

412【一榻括子】鲁迅《准风月谈·各种捐班》:"贩卖古董的

少爷和商人，也都一塌括子的收进去了。"全都。杭州有"一股脑儿"的话。

413【脚色】鲁迅《准风月谈·帮闲法发隐》："这位打诨的脚色，却变成了文学者。"人物，但往往含有贬义。但有时也作褒义用，如"倒是个脚色"。

414【放焰口】鲁迅《准风月谈·新秋杂识》："这是在放焰口，施饿鬼。到了盂兰盆节了，饿鬼和非饿鬼，都从阴间跑出。"旧俗七月十五中元节延僧尼结盂兰盆会，诵经施食，称为放焰口。盂兰盆：盂兰，梵语为乌蓝婆拏，意译为救倒悬。盆为食器。谓置百味五果于盂兰盆中，供养众佛僧，仰佛僧的恩光，以解脱饿鬼的倒悬之困。

415【倒霉】鲁迅《准风月谈·男人的进化》："后来不知怎的，女人就倒了霉。"遇事不利。也写作"倒楣"。

416【心甘情愿】鲁迅《准风月谈·男人的进化》："至于男人会用'最科学的'学说，使得女人虽无礼教，也能心甘情愿地从一而终。"心甘，即"甘心"。

417【翻筋斗】鲁迅《准风月谈·电影的教训》："爱看的是翻筋斗，跳老虎……"通常写作"翻跟头"。周冠五在《鲁迅家庭家族和当年绍兴民俗·三台门的遗闻佚事》中说："善翻空心筋斗，尤善'叶子(足手着地，侧身旋转翻进像风车叶子的旋转那样)，常从秋官第疾翻到福彭桥'。"据他说，"打虎跳(即翻叶子的又一名词)"。

418【稳妥】鲁迅《准风月谈·打听印象》："这最稳妥。"稳当;可靠。

419 【赌气】鲁迅《花边文学·序言》:"我本也可以就此搁笔,但为了赌气,却还是改些作法,换些笔名,托人抄写了去投稿。"因为心有不满,故意与之对着干。

420 【闷棍】鲁迅《花边文学·序言》:"对于同人,是回避他背后的闷棍。"冷不防给予狠狠的一棍。

421 【家私】鲁迅《花边文学·漫骂》:"也有争家私,夺遗产的。"家产(家里的私有财产)。

422 【搪塞】鲁迅《花边文学·"小童挡驾"》:"即使到了紧要关头,也还是什么'木兰从军','汪踦卫国',要推出'女子与小人'去搪塞的。"敷衍塞责。

423 【腰骨笔挺】鲁迅《花边文学·洋服的没落》:"这是因为大家要维新,要便捷,要腰骨笔挺。"腰骨挺直。

424 【涎脸】鲁迅《花边文学·小品文的生机》:"单是黑头涎脸扮丑脚。"即"涎皮赖脸"的意思。

425 【生吞活剥】鲁迅杂文《花边文学·刀"式"辩》:"因为生吞活剥的模样,实在太明显了。"比喻生硬地接受或机械地搬用(别人的理论、经验、方法等)。

426 【趁队起哄】鲁迅杂文《花边文学·一思而行》:"其实,则趁队起哄之士,今年也和去年一样,数不在少的。"和大伙一起作乱。

427【开导】鲁迅《花边文学·推己及人》:"有一位诗人开导我,说是愚众的舆论,能将天才骂死。"启发教导。

428【识水性】鲁迅《花边文学·水性》:"这一种能浮水的本领,俗语谓之'识水性'。"能游泳。作者又说:"这'识水性',如果用了'买办'的白话文,加以较详的说明,则:一,是知道火能烧死人,水也能淹死人,但水的模样柔和,好像容易亲近,因而也容易上当;二,知道水虽能淹死人,却也能浮起人,现在就设法操纵它,专来利用它浮起人的这一面;三,便是学得操纵法,此法一熟,'识水性'的事就完全了。"

429【好手】鲁迅《花边文学·水性》:"救者倘不是好手,便只好连自己也沉下去。"特别擅长(游泳)的人。

430【鲁里鲁苏】鲁迅《花边文学·玩笑只当它玩笑(下)》:"他讨伐的不是白话的'反而难懂',是白话的'鲁里鲁苏'。"通常写作"噜里噜唆"。

431【人怕出名猪怕壮】鲁迅《花边文学·趋时和复古》:"但是,'人怕出名猪怕壮',他这时也要成为包起来作为医治新的'趋时'病的药料了。"

432【夹屁股】鲁迅《花边文学·趋时和复古》:"晦气也夹屁股跟到。"紧跟着。晦气:亦即"倒霉",与"运气"相反。

433【晚快边】鲁迅《花边文学·安贫乐道法》:"到晚快边就一定筋疲力倦,受伤的事情是大底出在那时候的。"即傍晚。另有"旰快边",即快到中午。

434【沸反盈天】鲁迅《花边文学·迎神与咬人》:"天师作法,长官禁屠,闹得沸反盈天。"形容喧哗吵闹,乱成一团。

435【累坠】鲁迅《花边文学·"大雪纷飞"》:"这不过特别弄得累坠。"即"累赘"。

436【花枪】鲁迅《花边文学·"大雪纷飞"》:"这不过特别弄得累坠,掉着要大众语丢脸的花枪。"花招。

437【绣花枕头】鲁迅《花边文学·"大雪纷飞"》:"他们对于胡说的人们,却有一个谥法:绣花枕头。"虚有其表。另有俗语云:"绣花枕头烂稻草。"

438【屁眼】鲁迅《花边文学·商贾的批评》:"翘起了尾巴,露出他的屁眼。"又叫"屁股眼",如同文中说:"亚波理奈尔咏孔雀,说它翘起尾巴,光辉灿烂,但后面的屁股眼也露出来了。"即"肛门"。

439【挖空心思】鲁迅《花边文学·考场三丑》:"例如问'十三经'是什么,文天祥是那朝人,全用不着自己来挖空心思做。"费尽脑汁。贬义词。

440【独脚戏】鲁迅《且介亭杂文·论"旧形式的采用"》:"要某一专家唱独脚戏。"也说成"独角戏"。只有一个角色的戏,比喻一个人做一般不是一个人做的工作。

441【不管三七二十一】鲁迅《且介亭杂文·拿来主义》:"先是不管三七二十一,'拿来'!"亦作"不管三七廿一"。不顾一切;

不问是非情由。亦表示决心很大。

442【耳边风】鲁迅《且介亭杂文·门外文谈开头》:"当时只凭记忆,乱引古书,说话是耳边风。"意谓没有听进去,像风从耳边吹过一样。

443【裤带上打一个结】鲁迅《且介亭杂文·门外文谈三》:"我们那里的乡下人,碰到明天要做一件紧要事,怕得忘记时,也常常说:'裤带上打一个结!'"可见上古有过结绳记事这回事。

444【少见多怪】鲁迅《且介亭杂文·门外文谈三》:"在少见多怪的原始社会里,有了这么一个奇迹,那轰动一时,就可想而知了。"由于见闻少,遇见平常的事情也感到奇怪。

445【眼花】鲁迅《且介亭杂文·门外文谈八》:"看起来会眼花。"看不清楚。另有俗语云:"眼花六花,猫拖酱瓜。"

446【谋财害命】鲁迅《且介亭杂文·门外文谈八》:"无端的消耗别人的时间,其实是无异于谋财害命的。"强盗的行为。

447【乘风凉】鲁迅《且介亭杂文·门外文谈八》:"不过像我们这样坐着乘风凉,谈闲天的人们,可又是例外。"即"纳凉"。热天在凉快透风的地方休息。作者在小说《风波》开头写道:"面河的农家的烟突里,逐渐减少了炊烟,女人孩子们都在自己门口的土场上泼些水,放下小桌子和矮凳;人知道,这已经是晚饭时候了。"这也就是所谓"乘风凉",虽然风未必有。

448【炼话】鲁迅《且介亭杂文·门外文谈九》:"方言土语里,很有些意味深长的话,我们那里叫'炼话',用起来是很有意思的,恰如文言的用典故,听者也觉得趣味津津。"精炼的语言,如谚语就是。

449【冷话】鲁迅《且介亭杂文·门外文谈十》:"倘有语言无味,偏爱多嘴的人,大家是不要听的,还要送给他许多冷话——讥刺。"越语中还有"冷言冷语"的话。

450【扳谈】鲁迅《且介亭杂文·说"面子"》:"人们都以能够和他扳谈为荣。"即"攀谈"。拉扯闲谈。

451【应应急】鲁迅《且介亭杂文·随便翻翻》:"我自己,是因为懂一点日本文,在用日译本《世界史教程》和新出的《中国社会史》应应急的。"应付迫切的需要。

452【嬉皮笑脸】鲁迅《且介亭杂文二集·漫谈"漫画"》:"那结果也不会仅是嬉皮笑脸。"不正经的样子。与"油腔滑调"有些相似。

453【一目了然】鲁迅《且介亭杂文二集·漫谈"漫画"》:"漫画要使人一目了然。"一眼就能看清楚。

454【一鼻孔出气】鲁迅《且介亭杂文二集·《中国新文学大系》小说二集序》:"正是和讨伐'垄断文坛'者的大军一鼻孔出气的檄文。"比喻持有同样的态度和主张(贬义)。

455【老虔婆】鲁迅《且介亭杂文二集·非有复译不可》:"他像后街的老虔婆一样。"虔婆:宋元人常骂妇女为虔婆,亦指妓院的鸨母。

456【哑子吃黄连】鲁迅杂文《且介亭杂文二集·"京派"和"海派"》:"到处跟着他祈求,礼拜,拜得他'哑子吃黄连'——有苦说不出。"《传习录》:"刘观时问:'未发之中,请得略示气象否?'先生曰:'哑子吃苦瓜,与你说不得。'"《琵琶记》剧:"正是哑子漫尝黄柏味,难将苦口向人言。"《春灯谜》剧:"哑口黄连,捱不过度日如年。"《通俗编》:"哑子吃黄连,说不出的苦。"

457【断气】鲁迅《且介亭杂文二集·"京派"和"海派"》:"自说看见了天国,不久就断气了。"死;咽气。

458【心灰意懒】鲁迅《且介亭杂文二集·"京派"和"海派"》:"刚到中年,就自叹道'我是心灰意懒了'的死样活气来。"灰心丧气,意志消沉。

459【死样活气】鲁迅《且介亭杂文二集·"京派"和"海派"》:"刚到中年,就自叹道'我是心灰意懒了'的死样活气来。"不死不活的样子。

460【刨花】鲁迅《且介亭杂文二集·弄堂生意古今谈》:"润发的刨花。"所谓刨花,就是两寸宽、一尺多长的榆树薄皮。榆树含丰富的胶质,制成刨花浸泡在清水中就成了"刨花水"。那时女的梳头、男的留辫子,每天都少不了这粘而不腻的"刨花水"。

461【破落户】鲁迅《且介亭杂文二集·文坛三户》:"所以这文坛,从阴暗这方面看起来,暂时大约还要被两大类子弟,就是'破落户'和'暴发户'所占据。"指先前有钱有势而后来败落的人家。

462【暴发户】鲁迅《且介亭杂文二集·文坛三户》:"所以这

文坛,从阴暗这方面看起来,暂时大约还要被两大类子弟,就是'破落户'和'暴发户'所占据。"指突然发财或得势(多含贬义)的人家。《儒林外史》五十三回:"徐九公子道:'也是那些暴发户人家,若是我家,他怎敢大胆!'"

463【拿摩温】鲁迅《且介亭杂文二集·题'未定草'(一至三)》:"有时也用几个音译字,如'那摩温','土司'之类。"即英语number one 的音译,意为第一号。

464【阿木林】鲁迅《且介亭杂文二集·四论"文人相轻"》:"即决定共同玩花样,还是用作'阿木林'之分来了。"容易上当受骗的人,即傻瓜。

465【眼热】鲁迅《且介亭杂文二集·四论"文人相轻"》:"目的是在引得蠢才眼热。"羡慕。另有"眼睛发红"的话,也就是眼热的意思。

466【庙头鼓】鲁迅《且介亭杂文二集·论毛笔之类》:"现在的青年,已经成了'庙头鼓',谁都不妨敲打了。"

467【榔头】鲁迅《且介亭杂文末编及附集·写于深夜里》:"他们用缝衣针插在他的指甲缝里,用榔头敲进去。"锤子。

468【作兴】鲁迅《且介亭杂文末编附集·"立此存照"(七)》:"近来的日报上作兴附'专刊',有讲医药的,有讲文艺的,有谈跳舞的。"通行。

469【应时】鲁迅《且介亭杂文末编附集·"立此存照"(七)》:"果然,发现了不忍删节的应时的名文。"适合时令的。

470【漏落】鲁迅《集外集·序言》:"但是,也有漏落的:是因为没有留存着底子,忘记了。"遗漏掉的。

471【两眼翻白】鲁迅《集外集·序言》:"将他诱进水里去,淹得他两眼翻白。"即死了。

472【发标】鲁迅《集外集·"说不出"》:"食客在膳堂里发标,伶人厨子,无嘴可开,只能怪自己没本领。"耍威风;发脾气。

473【随风倒】鲁迅《集外集·我来说'持中'的真相》:"后者则是'骑墙',或是极巧妙的'随风倒'了。"形容无主见,看哪一边势力大就靠向哪一边。

474【眼中钉】鲁迅《集外集·文艺与政治的歧途》:"文艺既然是政治家的眼中钉,那就不免被挤出去。"比喻心目中最痛恨、最讨厌的人。

475【三翻四复】鲁迅《集外集拾遗及补编·老调子已经唱完》:"总是三翻四复唱不完。"即反反复复。复作"覆"亦通。

476【耳膜起茧】鲁迅《集外集拾遗及补编·势所必至,理由固然》:"我们已经听得耳膜起茧了的议论。"听得使人感到厌烦。俗语则说:"耳朵皮起茧。"

477【涨红了面孔】鲁迅《集外集·桃花》:"我的话并没有得罪你,你怎的涨红了面孔!"面部充血。

478【火上添油】鲁迅《集外集·关于〈小说世界〉》:"所以这

些作品也再不能'火上添油',使中国人堕落得更厉害了。"也说"火上加油"。比喻使事态变得更为严重。

479【胎里疾】鲁迅《集外集·玄武湖怪人》:"两个明明是畸人,即绍兴之所谓'胎里疾';'大头汉'则是病人,其病是脑水肿。"即生下来就如此。

480【剥脸皮】鲁迅《集外集·'某'字的第四义》:"只是在无意中,却替这位'朋友'发表了'商情'之外,又剥了他的脸皮。"使人没面子。

481【仰东石杀】鲁迅《致许寿裳》:"所谓'现在世界真当仰东石杀者'之格言。"这是一句涉及"娘"的骂人的话。简缩之,即"娘杀"。后来竟成了有些人的口头禅,即使父子间交谈,也会你一句"娘杀",我一句"娘杀"的。作者曾在杂文《论他妈的》末了说:"但偶尔也有例外的用法,或表惊异,或表感服。我曾在家乡亲见乡农父子一同午饭,儿子指一碗菜向他父亲说:这不坏,妈的你尝尝看。那父亲回答道:我不要吃,妈的你吃去罢。则简直已经醇化为现在时行的'我的亲爱的'的意思了。"后来周作人写《从〈猥亵的歌谣〉谈起》,不仅引用了鲁迅的这番话,还说:"这件事我也知道,那个父亲是我们本家里三房的工人,我们平常叫他王富叔的,不过上边记录是用普通话的,原本乃是方言,须要略加说明。'他妈的'方言是'仰东硕杀',那可是除詈骂以外不能滥用,它的简称'仰杀'便不同了,可以转用于惊异感服,那父子的对话里用的便是这个,如自称则云'我个(意同这)仰杀'是也,或者上面加一个指词读若'克仰',那就是读书人也有用它作语助词的了。"刘大白在《故事的坛子》里还讲过这样一个故事:"绍兴有一个臭乡绅死了,很热闹地大开其吊。徐文长在这位臭乡绅生前,本是很反对他的;就是死后,他也并不曾接到他底讣闻。

然而臭乡绅开吊的这一天,他却送去一个挽额。丧家听说是徐文长送来的挽额,当然觉得有点惊奇。可是摊开一看,却是'硕德乃仰'四个大字,明明是景仰臭乡绅底硕德的;于是就把它高高挂在灵前。挂了不久,徐文长更亲自到来,向灵前吊奠。吊毕之后,就在灵前大声地向陪客(知宾)说道:'我这"硕德乃仰"硕得好吗?'说毕,就扬长而去。于是丧家才知道他底用意,赶紧把挽额除了下来。"

482【顺当】鲁迅《致胡适》:"第二个办法更为顺当。"顺利。也常说"顺顺当当"。

483【静落】鲁迅《致周作人》:"蚊子乱咬,不易静落也。"安静下来。也常说"静弗落来",即安静不下来。

484【黄胖捣年糕】鲁迅《致周作人》:"出力多而成绩恶,可谓黄胖捣年糕。"这是一句歇后语,下文是"出力不讨好"。

485【拖散】鲁迅《致官竹心》:"因为我家中人数甚多,所以容易拖散。"拿着走散。

486【魇子】鲁迅《致周作人》:"而熊系魇子,亦难喻以理或动之以情也。"范寅《越谚》写作"傪",注曰:"雁,呼如魇,谓不识好歹,不辨真伪。"

487【一天星斗】鲁迅《致许钦文》:"医生检查了一天星斗,从血液以至小便等等。"范寅《越谚》卷上《借喻之谚》第五有"一天星斗"一条,注释道:"杂乱难理。"

488【脚力】鲁迅《致章廷谦》:"扶梯就有一百九十二级,要练脚力,甚合式也。"常说"脚骨力"。即两腿的力气。

489【夏布衫】鲁迅《致韦素园、韦丛芜、李霁野》:"我初到时穿夏布衫。"一,夏布(即麻布)做的衣服;二,夏天穿的衣服,即"夏装"。周作人在《药堂语录·夜光珠》中说:"尝闻湖州友人说笑话云,有村妇早起劳作,叹息曰,那得比皇后娘娘快活,此刻想尚躺在蓝夏布帐子里,叫声太监,给我拿个柿陀来吃。"夏布也可以制成短衣或长衫,通称"夏布衫"。

490【荷包蛋】鲁迅《致章廷谦》:"然而煎荷包蛋,燉牛肉……"一种用鸡蛋或鸭蛋在油锅中煎成饺子似的食品,俗称荷包蛋。

491【瘟】鲁迅《致章廷谦》:"我觉他比先前,瘟得多了。"瘟即"萎",鲁迅在致徐懋庸信中说:"'挫折'是可改为'萎'的,我们那里叫'瘟',一音之转。"周遐寿在《鲁迅小说里的人物·闰土父子》中举过一个例子:作为小说《故乡》中的闰土的原型的人叫运水,他在结婚后与村上的一个寡妇要好,终于闹到离婚。有一次他到陶二峰处测字,测的不知是什么字,但运水垂头丧气而出,鲁迅便嘲笑他,说他瘟了,学陶二峰的话说他,使得他很窘。越中另有"萎瘪瘪"一语,意思与此相同。

492【破脸】鲁迅《致韦素园》:"既然破脸,也不必一定改掉了。"不顾情面,当面争吵。

493【拔出拳头】鲁迅《致韦素园》:"倘我退一步而他进一步,就只好拔出拳头来。"意思是向对方攻击。

494【鬼头鬼脑】鲁迅《致章廷谦》:"而鬼头鬼脑,没有'迎会'里面的可爱。"形容状貌猥琐，不大方。另有"贼头狗脑"，意思与此相同。

495【地头蛇】鲁迅《致章廷谦》："将一批批地挤出去，终于止留下旧日的地头蛇。"指当地的地痞流氓。

496【东倒吃羊头，西倒吃猪头】鲁迅《致章廷谦》："所谓'东倒吃羊头，西倒吃猪头'，苟延而已。"指随风倒的人，两边都能得到好处。

497【卵脬】鲁迅《致章廷谦》："查汉朝钦犯司马蹮（原作'虫'字旁），因割掉卵脬而发牢骚。"男性生殖器。

498【三脚猫】鲁迅《致章廷谦》："但医生须得人，不可大意，随便令三脚猫郎中为之。"似懂非懂的人。周作人在《秉烛后谈·自己所能做的》中说："这些实在凌乱得很，不新不旧，也新也旧，用一句土话来说，这种知识是叫做'三脚猫'的。"明郎英《七修类稿》："俗以事之不尽善者，谓之'三脚猫'。嘉靖间，南京神乐观道士袁素居果有一枚，极善捕鼠，而走不成步，循檐上壁如飞。按吾乡有'三脚猫'一语，据此，不仅吾乡方言矣。"凡事略知一二者，谓之"三脚猫儿"，现在还这么说。

499【倭支葛搭】鲁迅《致章廷谦》："则不免又有许多'倭支葛搭'之事恭候于此。"犹"鲁里鲁苏"、缠夹不清。

500【合算】鲁迅《致章廷谦》："拾一部丁福保辑的《汉魏六朝名家集》，随便翻翻为合算。"所费人力物力较少而收获较大。花得来。合，方言读若"葛"。

501【脚膀】鲁迅《致章廷谦》："捏捏脚膀，胖了不少。"指腿：大腿为大脚膀；小腿为小脚膀。

502【拎】鲁迅《致章廷谦》："马巽伯又要到上海来，由他拎到寓所。"提或携。

503【肉痛】鲁迅《致章廷谦》："当经密斯许竭诚招待，计用去龙井茶价七斤，殊觉肉痛。"心痛。

504【起忙头】鲁迅《致章廷谦》："大概总是红着鼻子起忙头而已。"为之一阵忙乱。

505【饭桶】鲁迅《致章廷谦》："似乎书店中人，饭桶居多。"只会吃饭，不会做事的人。亦即俗语所谓"吃饭傢伙"。

506【倒灶】鲁迅《致章廷谦》："照天演公例而言，是应该倒灶的。"倒闭。

507【收口】鲁迅《致章廷谦》："且夫收口之快慢，是和身体之健康与否大有关系的。"疮口或创口愈合，俗语叫"收口"。

508【暗算】鲁迅《致李霁野》："希留心他们的暗算。"暗地里伤害人。

509【销场】鲁迅《致章廷谦》："《游仙窟》的销场确不坏。"销路。另有"吃场"一语，是指胃口。

510【木肤肤】鲁迅书信《致章廷谦》："我以为你来上海时，必定看得出的，不料并不，可见川岛也终于不免有'木肤肤'之

79

处。"感觉不灵敏。

511【小娘脾气】鲁迅《致章廷谦》："天生一副小娘脾气。"即"小家子气"。形容人的举止、行动不大方。

512【茄花色】鲁迅《致章廷谦》："然而以我看来,皆茄花色。"茄子花呈紫色,较为暗淡,比喻不出色。

513【家生】鲁迅书信《致母亲》："给他买了一套孩子玩的木匠家生。"工具。

514【乖】鲁迅《致许广平》："海婴已愈否？但其甚乖,为慰。"通常作听话讲。

515【淘气】鲁迅《致母亲》："免得因为一点小事,或至于淘气也。"生气;惹气。

516【杨梅烧】鲁迅《致母亲》："王贤桢小姐的家里又送男杨梅烧一坛。"酒名。周作人在《知堂集外文——〈亦报〉随笔·杨梅与笋》中说："一定要说杨梅比得过荔枝,那也未必,但这的确是一种特别的果子,生食固佳,浸烧酒中半日,啖之亦自有风味,浸久则味在酒中,即普通所谓杨梅烧,乃是酒而非果矣。"又说："吾乡烧酒其强烈自逊于北方的白干,却别有香气,尝得茅台酒饮之,其气味亦相似,想亦宜于浸杨梅,若白干则未必可用,此盖有似燕赵勇士,力气有余而少韵致耳。"

517【拉拉藤】鲁迅《致徐懋庸》："光华的真相是一定要来的,去年的拉拉藤(这是绍兴话,先生认识这植物么？),今年决不会变作葡萄的。"勒草的俗名。似葛,茎有细刺,人行其间勒人肤,后讹为葎草或葛葎。多缘灌木或篱笆而生。方言比喻纠缠不堪。萧山也有俗语云:"拉拉藤如果没有霜雪压,真会爬到天上去。"就又是另一种含义了。

518【断根】鲁迅《致母亲》:"海婴的痢疾,长久不发,看来是断根了。"断绝根源。比如彻底除去。

519【瘦落】鲁迅《致母亲》:"别的孩子大抵瘦落,或者生疮了,他却一点也没有什么。"消瘦下来。

520【胃口】鲁迅《致许寿裳》:"胃口亦渐开,不日当可复原。"指食欲。

521【扯淡】鲁迅《致郑振铎》:"记得元人曲中,刺商人之貌为风雅之作,似尚多也,皆士人败后之扯淡耳。"鲁迅在《致增田涉》信中说:"所谓'扯淡'一词,实较难译。也就是没有可说而又强要说,既无帮闲的才能,又要做帮闲的事之类。"亦即"闲谈"。

522【白花】鲁迅《致母亲》:"酱鸭酱肉,略起白花,蒸过之后,味仍不坏。"食物变质时表面发生的一种白毛似的东西,俗称白花。

523【阴阳搭戤】鲁迅《致徐懋庸》:"不过倘是公开发卖的书,只能做得死样活气,阴阳搭戤。"不阴不阳。既像阴,又像阳。戤,倚靠。意思与"死样活气"——不死不活——相似。

524【穿湿布衫】鲁迅《两地书·第二集九五》:"就是办也办不好,放也放不下,不爽快,也并不大痛苦,只是浑身不舒服,那种感觉,我们那里有一句俗语,叫作'穿湿布衫',就是恰如将没有晒干的小衫,穿在身体上。"浑身不舒服。

525【钱猢狲】周冠五《鲁迅家庭家族和当年绍兴民俗·周氏的崛起与衰落》:"有媚富傲贫的钱猢狲(绍俗呼钱庄中人为钱猢狲,以其手腕敏活,动即为其攫去)。"

526【镴夜壶】周冠五《鲁迅家庭家族和当年绍兴民俗·周氏的崛起与衰落》:"有剥蚀贫民的镴夜壶(镴夜壶即绍人呼'当朝奉'的鄙称,绍人呼'尿壶'为'夜壶',呼'锡'为'镴',意谓用锡制夜壶,锡即等于废料,不能改制他物,以其臭不可闻也)。"

527【百作老司】周冠五《鲁迅家庭家族和当年绍兴民俗·周氏的崛起与衰落》:"依赖手艺的百作老司(泥水木作,成衣剃头等等都叫百作老司)。"又叫"百作司务"。

528【寿衣】周冠五《鲁迅家庭家族和当年绍兴民俗·周氏的崛起与衰落》:"一面并为熊占公制寿衣、合寿材、营寿穴(绍俗在生前预作死后准备之一切物事都须加一'寿'字),为身后作准备。"合,读若"葛"。

529【忌日】周冠五《鲁迅家庭家族和当年绍兴民俗·周氏的崛起与衰落》:"除在婚丧、年节、上坟、祭扫和拜忌日(绍俗,对祖先纪念日,不分出生或逝世统谓之'忌日')偶作聚谈外,很少接触机会。"

530【拆家】周冠五《鲁迅家庭家族和当年绍兴民俗·三台门的遗闻佚事》:"当介孚公中进士'京报'抵绍……这位九老太太她却在里面闻报放声大哭。人家问她,她说:'拆家者,拆家者'。"即败坏家业。

531【毫燥】周冠五《鲁迅家庭家族和当年绍兴民俗·三台门的遗闻佚事》：“介孚公乳名‘福’，幼小时一般地都喊他‘福官’，老妈妈进来时他年纪还小，当然也不例外，但是到了金溪县任上，似乎有改换称呼的必要，可是老妈妈不买这些账，每当吃饭的时候她总跑到‘签押房’（知县的办公室的名称）高叫‘福官吃饭者’。稍微迟延，还要再来一声‘毫燥’（绍谚，作‘赶快’解）。他也不以为忤。”陈训正《甬句方言脞记》：“俗称赶快曰好捎，亦曰豪捎。即火速之声转也。”

532【碰了一鼻子灰】周冠五《鲁迅家庭家族和当年绍兴民俗·三台门的遗闻佚事》：“做媒的人碰了一鼻子灰，就把这句话直率地传达了过去，俞凤冈怀恨在心。”犹云碰壁、倒楣。

533【老大姑娘】周冠五《鲁迅家庭家族和当年绍兴民俗·三台门的遗闻佚事》：“凡是年逾二十以外，概目之为‘老大姑娘’。”犹今之所谓“剩女”。

534【帽盒】周冠五《鲁迅家庭家族和当年绍兴民俗·三台门的遗闻佚事》：“晚间她每天每人给我们一个线帽盒（是绍地合锦茶食的名称），备夜间的充饥。”周作人有《新年》诗云：“待得归舟双橹动，打开帽盒吃桃缠。”自注云：“新年客去，例送茶食一盒置舟中，纸盒圆扁，形如旧日帽盒，俗即以纸帽盒称之。合锦点心中，以核桃缠松仁缠为上品，余亦只是云片糕炒米糕之类而已。”（见《老虎桥杂诗》）

535【三见六面】周冠五《鲁迅家庭家族和当年绍兴民俗·三台门的遗闻佚事》：“要不是三见六面又当是我捏造出来的。”意谓有许多人在场可以作证。

536【外婆家火着，只要我妈在家里】周冠五《鲁迅家庭家族和当年绍兴民俗·三台门的遗闻佚事》："他们的人生观是'关门吃饭'，'外婆家火着，只要我妈在家里，管它做啥'。"自私自利。

537【店王】周冠五《鲁迅家庭家族和当年绍兴民俗·三台门的遗闻佚事》："台门里面都叫他 tung 店王（绍人多具幽默性，任何事都带点滑稽，店王是点王的另一写法，王上加'、'成为'主'字……）。"

538【眼红】周冠五《鲁迅家庭家族和当年绍兴民俗·三台门的遗闻佚事》："台门内各房族的儿童们谁不对他眼红，说：'他的福气到底比我们好！'"羡慕。

539【空佬佬】周冠五《鲁迅家庭家族和当年绍兴民俗·三台门的遗闻佚事》："要是平辈喊他，那就恶狠狠地应一声'啥！叫（读作 ou）我吃老酒！空佬佬（平白无事的意思）！'"

540【安东】周冠五《鲁迅家庭家族和当年绍兴民俗·三台门的遗闻佚事》："你送食给他，他依旧爱理不理的似乎不吃也没有什么大不了的样子来对待你。至多他回答你一句'安东（摆着的意思）好者'，你再多说几句，他一理也不理了。"

541【额哀】周冠五《鲁迅家庭家族和当年绍兴民俗·三台门的遗闻佚事》："她对她媳妇这些不规矩的事情，常很有兴趣地告诉人家说：'我们（须要读作"额哀"的切音）阿运真当 ua（能干的意思），一些些时光就赚了廿四个铜钱。'"

542【闷声不响】周冠五《鲁迅家庭家族和当年绍兴民俗·

三台门的遗闻佚事》：“一眼瞥见阿和在侧，皆闷声不响而散。”一声不吭。

543【轻船不载重货】周冠五《鲁迅家庭家族和当年绍兴民俗·三台门的遗闻佚事》：“大家对他这一作风，也给取了一个名词叫作‘轻船不载重货’。”不能托付重任的人。

544【孝莫如顺】周冠五《鲁迅家庭家族和当年绍兴民俗·三台门的遗闻佚事》：“俗谚有孝莫如顺，吉生公在这‘顺’字上着着实实地很做了些人家所做不到的事情。”另有俗语云：“千孝弗如一顺。”

545【齆着鼻子】周冠五《鲁迅家庭家族和当年绍兴民俗·三台门的遗闻佚事》：“他每届吃饭总是锁紧双眉，齆着鼻子，大着喉咙，囫囵地往下吞。”闭着鼻子。齆（wèng），鼻塞。俗语有“齆鼻头”，指闻不到香臭的人。

546【不中听的话】周冠五《鲁迅家庭家族和当年绍兴民俗·三台门的遗闻佚事》：“他居然就说出这样不中听的话来。”不中听就是不堪入耳。不中：不可。

547【掼】周冠五《鲁迅家庭家族和当年绍兴民俗·三台门的遗闻佚事》：“有一猫经过其侧，适逢其怒，拎起后脚撕成两爿掼于屋上。”扔；摔。

548【桴炭】周冠五《鲁迅家庭家族和当年绍兴民俗·三台门的遗闻佚事》：“衣袋里也盛着生米、干茶叶，还要加一样桴炭，也不时往嘴里送。”木炭。桴，通“浮”。

549【不怕讨债的英雄，只怕欠债的精穷】周冠五《鲁迅家庭家族和当年绍兴民俗·三台门的遗闻佚事》："他对这些债主，他就说：'俗语有不怕讨债的英雄，只怕欠债的精穷，你果然是英雄，可碰到了我这个精穷，杀杀没有肉，剐剐没有血。'""杀杀没有肉，剐剐没有血"，也是人们常说的话。

550【蒸笼头】周冠五《鲁迅家庭家族和当年绍兴民俗·三台门的遗闻佚事》："利宾是个'蒸笼头'，整天地热气腾腾向上冒蒸气。"

551【剩碗脚】周冠五《鲁迅家庭家族和当年绍兴民俗·社会环境和人物》："藕琴公说：'就给你一碗吃吃，可是要吃完不准剩碗脚！'"越语常说"剩饭碗脚"。

552【揿】周冠五《鲁迅家庭家族和当年绍兴民俗·社会环境和人物》："藕琴公拣了一只顶大的大海碗边盛边揿把一桶饭几乎揿光。"亦写作"捺"。按。

553【搛】周冠五《鲁迅家庭家族和当年绍兴民俗·社会环境和人物》："饭上面给搛了很多的鱼、肉、火腿。"用筷子夹取，越语叫"搛"。

554【拗稻头】周冠五《鲁迅家庭家族和当年绍兴民俗·社会环境和人物》："不拗稻头（从前打麻将在入局前，先讲定'号'数，每号五圈，有些人在钱赢足时，怕要输出，号数未完，托故脱出谓之拗稻头），不攀轿杠（有的人输钱过多，号数已满，心想翻本，坚要继续谓之攀轿杠）。"又叫"割稻头赢"。

555【牛头肯落水】周冠五《鲁迅家庭家族和当年绍兴民

俗·社会环境和人物》："他还常说：'牛头肯落水'（出于自愿的俗谚），这有什么稀奇呢！"

556【人住马不住】周冠五《鲁迅家庭家族和当年绍兴民俗·社会环境和人物》："可是到了这里看见几位老赌友全在这里，人住马不住地心思活动起来了。"局面难以控制。

557【眉毛不遮风】周冠五《鲁迅家庭家族和当年绍兴民俗·社会环境和人物》："他说：'我想给你两角成双搭对，实在没有了，半赊半现吧！眉毛不遮风（聊胜于无的俗谚），意思！意思！'"

558【破靴党】周冠五《鲁迅家庭家族和当年绍兴民俗·社会环境和人物》："绍兴有一个姓M的秀才是虎而冠者的'破靴党'（绍俗对高等流氓称"破靴党"，一般流氓则呼为"破脚骨"），也是继承父业的'破靴党'，专门舞笔弄墨以讼师为生涯。他得知徐衍生的情况，夤缘和徐衍生相识，常常到徐衍生家来和他扯淡聊天，他有一个绰号叫'窑口总办'（凡私窠子里有新妓女到来，先得向他报告，他有享"首夜权"的权利，而且还得是纯粹义务。不然的话，他就雇一批烂脚烂手，或遍身疮毒的叫化子手捧雪白的银子，拥进私窠子去嫖妓。要拒绝，他说，你们是做生意的，我们是顾客为什么拒绝？不拒绝呢，妓女哪里肯接这批客人，而这批叫化子自己不费分文，兼且有工资可得，何乐而不为。事后他还给你到处散播空气，说某窑口真下作，连叫化子的生意都不放松，使得一般嫖客不敢问津。所以每有一个新妓女弄到，赶先向他挂号，给他享首夜权，并拜他做干爹，以后都唯他之命是听，能这样就可相安无事。'扪窑'是双方勾通的把戏外，不会发生任何风浪。'总办'的魔力却是不小），徐衍生和他稔熟以后，觉得他并不怎样不好交易，可能还是一个好友，徐衍生怎样会发生这种感想呢？有一天衍生在'总办'家里吃中饭，饭后下雨了，衍生觉得有点气闷，'总办'马上去招了两个人来叉麻将遣闷，又到半夜终场，衍生有点头痛肚子也有点不舒服，而雨越下得大了。'总办'忙把招来的那两位，每人借给一把伞打发走了。赶紧叫轿子送衍生，他自己也准备送他去，怕的路上不放心，偏偏轿子只叫到一顶，衍生说，没有什么，叫他不必送去，他不行，把衍生送上轿，他打着伞提着灯笼在轿后跑，轿抬到门口，他也跑到了轿前，跑得满头大汗，衣履全湿，衍生很为感动，觉得这人的确是热心好朋友。以前轻信人言，对他时刻防备，实在有点对他不起，心里很觉不安。自此以后，和'总办'日形亲密，每日间经常在一起。慢慢地也到私窠子去走走。起先不过打打'茶会'、'开开盘'，后来也渐渐地住夜了。但每次都是和'总办'一道去的，私窠子对衍生极奉承之能事，衍生心满意足。一天'总办'没来，衍生以每天都去从没有发生过什么事情，就大胆地单独跑了去，可是大大地出于意料之外。在上床未久，忽然人声鼎沸，冲入房内，动手就把衍生拖出来捆扎起来，拿出一把小刀子来割耳朵，另外一人说：这不好，还是送官究治来得妥当，我们只请大老爷究治强占有夫之妇的罪，何必去割耳朵，满脸血污的好像还是我们的不是，衍生直吓得簌簌的抖，除上牙和下牙捉对儿厮打外，一句话也说不出来。正在闹得不可开交的时候，忽然有人叫大家赶紧放手，说M家大少爷来了，这一消息宣布后，刚才耀武扬威气冲斗牛的这些好汉们顿时肃静无声地岑寂了下来，好像青天打下了一个霹雳。只见M'总办'歪戴着帽大模大样地走进房来朝四下一望，说：好！好！就举起手来把呆站着的这伙不速之客，左一个巴掌右一个嘴巴，一个不落空的打了一个满堂红。打完以后，高声喝问：'谁叫你们来的，徐大少爷和你们有什么仇？还不把徐大少爷放开吗？'这一句提醒了他们，连忙七手八脚地把衍生松了绑，并把衣服给他穿好扣好，和先前那种凶恶形相，大有不同。'总办'回过头来，埋怨衍生说：'你怎么不等我，就独自一人来了呢？我到你府上说你出去了，我连忙赶来，想不到已经出了事情。'说着又回过头来，问这伙人说：'现在你们打算怎样？老实话！'这些人哪里还敢开口，半晌，半晌，才勉勉强强地说：'求 M 大少爷开恩，从轻发落。'转过脸求衍生替他们讨情。M'总办'叫他们先给徐大少爷服礼认错消气，再看徐大少爷肯不肯饶放！这些人听了一致跪下向衍生叩头如捣蒜，弄得衍生受宠若惊，忙叫他们起来，一面也对他们说了一句风凉话，说：'下次我们如果再碰到了，须要请你们原谅一点。'这些人连声说，不敢，不敢。一面对'总办'说：'算我晦气，饶了他们吧。''总办'这才算买了衍生的面子，勉勉强强地答应了下来，吩咐他们明天买一对斤通和一千鞭炮，到徐大少爷府上去燃癫服礼。这些人当然是诺诺连声。衍生赶忙阻止说：'不要！不要！这样一来岂不通天了吗。'因为怕给岳母和夫人知道。'总办'笑了笑说：'便宜了这班王八蛋，滚！'这班人是，是，是的退出去了。此后衍生对'总办'真是感激涕零，每天总非在一起不可。过了一些时期，衍生有一次跑到 M 家去，看'总办'的神态举动和往常大不相同，一味的沉默寡言，处处暴露出敷衍勉强，好像有重大心事的样子，问他是怎么一回事。他又强作欢容，说：'没有什么事情。'衍生深为怀疑，私下向他的佣人们询问究竟，他们都说，什么事情不知道，事情确是有点事情的，他这种不安神态已经有好几天了。先前只有在夜深人静的时候，独自在房内踱来踱去踱个不了，一回儿又坐在椅子上仰着头呆看，和他说话，偶然间会牛头不对马嘴，老爷着急得了不得。听到这里衍生想既然他老子也在着急，那么老头子一定是晓得的。衍生在 M 家已经厮混得和自家人一样，穿房入户，绝无拘束，于是直闯到他老子的书房里，向老头子追问缘由。他老子也是秀才也是破靴党首领，是绍兴著名破靴党'六兰三竹一梅花'中之一兰。听见衍生来问，老头子一面让他坐，一面叹口气说：'事情是有一件的，完全是这'畜生'自己找出来的。我常常同他说，黄牛钻狗

洞,要量身份的。但他是春风吹马耳,一睬也不睬。整天整晚的
闹阔,绷场面,自己力量不足,东拖西借来凑,一弄两弄,弄得满
身都是债,到期无法,再借债还债,维持信用。八个油瓶七个盖,
盖来盖去盖不转,这畜生闹到四面逼牢,再也没法周转了,索性
瞒着我把整所住宅抵给人家,现在期头到了,钱是两手空空。和
朋友们商量吧,他又是一笔大款子,怎么能和别人开口呢!开
口,也未必有效,不听老人言,吃亏在眼前,自作自受,让他自己
去想办法。现在人家要叫他限期出屋,我承受上代的遗产,我一
天不死,一天不出屋,我不做败家子倒祖宗的楣。'衍生问:'抵了
多少呢?'老头子说:'这要问他自己,他是瞒着我的,我也不清楚
底细,听说好像是三撇(绍俗一千叫一撇,因为千字头上有一
'撇',如果是万就叫一'草',万字头上是草字头)吧!'衍生听了
出来再回头去看'总办','总办'正背着身子呆呆地站在屋中央。
衍生跑过去把肩胛一拍,说:'我们出去走走吧。''总办'说,'天
气不早了,明天出去吧。'衍生不由分说,拉住手往外拖,说:'天
下没有大不了的事,走走走。'拉到一家菜馆里,边吃酒边问这
事。'总办'知道他老子已经和盘拖出,他也毫不隐讳地说了出
来。衍生说:'不用愁,这好办。明天我会给你挑华车(挑华车为
戏里的高冲挑华车,绍人用作为人解围的代词。)''总办'装腔作
势地做了一套虚伪的做作和感谢。其实这件事,是完全虚构的
圈套,先前的淋着雨跟在轿后跑,扪窖时的保卫都是为此时的伏
线后先呼应着的一个骗局。扪窖的这些流氓都和'总办'串连一
起的,一个巴掌多少钱,磕一次头多少钱,预先都有价目。这件
事发生在清朝,辛亥革命后才被人揭穿了内容秘幕。"

559【黄牛钻狗洞】周冠五《鲁迅家庭家族和当年绍兴民
俗·社会环境和人物》:"我常常同他说,黄牛钻狗洞,要量身
份的。"

560【春风吹马耳】周冠五《鲁迅家庭家族和当年绍兴民俗·社会环境和人物》："但他是春风吹马耳,一睬也不睬。"

561【绷场面】周冠五《鲁迅家庭家族和当年绍兴民俗·社会环境和人物》："整天整晚的闹阔,绷场面,自己力量不足,东拖西借来凑,一弄两弄,弄得满身都是债,到期无法,再借债还债,维持信用。"

562【八个油瓶七个盖】周冠五《鲁迅家庭家族和当年绍兴民俗·社会环境和人物》："八个油瓶七个盖,盖来盖去盖不转。"

563【不听老人言,吃亏在眼前】周冠五《鲁迅家庭家族和当年绍兴民俗·社会环境和人物》："不听老人言,吃亏在眼前。"

564【自作自受】周冠五《鲁迅家庭家族和当年绍兴民俗·社会环境和人物》："自作自受,让他自己去想办法。"自己做错了事,自己承担不好的后果。《五登会元》："僧问金山颖:'一百二十斤铁枷,教阿谁担?'颖曰:'自作自受。'"

565【三撇】周冠五《鲁迅家庭家族和当年绍兴民俗·社会环境和人物》："听说好像是三撇(绍俗一千叫一撇,因为千字头上有一"撇",如果是万就叫一"草",万字头上是草字头)吧!"即三千。

566【挑华车】周冠五《鲁迅家庭家族和当年绍兴民俗·社会环境和人物》："明天我会给你'挑华车'(挑华车是戏剧里的高冲挑华车,绍人用作为人解围的代词)。"

567【雷声大,雨点小】周冠五《鲁迅家庭家族和当年绍兴民俗·社会环境和人物》："也不过是雷声大雨点小，看看怕人罢了。"比喻话说得很有气势或计划订得很大而实际行动却很少。

568【贳】周冠五《鲁迅家庭家族和当年绍兴民俗·社会环境和人物》："这珠花是由一种专司奔走于大家闺阃间所谓'卖婆'者出资贳来。"贳（shì）：出赁，出借。

569【雨落拖被絮】周冠五《鲁迅家庭家族和当年绍兴民俗·社会环境和人物》："三天一拖六天一结这样的累积下去，简直是'雨落拖被絮'越拖越重。"

570【一不做，二不休】周冠五《鲁迅家庭家族和当年绍兴民俗·社会环境和人物》："左思右想没有办法，良心一横，索性一不做，二不休，就以小偷为职业来维持他的生计。"事情已经开始了，就索性干到底。

571【里水不出，外水不进】周冠五《鲁迅家庭家族和当年绍兴民俗·社会环境和人物》："王咬脐是一个所谓'里水不出，外水不进'者。"比喻只顾着自己不与别人打交道的人。

572【相打无好拳，相骂无好言】周冠五《鲁迅家庭家族和当年绍兴民俗·社会环境和人物》："俗谚有之，相打无好拳，相骂无好言，这是不足为怪的。"《五灯会元》："保宁勇引俚语曰：'相骂无好言，相打无好拳。'"现在往往倒过来说。

573【老着面皮】周冠五《鲁迅家庭家族和当年绍兴民俗·社会环境和人物》："这样的情意殷殷确也有点却之不恭，大家商量了一下，认为没法，只好老着面皮去吧。"犹云：不怕羞。

574【真名实姓】周冠五《鲁迅家庭家族和当年绍兴民俗·社会环境和人物》："这小册子里所写及的人物，大多数是真名实姓。"真实姓名。

575【七太公八太婆】周冠五《鲁迅家庭家族和当年绍兴民俗·绍兴的风俗习尚》："俗谚有'七太公、八太婆'，就是说七个月和八个月分娩的胎儿，虽然是月份不足，只要哺育得法，一样可以生存到像太公或太婆那样的长寿。"不仅能活下来，还活得很长久，都做到太公太婆为止。

576【讴顺流】周冠五《鲁迅家庭家族和当年绍兴民俗·绍兴的风俗习尚》："在正月初一清晨由管门的工人名义上叫作'老伻'（读作 baug）的……坐在总门口阔而长的大凳上，静候讴（ou）'顺流'的乞丐，每来一人讴一声'顺流'，随即给小钱一文，随到随给。"所谓顺流，也就是吉利话。农村里也有给一片年糕的。

577【搁几】周冠五《鲁迅家庭家族和当年绍兴民俗·绍兴的风俗习尚》："在中堂和对联的前面摆一张或红木或紫檀、楠木之类的巨型搁几，搁几两旁照例是一副红木的立台，立台两侧摆一对楠木刻字、雕画或红木嵌大理石或荫沉木的大屏风。"

578【栋桌】周冠五《鲁迅家庭家族和当年绍兴民俗·绍兴的风俗习尚》："搁几前面摆一张大栋桌，也是贵重木材制造的。"

579【骨牌凳】周冠五《鲁迅家庭家族和当年绍兴民俗·绍兴的风俗习尚》："靠窗口的东西侧，各置茶桌一张，桌的两侧，再各置横方小杌子（俗称骨牌凳）各一个。"状如骨牌。

580【须头】周冠五《鲁迅家庭家族和当年绍兴民俗·绍兴的风俗习尚》:"屋的中央和檐前都悬挂六角式的玻璃和明角制的圆形的四角带有红线须头的宫灯若干佩。"佩,即盏,灯的量词。

581【穷倒街头无人问,富贵深山有远亲】周冠五《鲁迅家庭家族和当年绍兴民俗·绍兴的风俗习尚》:"俗谚说,'穷倒街头无人问,富贵深山有远亲',形容尽这批趋炎附势的人。"也作"穷在街头无人问,富在深山有远亲"。

582【坐憩】周冠五《鲁迅家庭家族和当年绍兴民俗·绍兴的风俗习尚》:"客坐又名坐憩,有的是耳厅,有的是照厅,最讲究的是除这两种以外还加上花厅。"俗称"坐憩间"。

583【甘蔗老头甜,越老越新鲜】周冠五《鲁迅家庭家族和当年绍兴民俗·绍兴的风俗习尚》:"俗谚有'甘蔗老头甜,越老越新鲜'。贬义词。常拿来形容那些不甘老丑的人。另有"人老心不老,狗老要爬灶"的话,也是这个意思。《通俗编》"甘蔗老头甜"引《晋书》云:"顾凯之倒食甘蔗曰:'渐入佳境。'"谚语本之,即甘蔗老头最甜。

584【镟鸡】周冠五《鲁迅家庭家族和当年绍兴民俗·绍兴的风俗习尚》:"一盘是大镟鸡(镟续线阉去其势的鸡,既肥且嫩,大的有七八斤,普通也有五六斤)。"镟(xiàn):雄鸡去势谓镟。与宦牛、阉猪、骟马义同。明尹直《謇斋琐缀录》:"郭师孔少尝与芳洲同砚席,及芳洲自翰林归,以镟鸡为贺礼。"又写作线鸡。范寅《越谚》卷中禽兽类"线鸡"项下说:"雄者剺开后肚,挖去腰子,线缝,使肥美。"大概说"腰子"是为了讳言"势"。

585【踏断了门槛】周冠五《鲁迅家庭家族和当年绍兴民俗·绍兴的风俗习尚》："这家的姑娘做媒的踏断了门槛（形容进去做媒人的拥挤仿佛门槛都要踏断了）。"也说"门槛踏烊"。

586【春梅酱】周冠五《鲁迅家庭家族和当年绍兴民俗·绍兴的风俗习尚》："必须要门当户对，那才对得起老爷、太太，不然还给'春梅酱'（春读 shuang）呢（绍谚：做媒做得不好，事后被人责骂叫作"春梅酱"，以"媒僵"谐"梅酱"）。"

587【高不就，低不凑】周冠五《鲁迅家庭家族和当年绍兴民俗·绍兴的风俗习尚》："可是她家的父母，眼睛高（要求高的意思），拣精拣肥地'高不就，低不凑'，到现在还没做成功。"

588【正月初一不扫地】周冠五《鲁迅家庭家族和当年绍兴民俗·绍兴的风俗习尚》："相传正月初一扫不得地，为什么扫不得，却没有说出理由，其实正月初一不扫地是有理由的，为了家庭妇女们在年内连日连夜地勤劳，除夕夜里的事情特别繁琐特别地多……'扫地'也是挤到头一天去做的事情之一。"所以正月初一就不必再扫地了。

589【正月初一赶鸡睡】周冠五《鲁迅家庭家族和当年绍兴民俗·绍兴的风俗习尚》："鸡栖特早，'赶鸡睡'是比鸡还要睡得早的意思，这也是因为年内事情多，元旦又是忙碌了一天。"所以得比鸡还要早睡才是。鸡未入窠，就得赶它们进去。萧山语曰"正月初一屯鸡睡"。屯是赶的意思。范寅《越谚》卷中《名物·风俗》："赶鸡㙟：虽，栖塒也。元旦早眠，鸡未㙟而赶之。"

590【回货】周冠五《鲁迅家庭家族和当年绍兴民俗·绍兴的风俗习尚》："她们说罢聊天买些'竹龙、吹嘟嘟'之类带回家中给儿孙们作回货（出门带点东西回来叫作回货）。"

591【朱天素】周冠五《鲁迅家庭家族和当年绍兴民俗·绍兴的风俗习尚》："俗传旧历三月十九日是朱天大帝的生日，妇女们都在这天燃香烛膜拜茹素，并有念佛宿山者，这一动作是具有历史意义的，因为清兵于1644年（甲申）入关，明思宗（崇祯）在这年三月十九日缢死煤山殉国。人民慑于清兵淫威不敢公然纪念，特假朱天大帝的名义以祀朱明。年深月久，以讹传讹，数典而忘其祖，甚有指为系太阳菩萨者，更是牛头不对马嘴了。"关于朱天君，周作人在《甲申怀古》中说："民国初年我在绍兴，看见大家拜朱天君，据说这所拜的就是崇祯皇帝。朱天君像红脸，被发赤足，手执一圈，云即象征缢索，此外是否尚有一手握蛇，此像虽曾见过，因为系三十年前事，也记不清楚了。民间流行一种《太阳经》，只记得头一句云：'太阳明明朱光佛。'这显然是说明朝皇帝，其中间又有一句云：'太阳三月十九生。'三月十九日正是崇祯皇帝的忌辰，则意义自益明了了。年代相隔久远，东南海边的人民尚在那么怀念不忘，可见这一年的印象是多么深刻。"兹将《太阳经》抄录于下：

太阳明明珠光佛，四大神明正乾坤。

太阳日出满天红，晓夜行来不住停。

行得快来催人老，行得迟来不留春。

家家门前都走过，倒悬诸人叫小名。

恼得二人归山去，饿死黎民苦众生。

天上无我无昼夜，地下无我少收成。

个个神明有人敬，那个敬我太阳星。

太阳三月十九生，家家念佛点红灯。

有人传我太阳经，合家老幼免灾星。

无人传我太阳经，眼前就是地狱门。

太阳明明珠光佛，传与善男信女人。

每日朝朝念七遍，永世不入地狱门。

临终之时生净土，九泉七祖尽超升。

592【半斤八两，黄鱼水鲞】周冠五《鲁迅家庭家族和当年绍兴民俗·绍兴的风俗习尚》："彼此各显身手，各管各的娘家，'半斤八两，黄鱼水鲞'原来是一模一样。"旧制十六两秤，八两等于半斤；水鲞原是用黄鱼制成，所以也没有什么区别。

593【平安戏】周冠五《鲁迅家庭家族和当年绍兴民俗·绍兴的风俗习尚》："平安戏也就是'社戏'，每年的四月底五月初盛行于城乡每一角落。发起这一事情的在乡村多属农民，他们是迷信神权的，他们的动机，确是为恪保人畜（耕牛）平安、五谷丰登，用意是良善的，但也有借社戏哄赌敛钱的，这是少数之少数不可一概而论。"

594【求签经】周冠五《鲁迅家庭家族和当年绍兴民俗·绍兴的风俗习尚》："有什么解决不了的事情，心里活上活落的犹豫不定，就到庙里去求一张签经来作决定。"根据签经上的话揣摩出意思来，方言叫作"详签经"。属于迷信活动。

595【掼圣筶】周冠五《鲁迅家庭家族和当年绍兴民俗·绍兴的风俗习尚》："用一块合则为一，分则为二的木制或竹制的物事叫作'筶'，以卜吉凶，明是非，各神庙多备之。有不能决断或依违两可的事情，都借'掼筶'来作决定。每掼三次，两俯为'阴筶'，两仰为'阳筶'，一俯一仰为'圣筶'，阴筶凶，阳筶吉，婚姻、疾病多问之。"属于迷信活动。

596【起大课】周冠五《鲁迅家庭家族和当年绍兴民俗·绍兴的风俗习尚》："凡是有人生病，在发高热经久不退，或者日轻夜重,或者讲昏话呓语,或者是突如其来起病,都认为有鬼物作祟,都必须找瞎子起大课来禳灾。"俗语有"心惶不定,起课算命"的话。

597【送夜头】周冠五《鲁迅家庭家族和当年绍兴民俗·绍兴的风俗习尚》:"绍俗小孩生病,谓系触犯了什么鬼怪,即在孩榻旁虔祝许愿,并焚经焚佛于夜深人静,再祝以送之于门外,谓之送'夜头',送出时设或碰见了人,就不灵验。"属于迷信活动。

598【看老鸭】周冠五《鲁迅家庭家族和当年绍兴民俗·绍兴的风俗习尚》:"乡村顽固学究,以其腐化入骨,无人延聘,穷极无聊,在冷庙或自己家内聚村童而教之书,谓之'看老鸭',亦叫'做猢狲王',又叫'坐冷板凳'。"

599【翻九楼】周冠五《鲁迅家庭家族和当年绍兴民俗·绍兴的风俗习尚》:"凡妇女之死于'分娩',母家多提出'拜血污忏'和'翻九楼'的条件,夫家不得不接受照办。'翻九楼'是道士的事,虽系迷信却也要有纯熟的技能,需要用九顶(八仙)桌迭起来,从上而下一顶一顶的翻出,是很危险的一件事。"

600【兜会】周冠五《鲁迅家庭家族和当年绍兴民俗·周氏家族的经济情况》:"每逢青黄不接,经济无法周转的时候,调剂金融的唯一方法,就只有两条路:一条是'当当',拿首饰或衣服送到当铺里去质钞;一条是'兜会',就是邀集若干人兜成一个会,集会的人各出一份资金,在同一时期交给头会(就是发起集会的人),由他去应付急需。"

601【冷坑蚊虫】周冠五《鲁迅家庭家族和当年绍兴民俗·鲁迅轶事见闻纪实》:"酒毕,大家同去隔壁'同春楼'吃饭,鲁迅

走在前，范爱农走在后。范边走边詈说：'冷坑蚊虫，冷坑蚊虫！'
（绍兴乡间冷僻处的厕所，称为'冷坑'。冷坑蚊虫叮人更凶，咬住
不放。）这是因为鲁迅指责他的话，义严词正，尖锐无比。"

602【四金刚腾云，悬空八足脚】周冠五《鲁迅家庭家族和当
年绍兴民俗·周氏的崛起与衰落》："这一叙述须得从宗祠方面
说起，才能衔接贯穿，不然就像'四金刚腾云，悬空八足脚'，使人
摸不着头脑。"比喻无处着落。

603【行贩人】周冠五《鲁迅家庭家族和当年绍兴民俗·周
氏的崛起与衰落》："有挑葱卖菜的行贩人。"简称行贩，就是贩卖
货物的小商人；小贩。

604【同道】周冠五《鲁迅家庭家族和当年绍兴民俗·周氏
的崛起与衰落》："这一番话是在街路上听同道走路的几个陌生
人讲的。"一道、一同或一起。未必定要与道路有关系。

605【折旧】周冠五《鲁迅家庭家族和当年绍兴民俗·周氏
的崛起与衰落》："再于估计成本和折旧方面任意上下，使本来足
可典质十元的，经他这样一来，仅质五六元尚觉勉强。"对投当的
货物所折算的价格。

606【雌老虎】周冠五《鲁迅家庭家族和当年绍兴民俗·三
台门的遗闻佚事》："吉生公的夫人母家姓徐，也是一个怪脾气的
不好惹的雌老虎。比喻凶狠的妇女。"

607【平肩王】周冠五《鲁迅家庭家族和当年绍兴民俗·三
台门的遗闻佚事》："徐先烈闻说，意谓革命可成，请他不要说玩
笑，他又郑重其事的说，不说玩笑，真有封王希望，不过我也老实

说一句,你可得谨慎小心,这个王恐怕是平肩王。徐先烈闻言勃然大怒说:'你怎么说我要杀头!'"

608【叶子】周冠五《鲁迅家庭家族和当年绍兴民俗·三台门的遗闻佚事》:"善翻空心筋斗,尤擅'叶子'(足手着地,侧身旋转翻进像风车叶子的旋转那样),常从秋官第疾翻到福彭桥,人们不能辨认他的面目。……他的兄弟 f·l 也跟着玩弄丝竹学吸雅片,深得十七老爷的欢心,他喜欢翻筋斗,竖蜻蜓,打虎跳(即翻叶子的又一名词),均为十七老爷所痛恶,谓系无赖儿童的行径。"

609【头面】周冠五《鲁迅家庭家族和当年绍兴民俗·三台门的遗闻佚事》:"f·l 后来在杭州报关行为司账,和拱宸桥一妓相识,欲纳之为妾,擅挪报关行款为妓脱籍,赁屋以居,并为置头面服饰以博其欢……"头面即首饰。有时两者不妨并用,如《古今杂剧》元郑廷玉《包龙图智勘后庭花》一:"你便说,兀那厮要了他首饰头面,放的他走了也。"

610【扎肉】周冠五《鲁迅家庭家族和当年绍兴民俗·三台门的遗闻佚事》:"再迤东是一家扎肉店,店名王锦昌,店主是一个老太婆。"冲斋居士在《越乡中馈录》"扎肉"项下说:"猪肉切大长方块,洗净,配搭匀(须肥者多),以稻草心,或竹箬,逐块连骨缚之,瓦罐清水,加老酒,除盖猛煮。舀去浮沫,以除臊气。煮三小时离火,以冷水洒罐面,则肉油上浮,急用瓢滗出,加酱油、大茴香,煮至极烂,则肉不腻口。为冬令饭菜,冷吃者多。滗出之油仍可调菜。"

611【攀轿杠】周冠五《鲁迅家庭家族和当年绍兴民俗·三台门的遗闻佚事》:"不拗稻头(从前打麻将在入局前,先讲定

100

'号'数，每号五圈，有些人在钱赢足时，怕要输出，号数未完，托故脱出谓之拗稻头），不攀轿杠（有的人输钱过多，号数已满，心想翻本，坚要继续谓之攀轿杠）。"

612【悬宕】周冠五《鲁迅家庭家族和当年绍兴民俗·三台门的遗闻佚事》："原来他们的捣鬼是看他太可怜，约好大家不和，让他和，甚或悬宕着的那一位到他后面去看他的'等张'打招呼给其他的三人特意放炮。"空着。

613【洋盘】周冠五《鲁迅家庭家族和当年绍兴民俗·三台门的遗闻佚事》："上海妓馆林立，商业荟萃，既多'红倌人'，不乏'大洋盘'……"对都市中普通的时髦事物缺乏常识、经验的人叫洋盘。

614【老土地】周冠五《鲁迅家庭家族和当年绍兴民俗·三台门的遗闻佚事》："今天的事是全坊公愤，并且到场的都最老土地（绍俗对住居年事久的住民叫'老土地'）。"

615【不孝有三，无后为大】周冠五《鲁迅家庭家族和当年绍兴民俗·三台门的遗闻佚事》："年垂老尚无所出，深以不孝有三，无后为大引以为憾。"语出《孟子》：注："赵氏曰：'于礼有不孝者三事：谓阿意曲从，陷亲不义，一也；家贫亲老，不为禄仕，二也；不娶无子，绝先祖祀，三也。'三者之中，无后为大。"

616【酒钱、脚筋钱】周冠五《鲁迅家庭家族和当年绍兴民俗·三台门的遗闻佚事》："有时也故作刁难向赁用者威胁，谓赁主已有所闻，立索逼还，赁用者不得不托其设法斡旋，另给小费以酬其情，于是有所谓'酒钱'、'脚筋钱'等等名目应运而生。"

617【升箩米】周冠五《鲁迅家庭家族和当年绍兴民俗·三台门的遗闻佚事》:"绍俗以不向外量米为荣,以其有租谷可恃。次之量必一石,少亦五斗,以其经济宽裕。一斗、二斗的量已暴露其寒伧。至'升箩米'则持淘箩而往,量只一二升,量好即下河埠淘洗,'等米落镬'之穷相毕露,为最可耻。"我曾在富阳部村听一个老妇人说过"衣 qiāo 当米桶"的话,衣 qiāo 猜想大概就是衣襟的意思,意谓靠借米度日。借米自然不能多,所以不必用别的器具,只消用衣 qiāo 一兜就可以了。其穷困程度与"升箩米"不相上下。

618【贡花】周冠五《鲁迅家庭家族和当年绍兴民俗·三台门的遗闻佚事》:"他于撑船以外,带卖整坛老酒和'贡花'(贡花系松毛柴的别称,做祭礼或请菩萨'五事'中的花瓶里所插的'贡花'是孔雀毛编制的,松针和孔雀尾毛相似,用松毛扎成的柴也有点像贡花的形式,所以就都呼松毛柴为贡花)之类。"又叫贡花柴。

619【五事】周冠五《鲁迅家庭家族和当年绍兴民俗·三台门的遗闻佚事》:"贡花系松毛柴的别称,做祭礼或请菩萨'五事'中的花瓶里所插的'贡花'是孔雀毛编制的,松针和孔雀尾毛相似,用松毛扎成的柴也有点像贡花的形式,所以就都呼松毛柴为贡花。"五事又叫五事件,通称蜡烛台,共有五件,即香炉一个、花瓶两个和烛台两个,事作件字讲。这风俗大概来自印度,以香、花供佛,表示虔诚恭敬。取"香花供养"之意。《金刚经》:"在在处处若有此经,一切世间天人阿修罗所应供养,……以诸华香而散其处。""华"也作"花"。但一般花瓶总是空着,成为一种摆设。另外还有三事件,只有烛台和香炉,没有花瓶。

620【扎扎孜孜】周冠五《鲁迅家庭家族和当年绍兴民俗·

三台门的遗闻佚事》："她最钟爱的是这个女儿,她常对人盛赞她的女儿说:'我们(读作 e 加 a 的合音)阿口,真真是,扎扎孜孜(是很够的意思,应该怎么写,还没有人研究出足够的字来,姑以扎、孜谐其音)!'"

621【剪刀阵】周冠五《鲁迅家庭家族和当年绍兴民俗·三台门的遗闻佚事》："她原本是'剪刀阵'(绍兴街坊妇女相骂:普通的唇枪舌剑争吵一番完事,泼辣的没有这末容易,她们好像有一定的方式,一开始就比普通相骂来得紧张,只消三言两语马上双手高举狂拍,掌声之密赛过祝福时的燃放百子,拍完一阵之后又迅速地翻转到后面去拍屁股,拍得密而且响,如是周番频仍巡回不已,此外还把双脚并起往上猛窜,嘴里不住地尽所有的乱骂,双方工力悉敌,经久不衰者叫作'剪刀阵',并有自诩为在剪刀阵摆过擂台者)健将,常和贴邻的咬脐大娘、草鞋美女一言不合就此摆出阵势对敌起来,也是数见不鲜。"

622【有从"些"里来,穷往"譬"里去】周冠五《鲁迅家庭家族和当年绍兴民俗·绍兴的风俗习尚》："俗谚说:'有从些(she)里来,穷往譬里去(些,是一些也好,譬,是譬如没有)……'"银钱进出,必须精打细算;不要因为少就不要,也不要因为少就随便付出。另有越语曰:"穷人三大譬",意思是说,穷人穷就穷在"大手大脚",不知道精打细算。

623【打个巴掌装胖子】周冠五《鲁迅家庭家族和当年绍兴民俗·绍兴的风俗习尚》："明明没有钱,偏要'打个巴掌装胖子'冒充有钱。"也有说成"打肿脸皮充胖子"的。《泾谚汇录》:"打肿了脸充胖子。"注云:"言要虚场面也。"

624【南朝圣君】周冠五《鲁迅家庭家族和当年绍兴民俗·

绍兴的风俗习尚》:"(祝福时)靠近北面的桌沿摆神祃(叫祝福祃),神祃是用淡黄色很薄的纸张印成,中间是两个大的神像,旁边还有许多小神像,神像上面印'南朝圣君'四个字,有说在原先是借祝福之名祀宋代'徽钦二帝'的,所以称为'南朝圣君'。"

625【呆话】周建人《回忆大哥鲁迅·鲁迅在任绍兴师范学校校长的一年》:"其实所谓'愚不可及'的话,并非真是'呆话',实际上是放开胸怀,毫无隐瞒,毫不忌讳的各种谈话,夹着笑话,不过这类谈话,鲁迅称为'讲呆话'。"鲁迅称为"讲呆话",含有自我解嘲的意思。

626【上庙】周建人《回忆大哥鲁迅·阿Q时候的风俗人物一斑》:"乡下,一乡或一村中常分为社。乡中或村中有社庙,一般皆供土地。那边的风俗,结婚的次日,新郎与新娘到庙中去拜一次,叫做'上庙'。"也有不上社庙上祠堂的,算是拜见祖先。

627【烧庙头纸】周建人《回忆大哥鲁迅·阿Q时候的风俗人物一斑》:"人死后即向庙(按社庙)中烧纸绽,曰'烧庙泛纸'。"

628【灯头戏·平安戏·社戏】周建人《回忆大哥鲁迅·阿Q时候的风俗人物一斑》:"神(按土地神)座对面有戏台,正月十五前后,即灯节前后,演戏曰'灯头戏'。夏秋演戏曰'平安戏',意思是说保护村中人民平安用的,亦称社戏。"

629【矹】周建人《回忆大哥鲁迅·阿Q时候的风俗人物一斑》:"那里有不少锡箔店设厂,雇用一种特别的工人,称为镴箔司务,把小而厚的锡片打成薄而大的锡片,以便矹在一种黄色纸上。"矹音 yà,但方言读若"哑"。用卵石或弧形的石块碾压或摩擦皮革、布匹等,使密实而光亮,叫矹。

630【师爷】周建人《回忆大哥鲁迅·鲁迅没有走通科学救国的路》："他不愿经商或做师爷,而是想找一条救中国的路。"幕友的俗称。又称绍兴师爷,因为师爷以出在绍兴居多数。

631【搭嘴】周建人《回忆大哥鲁迅·鲁迅与周作人》："他还时常惦念周作人……讲过这样的话:'他之在北,自不如南来之安全,但我对于此事,殊不敢赞一辞,因我觉八道湾之天威莫测,正不下于张作霖,倘一搭嘴,也许罪戾反而极重……'"说到某件事情。

632【妥善】周建人《回忆大哥鲁迅·鲁迅与周作人》："虽然他经常在考虑这问题,但一直到他逝世,想不出一个妥善的办法来。"妥当完善。

633【昏】周建人《回忆大哥鲁迅·鲁迅与周作人》："鲁迅没有讲过周作人的不好,只是对周作人有一个字的评价,那便是'昏'。"糊涂。

634【拆家】周建人《回忆大哥鲁迅·鲁迅与周作人》："中国经过八年抗战没有亡,而从鲁迅周作人兄弟来说,却先拆家了。"人家拆散。亦即毁坏。

635【笑话奇谈】周建人《回忆大哥鲁迅·我所知道的瞿秋白和鲁迅》："另有一种离奇的说法:鲁迅受秋白的骗,他们两人是骗子与受骗的关系,那简直是笑话奇谈,不值一驳。"

636【遭踏掉】周建人《回忆大哥鲁迅·我所知道的瞿秋白和鲁迅》："郑振铎结婚,以《东方杂志》编辑的名义,请了好多名人,司仪请上台讲话的第一个就是瞿秋白。瞿秋白上台讲了,他说:'中国革命须要大批的妇女参加,这是一股很大的力量。结婚是正常的事,但结婚以后,家务事就压上来了,精神负担也得大,使他革命时间减少。'然后就大声叫起来:'哎哟!又一个好女子被遭踏掉了。'"

637【吃老米饭】周建人《鲁迅故家的败落·别了,故乡》:"我不干了,情愿回家来吃老米饭。"差不多成了辞职回乡株守家园的同义语。

638【明抢暗夺】周建人《鲁迅故家的败落·别了,故乡》:"这时候,明抢暗夺的事太多了,防不胜防。"

639【败篷】周建人《鲁迅故家的败落·一个古老的家族》:"我们周家的气数尽了,你看台门里出来的人,一个个像败篷的钩头黄瓜!"蔬果枯老衰败叫败篷。"篷"或应写作"蓬"。

640【闪】周建人《鲁迅故家的败落·一个古老的家族》:"他一惊慌,赶紧爬上来,却把腰骨闪了。"因动作过猛,使一部分筋肉受伤而疼痛,叫闪。

641【气数】周建人《鲁迅故家的败落·一个古老的家族》:"无怪乎在明道女校教书的族叔仲翔对我说:'我们周家的气数尽了,你看台门里出来的人,一个个像败篷的钩头黄瓜!'"犹命运。迷信的说法。

642【扁扎扎】周建人《鲁迅故家的败落·别了,故乡》:"运水接到我的信赶来了,他带来了大儿子启生。启生很像他,只是脸有点扁扎扎的,十一二岁。"

643【夹头夹脑】周建人《鲁迅故家的败落·别了,故乡》:"我和鹤招用梯子把它取下来,灰尘也夹头夹脑地落下来,迷了我和鹤招的眼睛。"

644【绍兴府】周建人《鲁迅故家的败落·一个古老的家族》:"徽、钦二帝被金兵挟持而去,康王赵构在爱国将领宗泽等人的保护下,在今天的河南商丘(那时称南京)即位,史称南宋。可是,赵构仍不想抗战,反而仓皇南逃。不久,金兵长驱直入,赵构只得逃到越州(绍兴),后来,又逃到明州(宁波)。……赵构从海上回来,暂时住在越州。当时,越州官兵联名上表,请求皇帝题写府额,赵构答应了。由于南宋曾一度中兴,赵构就按照'绍祚中兴'的意思,把越州改名为绍兴府。"

645【泥马渡康王】周建人《鲁迅故家的败落·一个古老的家族》:"绍兴有许多有关南宋时的传说和故事,'泥马渡康王'的故事,'王城寺里个和尚,去了一半'的谚语,讲的都是赵构。"作者在同书《值得纪念的大树港》一篇中说:"这大树港在山阴县,是有着古老传说的地方。相传这里在宋朝时,是个大丛林,附近有个王城寺,里面有很多和尚,武艺高强。康王被金兵追赶,逃到这里,前面是一条大河,没有别的去路,正在着急时,一说是寺里泥塑的马,渡康王过了江,回来仍站在寺里,人看泥马全身湿透了;一说有一株大树,突然横倒下来,做了桥梁,让康王过去了。不管康王是怎样渡河的,总之,后面的金兵已追到,王城寺里的和尚,便拿了棍棒刀枪,前去抵挡,终于寡不敌众,大多战死。所以我们家乡有句谚语,叫做:'王城寺里和尚,去了大半。'意思是损失惨重,牺牲壮烈。"

646【街槌】周建人《鲁迅故家的败落·一个古老的家族》:

"衡廷叔整天泡茶馆，人家叫他'街楦'。"楦：楦子。制鞋、制帽时所用的模型，多用木头做成。也叫楦头。

647【穿开裆裤】周建人《鲁迅故家的败落·一个古老的家族》："至于兄弟辈，我就弄不清了，因为我离开绍兴时，有的还在穿开裆裤，或者在吮手指头呢！"形容人小，大概两三岁的样子。

648【伴君如伴虎】周建人《鲁迅故家的败落·祖父点翰林的往事》："做官做得飞黄腾达的固然有，更多是不得法的，有一句俗语形容仕途的艰险，叫做'伴君如伴虎'。"

649【划划船】周建人《鲁迅故家的败落·鲁家姑娘嫁到周家》："这个村庄又是这样贫穷，田地少，粮食不够吃，靠打鱼为生，他们坐在划划（音'蛙'）船上，一天到晚，也打不了多少鱼。"有注云："划划船没有篷，很小，是渔翁用的，用手划的。"

650【结发夫妻】周建人《鲁迅故家的败落·鲁家姑娘嫁到周家》："婚礼前，新郎新娘各在自己家里举行淴浴仪式，新郎剃头，新娘开脸。剃头司务和嫽嬛各扯下新郎或新娘十根头发，意思是十全如意，混合搓成发线，给新娘扎发髻用，所以叫结发夫妻。"嫽嬛：注云："绍兴当时的一种贫苦劳动人民，社会地位很低，介于奴隶与自由民之间。男的叫堕贫，女的叫嫽嬛。他们只能从事低贱的职业，主顾家里逢婚丧喜庆，他们都要主动来帮忙。"

651【头世人】周建人《鲁迅故家的败落·鲁家姑娘嫁到周家》："在光绪十年甲申十二月初一日，阳历是 1885 年 1 月的夜里，一个堂叔出去夜游，半夜里回来，走进内堂的门时，仿佛看见一个白须老人站在那里，但转瞬却不见了。到下半夜，我母亲生下第二个男孩。许多老人便又议论纷纷,说这男孩是老和尚投胎转世的,不是头世人。头世人是初次做人,不大懂得人情世故的,一般都把不懂事的傻瓜叫做头世人。"

652【好日】周建人《鲁迅故家的败落·四世同堂》:"白天有多少好日(即接新娘的花轿船)船出去,晚上准有多少好日船回来。"越中称结婚为"好日",结婚的人家叫"好日人家"。

653【祭祀值年】周建人《鲁迅故家的败落·失去了曾祖母》:"祖宗留下田产,叫做祭田,由各房轮流收租,轮流办理上坟祭扫和做忌日等事情,这就叫做祭祀值年。"

654【落雪狗欢喜】周建人《鲁迅故家的败落·失去了曾祖母》:"这一年的冬天,下雪比往年多,堆积得有尺把厚,河水也冰冻了有一两天航船不能开行。这样的冬天,是少有的。我们家乡有一句俗语,叫做'落雪狗欢喜'。我们家没有养狗,不知道狗是不是喜欢,但是,我们几个小孩却是很喜欢,跑到百草园里。"

655【殃榜】周建人《鲁迅故家的败落·失去了曾祖母》:"台门口贴出殃榜,殃榜是斜贴的,男的贴在台门左边,女的贴在台门右边,也叫斜角纸,上面写着死者的性别年龄,入殓时避忌哪些生肖的人。"

656【犯贱】周建人《鲁迅故家的败落·艰难的日子》:"大哥以为我不懂,又叫我'十足犯贱'。"以为非如此作践他不可,俗语谓之"贱骆驼"。

657【照式照样】周建人《鲁迅故家的败落·谁是呆子孙》:"然而,过不了几天,又像晴天打雷似的,无缘无故地发起脾气来,照式照样地演一遍。"一模一样。

658【国有大臣,家有长子】周建人《鲁迅故家的败落·谁是呆子孙》:"这副样子,俨然是个大人了。俗语说:'国有大臣,家有长子。'他真是一个和母亲分忧的好帮手。"元王仲文《救孝子》剧:"家凭长子,国凭大臣。"长,上声。

659【镴箔司务】周建人《鲁迅故家的败落·家有长子》:"我常常看到的是锡箔工场,这里面的工人称镴箔司务,其实却是农民,他们种田和打短工不够维持一家的生活,不得不进城来打箔,把小而厚的锡块打成薄而大的锡片,以便砑在一种黄纸上。这活是很吃力的,镴箔司务在潮湿、低矮、狭窄、黑暗的破屋中,除了吃饭以外,就是打箔,在下半年通常要打到半夜,没睡几小时,又起来打。吃饭是自己烧,烧好就在工场里吃,菜就是一根霉干菜,狼吞虎咽地吃完,把饭钵往旁边一放,又打起来了。"

660【破脚骨】周建人《鲁迅故家的败落·家有长子》:"街上还有不少游手好闲的'破脚骨',他们找各种机会寻事造孽,恶作剧、打群架,有时遇见单身走过的陌生孩子,便设法挑衅,殴打取乐。成年的'破脚骨'也是这样,无理取闹,还加敲诈勒索。他们殴打别人,自己也要经得起打,要做到'打翻又爬起,爬起又打翻',还以吃官司为荣,他们往往在茶馆里大言不惭地说:'屁股也打过,大枷也戴过。'表示自己能忍苦受辱,什么也不怕的。"

661【烟,送终】周建人《鲁迅故家的败落·家有长子》:"凡是抽大烟的,没有一个人能长寿,即使不挨冻,也是要死的。有一句俗语:'穿,威风;吃,受用;赌,对冲;嫖,脱空;烟,送终。'"

662【聊荡】周建人《鲁迅故家的败落·家有长子》:"五十的

情况和四七相似，一样聊荡不务正业。"俗语有"聊荡坯"，就是指这样的游手好闲者。实际上就是流氓。施鸿保《闽杂记》："地方恶少，游手觅食，讹索诈骗，官法惩之不悛者，称为'地棍'。吾乡谓之'聊荡'，言无聊赖、好游荡也。亦曰'滥聊'，则尤甚之词。江南人谓之'泼皮'，亦曰'赖皮'。江西人谓之'棍子'，亦曰'老表'。广东人谓之'滥仔'，亦曰'泥腿'。盖皆古人所称'破落户'也。"

663【眼睛眨一眨，计策有一百】周建人《鲁迅故家的败落·家有长子》："他不像四七这样的愤世嫉俗，而是坦然自若，安分随时，也好像诡计多端，眼睛眨一眨，计策有一百。"

664【大舌头】周建人《鲁迅故家的败落·值得纪念的大树港》："对我母亲说：'少奶奶，我勿对者！'说话时，舌头都大了，吐字都不清晰了。"舌头不灵活，说话含糊不清。

665【好铁不打钉，好男不当兵】周建人《鲁迅故家的败落·风云变幻》："这也难怪，因为大家还相信'好铁不打钉，好男不当兵'哩！"

666【独头】周建人《鲁迅故家的败落·祖父活下来了》："像会稽县知县俞凤冈，几乎做了一世的知县，既没升，也没贬，他的绰号叫'俞独头'，我们家乡把书呆子叫书独头。"

667【无绍不成衙】周建人《鲁迅故家的败落·祖父活下来了》："那时候，绍兴师爷遍及各地，有'无绍不成衙'的俗语。"

668【篰底鸭】周建人《鲁迅故家的败落·我们不是乌大菱壳》："他说：'小姐姐，你万万不能这样做。大的出去了，将来羽毛丰满,各自飞了,这个留在家里,要变成箍底鸭的。这样的例子,我看得多了。'"另有俗语曰"轧落头鸭",就是被别的鸭挤下来的,意思与此相仿。

669【熟门熟路】周建人《鲁迅故家的败落·我们不是乌大菱壳》:"我只看见一个外国人,从黄门熟门熟路地进来。"

670【乌大菱壳氽到一起】周建人《鲁迅故家的败落·我们不是乌大菱壳》:"有一天黄昏,我们三人站在桂花明堂里,又在谈论些什么。祖父从房里出来,站在阶沿上,笑嘻嘻地对我们说:'乌大菱壳氽到一起来了!'我们听了愕然,这分明在骂我们。"作者接下去说:"我们家乡是水乡,河港里都是菱。人们吃了菱,往往把菱壳倒回河港里,这菱壳就漂浮在水面上,日子一久,就发黑。因此,这'乌大菱壳'的意思,是垃圾或废物的意思。这乌大菱壳,倒下去的时候是分散倒的,可是常常顺着同一个风向漂浮,后来都集中在一起了,所以说'氽到一起来了'。"

671【生意做勿着一遭;老婆讨勿着一世】周建人《鲁迅故家的败落·要改革国民的精神》:"我大哥的失望是很难形容的,这也难怪,俗语说:'生意做勿着,一遭;老婆讨勿着,一世。'这是一生一世的事呢!"

672【心挂两头】周建人《鲁迅故家的败落·惊雷震死寂的水域》:"我就可以全副精力办学教书,还可以有更多的时间看书,不必心挂两头。"犹云分心。

673【逃不过的命,离不开的影】周建人《鲁迅故家的败落·惊雷震死寂的水域》:"人们不明白生活为什么这样艰难、煎熬,只好归于命运,叫做'逃不过的命,离不开的影'。"

674【刘猛将军】周建人《鲁迅故家的败落·袁世凯毒死了万岁爷》："农村里每当发生虫灾时,官府是不管的,农民就都要去烧香,拜刘猛将军,相传刘猛将军是刘备的儿子,在田畈里捉蚱蜢跌死的,死后成神,专管田里害虫。每年七月十六日,皇甫庄要演一台戏,是贺他的生日的。"汪沆《识小录》："刘猛将军者,相传神为刘锐,即宋将刘锜弟,没而为神,驱蝗江淮间,有功。"

675【打退堂鼓】周建人《鲁迅故家的败落·大哥归国》："从我大哥的话中听出,他离开仙台医专,在东京专门搞文艺,这样的日子似乎过得够艰难的,如果不是自己有决心和毅力,恐怕早打退堂鼓了。"孙锦标《通俗常言疏证七·打退堂鼓》："《荡寇志》九四回:'贺太平见了摺子,打退堂鼓。'今人有作退一步想者,每云'打退堂鼓儿'。"

676【冬冷弗算冷,春冷冻杀犆】周建人《鲁迅故家的败落·孤独者》："在我的家乡,春天经常下雨,往往比冬天冷,常冷死小牛犊。"范寅《越谚》卷上占验之谚第六有"冬冷弗算冷,春冷冻杀犆"的话。陈训正《甬谚名谓籀记》卷二:"犆,吴人谓犊曰犆。於杏切。今俗语小牛誉即此字。"

677【陪夜】周建人《鲁迅故家的败落·孤独者》："母亲对我说:'阿松,日里你去教书,我看管娘娘,夜里,你还是回家来陪夜吧!'"专指夜里陪病重的病人而言。

678【一字入公门,九牛二虎之力拔不出】周建人《鲁迅故家的败落·孤独者》："便条总是他亲笔写的,这就叫'一字入公门,九牛二虎之力拔不出。'"《普灯录》:"慧南禅师云:'一字入公门,九牛曳不出。'"今简称为"一字入公门,九牛拔不出"。

679【灶头】周建人《略讲关于鲁迅的事情·鲁迅的幼年时代》："闰水颈上带着一个银项圈,怕羞地坐在灶头(即厨房里)。"

680【手脚很快】周建人《略讲关于鲁迅的事情·鲁迅任绍兴师范学校校长的一年》："手脚很快,一歇工夫就印好了许多张油印的传单。"动作敏捷。

681【抖怜怜】周建人《略讲关于鲁迅的事情·鲁迅任师范学校校长的一年》："小心怕事的校长,抖怜怜的到操场上来讲话。"畏畏缩缩,害怕的样子。有时候也说成"抖抖的"。如鲁迅曾在给川岛(章廷谦)的一封信中说:"'语丝'派的人,先前确曾和黑暗战斗,但他们自己一有地位,本身也就变成黑暗了,一声不响,专用小玩意,来抖抖的把守饭碗。"

682【一歇工夫】周建人《略讲关于鲁迅的事情·鲁迅任绍兴师范学校校长的一年》："手脚很快,一歇工夫就印好了许多张油印的传单。"片刻之间。

683【桩大家】周建人《略讲关于鲁迅的事情·鲁迅任绍兴师范学校校长的一年》："有一次'桩大家',他当夜杀掉一个十六岁年纪的理发匠。"编者原注:"这是当时贫民的一种示威行动,大都发生于米价昂贵的时候,贫农买不起粮米,遂有去打毁'大家'(大地主之家)的事件发生。绍兴的俗语,叫做'桩大家'。"其实,即普通所谓"吃大户"。

684【跪香】周建人《略讲关于鲁迅的事情·鲁迅任绍兴师范学校校长的一年》："有一次天旱,农民'跪香',他用横暴的方法去驱散。"编者原注:"这是当时的农民请愿的一种方式。办法是请愿者每人手中都拿着一支香，有秩序地跪在衙门前或道旁，申诉生活苦况请求官府减免租粮。"

685【好吃懒做】周建人《略讲关于鲁迅的事情·阿Q时候的风俗人物一斑》："他的'好吃懒做'好像由于他不屑做这种工作，希望谋另外一种生活，但他愿做什么工作，谋什么生活呢？"

686【出洪】克士《记湖州人卖蛟》(《越想越糊涂》)："至于蛟，普通是当作神话上的动物看待的。浙东平水乡人迷信着出洪时有蛟随水出来，形如小猪，吃了很滋补的。但是一经窜入海里，便变成龙，就没法收拾它了。"又叫"出蛟"。

687【乌米饭】克士《乌米饭》(《越想越糊涂》)："乌米饭是怎样一种东西呢？……它是紫黑色的浆果形的果实，有短柄，每粒果实的大小不及芡实，老熟的有甜味，虽然味道并不怎样好，但还可以吃。"乌米饭属于小木本，夏天结果实，秋天成熟，小孩子常上山去采食，不过在柴担上也可以找到。与乌米饭同时成熟，还有一种"黄凉木"(读音如此)，结子如豌豆，也呈紫黑色，味酸甜，比乌米饭可口。不仅小孩子喜欢采食，砍柴佬也弄得同"乌嘴野猫"似的。但我始终不知道它是什么树，若是"平地木"(绍兴人叫"老弗大")，虽然也能结子，却未曾听说可以吃的。疑不能明。

688【白果树】克士《白果树》(《越想越糊涂》)："我的故乡有很大的白果树。它又称银杏，有些讲花木的书上又叫它'公孙树'，意思是说它的成长很慢，阿公种植的白果树，须到孙子手里才开花结子。"

689【"钻"和"熬"】川岛《和鲁迅相处的日子·当鲁迅先生

写"阿Q正传"的时候》："在先生的作品中,也常常可以发见杂有方言,即以'阿Q正传'的第五章'生计问题'中所写的'甚而至于将近五十岁的邹七嫂,也跟着别人乱钻'和'酒店不赊,熬着也罢了'中的'钻'和'熬'来说,便都是属于绍兴话的范围的,用在这里显得都很合式,不露痕迹。"

690【束手束脚】川岛《和鲁迅相处的日子·大师和园丁》："鲁迅先生是从来不以为然的,以为这样将使青年们束手束脚的不敢动笔。"比喻做事顾虑多,不敢放手去干。

691【一拿起手来】川岛《和鲁迅相处的日子·大师和园丁》："也像读他的文章似的,一拿起手来就舍不得放下。"一旦做起来。这里是指读文章。

692【实砰砰】川岛《和鲁迅相处的日子·当鲁迅先生写写"阿Q正传"的时候》："如用摸字,就显得有些实砰砰地不够味儿似的样子。"不够灵活。

693【手头】川岛《和鲁迅相处的日子·当鲁迅先生写写"阿Q正传"的时候》："在当时鲁迅先生手头不会没有这部书的。"一般有两种解释:一指伸手可以拿到的地方;二指个人某一时候的经济情况。这里是指第一种。

694【上气不接下气】川岛《和鲁迅相处的日子·忆鲁迅先生和"语丝"》："我们几个人连着忙两天,忙的上气不接下气,也还是不能做的周周到到。"透不过气来。《蜃中楼》剧："我们吹得上气不接下气,口涎连着鼻涕。"《玉搔头》剧："万岁!你这样会跑马,把臣赶得上气不接下气。"

695【吃一惊】川岛《和鲁迅相处的日子·忆鲁迅先生和"语丝"》:"有人乍遇到这神情,是要莫名其妙地吃一惊的。"受了一次惊吓。

696【起早落夜】川岛《和鲁迅相处的日子·忆鲁迅先生和"语丝"》:"散文如《论雷峰塔的倒掉》……等鸿篇巨制,都是在这一年中起早落夜写出来的。"犹起早摸黑。形容人辛勤劳动。

697【乳毛还未褪尽】川岛《和鲁迅相处的日子·忆鲁迅先生和"语丝"》:"因之只好由我们几个双方都相识而且比较熟的'乳毛还未褪尽'的青年,来居中接头,跑腿,打杂。"即成语所谓"黄毛未褪,乳臭未干"。越中有"毛头小伙子"的话。

698【匀出】川岛《和鲁迅相处的日子·忆鲁迅先生一九二八年杭州之游》:"而且在鲁迅先生战斗劳苦的一生中,也只有这一次,居然匀出四天的时间来休息了一下。"

699【蒸神仙鸭】川岛《和鲁迅相处的日子·和鲁迅先生在厦门相处的日子里》:"虽说就在客栈中服药休息,其实是闷在那里,如先生所谓'蒸神仙鸭'似的蒸了半日。"一种吃鸡鸭的烹调方法。冲斋居士著《越乡中馈录》,其中有《神仙鸡》一项可以参考:"宰嫩母鸡,可一斤三四两者,捋毛剖洗,装小钵内,加黄酒、酱油,平放镬内,密盖之,钵内外均不用水;以镬盖闷之,下烧草结三个,用砻糠一畚斗,随手撒上,草尽,将糠装火灰上煨之,糠烧尽,鸡即熟矣。有不烧糠而专用稻草者,斤两与鸡等。俗传此有厌禳法,止许一人料理,须忌四眼,故有神仙之称。又有用酒洗鸡,忌着水者。"

700【"攄"与"摸"】川岛《和鲁迅相处的日子·当鲁迅先生

写"阿Q正传"的时候》:"在'阿Q正传'头两章刚发表之后,有一天下午,鲁迅先生在北大上完课之后来到新潮社,从阿Q谈到绍兴话中'攎'与'摸'两个字在使用时的区别。像'攎一攎'与'摸一摸',含义是有轻重虚实之分的。若说'我攎一攎'和'我摸一摸',两句话的意思在表面上虽没有显著的不同,情味却大两样。'攎',比'摸'虽然轻些虚些,却也不等于我们所常说的'抚摩'。因为如果用绍兴话来说:'攎一攎口袋',还可以译作'抚摩抚摩口袋',如果说'我攎到屋里',译成我'抚摩到屋中',就不成话了。我们就这么一边谈着,一边寻例子。伏园是否当时也在场,可惜我现在记不清了。谈到最后,大家觉得:有些地方应当用'攎'字的,如用'摸'字,就显得有些'实砰砰'地不够味儿似的样子。如温庭筠'菩萨蛮'中的'鬓云欲度香腮雪'的'度'字,若把它改成'掩'字,就不是那么回事了。'攎'和'抚摩'的含义很相像,但所谓'像'者并不就是'是'。这个字,是有它自己独有的含义和用法的。鲁迅先生很欣赏它,曾几次连声的说'实在好'。"

701【攎摸头】川岛《和鲁迅相处的日子·当鲁迅先生写"阿Q正传"的时候》:"清朝光绪初年范寅所辑'越谚'三卷,是记载绍兴方言土语最丰富的一部书,就在这部书的下卷,'音义,单字双义'条下载:'攎,屋都切。……不视而轻手抚摩曰攎。暗索曰摸。'另在本书上卷,'头字之谚第十三'有'攎摸头'。头,似是语助;意即我们现在常说的'讨唤','捞摸',可望寻求到一点东西的意思。是'攎'和'摸'二字的引伸,和'……轻手抚摩'与'暗索'的含义无甚关系了。"越语中有"偷来鲜,摸来甜"的话,这个摸字也就是"捞摸"的意思。

702【撇】川岛《和鲁迅相处的日子·和鲁迅先生在厦门相处的日子里》:"炖火腿的汤,撇去浮油,功用和鱼肝油相仿。"从液体表面轻轻地舀。

703【掸】川岛《和鲁迅相处的日子·和鲁迅先生在厦门相处的日子里》："鲁迅先生低下头去用手掸着身上的土说:'跳下山来,摔了一跤。'"抹掉。旧历过年有"扫尘"一件事,有的地方叫"掸尘"。

704【三脚两步】川岛《和鲁迅相处的日子·一件小事》:"等我三脚两步的赶过去,到了电车旁边,车已开动。"表示快速前进。即"三步并作两步"之意。

705【焖】川岛《和鲁迅相处的日子·鲁迅先生所送给我的书》:"有时候,如果包书的纸是用浆糊粘住了的,鲁迅先生就用潮手巾焖一下,然后用裁纸刀轻轻地揭开。"原用于烹调,即紧盖锅盖,用微火把食物煮熟或炖熟。

706【魂出着爨】川岛《和鲁迅相处的日子·鲁迅先生所送给我的书》:"也就是鲁迅先生说我正是'魂出着爨'(爨读如'居'、越语)的时代。"也就是失魂落魄之意。

707【乌胧松】刘大白《故事的坛子·"乌胧松"值银三百两》:"莫晋于放福建正主考之后,接着就放了山西学政。他去赴任的时候,照例沿途由地方官伺候迎送。有一天他走到某一县住宿;那一县的知县当晚上来请示说:大人明天什么时候起马?明天乌胧松。这'乌胧松'三个字,是绍兴方言,别地方的人是不懂的;那位知县当然不懂。可是小官对于大官,所说的话,即使不懂,也只好应着'是!是!是!'不好细问的。于是当时那位知县照例应着'是!是!是!'退了出来。然而'乌胧松'到底是什么时候呢?这是非弄清楚不行的。不然明天怎么伺候恭送呢?

再三踌躇着,只好向跟学台大人的绍兴籍的长随打听。无奈这绍兴籍的长随,故意卖着关子,不肯明说。结果,花了三百两银子,才合他说明'乌胧松'就是黎明。"

708【歪】刘大白《故事的坛子·我所闻见的徐文长故事(二)》:"徐文长便立即口占一首道:蚊虫,嘴巴像刀快;我道若(你也)有多少歪(本领也),搭杀做(像也,读若'执')污介。"周作人在《风雨谈·绍兴儿歌述略序》中说:"绍兴儿童唱蚊虫歌,颇似五言绝句,末句云:'搭杀像污介。'这里'搭'这一动作,'污'这一名物以外,还有'像污介'这一种语法,都是值得记述的。"

709【光棍头老】刘大白《故事的坛子·田螺精》:"从前有一个种田的,他是一个光棍头老。"作者注:"光棍头老,指无妻的壮男而言。"

710【出水缸脚】刘大白《故事的坛子·田螺精》:"并且还有一桩颇可诧异的事,是从来不曾看见他出过水缸脚。"作者注:"出水缸脚,就是洗涤去缸底沉淀的泥滓。"

711【乃】刘大白《故事的坛子·田螺精》:"晶晶晶!乃娘田螺精!"作者注:"乃就是你。"有时候也可解释为"你们"。

712【槿柳树】胡兰成《今生今世·桃花》:"我乡下映山红花是樵夫担上带着有,菜花豆花是在畈里,人家却不种花,有也只是篱笆上的槿柳树花。"木槿,俗称槿柳树,越中常种在园边当作藩篱。夏初开花,有红色紫色两种,状如饭碗,俗称"碗碗花",非常美丽。刘大白有《界树晚望》诗云:"槿篱曲曲雨初过,好趁新晴晒旧蓑;几树绿杨遮不住,渔家门外夕阳多。"大人不许小孩采摘,说要敲破饭碗。叶似桂,富于粘液,妇女常用来漂发。《越谚》在"沐头"项下说："即沐也。巧夕妇女皆采锦柳取汁，沐以去腻。"

713【盆葱】胡兰成《今生今世·桃花》："楼窗口屋瓦上的盆葱也会开花，但都不当它是花。"盆葱较大，总有小拇指那么粗，中空。除了天然的雨露，夏天妇女常将喝剩的茶水倒在盆里。盆葱以外，照例还有"香草"一盆，也放在窗口的屋瓦上，它当然也能开花，但妇女只摘它的茎叶插在发髻上，说可以除秽。这大概就是"醒头香"，古时作为辟汗草。据《植物名实图考》记载："辟汗草，处处有之，丛生高尺余，一枝三叶，如小豆叶，夏开小黄花如水桂花，人多摘置发中辟汗气。"

714【戒橱】胡兰成《今生今世·桃花》："可是念其他去：'世界大，杀只老雄鹅，请请外婆吃，外婆勿要吃，戒橱角头抗抗咚，隔壁婆娘偷偷吃咚哉，嘴巴吃得油罗罗，屁股打得阿唷唷。'"菜橱。抗，藏。

715【覆盆子】胡兰成《今生今世·桃花》："夏初在庭前，听见夹公鸟叫，夹公即覆盆子，母亲教我学鸟语：'夹公夹婆，摘颗吃颗！'"覆盆子又叫夹公，则未曾听说过。鲁迅在《从百草园到三味书屋》中说："如果不怕刺，还可以摘到覆盆子，像小珊瑚珠攒成的小球，又酸又甜，色味都比桑椹要好得多。"

716【敞阳】胡兰成《今生今世·桃花》："民国世界山河浩荡，纵有诸般不如意，亦到底敞阳。"宽敞明亮。另有"开阔敞阳"一语，也是乡里人常说的。有时也写作"畅阳"，如作者在同书《怨东风》中说："她嫌老屋不够畅阳，别出心裁，在西侧建了新屋。"

717【人客】胡兰成《今生今世·桃花》:"他们乃耕田樵采之辈,来做人客却是慷慨有礼。"作者在同书《戏文时》一章中也说:"戏台下站满男看客,只见人头攒动,推来推去像潮水,女眷们则坐在两厢看楼上,众音嘈杂,人群中觅人唤人,请人客去家里吃点心。"周冠五在《鲁迅家庭家族和当年绍兴民俗·绍兴的风俗习尚》中说:"拜岁人客(绍俗呼客人为人客)。"

718【讨添】胡兰成《今生今世·桃花》:"譬如好吃的东西,已经吃过了即不可再讨添。"再要一点。这种情况,乡人常谓之"讨添头"。

719【春花】胡兰成《今生今世·胡村月令》:"胡村人春花就靠丝茶。"春天成熟的作物,如油菜、豆麦、丝茶等。

720【木铎道人】胡兰成《今生今世·胡村月令》:"二月里木铎道人来沿门挨户打卦,是穿的清朝冠服,红缨帽,马蹄袖袍褂,手摇一只大木铎,他先口中念念有词,第一句是'官差木铎',恐怕还是二千年前《周礼》里王官的流传,听他说下去都是劝人为善,要勤俭农作之意,我小时只听得懂不多几句,如'三兄四弟一条心,灶下灰尘变黄金;三兄四弟各条心,堂前黄金变灰尘',以及'廿年新妇廿年婆,再过廿年做太婆'之类……他念完了,怀里取出三片竹笅,形状像对中剖开的半边冬笋,拍啦啦掷在门槛内地上,说出卦象,我母亲便问家门顺经不顺经? 年成可好? 蚕花几分? 桑叶贵贱? 他一一答了,得米一碗,又去到第二家。"萧山叫作"打卦先生",没有那副打扮,只穿着长衫,把竹笅向地上一丢,然后望着地上说:"八卦八卦,八八六十四卦。卦头虽小,落地千金。左青龙,右白虎;白虎怕烟,青龙怕臭……"最后也是得了米再走。木铎,以木为舌的大铃。古代宣布政教法令,巡行振鸣以引起众人注意。

721【夹手】胡兰成《今生今世·采茶》:"然后夹手又是第二镬。"随手。

722【朵柱】胡兰成《今生今世·采茶》:"用顶硬的扁担,铁镶头朵柱,力大的可挑一百六十斤至一百九十斤。"挑担时用以助力的棍状工具,头上有两只耳朵,是卡住扁担的,故曰朵柱。但有时也写作"朵拄"。因行进时用以拄地就像根拐杖。又如同书《天涯道路》云:"又一次是大路上赶市的务农人经过,肩担朵拄,边走边说话。"越语中又有"奶奶朵柱"这句话,是用来讥笑矮丈夫的。

723【蛇虫百脚】胡兰成《今生今世·端午》:"我四哥是拿了柴刀去斫来黄经草,一大把堆在庭前燎烟,也是一股辛辣气味,除蛇虫百脚的。"通常是指蛇、蝎子、蜈蚣、壁虎和蟾蜍,称为五毒。其他自然也包括苍蝇和蚊子。

724【跑人家】胡兰成《今生今世·暑夜》:"倪家山的炳哥哥来跑人家,大家讲闲话。"即普通话所谓串门。

725【嘎饭】胡兰成《今生今世·暑夜》:"嘎饭是南瓜,茄子,力鲞。"通常写作"下饭",即佐饭的菜蔬。力鲞,又写作"鳓鲞",鳓鱼所制。可以清蒸,也可以与鸡蛋或鸭蛋同蒸,称为"鳓鲞笃蛋"。

726【宣宝卷】胡兰成《今生今世·暑夜》:"现在阿珏嫂嫂却说:'小舅公来宣宝卷好不好?我去点灯。'"宣卷俗称"讲经",也称"讲善书",原是寺庙中的活动,后来也流行于民间,变成一般的唱说文艺。自唐以来即有,至清代发展成为曲艺。宣卷的唱本，即卷本，通称"宝卷"。

727【这一晌】胡兰成《今生今世·子夜秋歌》："我乡下秋天的节过得清淡，因为这一晌田里很忙。"这一段时间。

728【看牛】胡兰成《今生今世·子夜秋歌》："他们说明太祖朱元璋小时看牛，便也是在这样的土地祠地上午睡，手脚张开，一根赶牛的乌筱横在头上，成了一个'天'字……"放牛或牧牛。

729【乌筱】胡兰成《今生今世·子夜秋歌》："他们说明太祖朱元璋小时看牛，便也是在这样的土地祠地上午睡，手脚张开，一根赶牛的乌筱横在头上，成了一个'天'字……"竹筱。乌筱又写作"呼筱"或"竹箓"。鲁迅在《且介亭杂文末编·女吊》中说："但倘被父母所知，往往挨一顿竹箓（这是绍兴打孩子的最变通的东西）……"周作人在《知堂集外文（四九年以后）·华侨与绍兴人》中也说："还有一件事，乃是许寿裳的侄儿所说，他在北京大学化学系毕了业，派到奉天去办事，一天在街上闲走，忽然的听见一句很熟习的话吆喝过来，不觉愕然吃惊四顾。这乃是从路旁一爿小店出来，显得是男主人所说的，其词曰：'拨我驮呼筱来！'翻译成普通话便是说'给我拿竹枝来！'这却不是平常的竹枝，乃是专为打小孩用的，大约多至三四条，长约二尺余，使用起来很是柔软，打着皮肤有点疼痛，而不伤筋骨，据说是顶有道理，大约古时的所谓夏楚，也是这一类东西吧。"

730【乌花】胡兰成《今生今世·桐阴委羽》："他拿出来使用的银圆多是藏久了生有乌花。"东西受潮后表面所生的黑毛。若是食品，往往先是白毛，然后变成黑色。俗语有"乌花白烂"这句话，就是形容食品霉变到极点。

124

731【升箩】胡兰成《今生今世·桐阴委羽》:"早晨在床上听见内人烧早饭,升箩括着米桶底轧砾砾一声,睡着的人亦会窜醒。"量米的器具,大的叫"斗",小的叫"升箩",虽然写作"竹林头",却是用木头箍成的。

732【窜醒】胡兰成《今生今世·桐阴委羽》:"早晨在床上听见内人烧早饭,升箩括着米桶底轧砾砾一声,睡着的人亦会窜醒。"惊醒或跳醒。

733【半下昼】胡兰成《今生今世·胡门吴氏》:"九老太住的是泥墙屋,半下昼太阳斜进来,如金色的静。"下昼,即下午;半下昼,即下午一半的时间。

734【起坐间】胡兰成《今生今世·胡门吴氏》:"起坐间是泥地,与灶间连在一起,板桌条凳,都在茶烟日色里。"犹活动室。一间屋子分隔成两半,后面的半间做厨房,前面的半间为活动室,设有板桌条凳,可以吃饭、喝茶等等。

735【攞攞平】胡兰成《今生今世·胡门吴氏》:"我在旁执灯照亮,把大匾里及箩里的米攞攞平。"用手抹抹平。

736【刁】胡兰成《今生今世·竹萌乳穀》:"小叔家的钰嫂嫂去阡陌上刁荠菜。"用"割子"挖。割子为割稻用的铁器,头稍歪,内面作锯齿形。平时也可以用来"刁田螺"、"刁野菜"。

737【替手脚】胡兰成《今生今世·竹萌乳穀》:"我乡下却说小人要做活脚蟾,会替大人手脚。母亲缝补衣裳或在堂前砌鞋底,我绕膝嬉戏就帮递剪刀、穿针线。"代替大人干点活。如"递剪刀、穿针线"之类。如在旁捣乱,则谓之"败手脚"。

738【砌鞋底】胡兰成《今生今世·竹萌乳穀》:"母亲缝补衣裳或在堂前砌鞋底。"布鞋分作两部分,鞋帮(鞋面)与鞋底。做鞋底先用布一层层叠起来,叫做"垫鞋底";然后用针线密缝起来使其结实,这就叫"砌鞋底"。

739【怕惧】胡兰成《今生今世·竹萌乳穀》:"母亲教我做人的道理,只是说'小人要端正听话,要有规矩怕惧'。"即对长辈要有畏惧之心。否则,就叫"没有怕惧",也就是没有规矩。

740【逆簌】胡兰成《今生今世·竹萌乳穀》:"此外无非叱骂,如不可手脚逆簌,不可问东问西,不可要这要那……"动手动脚,主要是指手东拉西扯,一刻也闲不住。现在有多动症这句话,正可以拿来形容"逆簌的孩子"。

741【没有寸当】胡兰成《今生今世·竹萌乳穀》:"此外无非叱骂,如不可手脚逆簌,不可问东问西,不可要这要那……不可没有寸当。"不守法度,也就是没有规矩。

742【瘀青块】胡兰成《今生今世·竹萌乳穀》:"有时自己跑快也会跌一跤,额上起来瘀青块。"人受伤皮肤发青。严重点就要"起块红肿"。

743【呆鼓鼓】胡兰成《今生今世·竹萌乳穀》:"我小时是惟呆鼓鼓的,好像自有一经。"痴呆貌。另有俗语"自家一经",意思是不管别人如何,我只是一意孤行。

744【摊眼乌娄娄】胡兰成《今生今世·竹萌乳穀》:"我小时每次挨打后,邻儿羞我,一齐念道:'摊眼乌娄娄,油炒扁眼豆!'"

羞辱人的一种动作。乌娄娄,指眼乌珠。鲁迅在小说《彷徨·肥皂》中写道:"只有招儿还用了她两只小手的指头在自己脸上抓。"将下眼皮摊下,便露出乌油油的眼珠。

745【媒头纸】胡兰成《今生今世·法无戏论》:"我拿媒头纸就点灯火来玩。"一种用黄纸搓成的小纸卷,尺把长,如筷子粗细,平常用来点灯或吸水烟时的媒介,故称媒头纸。媒头纸据说是以苦竹为原料。

746【枉长白大】胡兰成《今生今世·法无戏论》:"她骂的是:'枉长白大的,你还小哩? 这种东西又不可以当饭。'"犹云白活。另有俗语云:"年纪活东(在)狗身上。"意思相同而语气各别,后者简直就是骂人了。

747【乌筱笋】胡兰成《今生今世·法无戏论》:"此外我小时游嬉多是去溪边拔乌筱笋。"乌筱,即呼筱或呼筹。常生长在荒山、溪边、园边,笋俗称野笋,所以人人可以采拔。乌筱笋可以蒸熟了消闲,当然也可以做笋干,称为乌筱笋干,价格还在别的笋干之上,因为它是野生的。

748【清木香】胡兰成《今生今世·法无戏论》:"此外我小时游嬉多是去溪边拔乌筱笋,地里摘桑椹,山上采松花,端午节掘清木香。"清木香是一种灌木,有香气,可以切碎了泡茶喝,可以治痧气,而以端午那天采办的为好。

749【罪过柏辣】胡兰成《今生今世·古镜新记》:"我乡下的土话,见不当于礼要招衍尤的事,说是罪过柏辣,又见凄惨残忍的事是说惨忍搭煞。罪过柏辣通常是到人家里作客,见长辈捧茶来,赶快起身去接,一面说的恐缩之辞,但有时亦用以说惨忍可哀,意思与说惨忍搭煞相通。"

750【招魂】胡兰成《今生今世·古镜新记》:"我乡下招魂是小孩遭逢邪祟,受惊得病了,一人前导,手执扫帚畚箕,又记得好像是米筛,上覆一块布,一人跟在后头,出去到那失落魂魄的地方,前导的人喊:某人啊,回来嗄!跟在后头的人即答应:噢,回来了!如此叫声应声引回到家里,把米筛里的几粒米撒在小孩身上,说某人已回来了。这虽是迷信,但意思非常好,有效无效总之于病人无碍。"

751【水火不留情】胡兰成《今生今世·古镜新记》:"母亲又戒我水火不留情,要我火烛小心。"水与火都是可怕的东西,对人不留情面,以远远躲避为是。"火烛小心"正是这个意思。

752【出边出沿】胡兰成《今生今世·古镜新记》:"又走桥要走在中间,不可出边出沿。"贴近边缘。

753【柱脚】胡兰成《今生今世·古镜新记》:"幸得急流挟带来的沙石有两尺高,埋住了柱脚,房子才不被冲走。"柱子的底部。另如"墙脚"、"山脚"都相通。

754【百子炮仗】胡兰成《今生今世·古镜新记》:"放炮仗最是荡涤情秽,双响大炮仗,百子炮仗,还放铳放顿地炮。"即"鞭炮"。铳,又称"火铳"。明邱浚《大学衍义补一二二》:"近世以火药实铜、铁器中,亦谓之炮。又谓之铳。"顿地炮也许就是铳,待查。

755【培植】胡兰成《今生今世·怨东风》:"他安着一份心思要培植我读书。"培养。"读书"指受教育。

128

756 【难为情】胡兰成《今生今世·怨东风》:"衣裳又有大花的,我怕难为情穿。"害羞;不好意思。

757 【齐整】胡兰成《今生今世·怨东风》:"她是逢有节日喜事才出去,打扮得真齐整。"即标致。俗谓妇人貌美曰齐整。但有时也作整齐讲,如《三国志·魏志·尊郑浑传》:"村落齐整如一。"《水浒传》二十八回:"比单身房好生齐整。"

758 【坚起心思】胡兰成《今生今世·怨东风》:"她浑身缟素,在灵前痛哭,仍坚起心思料理丧事。"犹下定决心、提起精神。

759 【小官人】胡兰成《今生今世·有凤来仪》:"三嫂嫂一次叫我小官人,我一笑,她也笑了,说:'你笑什么? 难道我叫错了? 太阳未出总是早,老婆未讨总是小。'"唐人称居官者为官人。俗语所谓小官人,是对小男孩的敬称。周作人在《谈龙集·读"各省童谣集"》里说:"如'这样小官人'——范氏写作'"概个",意云这样的一个童男。'"看下面的问答,解释为童男似更加确切。

760 【太阳未出总是早,老婆未讨总是小】胡兰成《今生今世·有凤来仪》:"三嫂嫂一次叫我小官人,我一笑,她也笑了,说:'你笑什么? 难道我叫错了? 太阳未出总是早,老婆未讨总是小。'"这也是越中俗语。

761 【扣肉】胡兰成《今生今世·有凤来仪》:"此时厨下肉饼子已斩好,海参也泡好,鱼肚发好,扣肉扣好了。"用有精有肥的五花肉切作方块,约两寸见方,在里面用菜刀利四五刀,以不透过皮为度。先将肉煮熟,然后皮朝下放在油锅中煎,等皮由白色变为黄色,就取起,装在一只大碗中,皮朝下,再在上头填上作料，如香菇、木耳、栗子等。然后放到饭锅中去蒸，据说愈多蒸愈好。到用餐时，便从饭锅中取出，倒在另一只大碗中。这时候肉在上，作料在下，一碗油罗罗、肉糜糜的扣肉就展现在大家的面前，真是色香味形俱全。绍兴从前有"任扣"非常出名，据说是一个姓任的大户人家的丫头发明的。据说其中关键的一步是要用两只锅子，即猪肉煮熟后，不等冷却，就将它放到另一只煮沸了的油锅中去煎。这样做成的扣肉就更加绵软香甜可口。

762【毛脚女婿】胡兰成《今生今世·有凤来仪》："行聘之后，亲迎之前，去丈人家是要被取笑做毛脚女婿的。"

763【新妇】胡兰成《今生今世·有凤来仪》："虽然为儿子娶新妇。"媳妇。

764【老嫚】胡兰成《今生今世·有凤来仪》："老嫚是乐户的妻室或女儿，专走喜事人家，服侍新娘新郎，并帮忙照应宾客，就像新娘是宝卷里的小姐，她是陪嫁的贴身丫鬟。"

765【钲】胡兰成《今生今世·有凤来仪》："拜堂时的音乐非常华丽，是钲、锡锣、咚锣、梅花。钲亦是一种锣，径只五寸，相当厚，绳纽套在左手拇指上，右手以阔二寸厚二分圭形竹签的边刃击打，作端端声。"

766【锡锣】胡兰成《今生今世·有凤来仪》："锡锣较薄，直径八寸无纽，惟以左手食指头顶住上边，击打亦是用竹签，音声清浅。"周作人在《药味集·卖糖》一文中说："此锣却又与他锣不同，直径不及一尺，窄边，不系索，击时以一指抵边之内缘，与铜锣之提索及用锣槌者迥异，民间称之曰镗锣，第一字读如国音汤去声，盖形容其声如此。"

767【咚锣】胡兰成《今生今世·有凤来仪》:"咚锣直径一尺二寸,还比钲厚,中央受槌处凸起杯口大的一圈,击以槌,声音深宏。"

768【梅花】胡兰成《今生今世·有凤来仪》:"梅花像短喇叭与箫笛的混合形制……那梅花吹起来就像晴日溪山里水流花开。"

769【应嘴】胡兰成《今生今世·凤兮凤兮》:"忽听见我母亲在前发话了,那小叔倒也不敢应嘴。"顶嘴。

770【自己淘里】胡兰成《今生今世·凤兮凤兮》:"对顾客很傲慢,连职员自己淘里亦毫无情义。"又说成"自淘伙里",犹言自己一伙。

771【切心】胡兰成《今生今世·凤兮凤兮》:"衣食的事我切心是切心。"牢记在心。

772【触蹩脚】胡兰成《今生今世·凤兮凤兮》:"本来也无事,只因贺希明去触蹩脚,对她说我是为打赌,她才大怒。"揭人之短;说人坏话。

773【冲犯】胡兰成《今生今世·民国女子》:"我不觉得世上有什么事冲犯。"冲撞触犯。

774【三斗三升火】胡兰成《今生今世·汉皋解佩》:"大冷天亦只穿夹旗袍,不怕冷,年轻人有三斗三升火。"形容年轻人精力充沛。

775【耐心耐想】胡兰成《今生今世·汉皋解佩》："小周每与我说嫡母，如生身的娘一样亲，最是耐心耐想，笑颜向人。"耐着性子、不暴躁。

776【横】胡兰成《今生今世·汉皋解佩》："我与护士长笑她，她不答，只端然横了那罗汉一眼。"斜视，含有鄙夷的意思。

777【肝火旺】胡兰成《今生今世·汉皋解佩》："这一半是因身体不好，肝火旺。"肝火旺盛。指情绪容易急躁。

778【一长埭】胡兰成《今生今世·天涯道路》："一长埭都是粮食店酒作坊鱼虾与水红菱的摊头。"一长条。

779【时鲜】胡兰成《今生今世·天涯道路》："搬出来的肴馔也时鲜。"及时、新鲜。与过时、陈旧相对。

780【盘头】胡兰成《今生今世·天涯道路》："到家她搬出盘头瓜子花生。"盛着食品的盘子。

781【焖碗】胡兰成《今生今世·天涯道路》："从茶肆接过一焖碗热茶，端去与范先生。"茶碗的一种，比普通的饭碗要小，上大下小，呈喇叭形，有盖。鲁迅在小说《药》中写道："华大妈也黑着眼眶，笑嘻嘻的送出茶碗茶叶来，加上一个橄榄，老栓便去冲了水。"这茶碗照例是焖碗。老栓冲水先得将盖掀开，冲上水，然后再盖上。喝茶的人先用左手端起茶碗，用右手拿起碗盖，同时用碗盖的沿将茶叶撩开，有的甚至还要吹几口气，然后就慢慢吞吞地喝起来。

782【弯】胡兰成《今生今世·天涯道路》:"那厉先生,打仗第三年他因事情出来,还到斯宅弯过一弯,只是望望范先生。"顺便转悠一下。

783【落位】胡兰成《今生今世·天涯道路》:"泥地扫得净,人意幽静闲远。我与秀美坐下来,看看倒是落位。"犹安稳舒适。

784【看想】胡兰成《今生今世·天涯道路》:"问她被派到乡下指导养蚕,单身女子,是否也有男人看想过她。"犹追求。

785【旋记旋记】胡兰成《今生今世·天涯道路》:"一次到乡下住在一乡绅家,那乡绅年近五十,午饭吃过,请我到客堂间坐一回,吃茶说话之间,那人坐又立起,停停又走走,像老鹰的旋记旋记,向着我旋过来了,我见势头不对,就逃脱身。"

786【牌头】胡兰成《今生今世·永嘉佳日》:"我这个姑爷,也着实做得过,有妹妹家来请,还有阿嬷家也还请,这都是罩秀美的牌头。"名义、靠山。

787【阿娘】胡兰成《今生今世·永嘉佳日》:"也叫秀美阿娘,温州人叫阿娘是姑姑。"犹姑母。阿,读若"奥",一声之转。

788【密密排排】胡兰成《今生今世·永嘉佳日》:"山下即瓯江,一埭街密密排排都是海货与竹木米粮杂货的行家栈家。"接连并排着,没有一点空隙。

789【当值】胡兰成《今生今世·永嘉佳日》:"外婆倒是也晓得当值我这个女婿。"犹服侍,如当值人,也就是服侍人。

790【运气】胡兰成《今生今世·桃花》:"我爱这故事的开头就有运气。"运道;幸运。

791【孵蚕子】胡兰成《今生今世·胡村月令》:"孵蚕子是还穿棉袄的时候,由婆婆或母亲当头,尚未出嫁的女儿与才来的新妇各人孵一些在怀中,托托老年人的福气,年轻人的运气喜气。乌毛蚕孵出了,用鹅毛轻轻把它从蚕种纸上掸下,移在小匾里,饲的桑叶剪得很细,每天要扫除蚕沙,每过几天把蚕分一分,从小匾移到大匾。我母亲孵一张蚕子,一张蚕子是一两,分得十大匾,吃起桑叶来像风雨之声,此时饲蚕是从桑蒲里抓起桑叶大捧大捧的铺上去,夜里都要起来两三遍,桑叶一担一担的挑进门来都来不及。"

792【领清明猪肉】胡兰成《今生今世·胡村月令》:"还有是去领清明猪肉与豆腐,上代太公作下来的,怕子孙有穷的上不起坟,专设一笔茔田各房轮值,到我一辈还每口领得一斤豆腐,半拜猪肉,不过男孩要上十六岁,女儿则生出就有得领,因为女儿是客,而且虽然出嫁了,若清明恰值归宁在娘家,也仍可以领。若有做官的,他可以多领半斤,也是太公见子孙上达欢喜之意。"

793【接烧饼】胡兰成《今生今世·胡村月令》:"我五六岁时,大嫂还在家,我顶与她要好,听见谁家上坟我就与别的小孩去接烧饼,有时一个,有时一双,不舍得吃掉,都交给嫂嫂,嫂嫂给我盛在一个瓦罐里,搁在灶梁上,吃时我也总要分给嫂嫂。嫂嫂是大人,当然不在乎这种一两文钱一个的小烧饼,但她也当大事替我保管,有时近处上坟她也去接烧饼,要帮我积成十五到二十个。"清明坟头分小烧饼这在我们萧山也有,一般每人四个,这是鼓励子孙都要去上坟的意思。

794【拎水】胡兰成《今生今世·胡村月令》:"嫂嫂去井头拎水,我跟去,她烧饭时我与她排排坐在烧火凳上。"越中人家灶边里都有水缸,用于煮饭烧菜,水由男人早晚负责挑运。但是妇女淘米、洗菜、漂衣服都到池塘或井边去,而且顺便总要带一小水桶水回来,大概含有体恤男人的辛苦之意吧。清代萧山人汪辉祖在《病榻梦痕录》中有一段记载他母亲的事云:"病起出汲,至门不能举步。门故有石条可坐,邻媪劝少憩,吾母曰:'此过路人坐处,非妇人所宜。'倚柱立,邻媪代汲以归。"

795【难为】胡兰成《今生今世·胡村月令》:"可是他们夫妻不和,母亲说两人都不好。他们两人常时打拢来,我帮嫂嫂不得,就一面大哭,一面抓打大哥,但因人小,只打得着他的腿与腰身,大哥道:'我难为六弟。'总算不打了,因为大哥也是顶喜欢我的。"多亏(指做了不容易做的事)。

796【炒青叶子】胡兰成《今生今世·胡村月令》:"白天采来的茶叶都堆在堂前地上,叫青叶子。吃过夜饭在后屋茶灶镬里炒青叶子,采茶女与主家的年轻小伙子男女混杂,笑语喧哗,炒青叶子要猛火,烧的松柴都是头一年下半年就从山上砍来,劈开迭成像墙头的一堆堆,晒得窸窣粉燥,胡村的年轻人唯有做这桩事顶上心。……夜里炒青叶子,主家的老年人都已先睡,由得一班年轻人去造反为王。他们炒青叶子炒到三更天气,男女结伴去畈里邻家的地上偷豆,开出后门,就听得溪里水响,但见好大的月色,一田亩里都是露水汤汤的。他们拔了大捆蚕豆回来,连叶带茎,拖进茶灶间里,灯下只见异样的碧绿青翠,大家摘下豆荚,在茶灶镬吐放点水用猛火一炸(案:音'闸'),撒上一撮盐花,就捞起倒在板桌上,大家吃了就去睡,因为明天还要起早。"

797【挑私盐】胡兰成《今生今世·胡村月令》:"胡村人下半

年田稻收割后,身刚力壮的就结队去余姚挑私盐,他们昼伏宵行,循山过岭,带着饭包,来回两百里地面,要走六七天,用顶硬的扁担,铁镶头朵柱,力大的可挑一百六十斤至一百九十斤,一个月挑两次,一次的本钱两块银洋钱变六块。但也有路上被缉私兵拦去,又亦有与缉私兵打起来的,五代时的钱武肃王及元末的方国珍,就是这样挑私盐出身。"

798【热晒气】胡兰成《今生今世·胡村月令》:"采头茶时养二蚕,采二茶时是秧田已经插齐了,畈里被日头气所逼,田鸡叫,田螺开厴,小孩与燕子一样成天在外,摘桑葚拾田螺,拔乌筱笋,听得村中午鸡啼了,才沿溪边循塍路回家,赤脚穿土布青夹袄,有时身上还穿小棉袄,满面通红,一股热晒气。"

799【哥哥哥】胡兰成《今生今世·胡村月令》:"夏始春余,男人在畈上,女人在楼上养二蚕,大路上及人家门庭都静静的,唯有新竹上了屋檐,鹁鸪叫。鹁鸪的声音有时就在近处,听起来只当它是在前山里叫,非常深远。灶头间被窗外的桑树所辉映,漏进来细碎的阳光,镬灶砧板碗橱饭后都洗过收整好了在那里,板桌上有小孩养在面盆里的田螺。母鸡生了蛋亦无人拾,'各各带,各各各各各带!'地叫。而忽然是长长一声雄鸡啼,啼过它拍拍翅膀摇摇鸡冠,伸直脖子又啼一声。我小时听母亲说,龙的角本是雄鸡的,借了去不还,雄鸡啼'哥哥哥!'就是叫龙,可是此刻青天白日,人家里这样静,天上的龙亦没有消息。唯后屋茶灶间里有人在做茶叶,即是把炒过搓揉过的青叶子再来二度三度焙干,灶肚里松柴微火,只听它悠悠的嘘一声,双手把镬里的茶叶掀一掀,日子好长。"

800【豁边】胡兰成《今生今世·永嘉佳日》:"我还以为她渐渐看我看豁边。"看法有偏差或做事不周到。

136

801【为来为去】胡兰成《今生今世·永嘉佳日》:"急得要告诉爱玲,只因我是为来为去都为她。"表示专注。

802【一歇空】胡兰成《今生今世·春带》:"她在厨下,或在做针线,稍微有一歇空,就记得送茶来。"稍有空闲。形容时间极短。

803【危险泼辣】胡兰成《今生今世·春带》:"她与我的事危险泼辣。"极其危险。

804【要性重】胡兰成《今生今世·良时燕婉》:"一个人本来靠要性重是好不了的。"贪心不足。

805【讲斤头】胡兰成《今生今世·良时燕婉》:"彼时就有租界的探长捕头来讲斤头。"讲条件。

806【失瞥】胡兰成《今生今世·良时燕婉》:"她总不会失瞥或弄错人。"看错或做错。

807【靠傍】胡兰成《今生今世·良时燕婉》:"爱珍又不是想要靠傍他人。"依靠。

808【譬得开】胡兰成《今生今世·良时燕婉》:"对于知己尚且如此,对于不知己,她是更譬得开。"想得开。譬,譬说:以譬喻之辞劝说。

809【瘦了一壳】胡兰成《今生今世·良时燕婉》:"她为服侍我,人都瘦了一壳。"瘦了不少。一壳,犹云"一圈"。

810　【眼目清亮】胡兰成《今生今世·良时燕婉》："先一日爱珍已把家里洒扫布置得眼目清亮。"环境整齐清爽，仿佛眼睛特别明亮。

811　【躲婆弄】周作人《自己的园地·抱犊固的传说》："据说当时王羲之替卖六角扇的老婆子在扇上写了字，老婆子很不高兴，说为什么把扇子弄脏了，不好再卖钱，王羲之便叫她尽管放心去卖，只要说是王某人写的，可以卖百钱一把。老婆子依他的话去卖，大家争买，不一刻就都卖完了。老婆子获得了大利，真是出于意外，第二天拿了许多扇子，又去找王羲之写字，这一回他可窘了，只好躲过不见。不知他只躲了一回呢，还是每逢老婆子来找他便躲到弄里去，总之这条弄便成了名，以后称作'躲婆弄'了。"

812　【贺家池】周作人《自己的园地·抱犊固的传说》："东郭门外三四十里的地方，有很大的河，名曰贺家池，特别读作Wuukcdzz。这个地名附会起来大约只能说与贺知章有关，但在民间却另有解说，并不看重这个贺字。据近地住民传说，这本是一个村庄，同别的村庄一样。有一天，农人们打稻，把稻蓬上的稻束发完之后，看见地上有突出的东西，像是一棵粗的毛笋，——但是近地没有竹林，决不会是笋。那愚蠢的农人们想知道到底是什么东西，动手发掘，可是这可了不得，一刹那间全村庄的人都不见了，只见一派汪洋，成了今日的贺家池。原来这笋乃是龙角，乡下人在龙头上动土起来，自然老龙要大发其怒了。听说至今在天朗气清的时候，水底还隐约看见屋脊。"后来作者写《苦茶庵打油诗》，在其第二十三首中也提到贺家池。诗云："涧中流水响嘶嘶，负手循行有所思，终是水乡余习在，关心唯独贺家池。"

813【回丧】周作人《自己的园地·回丧与买水》:"《颜氏家训》卷二云,'偏旁之书,死有归杀,子孙逃窜,莫肯在家,画咒书符,作诸厌胜。丧出之日,门前燃火,户外列灰,被送家鬼,章断注连。凡如此比,不近有情,乃儒雅之罪人,弹议所当加也。'今绍兴回丧,于门外焚谷壳,送葬者跨烟而过,始各返其家,其用意相同,即防鬼魂之附着也。"

814【买水】周作人《自己的园地·回丧与买水》:"周去非《岭外代答》卷六云,'钦人始死,孝子披发顶竹笠,携瓶瓮,持纸钱,往水滨号恸,掷钱于水而汲归浴尸,谓之买水,否则邻里以为不孝。……'今绍兴人死将殓,孝子衣死者之衣,张黄伞,鼓乐导至水次,投铜钱铁钉各一,汲水归以浴尸,亦名买水,盖死者自购水于水神也。俗传满洲入关,越人有'生降死不降'之誓,故殓时束发为髻而不辫,又不用清朝之水,自出钱买之,观《岭外代答》所记则此风宋时已有之,且亦不限于越中一隅也。"

815【避疟】周作人《自己的园地·疟鬼》:"避疟这件事,我在十四五岁的时候还曾经做过,结果是无效,所以下回就不再避了。乡间又认疟疾为人所必须经过的一种病,有如痘疹之类,初次恒不加禁断,任其自发自愈,称曰'开昂'(Ke—ngoang)。疟鬼名'腊塌四相公',幼时在一村庙中曾见其塑像。共四人,并坐龛中,衣冠面貌都不记忆,唯记得一人手持吹火筒,一持芭蕉扇,其余两个手中的东西也已忘却了。据同伴的工人说明,持扇者扇人使发冷,持火筒者一吹则病人陡复发热云。俗语称一般传染病云腊塌病,故四相公亦以是名。本来民间迷信愈古愈多,这种逃疟涂面的办法大抵传自'三代以前',不过到了唐代始见著录罢了。"作者引赵与时《宾退录》卷七云:"世人疟疾将作,谓可避之他所,闾巷不经之说也,然自唐已然。高力士流巫州,李辅国授谪制时,力士方逃疟功臣阁下。杜子美诗,'三年犹疟疾,一鬼不销亡。隔日搜脂髓,增寒抱雪霜。徒然潜隙地,有觊屡鲜妆。'则不特避之,而复涂抹其面矣。"避虐,萧山人叫"逃破赖头"。破赖即无赖,言其犯了就不易摆脱。我小时候也逃过。清早起床,默默向田野间跑,最好是翻过一顶桥、越过一条河,还在水边洗一把脸,然后跑到邻村的一家人家去,因为是前一天预先联系好了的,所以彼此见了面也不说话,等吃完了早饭就默默回家。据说这破赖头鬼是烂脚的,最怕碰到露水,所以要往田野间跑,至于过桥过河,这是为了要将破赖头鬼摔掉。而事实上这是毫无效果的。

816【起手】周作人《雨天的书·自序二》:"前年冬天《自己的园地》出版以后,起手写《雨天的书》。"开始动手。

817【厌看】周作人《雨天的书·自序二》:"这种东西发表出去,厌看的自然不看。"不愿看或不要看。厌,讨厌。

818【一径】周作人《雨天的书·自序二》:"还是'从吾所好',一径这样走下去吧。"一直。径,本来有直的意思。

819【病从口入,祸从口出】周作人《雨天的书·自序二》:"我从小知道'病从口入祸从口出'的古训"。虽是古训,但一般老百姓也常用到它。

820【叫苦连天】周作人《雨天的书·苦雨》:"或者你在骡车中遇雨,很感困难,叫苦连天也未可知。"叫苦不迭。连天,表示宽广。

821【耳朵皮嫩】周作人《雨天的书·苦雨》:"有许多耳朵皮

嫩的人,很恶喧嚣。"听不得噪音。另有"耳朵皮软"一语,常用来形容没有主见的人。

822【摇鼓】周作人《雨天的书·鸟声》:"有的声如货郎的摇鼓"。俗称"摇咕咚"。即古书中所说的"鼗"。鲁迅在《朝花夕拾·二十四孝图》中说:"他们一手都拿着'摇咕咚'。这玩意儿确是可爱,北京称为小鼓,盖即鼗也,朱熹曰:'鼗,小鼓,两旁有耳;持其柄而摇之,则两耳还自击',咕咚咕咚地响起来。"

823【掘洼】周作人《雨天的书·鸟声》:"有的恍若连呼'掘洼'(dzhuehuoang),俗云不祥主有死丧。"洼,泥潭。由泥潭联想到埋葬,故曰不祥。

824【雪里蕻】周作人《雨天的书·怀旧之二》:"一碗雪里蕻上面的几片肥肉也早已不见。"蔬类植物。叶有锐锯齿及缺刻,类芥菜,而叶稍纤,花黄。雪天诸菜冻损,此菜独青,故名。味稍辛辣,多腌以为菹。菹,俗称"腌菜"。

825【搭讪】周作人《雨天的书·初恋》:"她大抵先到楼上去,和宋姨太太搭讪一回。"为了想跟人接近或把尴尬的局面敷衍过去而找话说。

826【流落】周作人《雨天的书·初恋》:"将来总要流落到拱辰桥去做婊子的。"穷困潦倒,漂泊外地。另有"流落他乡"一语,也是浙东人常说的。

827【雪青】周作人《雨天的书·娱园》:"拿起她的一件雪青纺绸衫穿了跳舞起来。"青里带点蓝色,比"鸭蛋青"再深一点。

828【苗篮】周作人《雨天的书·故乡的野菜》："妇女小儿各拿一把剪刀一只'苗篮'，蹲在地上搜寻。"范寅在《越谚·苗篮》项下说："轻薄而小。"通常只称"小篮"。

829【黄花麦果】周作人《雨天的书·故乡的野菜》："黄花麦果通称鼠曲草，系菊科植物，叶小微圆互生，表面有白毛，花黄色，簇生梢头。春天采嫩叶，捣烂去汁，和粉作糕，称黄花麦果糕。"萧山称为"鹅冠头头"，通常是当作猪草采摘的。

830【草紫】周作人《雨天的书·故乡的野菜》："扫墓时候所常吃的还有一种野菜，俗称草紫，通称紫云英。农人在收获后，播种田内，用作肥料，是一种很被贱视的植物，但采取嫩茎瀹食，味颇鲜美，似豌豆苗。花紫红色，数十亩接连不断，一片锦绣，如铺着华美的地毯，非常好看，而且状若蝴蝶，又如鸡雏，尤为小孩所喜。间有白色的花，相传可以治痢，很是珍重，但不易得。"可以做菜，也可以炒年糕。

831【姣姣】周作人《雨天的书·故乡的野菜》："浙东扫墓用鼓吹，所以少年们常随了音乐去看'上坟船里的姣姣'；没有钱的人家虽没有鼓吹，但是船头上篷窗下总露出些紫云英和杜鹃的花束，这也就是上坟船的确实的证据了。"美女。另外，周作人在《知堂集外文（《亦报》随笔）·看姣姣的来源》中说："姣姣这字虽然不是真正方言，但因弹词中的美多姣，以及戏文里公子与帮闲的说白中常有姣姣的话，在民间也是很通行的了，我想或者正因为这里有花脸公子的气味，故被范君（按即著《越谚》的范寅）列为游荡子的歌谣也未可知。"

832【乌豇豆】周作人《雨天的书·故乡的野菜》："又绍兴小儿谜语歌云，'像乌豇豆格乌，像乌豇豆格粗，堂前当中央，坐得拉胡须。'也是指这个现象。(格犹云"的",坐得即"坐着"之意。)"豇豆分两种,一种单株直立,豆荚短而粗,豆粒呈紫黑色,是做"豆沙"的好原料。另一种叫"长豇豆",有细长的藤,所以须要搭棚。王士祯为《聊斋志异》写诗,中有云:"豆棚瓜架雨如丝。"所谓"豆棚",大概就是指此。近人徐映璞《长豇豆》诗云:"蔬园群芳夏最优,豆棚瓜架两清幽。连枝有约均宜子,长荚同根总碰头。尽使繁花凝晓露,独怜明月过中秋。几生修到鸳鸯谱,偕老双栖不解愁。"

833【大头天话】周作人《雨天的书·"大人之危害"及其他》:"用了小孩子的'大头天话'来解释'圣诗'的题目。"即普通所说的童话。

834【空溇溇】周作人《雨天的书·一年的长进》:"我的心里确是空溇溇的,好像是旧殿里的那把椅子。"空兮兮或空荡荡。

835【闭门家里坐,祸从天上来】周作人《雨天的书·沉默》:"'闭门屋里坐,祸从天上来。'那只算是'空气传染'。"想不到的灾难。

836【三日两头】周作人《雨天的书·山中杂信》:"以致'三日两头'的引起夜中篓里与禅房里的驱逐。"犹时常。

837【家常便饭】周作人《雨天的书·济南道中》:"进去坐在里面破板桌边,便端出烤虾小炒腌鸭蛋等'家常便饭'来。"平常吃的饭菜。

838【不配胃口】周作人《雨天的书·济南道中》:"虽在吃惯肥鱼大肉的大人先生们自然有点不配胃口。"与口味不合。

839【赌东道】周作人《雨天的书·文法之趣味》:"若是并不赌着东道,我当然还要拣一本浅易的书。"与人打赌,谁输谁请客。东道主,请客的主人。

840【老虎追到脚后跟】周作人《雨天的书·〈两条腿〉序》:"现今'老虎追到脚后跟',却终于还未寻到一本好书。"言时间紧迫,犹老虎追到脚后跟。一般将"追"说成"别(读若'别')",追赶的意思。

841【老酒糯米做,吃得变 nionio】周作人《泽泻集·谈酒》:"因为儿歌里说,'老酒糯米做,吃得变 nionio'——末一字是本地叫猪的俗语。"又在《知堂集外文(四九年以后)·糯米食》中说:"我们小时候所常唱的歌谣里,有两句是绍兴人拿来讥笑醉人的话,说的很得要领,其词曰:老酒糯米做,吃得变 nyonyo.这末了的字我用了罗马字,因为实在写不出,写了也没有铅字。这字从双口,底下一个典韦的典字,收在《康熙字典》的补遗里,注云'呼豕声'。这倒有点对的,但云尼迈切,与绍兴音读作尼荷切者迥不相同。绍兴话猪罗称为'nyo 猪',nyonyo 者亲爱之称也。意思酒醉的人沉醉打呼,与猪无甚区别。"

842【酒头工】周作人《泽泻集·谈酒》:"平常做酒的人家大抵聘请一个人来,俗称'酒头工',以自己不能喝酒者为最上,叫他专管鉴定煮酒的时节。"又说:"有一个远房亲戚,我们叫他'七斤公公',他是这样的酒头工,每年去帮人家做酒;他喜吸旱烟,说玩话,打马将,但是不大喝酒,所以生意很好,时常跑一二百里路被招到诸暨嵊县去。据他说这实在并不难,只须走到缸边屈着身听,听见里边起泡的声音切切察察的,好像是螃蟹吐沫(儿童称为蟹煮饭)的样子,便拿来煮就得了,早一点酒还未成,迟一点就变酸了。"

843【串筒】周作人《泽泻集·谈酒》:"平常起码总是两碗,合一'串筒',价值似是六文一碗。串筒略如倒写的凸字,上下部如一与三之比,以洋铁为之,无盖无嘴,可倒而不可筛,据好酒家说酒以倒为正宗,筛出来的不大好吃。"马口铁俗称洋铁。

844【竹叶青】周作人《泽泻集·谈酒》:"能饮者多索竹叶青,通称曰'本色','元红'系状元红之略,则著色者,唯外行人喜饮之。"

845【花雕】周作人《泽泻集·谈酒》:"在外省有所谓花雕者,唯本地酒店中却没有这样东西。相传昔时人家生女,则酿酒贮花雕(一种有花纹的酒坛)中,至女儿出嫁时用以饷客,但此风今已不存,嫁女时偶用花雕,也只临时买元红充数,饮者不以为珍品。"

846【寻死觅活】周作人《谈龙集·竹林的故事序》:"一个失恋的姑娘之沉默的受苦未必比蓬发熏香,著小蛮靴,胸前挂鸡心宝石的女郎因为相思而长吁短叹,寻死觅活,为不悲哀,或没有意思。"企图自杀。

847【筋疲力尽】周作人《谈龙集·竹林的故事序》:"结果是筋疲力尽地住手。"精力消耗尽。

848【鸡零狗碎】周作人《谈龙集·潮州畬歌集序》:"从尘土中挑选出'鸡零狗碎'的物件。"事物零零碎碎,不成片断。

849【一笔债】周作人《谈龙集·希腊神话引言》:"要计算这

一笔债。"一项债。笔,书写、记载。

850 【安歹】周作人《谈龙集·初夜权净序言》:"范寅编《越谚》卷上载童谣低叽一章,其词曰:'低叽低叽,(唢呐声)/新人留歹(歹读如 ta,语助词。)/安歹过夜,/明朝还偌乃。'(偌乃读如 n－na,即你们。)"犹安心。

851 【闹房】周作人《谈龙集·初夜权净序言》:"又浙东有闹房之俗,新婚的首两夜,夫属的亲族男子群集新房,对于新妇得尽情调笑,无所禁忌,虽云在赚新人一笑,盖系后来饰词,实为蛮风之遗留,即初夜权之一变相。"

852 【家花不及野花香】周作人《谈龙集·猥亵的歌谣》:"通行俗歌里有云,'家花不及野花香',便因花可以自由选择的缘故。"另有俗语说:"家花不及野花香,(可惜)野花香来不久长。"元贾仲明《情寄菩萨蛮》剧:"多敢是家菜不甜野菜甜。"《红楼梦》六十七回:"他别想着俗语说的'家花那有野花香'的话语。"

853 【话市】周作人《谈龙集·关于"市本"》:"越中闺秀,识得些字而没有看《列女传》的力量或兴趣者,大都以读市本为消遣:《天雨花》,《再生缘》,《义妖传》之类均是。有喜庆的时候,古风的人家常招瞽女来'话市',大抵是二女一男,弹琵琶洋琴,唱《双珠凤》等故事。照乡间读音称作 woazyr,所以我写作'话市',那些故事原本称作'市本',但是这实在都是弹词,所以或者应作'词本',而话市也应作'话词',或更为合理也未可知。"亦即普通所谓宣卷。

854 【目连戏】周作人《谈龙集·谈"目连戏"》:"吾乡有一种民众戏剧,名'目连戏',或称曰'目连救母'。每到夏天,城坊乡村醵资演戏,以敬鬼神,禳灾厉,并以自娱乐。所演之戏有徽班,乱弹高调等本地班;有'大戏',有目连戏。末后一种为纯民众的,所演只有一出戏,即'目连救母',所用言语系道地土话,所著服装皆极简陋陈旧,故俗称衣冠不整为'目连行头';演戏的人皆非职业的优伶,大抵系水村的农夫,也有木工瓦匠舟子轿夫之流混杂其中,临时组织成班……"又说:"十六弟子之一的大目犍连在民间通称云富萝卜,据《翻译名义集》目犍连,'净名疏云,《文殊问经》翻"莱菔根",父母好食,以标子名。'可见乡下人的话也有典据,不可轻侮。富萝卜的母亲说是姓刘,所以称作'刘氏'。刘氏不信佛法,用狗肉馒头斋僧,死时被五管鸟叉擒去,落了地狱,后来经目连用尽法力,才把她救出来,这本戏也就完结。"

855【目连行头】周作人《谈龙集·谈"目连戏"》:"所著服装皆极简陋陈旧,故俗称衣冠不整为'目连行头'。"

856【富萝卜】周作人《谈龙集·谈"目连戏"》:"十六弟子之一的大目犍连在民间通称云富萝卜,据《翻译名义集》目犍连,'《净名疏》云,《文殊问经》翻"莱菔根"父母好食,以标子名'。……富萝卜的母亲说是姓刘,所以称作'刘氏'。刘氏不信佛法,用狗肉馒头斋僧,死时被五管锐叉擒去,落了地狱,后来经目连用尽法力,才把她出来,这本戏也就完了。……除首尾以外,其中十分七八,却是演一场场的滑稽事情,算是目连一路的所见,看众所最感兴味者恐怕也是这一部分。"

857【溥浴】周作人《谈龙集·谈"目连戏"》:"又有人走进富室厅堂里,见所挂堂幅高声念道,'太阳出来红溻溻,新妇溥浴公来张。公公唉,觞来张,婆婆也有哼,唔,"唐伯虎"题! 高雅,高雅!'"。洗澡。

858【下作】周作人《谈龙集·上海气》:"否则只是令人生厌的下作话。"卑鄙、下流。方言有"下作说话"(下流话)、"下作坯"(卑鄙、下流的人)、"下里下作"(指行为下流)。

859【中意】周作人《谈龙集·"忆"的装订》:"这些人的挥洒更中我的意。"合意,满意。

860【鸡爪风】周作人《谈龙集·关于夜神》:"吾乡小儿'吟'医生云,'郎中,郎中,手生鸡爪风。'"手患风瘫,指不能动弹。

861【聪明一世,懵懂一时】周作人《谈龙集·关于夜神》:"岂真聪明一世而懵懂一时。"懵懂,糊涂;不明事理。

862【称子】周作人《谈龙集·象牙与羊脚骨》:"知道古代妇女子常用这种脚骨像吾乡小儿'称子'似地抛掷着玩耍,也在希腊古画上见过这个游戏的图"。一种妇女子爱玩的游戏。用布做成的几个小沙袋,捏在右手里,抛上去,以手背去承接,然后再抛上去,再以手掌接住它,以接住的多少论输赢。

863【省得】周作人《谈龙集·摆伦句》:"'菲拉尼思,你知道为什么? 这就为的是省得亲你的嘴。'"免得。

864【年成】周作人《永日集·序》:"民国十七年是年成不很好的年头儿。"一年的收成。

865【经手】周作人《永日集·序》:"文字本是由我经手。"经过亲手料理。

866【霸占】周作人《永日集·序》:"欲说而说不出的东西,

固然并不想霸占。"倚仗权势占为己有。

867【栈房】周作人《永日集·在希腊诸岛》:"他是一所古话的栈房。"仓库。

868【分家】周作人《永日集·〈谈龙谈虎集〉序》:"只得决心叫他们'分家'。"一家分成数家;分居。

869【宿山】周作人《永日集·〈花束〉序》:"中国书上所说的到于忠肃祠求梦,以及江浙老妪的'宿山'等。"范寅《越谚》风俗类"宿山"项下说:"诸佛生日前夕,聚念佛婆于佛前持诵通宵,名此。"

870【梅什儿】周作人《永日集·〈杂拌儿〉跋》:"杂拌儿系一种什锦干果,故乡亦有之,称曰梅什儿,唯繁简稍不同,梅什儿虽以梅名,实际却以糖煮染红的荸白片和紫苏为主,半梅之类乃如晨星之寥落,不似杂拌儿之自瓜子以至什么果膏各种都有也。"

871【看样】周作人《永日集·爆竹》:"中国人总喜欢看样。"犹模仿。俗语有"看样吃屁"这句话,意谓跟别人做没有好处。

872【把风】周作人《永日集·在女子学院被囚记》:"另外有一个法学院学生在门的东偏架了梯子,爬在墙上瞭望,干江湖上所谓'把风'的勾当。"望风。

873【拢总】周作人《看云集·自序》:"今年所作的集外文拢总只有五六篇。"总共,亦即所谓"一搭括之"。

874【黄连树下弹琴】周作人《看云集·哑吧礼赞》:"但又

云,'黄连树下弹琴',则苦中作乐,亦是常有的事。"

875【多一事不如少一事】周作人《看云集·哑吧礼赞》:"中国处世的哲学里很重要的一条是,多一事不如少一事。"《红楼梦》七十四回:"多一事不如省一事。"省一事犹少一事。

876【黄汤】周作人《看云集·麻醉礼赞》:"何为可惜十二文钱,不买一提黄汤,灌得倒醉以入此乐土乎。"绍兴黄酒的别称。

877【提】周作人《看云集·麻醉礼赞》:"何为可惜十二文钱,不买一提黄汤,灌得倒醉以入此乐土乎。"越中吊酒的器具,俗称"提子"。用白铁做成,像一只杯子,有一尺多长的柄,以便向酒坛深处吊酒。白铁,即马口铁,也叫洋铁。茹三樵《越谚释》卷下:"提:越人谓以手持物为提,其音如驮,提去曰驮去,提来曰驮来。此唯越人有之,四方每传以为笑,不知是音之转耳。"

878【泥鳅龙船】周作人《看云集·金鱼》:"此外有些白鲦,细长银白的身体,游来游去,仿佛是东南海边的泥鳅龙船。"作者还在《药堂杂文·关于祭神迎会》中说:"我们所觉得更为有趣的乃别有在,这便是所谓泥鳅龙船是也。此船长可二丈,宽约二尺许,船首作龙头,末一人把舵,十余人执楫划船,船行如驶,泥鳅云者谓其形细长而行速也。行至河中水深处,辄故意倾侧,船立颠覆,划者在船下泅泳,推船前进,久之始复翻船戽水,登而划船如故。龙船庄重华丽,泥鳅龙船剽悍洒脱,有丑角之风,更能得观众之欢喜,村中少年皆善游水,亦得于此大显其身手焉。"

879【梧桐大如斗,主人搬家走】周作人《看云集·两株树》:"其实梧桐又何尝吉祥,假如要讲迷信的话,吾乡有一句俗谚云:'梧桐大如斗,主人搬家走。'所以就是别庄花园里也很少种梧桐的。"

880 【黄杨木】周作人《看云集·两株树》："它大有黄杨木的神气，虽不厄闰也总长得十分缓慢呢。"常绿小灌木，质坚致，唯生长极缓，非二三十年后不得为用材。俗语有"千年弗大黄杨木"之语。厄闰，时运不济。

881 【苋菜梗】周作人《看云集·苋菜梗》："苋菜梗的制法须俟其'抽茎如人长'，肌肉充实的时候，去叶取梗，切作寸许长短，用盐腌藏瓦坛中，候发酵即成，生熟皆可食。平民几乎家家皆制，每食必备，与干菜腌菜及螺蛳霉豆腐千张等日用的副食物，苋菜梗卤中又可浸豆腐干，卤可蒸豆腐，味如'溜豆腐'相似，稍带枯涩，别有一种山野之趣。读外乡人游越的文章，大抵众口一词地讥笑土人之臭食，其实这是不足怪的，绍兴中等以下的人家大都能安贫贱，敝衣恶食，终岁勤劳，其所食者除米而外唯菜与盐，盖亦自然之势耳。干腌者有干菜，湿腌者以腌菜及苋菜梗为大宗，一年间的'下饭'差不多都在这里……"

882 【河水鬼】周作人《看云集·水里的东西》："我们乡间称它作 Ghosychiu，写出字来就是'河水鬼'。它是溺死的人的鬼魂。"

883 【讨替代】周作人《看云集·水里的东西》："（河水鬼）既然是五伤之一，——五伤大约是水、火、刀、绳、毒罢，但我记得又有虎伤似乎在内……所以它照例应'讨替代'。听说吊死鬼时常骗人从圆窗伸出头去，看外面的美景，（还是美人？）倘若这人该死，头一伸时可就上了当，再也缩不回来了。河水鬼的法门也就差不多是这一类，它每幻化为种种物件，浮在岸边，人如伸手想去捞取，便会被拉下去，虽然看起来似乎是他自己钻下去的。假如吊死鬼是以色迷,那么河水鬼可以说是以利诱了。它平常喜欢变什么东西,我没有打听清楚,我所记得的只是说变'花棒槌',这是一种玩具。"作者又在《书房一角·妄妄录》中说:"如卷二《河水鬼》一则,记溺鬼化为坛浮水面,诱人拾取,指入坛口遽被拖住,是时水发腥气。"

884 【四方的渡船】周作人《看云集·水里的东西》:"翻九楼或拜忏之后,鬼魂理应已经得度,不必再讨替代了,但为防万一危险计,在出事地点再立一石幢,上面刻南无阿弥陀佛六字,或者也有刻别的文句的罢,我却记不起来了。在乡下走路,突然遇见这样的石幢,不是一件愉快的事,特别是在傍晚,独自走到渡头,正要下四方的渡船亲自拉船索渡过去的时候。"古书上叫"方舟"。平步青在《霞外攟屑·揉渡船》中说:"越中野渡,方舟中流,引绳两端分系于岸,渡者拽绳出水,置舟中,欲东则舟掣而东,西亦如之,呼曰揉渡船,而字不知所本。按揉音柔,《集韵》以手挻也。苏文忠公《新滩阻风》诗:'孤舟倦鸦轧,短揽困牵揉。'即此揉字,不得云俗也。"

885 【顿铜钱】周作人《看云集·水里的东西》:"还有一层,河水鬼的样子也很有点爱娇。普通的鬼保存它死时的形状,譬如虎伤鬼之一定大声喊阿唷,被杀者之必用一只手提了他自己的六斤四两的头之类,唯独河水鬼则不然,无论老的小的村的俊的,一掉到水里去就都变成一个样子,据说是身体矮小,很像是一个小孩子,平常三五成群,在岸上柳树下'顿铜钱',正如街头的野孩子一样,一被惊动便跳下水去,有如一群青蛙,只有这个不同,青蛙跳时'不东'有水响,有波纹,它们没有。"

886 【本寿】周作人《看云集·中年》:"我们乡间称三十六岁为本寿,这时候死了,虽不能说寿考,也就不是夭折。"

887【打手心】周作人《看云集·体罚》："心想他老先生小时候大约很打些手心罢？"又叫"打手底板"，是旧时塾老师对学生的一种体罚。周作人在同文中说："普通在私塾的宪法上规定的官刑计有两种，一是打头，一是打手心。有些考究的先生有两块戒方，即刑具，各长尺许，宽约一寸，一薄一厚。厚的约可五分，可以敲头，在书背不出的时候，落在头角上，嗙然一声，用以振动迟钝的脑筋，发生速力，似专作提撕之用，不必以刑罚论。薄的一块则性质似乎官厅之杖，以扑犯人之掌，因板厚仅二三分，故其声清脆可听。通例，犯小罪，则扑十下，每手各五，重者递加。"

888【吃过肚饥，话过忘记】周作人《看云集·〈枣〉和〈桥〉的序》："俗语云，'吃过肚饥，话过忘记。'读过也就忘记。"

889【小气】周作人《看云集·〈杨柳风〉》："因为要贵三先令，所以没有要，自己也觉得很小气似的。"吝啬。

890【堂客】周作人《看云集·村里的戏班子》："戏台搭在五十叔的稻地上，台屁股在半河里，泊着班船，让戏子可以上下。台前站着五六十个看客，左边有两间露天看台……台上都是些堂客，老是嗑着瓜子，鼻子里闻着猛烈的头油气。"堂客泛指妇女。台，看台。

891【灶司帽】周作人《看云集·村里的戏班子》："镇塘殿的蛋船里的一位老大，头戴一顶灶司帽，大约是扮着什么朝代的皇帝。"即平天冠。古代帝王百官祭祀时都戴冠冕，以冠冕的梁数和旒（礼帽前后的玉串）的多少作为识别。皇帝戴平冕，也叫平天冠，垂白玉珠十旒。又叫通天冠、平顶冠。灶神也戴这种帽，所以老百姓就这样叫。

892【烟尘陡乱】周作人《看云集·村里的戏班子》:"将他们的背脊向台板乱撞乱磕,碰得板都发跳,烟尘陡乱。"灰尘弥漫。

893【麦镬烧】周作人《看云集·村里的戏班子》:"我受了'麦镬烧'的供应,七斤老在抽他的旱烟。"麦粉用水调和,在锅子里烤成半湿半燥的饼,通称麦镬烧。杭州也有这名称。萧山人则叫"油麦糊"。

894【排门】《周作人书信·济南道中之二》:"路上看见许多店铺都已关门,——都上着'排门',与浙东相似。"店铺的门用一块的板构成,可以拆卸,谓之排门。

895【出坂船】《周作人书信·济南道中之二》:"这是一种'出坂船'似的长方的船。"即农用船,农民出坂劳动时所乘坐的无篷小船。

896【看看登上座,渐渐入祠堂】《周作人书信·条陈四项》:"只希望不要被列入元老类……还有一层,俗语云,'看看登上座,渐渐入祠堂。'这个我也有点不很喜欢。"逐渐没落。

897【赖学】《周作人书信·与俞平伯君书三十五通(三)》:"近来患胁痛,赖学多日,亦不能执笔,或把卷。"这里借指未到学校去讲课。

898【角鹿】周作人《夜读抄·〈猪鹿狸〉》:"正如山乡的角鹿和马熊的故事一样。"鹿的通称。鹿,食草动物。牡者有短角。

899【马熊】周作人《夜读抄·〈猪鹿狸〉》："正如山乡的角鹿和马熊的故事一样。"关于马熊，周遐寿在《鲁迅小说里的人物·马熊拖人》中说："那吃人的动物也只简单的称作狼，这东西实在是一种怪兽，乡下都称它为'马熊'。范寅《越谚》卷中《禽兽门》中有'马熊'这个名称，小注说明在同治初年太平军事初了，居民稀少，豺狼出山拖人，呼为马熊。《越谚》序署光绪四年，距同治初才有十多年，应该所说的话可以相信，但听人家讲马熊的事情，都说这有毛驴那么大，不像大狗，颈上有长鬣，又说走路阁阁有声，又好像是分蹄兽的模样了。但分蹄兽照例是不吃肉的，可以知道决不会是那一类。或者被袭的人吓得魂不附体，倖而得免，也认不清那是怎么一副形相，因此生出些幻觉来也未可知，仿佛觉得它似马似熊，所以给了它这些一个名字。说不是狼，那么该是什么东西，实在也想不出来，说是狼呢，乡间人并不是不认得狼的，他们说并不是，这真相实在很难知道了。"

900【野猪奔铳】周作人《夜读抄·〈猪鹿狸〉》："今日本俗语有猪武者一语，以喻知进而不知退者，中国民间称野猪奔铳，亦即指此种性质也。书中说有一猎人打野猪伤而不死，他赶紧逃走，猪却追赶不放……"又说："书中又说及猪与鹿的比较，也很有意思。鹿在山上逃走的时候，如一枪打中要害，他就如推倒屏风似的直倒下来，很觉得痛快。可是到了野猪就不能如此，无论打中了什么要害，他决不像鹿那样的跌倒，中弹之后总还要走上两三步，然后徐徐的向前蹲伏下去。听着这话好像是眼见刚勇之士的死似的，觉得这真是名实相符的野猪的态度。"

901【拖泥带水】周作人《夜读抄·〈清嘉录〉》："街上走走也得拖泥带水。"比喻做事不干脆。

902【鹭鸶】周作人《夜读抄·〈塞耳彭自然史〉》："鹭鸶身子

很轻,却有那大翅膀,似乎有点不方便,但那大而空的翼实在却是必要,在带着重荷的时候,如大鱼及其他。"即鹭,水鸟名。又名白鹭、白鸟、舂鉏,俗称鹭鸶。羽毛洁白,脚高颈长而喙强,栖息水边。儿歌云:"长脚鹭鸶青脚梗,要死要活撑两撑。"可以想像它艰于飞翔的模样。

903【抵赖】周作人《夜读抄·苦茶庵小文》:"亦旧债也,无可抵赖。"否认所答应的事。

904【掼跤】周作人《夜读抄·苦茶庵小文》:"闻今国术馆中亦有掼跤一科。"摔跤。《清朝野史大观》:"穆宗喜舞剑,尤喜掼交。掼交须身体灵活,年稍长,即不能。其精者,掼交至数十度。"掼,读"环",去声。

905【换汤不换药】周作人《谈虎集·思想革命》:"倘若换汤不换药,单将白话换出古文,那便如上海书店的译《白话论语》,还不如不做的好。"依然如故。没有实质性的改变。

906【次货】周作人《谈虎集·批评的问题》:"卖次货是故意的骗人。"次品。

907【蛤蟆垫床脚】周作人《谈虎集·胜业》:"俗语云,'蛤蟆垫床脚'。夫蛤蟆虽丑,尚有蟾酥可取,若垫在床脚下,蛤蟆之力更不及一片破瓦。"吃力不讨好。

908【相配】周作人《谈虎集·胜业》:"或是征蒙,或是买妾……都无不可,在相配的人都是他的胜业。"相称。

909【人有千算,天只一算】周作人《谈虎集·"铁算盘"》:

"据同去的仆人说这是表示'人有千算,天只一算'的意思。"另有俗语曰:"人算不如天算。"

910【落了耳朵】周作人《谈虎集·别号的用处》:"我听了不免'落了耳朵'。"跑进耳朵里去。另有俗语曰:"闸进耳朵里去。"否则就说:"一只耳朵进,一只耳朵出。"等于白说。

911【吃了你的酒,出了你的丑】周作人《谈虎集·别号的用处》:"倘若真是的,那么恰合于'吃了你的酒,出了你的丑'的老话。"不讨好。

912【水浸木梢】周作人《谈虎集·不讨好的思想革命》:"我并不是将这些话来恐吓胡先生,劝他不要干这不讨好的事,实在倒是因为他肯挺身来肩这个水浸木梢,非常佩服。"笨重的东西。另有"背木梢"、"木梢客人"的俗语,都可以作为参考。

913【做了皇帝想登仙】周作人《谈虎集·致溥仪君书》:"俗语云,'做了皇帝想登仙',制造文明实在就是求仙的气分。"心不知足。

914【晚娘的拳头】周作人《谈虎集·京城的拳头》:"拳头总是一样,我们不愿承受'晚娘的拳头'。"意谓狠毒。通常是说:"六月里个日头,晚娘个拳头。"个,的。

915【贼出关门】周作人《谈虎集·女子学院的火》:"这已经是'贼出关门'的话,但总当胜于不关以至'开门揖盗'罢。"过后方知。

916【日里不做亏心事,夜半敲门弗出惊】周作人《谈虎集·

二非佳兆论》:"谚有之,'白日不作亏心事,夜半敲门不出惊',善哉言乎!"与此类似的说法有:《古谣谚》:"日间不作亏心事,半夜敲门不吃惊。"元人《盆儿鬼》剧:"为人本分作经营,淡饭粗茶心自宁。平生莫做亏心事,半夜敲门不吃惊。"今人语云:"为人不做亏心事,半夜敲门不吃惊。"

917【祸水】周作人《谈虎集·道学艺术家的两派》:"而女子则古云'倾城倾国',又曰'祸水'。"比喻引起祸患的人或事。

918【寒心】周作人《谈虎集·关于非宗教》:"说教士毒死孤儿,或者挖了眼睛做药,都是拳匪时代的思想,现在却还流行着,而且还会占这样大的势力,实在可谓寒心。"因失望而痛心。

919【瘾】周作人《谈虎集·读报的经验》:"我们平常的习惯,每日必要看报,几乎同有了瘾一样,倘若一天偶然停刊,便觉得有点无聊。"泛指浓厚的兴趣。也作"瘾头"。

920【夹过】周作人《谈虎集·剪发之一考察》:"民间忌见尼姑,和尚则并不忌,凡见者必须吐唾沫于地,方可免晦气,如有同伴,则分走路的两侧,将该尼姑'夹过'(Gaehkuu)尤佳。"

921【步门不出】《知堂书信·沟沿通信》:"今年天气真坏,不是淫雨便是酷热,使我'步门不出,日行百里'(言百者盖夸也)。"言蹲在家里。

922【如意算盘】《知堂书信·沟沿通信》:"这真真太是'如意算盘'了。"只从自己有利一方面考虑。

923【不识货】《知堂书信·沟沿通信之二》:"终于自认为不

识货。"缺乏眼光。

924【做一日和尚撞一日钟】《知堂书信·致江绍原信四》：
"现在只做一日和尚撞一日钟，等出到一五六期再说。"得过
且过。

925【砧板】《知堂书信·致江绍原信六》："这实在可以说是
道士'爬过砧板去替厨司做菜'。"切菜用的木板。"爬过砧板去
替厨司做菜"即成语"越俎代庖"的意思。《庄子·逍遥游》则说
得更为清楚："庖人虽不治庖，尸祝不越尊俎而代之。"尊俎：古代
盛酒肉的器具。尊为酒器，俎为载肉之具。亦作"樽俎"。

926【隔年】《知堂书信·致沈启无信八》："终于写了二百字
强，预备明天隔年再做。"隔一年，即明年。另有"隔夜"也是越中
的方言。

927【凑热闹】《知堂书信·致施蛰存信九》："如出版有日，
当再寄小文凑热闹耳。"意谓捧场。

928【善酿】《知堂书信·致青木正儿信五》："唯店伙所言，
多是'出鳕目'（按即胡说），因'善酿'之名起于民初，即是加饭酒
而增入甜味也，其历史实甚短。"

929【焰头】《知堂书信·致曹聚仁信十三》："那把刀有八九
寸长，而且颇厚，也不能用以裁纸，那些都是绍兴人所谓'焰头'。
（旧戏中出鬼时放"焰头"，讲话时多加藻饰形容的话。）"

930【凶多吉少】《知堂书信·致曹聚仁信三十三》："老虎桥
杂诗杳无消息，似凶多吉少。"

931【赖掉】《知堂书信·致鲍耀明信十一》："虽本是他的责任,但是在别人却早已赖掉,他却没有这样干,觉得还有大道可取。"做过的事不予承认。所谓大道,即是说"他还讲信用,也就是不势利"。

932【板子眼】《知堂书信·致鲍耀明信十六》："板子眼系浙东方言,意云吹毛求疵。"

933【好个】《知堂书信·致鲍耀明信十六》："'好个'犹言'好的'。"

934【寒热】《知堂书信·致鲍耀明信二十三》："近以不得手书为念,意者寒热其犹未净乎,以加意珍摄为要。"即普通所谓疟疾。

935【小阳春】《知堂书信·致鲍耀明信二十三》："北京近日天气虽阴而尚不冷,殆所说小阳春是也。"指农历十月(江南天气温暖如春)。又叫"十月小阳春"。

936【炒冷饭】《知堂书信·致鲍耀明信三十》："近日无书可看,只得'炒冷饭',将从前看过一看的老古董,如阅微草堂、右台仙馆笔记,都拿出来看,但也禁不起看得很耳。"比喻做重复的事或说重复的话。

937【柴胡】周作人《苦雨斋序跋文·雨天的书序二》："检阅旧作,满口柴胡,殊少敦厚温和之气;呜呼,我其终为'师爷派'矣乎?"乱说。多作"胡柴",为元明戏曲、小说常用语。如《西游记》六八:"众臣怒曰:'你这和尚甚不知礼! 怎么敢这等满口胡柴！'"

938 【火筒里煨鳗】周作人《苦雨斋序跋文·徐文长故事小引》："我们倘被通缉，又没有名流缓颊，真是'火筒里煨鳗'了。"实难逃避。

939 【地鹁鸽】周作人《苦雨斋序跋文·陀螺序》："我只觉得陀螺是一件很有趣的玩具，幼小时玩过一种有孔能叫的，俗名'地鹁鸽'，至今还记得。"

940 【条头糕】周作人《苦雨斋序跋文·陀螺序》："竭力地挖掘，只有条头糕一般粗的小胳膊上满是汗了。"潮糕的一种。以半糯米粉为原料，做成长条形的糕，中裹豆沙，甜软可口。这里是形容胳膊之细小。

941 【仙丹】周作人《苦雨斋序跋文·酒后主语小引》："和儿时被老祖母强迫着吞仙丹时一样。"旧社会一般人生了病，就点起香烛向空祈祷，求什么菩萨来医治；香下预先放一只碗，承接落下来的灰烬，然后用开水泡了给病者喝下去，是谓"仙丹"。

942 【打十番】周作人《苦雨斋序跋文·狂言十番序》："如音乐上之'打十番'及'马上十番'之类。"十番，又称十番鼓或十番锣鼓。合奏乐名。用笛、管、箫、弦、提琴、云铎、汤锣、木鱼、檀板、大鼓十种乐器演奏，故名十番鼓。其乐有花信风、双鸳鸯、风摆荷叶、雨打梧桐等名目。马上十番不知其详。或即"马上撞"。马上撞，曲艺名。据清李斗《扬州画舫录》说："即军乐演唱乱弹戏文。城中市肆剪生开张及画舫财神三圣诸会，多用之。"

943 【不成气候】周作人《苦雨斋序跋文·艺术与生活序

二》："我的不成气候的译著。"形容物事没达到一定的水平，也就是不够完美。

944【自骗自】周作人《苦雨斋序跋文·艺术与生活序二》："有时候要高谈阔论地讲话，亦无非是自骗自罢了。"自己欺骗自己。

945【白木】周作人《苦雨斋序跋文·儿童文学小论序》："而我于此差不多是一个白丁，乡土语称作白木的就是。"就是什么也不懂的人。白丁，即平民，没有功名的人，犹言白身。所以与白木有些相似。另有俗语曰"白木先生"，也是讥笑那些没有知识、没有文化的人。

946【远迢迢】周作人《苦雨斋序跋文·儿童剧序一》："这个理由，不必去远迢迢地从专门学者的书里引什么演剧本能的话来作说明。"也说成"路远迢迢"。

947【杜园瓜菜】周作人《苦雨斋序跋文·中国新文学的源流序》："仿佛在我的杜园瓜菜内竟出了什么嘉禾瑞草。"即今所谓农民自家园里种的、地地道道的本地菜。关于杜园，清茹三樵在《越谚释》中说："杜园者，兔园也。兔亦作菟。而菟故作徒音。又讹而为杜。今越人一切蔬菜瓜蓏之属，出自园丁，不经市儿之手，则其价较增，谓之杜园菜，以其土膏露气真味尚存故也。"

948【能说不能行】周作人《苦雨斋序跋文·知堂文集序》："我所怕的是能说不能行。"说到做不到。

949【孤苦伶仃】周作人《苦雨斋序跋文·苦茶庵笑话选序》："唯中国滑稽小说不知为何独不发达，笑话遂有孤苦伶仃之感耳。"孤单寂寞。

950【看不起】周作人《苦雨斋序跋文·苦茶庵笑话选序》："查笑话古已有之,后来不知怎地忽为士大天所看不起,不复见著录。"瞧不上眼,犹轻视。

951【本山茶】周作人《苦茶随笔·关于苦茶》："这也别无多大道理,单因为从小在家里吃惯本山茶叶耳。"本地出产的茶叶。

952【跳泥人】周作人《苦茶随笔·〈洗斋病学草〉》："又卷上有《越腊旧俗》诗共六首,凡三题:一,跳泥人。注云:'一人戴草圈,袒背,自首以下悉涂泥,比户跳舞,名曰跳泥人,跳字越音讹条。'"

953【跳黄牛】周作人《苦茶随笔·〈洗斋病学草〉》："跳黄牛。注云:'一人缚米囊作两角状蒙其首,一人牵其绳至市间进吉语,呼其人作牛鸣以应,名曰跳黄牛。'"米囊,即米袋。

954【跳灶王】周作人《苦茶随笔·〈洗斋病学草〉》："跳灶王。注云:'一童盔兜装灶神,一妇人击小铜钲,媚以谀词,名曰跳灶王。'三事皆乞丐为之。"

955【夜叉降海来】周作人《苦茶随笔·〈洗斋病学草〉》："卷下又有《越谣》五首,注云,吾乡俗说多有古意,谱以韵语,使小儿歌之。题目凡五:一、夜叉降海来。注云:'夏日暴雨,多以是语恐小儿。'案降字疑应作扛,夏天将下阵雨,天色低黑,辄云夜叉降海来,却不记得用以恐吓小儿。"

956【山里山】周作人《苦茶随笔·〈洗斋病学草〉》："山里

山。注云：'谚云，山里山，湾里湾，萝卜开花即牡丹。'"深山野坞。

957【上湖春】周作人《苦茶随笔·〈洗斋病学草〉》："上湖春。注云：'小蚌别名，谑语也。'诗云：'渔舟斜渡绿杨津，一带人家傍水滨，村女不知乡语谑，门前争买上湖春。'案蚌蛤多为猥亵俗语，在外国语中亦有之。上湖春，越语上字读上声。"

958【水胡芦】周作人《苦茶随笔·〈洗斋病学草〉》："水胡芦。注云：'野鸭别名，即凫之最小者。'"

959【花秋】周作人《苦茶随笔·〈洗斋病学草〉》："花秋。注：'早稻别种。'诗云：'祈晴祈雨听鸣鸠，未卜丰收与歉收，注定板租无荒旱，山家一半种花秋。'案佃户纳租按收成丰歉折算，每年无定，唯板租则酌定数目，不论荒旱一律照纳也。"

960【喜蛋】周作人《苦茶随笔·〈食味杂咏〉注》："南味五十八首之十六曰《喜蛋》，题注甚长，今具录于下：'……元方回诗曰，秀州城外鸭馄饨，即今嘉兴人所名之喜蛋，乃鸭卵未孚而殒，已有雏鸭在内，俗名哺退蛋者也。市人镊去细毛，洗净烹煮，乃更香美，以哺退名不利，反而名之曰喜蛋，若鸭馄饨者则又以喜蛋名不雅而文其名。'"

961【山和尚】周作人《苦茶随笔·〈古音系研究〉序》："（附录）俞曲园先生《茶香室三抄》卷二十九云：'褚人获《坚瓠集》云，禽名山和尚，即山鹊也。滇中有虫名水秀才。杨升庵《鹧鸪天》云，弹声林鸟山和尚，写字寒虫水秀才。水秀才状如蚊而大，游泳水面，池中多有之。按此虫所在皆有，不独滇中也。'水秀才即取其写字之意，但此非指豉虫，乃是水马耳。"

962【花纸】周作人《苦茶随笔·〈画廊集〉序》:"在我们乡间这种年画只叫作'花纸',制作最好的是立幅的《大厨美女》,普通都贴在衣厨的门上,故有此称,有时画的颇有姿媚……但是那些故事画更有生气,如《八大锤》《黄鹤楼》等戏文,《老鼠嫁女》等童话,幼时看了很有趣,这些印象还是留着。"

963【苦竹】周作人《苦竹杂记·小引》:"宝庆《会稽续志》卷四'苦竹'一条云:'山阴县有苦竹城,越以封范蠡之子,则越自昔产此竹矣。'谢灵运《山居赋》曰,竹则四苦齐味,谓黄苦,青苦,白苦,紫苦也。越又有乌末苦,顿地苦,掉颡苦,湘箪苦,油苦,石斑苦。苦笋以黄苞推第一,谓之黄莺苦。"

964【锡箔】周作人《苦竹杂记·小引》:"嘉泰《会稽志》卷十七讲竹的这一条中云:'苦竹亦可为纸,但堪作寓钱尔。'案绍兴制锡箔糊为'银锭',用于祭祀,与祭灶司菩萨之太锭不同,其裱褙锡箔的纸黄而粗,盖即苦竹所制者欤。"又称锡箔纸。锡箔,用锡敲打而成。

965【连鬓胡】周作人《苦竹杂记·拜环堂尺牍》:"剃发匠怕连鬓胡原是俗语,至今还有这句话。"意谓难剃。

966【灯笼照火把】周作人《苦竹杂记·情书写法》:"有这知识的人看那有本领的所写的情书,正是所谓'灯笼照火把',相视而笑,莫逆于心,结果是一局和棋。"亮见亮,彼此心中明白。

967【野鹁鸪】周作人《苦竹杂记·关于禽言》:"吾乡称斑鸠曰野鹁鸪,又称步姑,钱沃臣著《蓬岛樵歌》注云,'俗谑善愁者曰鹁鸪',宁绍风俗相同,盖均状其拙。鸣声有两种,在雨前曰渴杀鸤，或略长则曰渴杀者鸤，雨后曰挂挂红灯，此即所谓有还声者也。范寅著《越谚》卷上翻译禽音之谚第十五，共列十条，鸤亦在焉，分注曰呼雨呼晴。"越语中又有"顿杀鹁鸤"一句话，是指吃饱了坐着不动的人。越中不消化叫做"顿食"。

968【麻花】周作人《苦竹杂记·谈油炸鬼》："刘廷玑著《在园杂志》卷一有一条云：'予由浙东观察副使奉命引见，渡黄河至王家营，见草棚下挂油煠鬼数枚。制以盐水合面，扭作两股如粗绳，长五六寸，于热油中煠成黄色，味颇佳，俗名油煠鬼。'周作人说："江南到处都有，绍兴在东南海滨，市中无不有麻花摊，叫卖麻花烧饼者不绝于道。范寅著《越谚》卷中饮食门云：'麻花，即油煠桧，迄今代远，恨磨业者省工无头脸，名此。'按此言系油煠秦会之，殆是望文生义，至同一癸音而曰鬼曰桧，则由南北语异，绍兴读鬼若举不若癸也。"又说："乡间制麻花不曰店而曰摊，盖大抵简陋，只两高凳架木板，于其上和面搓条，傍一炉可烙烧饼，一油锅炸麻花，徒弟用长竹筷翻弄，择其黄熟者夹置铁丝笼中，有客来买时便用竹丝穿了打结递给他。做麻花的手执一小木棍，用以摊赶湿面，却时时空敲木板，的答有声调，此为麻花摊的一种特色，可以代呼声，告诉人家正在开淘有火热麻花吃也。"赶，不妨写作"扞"。

969【洞里火烧】周作人《苦竹杂记·谈油炸鬼》："麻花摊兼做烧饼，贴炉内烤之，俗称洞里火烧。"通称烧饼。

970【麻花粥】周作人《苦竹杂记·谈油炸鬼》："麻花摊在早晨也兼卖粥，米粒少而汁厚，或谓其加小粉，亦未知真假。平常粥价一碗三文，麻花一股二文，客取麻花折断放碗内，令盛粥其上，如《板桥家书》所说，'双手捧碗缩颈而啜之，霜晨雪早，得此周身俱暖'，代价一共只要五文钱，名曰麻花粥。"

971【油老鼠】周作人《苦竹杂记·谈油炸鬼》："小时候曾见一种似麻花单股而细，名曰油龙，又以小块面油炸，任其自成奇形，名曰油老鼠，皆小儿食品，价各一文。"

972【出天花】周作人《苦竹杂记·儿时的回忆》："近来得见'扁舟子自记履历'一本，系吾乡范啸风先生自著年谱手稿，记道光十年庚寅至光绪二十年甲午凡六十五年间事。……道光年记事中云：十二年壬辰，三岁。春，出天花而麻。"天花是一种急性传染病，人或某些哺乳动物都能感染，病原体是天花病毒。症状是先发高烧，全身出红色的丘疹，变成疱疹，最后变成浓疱，中心凹陷，十天左右结痂，痂脱落后的疤痕就是麻子。种牛痘可以预防。

973【发野性】周作人《苦竹杂记·儿时的回忆》："近来得见'扁舟子自记履历'一本，系吾乡范啸风先生自著年谱手稿，记道光十年庚寅至光绪二十年甲午凡六十五年间事。……十三年癸巳，四岁。发野性，啼号匍匐遍宅第。是春之暮，天气翻潮，地润。领予之工妇张姓者故逆吾意，吾啼，而张妇益逆之，遂赖地匍匐于堂中，西入式二婶廊下门，由庶曾祖母房历其灶间侧楼下而入叔祖母房中之卧榻下。父母祖父母皆惊霍失措，唯祖父疑予患痧腹痛，而给予出床下，以通关散入鼻喷嚏，啼乃止。手足衣面皆涂黑如炭，又皆笑之。"通常是指小孩大哭不止。

974【翻潮】周作人《苦竹杂记·儿时的回忆》："近来得见'扁舟子自记履历'一本，系吾乡范啸风先生自著年谱手稿，记道光十年庚寅至光绪二十年甲午凡六十五年间事。……十三年癸巳，四岁。发野性，啼号匍匐遍宅第。是春之暮，天气翻潮，地润。……"又说成"还潮"。

975【冷饭头】周作人《苦竹杂记·日本的衣食住》:"对于食物中国大概喜热恶冷,所以留学生看了'便当'恐怕无不头痛的。不过我觉得这也很好,不但是故乡有吃'冷饭头'的习惯……"

976【效验】周作人《苦竹杂记·责任》:"当作咒似地念在嘴里,照例是不会有效验的。"预期的效果。

977【赔本】周作人《风雨谈·小引》:"虽然做文章赔本稍为有点好笑,但不失为消遣之一法。"即"折本"。

978【看不入眼】周作人《风雨谈·小引》:"横直都是天文类的东西,没有什么大区别,风之与月在我只是意境小小不同,稍有较量,若在正人君子看不入眼里原是一个样子也。"另有"看不上眼",意思相似而程度较浅;看不入眼,就有看了"乌珠骨头痛"之感。看不上眼,只是不满意而已。《儒林外史》:"余大先生,看不上眼。"

979【过山龙】周作人《风雨谈·三部乡土诗》:"看那图时自然更有兴味,沿海小村,有几所人家,却不荒凉,沙碛上两人抬了一乘兜轿,有地方称'过山龙',颇有颊上添毫之妙。"俗称"兜子轿"。

980【老老实实】周作人《风雨谈·燕京岁时记》:"倒不如老老实实地举其所知,直直落落地写了出来,在琐碎朴实处自有他的价值与生命。"又有"一老一实"的话,意思与此相同。

981【吃墨】周作人《风雨谈·关于纸》:"至于我自己写文章但要轻软吃墨的毛边纸为稿纸耳,他无所需也。"渗墨汁。

982 【龙须菜】周作人《风雨谈·旧日记抄》:"二月初五日,晴,燠暖异常。食龙须菜,京师呼豌豆苗,即蚕豆苗也,以有藤似须故名,每斤四十余钱,以炒肉丝,鲜美可啖。"又说:"绍兴呼豌豆为蚕豆,而蚕豆则称罗汉豆,日记中全以越俗为标准。"杭州人称豌豆苗为豆菜,由来已久,南宋赵彦卫著《云麓漫抄》,卷五有说到巢菜的,他说汉东人以豌豆苗为菜,四川人则叫漫头,巢菜。又说:"今临安人目之曰豆菜,连角子(按即豆荚)卖,则知豌豆苗荚,即巢菜也。"其实,据陆游在《巢菜》诗小序中说,巢菜分大巢小巢,大巢是豌豆之不实者,即豌豆苗;小巢名漂摇草,又称野豌豆。两物颇相似,只是豌豆开白花,野豌豆开紫花而已。现在杭州菜场上有成捆的豆菜出售,大多数都是漂摇草。

983 【青鲳鲞】周作人《风雨谈·旧日记抄》:"廿三日,雨。食萹苣笋,青鲳鲞,出太湖,每尾二十余文,形如撑鱼,首如带鱼,背青色,长约尺余,味似勒鱼,细骨皆作人字形。"

984 【草头郎中】周作人《药堂语录·序》:"数年前作《药草堂记》,曾说明未敢妄拟神农,其意亦只是摊数种草药于案上,如草头郎中之所为。"卖草药的土医生。旧日称医生为郎中。

985 【鼠数钱】周作人《药堂语录·鼠数钱》:"《茶香室续钞》卷二十四有《鼠数钱》一则云:'方浚颐《梦园丛说》云,粤东有钱鼠,其吻尖,其尾长,其声若数钱然,故名。俗云见则主人家有吉庆事,亦犹京师人尊猬为财神也。按常鼠亦能作数钱声,俗云朝闻之为数出,主耗财,暮闻之为数入,主聚财。'"据作者说,鼠数钱"实乃震惊失常,欲叫不得,故急迫而咋咋作声犹人之口吃,其时大抵与蛇骤遇,竦立不能动,旋即被其缠束矣。"

986【油炸老鼠】周作人《药堂语录·鼠数钱》："案钱鼠在越中亦有之,俗名油炸老鼠。"炸读若"闸"。民间常以此比喻那些到处乱窜乱跑的人。

987【麻团】周作人《药堂语录·麻团胜会》："麻团不知是何种食物,以芝麻着团子外,抑或以为馅乎,《琐录》云糁米为团杂以胡麻,疑亦是想像之词,如何杂法大是疑问。"萧山冬至做麻团,制法很简单,用糯米粉搓成团,煮熟后糁以炒米粉、芝麻或黄豆粉,吃时蘸以糖,香软可口。《琐录》的话是不错的。

988【七月七】周作人《药堂语录·七夕》："吾乡无七夕之称,只云七月七,是日妇女取木槿叶揉汁洗发,儿童汲井水置露天,次日投针水面,映日视其影以为占卜,曰丢巧针。市上卖巧果,为寻常茶食之一,《越谚》卷中云,'七夕油炸粉果,样巧味脆,即乞巧遗意。'"

989【月亮婆婆】周作人《药堂语录·中秋的月亮》："我回想乡间一般对于月亮的意见,觉得这与文人学者的颇不相同。普通称月曰月亮婆婆,中秋供素月饼水果及老南瓜,又凉水一碗,妇孺拜毕,以指蘸水涂目,祝曰眼目清凉。相信月中有娑婆树,中秋夜有一枝落下人间,此亦似即所谓月华,但不幸如落在人身上,必成奇疾,或头大如斗,必须斫开,乃能取出宝物也。"越人称太阳为"日头公公",月亮则称"月亮婆婆",大概是根据阴阳之说。

990【颠】周作人《书房一角·原序》："一个人做文章,说好听话,都并不难,只一看他所读的书,至少便颠出一点斤两来了。"犹估计。普通话有"掂斤播两",颠就是这个意思。越语还有"颠颠分量"的话。

991【过瘾】周作人《书房一角·旧书回想记一〈引言〉》："近几年在家多闲，只翻看旧书，不说消遣，实在乃是过瘾而已，有如抽纸烟的人，手嘴闲空，便似无聊。"满足某种特别深的癖好，泛指满足爱好。

992【禁不起】周作人《书房一角·旧书回想记四〈歌谣〉》："又觉得这东西禁不起重译，所以也只收原文著录的。"受不了。但"禁"似乎也可以写作"经"。

993【白云风】周作人《书房一角·旧书回想记五〈匈加利小说〉》："贾洛耳特书店出板的小说不知道为什么印的那么讲究……民初在浙东水乡放了几年，有些都长过霉，书面仿佛是白云风的样子了。"现在通称白癜风。

994【情分】周作人《书房一角·旧书回想记一一〈淞隐漫录〉》："我初次看见此书时在戊戌春日，那时我寄住杭州，日记上记着正月廿八日阴，下午工人章庆自家来，收到书四部，内有《淞隐漫录》四本，《阅微草堂笔记》六本。其时我才十四岁，这些小说却也看得懂了，这两部书差不多都反复的读过，所以至今遇见仍觉得很有点儿情分。"末了又说："弢园此类著作，尚有《遁窟谰言》与《淞滨闲话》各十二卷，平日见之亦不甚珍重，今之特别提出《漫录》，实以有花牌楼之背景在耳。"人与人相处的感情。

995【眼福】周作人《书房一角·旧书回想记一五〈河渭集间选〉》："杨君在百二十（年）前已如此说，余今乃得见，不可谓非眼福矣。"看到珍奇或美好事物的福分。另有"口福"一语可以参考。

996【压岁钱】周作人《书房一角·旧书回想记二八〈吴歈百绝〉》："又其九云,要煞儿童十数天,夺魁入阁快争先,铮铮排户投琼响,半掷床头压岁钱。注云,'夺魁谓状元筹,入阁谓升官图,小儿局戏,以骰掷者。除夜将睡,以钱置小儿女枕边,名压岁钱。'"

997【亨个】周作人《书房一角·桑下丛谈一〈小引〉》："但习性终于未能改变,努力说国语而仍是南音,无物不能吃而仍好咸味,殆无异于吃腌菜说亨个时,愧非君子,亦还是越人安越而已。"即"那个"。

998【东瓜雕猪砦】周作人《书房一角·桑下丛谈三〈越谚〉》："又《骂詈讥讽之谚十六》中有东瓜雕猪砦一语,注云诡随。幼时常闻祖母说此语,文稍繁而意亦更明显,设为二人应对之词云,冬瓜好雕猪砦吗? 好雕的,好雕的。猪要吃的罢? 要吃的,要吃的。盖讽刺随口附和,不负责任者也。砦即是槽,家畜的食器,据《越谚释》写作砦,若冬瓜本极普通,今作东瓜,当是范君改写,以《五代史》为准欤?"

999【踏桨船】周作人《书房一角·桑下丛谈一七〈踏桨船〉》："徐珂《可言》卷八记杜山次语,江伯训权知山阴时,以事赴乡,辄棹划舟往,划舟小如叶,舟子坐舟尾,以足推桨使进,乘者可坐卧,不可立。此写踏桨船不误,而名亦不合,越中有划船乃无篷者,一人或三数人用楫进舟,不用桨,乡间妇女皆能驾使,非若踏桨船之须专家方可也。同书卷十一引屠倬《是程堂集》题沅江村店壁诗,有云,深山昼啼山鹧鸪,划船泊岸呼卖鱼,十八女儿坐船尾,脚踏双桨如飞盂,谓清乾嘉间踏桨之事有以女子任之者。案据此可知周文之始作之说之非真,唯踏双桨似不可能,实亦只一桨一楫,屠琴坞诗人故如此说耳。"本缉末,作者有桑下丛

172

谈补记一条,对踏桨船与素火腿作了补充,关于踏桨船云:"《桑下丛谈》十七,踏桨船,案陈昼卿《勤余诗存》卷四,海角行吟中有诗题曰脚桨船,小注云,船长丈许,广三尺,坐卧容一身,一人坐船尾,以足踏桨行如飞,向唯越人用以狎潮渡江,今江淮人并用之以代急足。其时为咸丰辛酉,陈君山阴人,习知踏桨船,故说明不误。"

1000【松花粉】周作人《书房一角·桑下丛谈十九〈松花粉〉》:"《越谚》卷中饮食部中有松花粉,注云,'山松春花,黄细如粉,樵采,入面粉,清香仙家味。'松花粉平常多和入米粉中为糕干,名曰松花糕干,又糕店作小麻糍如鸡子大,中裹糖馅,外涂松花,名曰松花小鸡,小儿甚喜食之。民家则用以和糯米粉,搓成小团,汤瀹加糖,味最香滑,俗称松花团团,读若土圆切,盖是无馅的汤团,其名字或者亦即从此转出也。其只就长条摘成小块,不搓圆者,名曰毛脚团团。陈年松花粉夏日以扑小儿身体,治痱子颇良,比天花粉为佳,但不易得耳。"

1001【何里】周作人《书房一角·桑下丛谈二二〈陈念二〉》:"绍兴民间流行之目连戏中,活无常说白有云,看个是何里个郎中,下方桥个陈念二啦倪子。"哪里。何,读若"呵"。

1002【素火腿】周作人《书房一角·桑下丛谈二六〈素火腿〉》:"王渔洋《香祖笔记》卷六云:'越中笋脯俗名素火腿,食之有肉味,甚腴,京师极难致。'按越俗以炒花生与豆腐干同食,名素火腿,据说金圣叹临刑遗书说此事,云此法若传,死无恨矣。所谓笋脯只简单的称笋干,不闻有何别名,或是京师人所锡与之佳名欤,亦未可知。"但到本辑末了,作者有《桑下丛谈补记》一则云:又二十六,素火腿,王渔洋谓笋干俗称素火腿,案张宗子琅嬛诗集咏方物五律有兵坑笋干,注云土名素火腿,然则昔时原有此称，唯近已不甚闻知矣。校正时记。"

1003 【次血】周作人《书房一角·桑下丛谈二七〈吴越语相同〉》："顾张思雪亭著《土风录》卷五云，'旧苏州府志，刺蝟，注云，俗名偷瓜宿。按宿当为盉字之讹，盉血，凿穴居也，以其好窃瓜，常负以入穴，故名。宿音杳，目深貌。'案吾乡呼刺蝟正作刺盉，《越谚》卷中禽兽部有盉獝，注云，次血，蝟也。"盉，《说文解字》曰北方谓地空，因以为土穴为盉户。从皿穴声，读若"猛"。

1004 【值钱】周作人《书房一角·桑下丛谈二七〈吴越语相同〉》："又《土风录》卷十一云，'贵重曰值钱，轻贱曰不值钱，钱音如田，于小儿亦然。见史记魏其侯传，灌夫云，生平毁程不识不值一钱，直与值通。乐天诗，荆钗不值钱。'案越中称爱抚小儿尚云值钱，唯读如成田，又作云为字用矣。"（程不识为汉时名将。）

1005 【门档灰】周作人《书房一角·桑下丛谈二九〈门档灰〉》："王绍兰著《许郑学庐存稿》卷四，《示儿百六字恭跋》中有云，'忆不孝八九岁时，居洛阳署后院，院旁有小门，其门两扇，皆有横档数层。不孝一日用手攀援，足随以上，至最上层，失足堕地，血流被面，吾母急取门档灰敷糁其上，蒙以绸帕，府君见之愁恨良久。'按越中常用门档灰为止血济，闻宜昌友人张君言，鄂中亦如此，可知通行甚广，亦有用衣袋中所积贮之棉屑者。小时候又见有血忌药，色微红，用药拌砂石灰为之，颇有效力，药名已不记，唯云其中须用初生未开眼小鼠，亦不知真否也。"

1006 【赶棒槌头鱼】周作人《书房一角·桑下丛谈三十〈鸣榔〉》："杭大宗《订讹类编》卷六引施愚山《矩斋杂记》云，'诗词多用鸣榔，或疑为扣舷击楫之说，非也。榔盖船后横木之近舵者，渔人择水深鱼潜处，引舟环聚，各以二椎击榔，声如急鼓，节奏相应,鱼闻皆伏不动,以器取之,如俯而拾诸地,饶州东湖有之。吾乡泰州湖内或击木片长尺许,虚其前后,以足蹴之,低昂成声,鱼惊窜水草中,然后罩取,亦鸣榔之义。'幼时随祖母住鲁墟,常闻渔舟击木声,盖沉网水底,驱鱼入其中而取之,俗称赶棒槌头鱼,所获似多系细鳞,不忆有佳鱼入馔,云得自棒槌头鱼者也。古人诗中之鸣榔则不必定是捕鱼,因本非渔人,或只是击舵旁横木,与扣舷同意,亦未可知。"棒槌,捣衣用的木棍。

1007【死话】周作人《书房一角·桑下丛谈三七〈冯黔夫〉》:"张鸣珂《寒松阁谈艺琐录》卷四云,'冯黔夫世定,山阴人,游幕章门,善画山水,每署款必在石壁上。谓予曰,此摩崖也,若空处即天,岂可写字。语奇而确,予颇赏之。'绍兴师爷中向来颇多奇人,唯大多偏倚,如徐文长可以称祖师,金冬心袁子才则过江支派也。天空不可写字,此于山水画固绝确切,其实乃是所谓死话,特借此以保留必需的空白,不使画面狼藉难看,亦是甚有用也。"即不说也明白的话。如绍剧《三打白骨精》中猪八戒说:"人吓人是要吓杀的呢!"

1008【骑猫狗】周作人《书房一角·桑下丛谈四一〈骑猫狗〉》:"孙德祖《寄龛丙志》卷四云,'越俗患顽童之好狎畜狗若狸奴而或为所爪啮也,曰,骑猫狗者娶妇日必雨。患其好张盖而敝之也,曰,非暑若雨及,屋下张盖者驱体不复长。皆投其所忌,缪为之说以惧之,然寻常鞭挞所不能止者,无勿帖然不敢犯。'王筠《菉友臆说》中云,'故老相传,教戒小儿女之词曰,不出门而写水,出门必遇雨。非诚遇雨也,以水向门外写之,在己为惰,又恐适有过者污其衣也,然戒惰则乐于勤于少,污人又小儿所喜为也,不如惧以遇雨之为直截也。'此两节语皆有致。"

1009【灶壁鸡】周作人《书房一角·看书偶记二三》:"多隆

175

阿著《毛诗多识》卷下，蟋蟀在堂条下云：'盖蟋蟀种二，有在野在家之异。其在野者，圆头修股，形似阜螽而小，色黑如漆，翼短，不飞而善跃，多居黍禾田中。其在家者形略同，色微苍而有白花文，暑居室外石砌败垣之中，或居古墙颓壁之下，应秋则鸣，白露乍凉，声彻夜不息，天渐寒则移进堂屋，故此诗曰在堂。寒渐重，又移居灶畔，故蟋蟀名灶马。俗呼曰趋趋，即促织二字音变之转。'按所云在家者即普通蟋蟀，通称蛐蛐，在野者乃是油胡卢，吾乡俗名油唧呤，若灶马又是别一种，《本草纲目》云，俗名灶鸡，吾乡称为灶壁鸡，谚云，尴螂。"

1010 【鸡肫豆】周作人《书房一角·看书余记二九〈记盐豆〉》："小时候在故乡酒店常以一文钱买一包鸡肫豆，用细草纸包作纤足状，内有豆可二十枚，乃是黄豆盐煮滗干，软硬得中，自有风味。"也有用燥蚕豆制成的。

1011 【白果睛】周作人《书房一角·看书余记五七〈印人传〉》："又书文国博印章后云，公左目虽具，而不能视，如世人所云白果睛者。"也叫"白果眼"。根据范寅在《越谚》中的解释为"眼珠凸白"。

1012 【杜园菜】周作人《瓜豆集·题记》："或者再自大一点称曰杜园瓜豆，即杜园菜。吾乡茹三樵著《越谚释》卷上有'杜园'一条云：'杜园者兔园也，兔亦作菟，而菟故为徒音，又讹而为杜。今越人一切蔬菜瓜蓏之属，出自园丁，不经市儿之手，则其价较增，谓之杜园菜，以其土膏露气真味尚存也。'"凡是出于自家做的，无论吃的用的，都可以用"杜"字来形容，如杜打年糕、杜箍脚盆、杜布等。臆造也可以说"杜造"。

1013 【对了和尚骂秃驴】周作人《瓜豆集·题记》："这实在

只是一点师爷笔法绅士态度,原来是与对了和尚骂秃驴没有多大的不同。"有时也说"摆了和尚骂贼秃"。

1014【求人不如求己】周作人《瓜豆集·家之上下四旁》:"如曹庭栋在《老老恒言》卷二中所说,'世情世态,阅历久看应烂熟,心衰面改,老更奠求。谚曰,求人不如求己。'"范寅《越谚》卷上《警世之谚第二》:"求人勿如求己:廉介自持。"《贵耳集》:"孝宗幸灵隐,见观音像手持数珠,问曰:'何用?'僧静辉对曰:'念观世音菩萨。'问:'自念则甚?'对曰:'求人不如求己。'"

1015【实别】周作人《瓜豆集·论日本文化书(其二)》:"先生这回所出赋得日本与日本人的题目实在太难了,我自己知道所缴的卷考不到及格分数,虽然我所走的不是第一条也不是第二条的路,——或者天下实无第三条路亦未可知,然则我的失败更是'实别'活该了。"犹言逼成这样,无别路可走。

1016【鳖鱼鲞汤】周作人《瓜豆集·怀东京》:"我所想吃的如奢侈一点还是白鲞汤一类,其次是鳖(乡俗读若'米')鱼鲞汤。"鲞汤以白鲞汤为第一,其次便是鳖鱼鲞汤。上个世纪六十年代"困难时期",我寄了几片白鲞给北京的知堂,却不知道这其实是鳖鱼鲞。他在来信中这样说:"附下之干鱼,故乡叫作鳖鱼鲞,当即鳖鱼肝油之鱼,唯昔见广告图上鱼大如人,今此种当系近海所产。"还在"鳖"旁注道:"读若米。"现在我知道白鲞与鳖鱼鲞是很有不同的,白鲞色白鳞大,肉呈斧头块状,鳖鱼鲞则色稍暗,鳞小,肉亦较细。

1017【添头】周作人《瓜豆集·关于鲁迅之二》:"所以补写了这篇小文,姑且当作一点'添头'也罢。"在份内应得的外,再增添一点;这增添的部分就叫"添头"。

1018【虾壳笋头汤】周作人《瓜豆集·怀东京》："还有一种用挤了虾仁的大虾壳,砸碎了的鞭笋的不能吃的'老头',(老头者近根的硬的部分,如甘蔗老头等。)再加干菜而蒸成的不知名叫什么的汤,这实在是寒乞相极了,但越人喝得滋滋有味,而其有味也就在这寒乞即清淡质素之中,殆可勉强称之曰俳味也。"这名称就叫虾壳笋头汤。周遐寿在《鲁迅的故家·蒸煮》中说:"大虾挤虾仁后与干菜少数,老笋头蒸汤,内中无甚可吃,可是汤却颇好,这种虾壳笋头汤大概在别处也是少见的。"

1019【小烧饼】周作人《瓜豆集·结缘豆》:"范寅《越谚》卷中风俗门云:'结缘,各寺庙佛生日散钱与丐,送饼与人,名此。'……小时候在会稽家中常吃到很小的小烧饼,说是结缘分来的,范啸风所说的饼就是这个。这种小烧饼与'洞里火烧'的烧饼不同,大约直径一寸高约五分,馅用椒盐,以小皋步的为最有名,平常二文钱一个,底下有两个窟隆,结缘用的只有一孔,还要小得多,恐怕还不到一文钱吧。"这种椒盐的小烧饼现在杭州还有,就叫椒盐烧饼,不过底下没有孔,所以又好像不是同一种食品。

1020【有缘千里来相会,无缘对面不相逢】周作人《瓜豆集·结缘豆》:"结缘的意义何在? 大约是从佛教进来以后,中国人很看重缘,有时候还至于说得很有点神秘,几乎近于命数。如俗语云,有缘千里来相会,无缘对面不相逢,又小说中狐鬼往来,末了必云缘尽矣,乃去。"《水浒传》三十四回:"宋江听了大喜道:'有缘千里来相会,无缘对面不相逢。'"

1021【急性子】周作人《瓜豆集·关于朱舜水》:"答小宅生顺书之一有云:'来问急性子,仆寡陋无所知,于药材草木鸟兽更无所知,然问急性子乃凤仙花子,不辨是非,触手即肆暴躁,未知是否。'"

1022【螺蛳青】周作人《瓜豆集·关于朱舜水》:"案范啸风著《越谚》卷中水族部下云:'鲭鱼又名螺蛳青,专食螺蛳,其身浑圆,其色青,其胆大凉。'此螺蛳青正是越中俗语,不意范氏之前已见于舜水文集,很有意思。"

1023【零糖】周作人《瓜豆集·关于朱舜水》:"《谈绮》卷下天字部首列'零糖',下注和语,盖是冰柱。《越谚》云,'呼若零荡',此俗名通行于吴越,若见诸著录,恐亦当以此为最早矣。"

1024【乇苕帚】周作人《瓜豆集·关于朱舜水》:"又一则云:'有媒人极言女子之姣,娶之而丑,夫家大怒,欲殴媒人,其人骂曰,花对花,柳对柳,破粪箕对乇苕帚。'乇音'芝',俗字,犹言敝苕帚也。"

1025【乇】周作人《瓜豆集·关于朱舜水》:"《易余籥录》卷十引顾黄公《白茅堂文集》书徐文长遗事云:'文长之椎杀继室也,雪天有童踞灶下,妇怜之,假以亵服,文长大訾,妇亦訾,时操欋取冰,怒掷妇,误中妇死。县尉入验,恶声色问欋字作何书,文长笑曰,若不知书生未出头地耳,盖俗书欋作乇也。尉怒,报云用乇杀,文长才下狱。'注云,欋音'瞿',《释名》云,四齿耙也。案今越中不知有铁器名瞿者,四齿耙农夫掘地多用之,则名铁勺,别有一种似锄而尖,更短更坚厚,石工所用,通称山支,或可写作芝音之乇字,唯平常人家不备此器,取冰不必需此,灶屋中亦无冰可取也。"先父佩琳公留有《杂字要诀》一本,于农具类有"铁爬"与"山嘴"两种,当即是周氏所说的铁勺与山支了。用作取冰山支较为适宜。

1026【法子】周作人《瓜豆集·关于范爱农》:"鲁迅的文章里说在北京听到爱农溺死的消息以后,'一点法子都没有。只做了四首诗……'"普通所谓办法,越语只说法子。

1027【贴水膏药】周作人《瓜豆集·玄同纪念》:"近几年和他商量孔德学校的事情,他总是最能得要领,理解其中的曲折寻出一条解决的途径,他常诙谐的称为贴水膏药,但在我实在觉得是极难得的一种品格。"名为膏药,却一点疗效都没有。

1028【沙弥】周作人《瓜豆集·记蔡孑民先生的事》:"一首题云《新年》用知堂老人自寿韵,别有风趣,今录于下方:新年儿女便当家,不让沙弥架了裟。(原注,吾乡小孩子留发一圈而剃其中边者,谓之沙弥。《癸巳存稿》三,《精其神》一条引经了筵、阵了亡等语,谓此是一种文理。)鬼脸遮颜徒吓狗,龙灯画足似添蛇。六幺轮掷思赢豆,(吾乡小孩子选炒蚕豆六枚,于一面去壳少许,谓之黄,其完好一面谓之黑,二人以上轮掷之,黄多者赢,亦仍以豆为筹马。)数语蝉联号绩麻。(以成语首字与其他末字相同者联句,如甲说'大学之道',乙接说'道不远人',丙接说'人之初'等,谓之绩麻。)乐事追怀非苦话,容吾一样吃甜茶。(吾乡有'吃甜茶讲苦话'语。)署名则仍是蔡元培,并不用别号。"

1029【掷豆】周作人《瓜豆集·记蔡孑民先生的事》:"一首题云《新年》用知堂老人自寿韵,别有风趣,今录于下方:……鬼脸遮颜徒吓狗,龙灯画足似添蛇。六幺轮掷思赢豆,(吾乡小孩子选炒蚕豆六枚,于一面去壳少许,谓之黄,其完好一面谓之黑,二人以上轮掷之,黄多者赢,亦仍以豆为筹马。)数语蝉联号绩麻。"我小时候也玩过这种游戏,名称只叫"掷豆"。每逢年夜饭后,压岁钱分到放在袋里;母亲动手炒瓜子花生,也炒蚕豆;瓜子花生是准备给新年的客人吃的,小孩子只能分到一手把,较多的是炒蚕豆,每人一罐,于是小孩子就来做"掷豆"的游戏。

1030【流火】周作人《瓜豆集·禹迹寺》:"《尸子》云禹生偏枯之病,案偏枯当是半身不遂,或是痿痹,但看走法则似不然,大抵还是足疾吧。吾乡农民因常在水田里工作,多有足疾,最普通的叫做流火,发时小腿肿痛,有时出血流脓始愈,又一种名大脚风,脚背以至小腿均肿,但似不化脓,虽时或减轻,终不能全愈,患这种病的人,行走蹒跚,颇有禹步之意,或者禹之胫无毛亦正是此类乎。"

1031【大脚风】周作人《瓜豆集·禹迹寺》:"又一种名大脚风,脚背以至小腿均肿,但似不化脓,虽时或减轻,终不能全愈,患这种病的人,行走蹒跚,颇有禹步之意,或者禹之胫无毛亦正是此类乎。"

1032【土步鱼】周作人《瓜豆集·禹迹寺》:"凡在春天往登会稽山高峰即香炉峰,往祭会稽山神即南镇的人,无不在庙下登岸,顺便一游禹庙,其特地前去者更不必说,大抵就庙前村店里小酌,好酒,好便菜,烧土步鱼更好,虽然价钱自然不免颇贵。"古书上叫鮂。程大昌《演繁露》八《土部鱼》谓鮂即土附鱼,吴兴人名此鱼曰鲈鲤,以其质圆而长,与黑蚴相似,而其鳞斑驳,又似鲈鱼,故两喻而兼之。又冯时可《雨航杂录》下:"吐哺鱼名土附,以其附土而行也。或曰:食物嚼而吐之,故名吐哺。"

1033【平水】周作人《瓜豆集·禹迹寺》:"小时候到过一处,觉得很有意思,地名叫平水。据说大禹治水,至此而水平,故名,这也是与禹极有关系的。元微之撰《长庆集序》云:'尝出游平水市中,见村校诸童竞习诗,召问之,曰,先生教我乐天微之诗也。'

这又是平水的一个典故。"

1034【圆眼糖】周作人《瓜豆集·卖糖》:"夜糖的名义不可解,其实只是圆形的硬糖,平常亦称圆眼糖,因形似龙眼故,亦有尖角者,则称粽子糖,共有红白黄三色,每粒价一钱。"

1035【茄脯与梅饼】周作人《瓜豆集·卖糖》:"此外还有一钱可买者有茄脯与梅饼。以沙糖煮茄子,略晾干,原以斤两计,卖糖人切为适当的长条,而不能无大小,小儿多较量择取之,是为茄脯。梅饼者,黄梅与甘草同煮,连核捣烂,范为饼如新铸一分铜币大,吮食之别有风味,可与青盐梅竞爽也。"

1036【桥篮】周作人《瓜豆集·卖糖》:"卖糖者大率用担,但非是肩挑,实则一筐,俗名桥篮,上列木匣,分格盛糖,盖以玻璃,有木架交叉如交椅,置篮其上,以待顾客,行则叠架夹胁下,左臂操筐,俗语曰桥。虚左手持一小锣,右手执木片如笏状,击之声铿铿然,此即卖糖之信号也,小儿闻之惊心动魄,殆不下于货郎之惊闺与唤娇娘焉。"

1037【铿锣】周作人《瓜豆集·卖糖》:"卖糖者大率用担,但非是肩挑,实则一筐,俗名桥篮,上列木匣,分格盛糖,盖以玻璃,有木架交叉如交椅,置篮其上,以待顾客,行则叠架夹胁下,左臂操筐,俗语曰桥。虚左手持一小锣,右手执木片如笏状,击之声铿铿然……此锣却又与他锣不同,直径不及一尺,窄边,不系索,击时以一指抵边之内缘,与铜锣之提索及用锣槌者迥异,民间称之曰铿锣,第一字读如国音汤去声,盖形容其声如此。"

1038【平水屋帻船】周作人《瓜豆集·上坟船》:"(《陶庵梦忆》)第八则记越中扫墓事,今据录于下:'……二十年前,中人之

182

家尚用平水屋帻船,男女分两截坐,不座船,不鼓吹,先辈谴之曰,以结上文两节之意。'……平水屋帻船不知是何物,平水自然是地名,屋帻船则后来不闻此语,若是田庄船,容积不大,未必能男女分两截坐,疑不能明。"据一个平水的姓金的工人说,屋帻船是丧船,就是在"三道"船上遮以布幔,状如屋脊,故有此名。

1039【蚊虫药】周作人《瓜豆集·蚊虫药》:"丁修甫《武林市肆吟》百首,其九十一云:'纸筩樟屑火微熏,药气烟浓夜辟蚊,胜卧清凉白罗帐,青铜钱止费三文。'注云,'蚊虫药亦列屋货卖。'案丁君卒于辛亥,所咏盖是清末事,蚊虫药值三文,越中亦有之,其时大约每股才二钱耳。制法以白纸糊细管,长二尺许,以锯木屑微杂硫黄等药灌入,或云有黄鳝骨屑尤佳,再压扁蟠曲作圈,纸撚缚其端即成矣。其烟辟蚊颇有效,唯熏帷帐使黄黑,洗濯不退,又蟠放地上,烧灼砖石木板悉成焦痕,是其缺点也。"

1040【蚊烟】周作人《瓜豆集·蚊虫药》:"吾乡称纸卷者为蚊虫药,此外另有蚊烟,民间最通行的是这一种。大抵在黄昏蚊成市时,以大铜火炉生火,上加蒿艾茅草或杉树子,罨之不使燃烧,但发浓烟,置室中少顷蚊悉逃去。做蚊烟以杉树子为最佳,形圆略如杨梅,遍体皆孔,外有刺如栗壳,孔中微有香质,故烟味微香,越中通称曰路路通。《越谚》卷中名物部木类有路路通,注云,'杉子,落山检藏,以备烟熏'。"这里别的都说得不错,只有说路路通乃杉树子是错的;路路通是枫树子,我曾在信中告诉过知堂先生,他在回信中也说"路路通是枫树子,说杉树子是错的。"

1041【瓮】周作人《瓜豆集·蚊虫药》:"洪北江著《外家纪闻》中有一则云:'外家课子弟极严,自五经四子书及制举业外不令旁及,自成童入塾后晓夕有程,寒暑不辍,夏月别置大瓮五六,令读书者足贯其中,以避蚊蚋。'这虽不及囊萤映雪之奇,也是读书的一个好典故，在昔时恐怕还是常有的，也觉得颇有意思，北京则蚊子既不多，即瓮亦少见，盖此非常瓮，乃是小口大腹，俗语所谓甏者是也。"

1042【猪耳】周作人《瓜豆集·野草的俗名》："毛子晋著《毛诗陆疏广要》，疏解颇详，后刻入青照堂丛书中，有李时斋批语常引俗名，在采采芣苢条云：'车前以多生道旁故名，吾乡人或名猪耳。叶断之有丝，小儿或呼为老婆绩线。'"

1043【臭婆娘】周作人《瓜豆集·野草的俗名》："臭婆娘，《越谚》注云'其子细，其气臭，善惹人衣。《留青日札》名曰夫娘子，实即《尔雅》所谓窃衣耳。越呼是名。'钱沃臣《蓬岛樵歌》续编注云，'《留青日札》，草子甚细，其气臭恶，善惹人衣者，名曰夫娘子。南方谓妇人无行者曰夫娘，盖言其臭恶善惹人者。案即《尔雅》蘮蒘窃衣，俗曰臭花娘草。'钱君为象山人，可知宁绍方言相同也。"

1044【官司草】周作人《瓜豆集·野草的俗名》："官司草，《越谚》作官私草，注云，'有茎而韧，孩童争胜为戏。'案此即是车前，如苏颂所云，春初生苗，叶布地如匙面，中抽数茎作长穗如鼠尾，花甚细密，青色微赤。儿童拔其茎，对折相套，用力拉之，断者为输，盖是斗草之戏也。俗称诉讼为打官司，故有此名。"

1045【黄狗尾巴】周作人《瓜豆集·野草的俗名》："黄狗尾巴，《越谚》无注。《尔雅义疏》下一稂童粱下引郑志，'韦曜问云，《甫田》维莠今何草？ 答曰，今之狗尾也。'《本草纲目》卷十六狗尾草下时珍曰，'莠草秀而不实，故字从秀，穗形像狗尾，故俗名狗尾。'"

184

1046【只许州官放火,不许百姓点灯】周作人《秉烛谈·老学庵笔记》:"汉子的语源便直戳了老受异族欺侮的国民的心,'只许州官放火,不许百姓点灯'的俗谚岂不是至今还是存在,而且还活着么?"

1047【一篇糊涂账】周作人《秉烛后谈·自己所能做的》:"这样一来,几乎成了一篇糊涂账。"也说成"一笔糊涂账"。

1048【千里送鹅毛,物轻情意重】周作人《秉烛后谈·自己所能做的》:"语曰,秀才人情纸一张。又曰,千里送鹅毛,物轻情意重。"《路史》:"云南俗传,昔代土官缅氏,遣缅伯高送天鹅于中朝,过沔阳,浴之,飞去。俄堕一翎,高拾之,至阙下,上其翎。作口号曰:'将鹅贡唐朝,山高路远遥。沔阳湖失去,倒地哭号号。上覆唐天子,可饶缅伯高。礼轻人意重,千里送鹅毛。'"《复斋漫录》引谚语云:"千里寄鹅毛,礼轻人意重。"

1049【担当得起】周作人《秉烛后谈·贺贻孙论诗》:"'不为应酬而作则神清,不为诐谖而作则品贵,不为迫胁而作则气沉。'此虽是老生常谈,古今文人却没有几个人担当得起,上二是富贵不能淫,还有许多人做得到,下一是威武不能屈,便不大容易,况威武并不限于王难也。"承受得了。

1050【豁拳】周作人《秉烛后谈·谈劝酒》:"豁拳我不大喜欢,第一因为自己不会……第二,豁拳的叫声与姿势有点可怕。"

1051【呵痒】周作人《秉烛后谈·谈搔痒(附记)》:"吾乡茹三樵著《越谚释》二卷,卷下有乖脊一条,即是释痒字者,其文云:'曰乖曰脊,皆背也,而今人谓痒曰乖脊,以痒不可受而背痒为尤甚也,所以背痒谁搔,汉光武至形之诏旨,为能极人情之至。然头痒而曰头乖脊,脚痒而曰脚乖脊,未免失其义矣。……'以背痒释俗语乖脊之义,很有意思,唯越语亦有分别,搔痒云搔乖脊,若呵痒则仍曰呵痒,故乖脊与痒是两种感觉,此在别的地方不知如何分说也。"

1052【张飞鸟】周作人《秉烛后谈·谈关公》:"人家对张飞的态度也还是平常,如称莽撞人曰猛张飞,(其实猛恐即是莽,今照俗音写,)又吾乡有鸟,颊上黑白纹相杂,乡人称之曰张飞鸟(Tsangfi-tiau)亦不详其本名。"

1053【头重脚轻】周作人《药堂杂文·汉文学的传统》:"但是上边讲了些废话,弄得头重脚轻,这里只好不管,简单的说几句了事。"上面大,下面小。比喻基础不稳固。

1054【有一利就有一弊】周作人《药堂杂文·中国的思想问题》:"俗语说,有一利就有一弊。"

1055【寿头】周作人《药堂杂文·辩解》:"余澹心《东山谈苑》卷七有一则云:'倪元镇为张士信所窘辱,绝口不言,或问之,元镇曰,一说便俗。'……此所谓俗,本来虽是与雅对立,在这里的意思当稍有不同,略如吾乡方言里的'魇'字吧,或者近于江浙通行的'寿头',勉强用普通话来解说,恐怕只能说不懂事,不漂亮。"

1056【划龙船】周作人《药堂杂文·关于祭神迎会》:"若在水乡情形稍有不同,盖多汉港又路狭,神轿不能行走,会伙遂亦不能不有所改变,台阁等等多废置,唯着重于划龙船一事。《越谚》云:'划龙船始于吴王夫差与西施为水戏,继吊屈原为竞渡,隋炀帝画而不雕,与此异。《元典章》云,划掉龙船,江淮闽广江西皆有此戏,合移各路禁治。然皆上巳端午而已,越则赛会辄划,暮春下瀚斗门安昌东浦各市,四月初六青田湖,六月初七章家衙桥,十四五六等日吴融小库皇甫庄等村,年共三十余会,不胜书。船头则昂竖龙首项,尾撅在舵上,金鳞彩旗锣鼓,扮故事。'"

1057 【托熟】周作人《药堂杂文·读初潭集》:"我们生于衰世,欲喜尚友古人,往往乱谈王仲任李卓吾俞理初如何如何,好像都是我们的朋友,想起来未免可笑,其实以思想倾向论,不无多少因缘,自然不妨托熟一点。"认为是熟人而不拘礼节。

1058 【起讲】周作人《苦口甘口·文艺复兴之梦》:"中国近年的新文化运动可以说是有了做起讲之意,却是不曾做得完篇。"即刚开了个头。这句话出于绍兴的一个民间故事。刘大白《故事的坛子·皇恩浩荡的秀才》:"又有一次,这一县的应试童生程度更高了。据教官说,是能做文章的;于是学台正式地出了题目给他们做。考了一天,大家都来缴卷。细看起来,卷子果然都有文章写着。可是大多数只写着一个破题。破题下面有一个承题的,已经是很难得的了。不料有一卷,不但破题之下有一个承题,而且于承题之下,写了'今天'两字。学台大人意外地惊喜;提起笔来批道:'大有作起讲之意,其志可嘉!'于是就把它取作第一。"

1059 【只看见和尚吃馒头,弗看见和尚受戒】周作人《苦口甘口·论小说教育》:"俗语云,只看见和尚吃馒头,弗看见和尚受戒。受戒与吃馒头,在和尚虽是苦乐不同,有义务与权利之别,但都是正经事。"受戒是付出,吃馒头是收获;不能只看见有收获就眼红,却忘掉了艰难的付出。

1060 【棒槌】周作人《苦口甘口·我的杂学十七》:"三年前承在北京之国府氏以古计志二躯见赠,曾写谐诗报之云,芥子人形亦妙哉,出身应是埴轮来,小孙望见嘻嘻笑,何处娃娃似棒槌。"捣衣的木棒,俗称棒槌。

1061 【开头门,露头风】周作人《苦口甘口·我的杂学十九》:"俗语云,开一头门,多一些风。这本来是劝人谨慎的话,但是借了来说,学一种外国语有如多开一面门窗,可以放进风日,也可以眺望景色。"

1062 【囥窠】周作人《苦口甘口·草囤与茅屋》:"草囤和名津不罗,飞驒地方的据插画是一种小木桶,普通多束稻草蟠曲叠成之,坐小儿其中,吾乡称曰囥窠,唯用于冬日,夏则有坐车,他处或无区别也。"

1063 【乳花香】周作人《苦口甘口·草囤与茅屋》:"回过头去看时,苍蝇的黑的一群又是围住了小儿,一面嗡的叫着,在等机会想聚集到那乳花香的小脸上去。"通常说成"奶花香"。

1064 【别转头】周作人《苦口甘口·苏州的回忆》:"其时又承本地各位先生恳切招待,别转头来走开之后,再不打一声招呼,似乎也有点对不起。"回过头;转身。

1065 【贴隔壁】周作人《苦口甘口·苏州的回忆》:"那时我听见打牌声,幸而不在贴隔壁,更幸而没有拉胡琴唱曲的,否则次日往虎丘马车也将坐不稳了。"紧贴着房子,即"隔壁"。

1066 【海碗】周作人《苦口甘口·两种祭规》:"三炉碗系家常用菜碗,较大者名二炉碗,或称斗魁,更大则是海碗矣。"俗称

"大海碗"。

1067【发极】周作人《苦口甘口·遇狼的故事》："我比方说，这里有一堵矮墙，有人想瞧瞧墙外的景致，对我说，劳驾你肩上让我站一下，我谅解他的欲望，假如脱下皮鞋的话，让他一站也无什么不可以的。……但在对方未必如此，凡是想站到别人肩上去看墙外，自以为比墙还高了的，岂能尊重你中庸的限度，不再想踏上头顶去呢。那时你再发极，把他硬拉下去，结局还是弄到打架。"发狠，着急。

1068【塘路】周作人《立春以前·关于宽容》："这塘路是用以划分内河外海的，相当的宽且高，路平泥细，走起来很是舒服。"又称塘塍路，我曾在拙著《我的积木·塘路悠悠》中说："我的故乡是水乡，为了保护庄稼和村庄，除了一面是山外，其余三面都筑起了堤防，俗称为'塘'。而塘上也就很自然的成了路，俗称'塘塍路'。"又说："塘用泥土筑成，上面铺石板的很少；中间留出一条灰白的路，是人和牛羊一起踏出来的，尺把宽，像一条带子舒缓地伸展着。"当时也想到"路平泥细，走起来很是舒服"的意思，却终于没有写上去，现在见了作者的文章真有一种"他乡遇故知"之感。

1069【宰相肚里好撑船】周作人《立春以前·关于宽容》："我看书上记载古人的盛德，读下去常不禁微笑，心里想道，这位先生真傲慢得可以，他把这许多人儿都不放在眼里，或者是一口吞下去了。俗语有云，宰相肚里好撑船，这岂不说明他就是吞舟之鱼。"陈灝一在《甘簃随笔·善书误游》中说："陆凤石相国润庠，于辛亥之春乞假回籍扫墓。常登虎丘之阜，顾景怡然。因思西湖之胜，不禁神往。迨祭扫事竣，遂有武林之行。至，则驻节杨庄。庄为杨杏城先生所建筑。时其兄味春先生官浙，与相国有师生谊,故奉招相国居焉。相国以书法名天下,人每得其零篇碎简而宝藏之。是以人求之者众,大有'山阴道上,应接不暇'之势。一日,相国正挥毫,忽掷笔叹曰:'余此行为游览六桥、三竺,岂为佣书?索者曷不稍体谅耶!'某君曰:'大度如相国,是曷不能容?'相国笑曰:'谚谓"宰相肚里好撑船"。予腹殊小,不能容船之游行也。'言已大笑,某君亦笑。"俗语说:"大人有大量。"《烂柯山》剧:"生云:'我且问你,可记得打我的手掌?'旦云:'你是宰相肚里好撑船只。'"《水东日记》:"南京大理少卿杨公复,其家僮于玄武湖采萍,吴思庵以其密迩厅事,拒之。杨戏以诗云:'数点浮萍容不得,如何肚里好撑船?'盖谚有'宰相肚里好撑船'之语。"

1070【朝奉】周作人《立春以前·关于测字》:"越中有看相为业者颇有名,尝语其友人曰,吾辈看相根据相书者十之三,悬揣者亦十之三,其他则出于多年之经验,有如老朝奉看当头,看得多也就看得准,一眼看定,还出价去,也总十不离九了。"宋朝官阶有"朝奉郎"、"朝奉大夫",后来徽州方言中称富人为朝奉,苏、浙、皖一带也用来称呼当铺的管事人。

1071【当头】周作人《立春以前·关于测字》:"越中有看相为业者颇有名,尝语其友人曰,吾辈看相根据相书者十之三,悬揣者亦十之三,其他则出于多年之经验,有如老朝奉看当头,看得多也就看得准,一眼看定,还出价去,也总十不离九了。"向质铺投当的货物。当头指投当的物品。

1072【各富】周作人《立春以前·关于送灶》:"《武林新年杂咏》中有善富灯一题,小序云:'以竹为之,旧避灯盏盏字音,锡名燃釜,后又为吉号曰善富。买必取双,俗以环柄微裂者为雌善富,否则为公善富。腊月送灶司,则取旧灯载印马,穿细薪作杠,举火望燎曰,灶司乘轿上天矣。'越中亦用竹灯檠为轿,名曰各富,虽名义未详,但可知燃釜之解释殆不可凭。各富状如小儿所坐高椅,高约六七寸,背半圆形即上文所云环柄,以便挂于壁间,故有灯挂之名。中间有灯盘,以竹连节如杯盏处劈取其半,横穿斜置,以受灯盏之油滴,盏用瓦制者,置檠上,与锡瓦灯台相同。小时候尚见菜油灯,唯已不用竹灯檠,故各富须于年末买新者用之,亦不闻有雌雄之说。"

1073【塓沿】周作人《立春以前·雨的感想》:"在民国十三年和二十七年,院子里的雨水上了塓沿,进到西书房里去,证实了我的苦雨斋的名称。"屋前的走廊,越中称为塓沿。

1074【老虎怕漏】周作人《立春以前·雨的感想》:"民间故事说不怕老虎只怕漏,生出偷儿和老虎猴子的纠纷来,日本也有虎狼古屋漏的传说,可见此怕漏的心理分布得很是广远的。"作者在《周作人集外文》下册《关于"狐外婆"》中说:"绍兴又有一个老虎怕漏的故事,结末有点相像。雨夜老虎入农家,闻屋内谈论何事最可怕,一人说老虎也并不可怕,只怕是漏。恰有窃贼着蓑衣来盗牛,见虎遽跨其上,虎大骇,以为此必漏也,狂奔入山林去。贼后亦醒悟,乘间攀登树上。虎遇一猴,为言夜来遇险几不免,猴不信,允代往捕,以绳套颈而往,如上文所说。贼见猴虎同来,大惧,忽得一计,乃对猴大言曰,'这猴子忒惫懒,本说捉两只老虎来赎命,怎么到现在只牵一只来?'老虎骇极,想道,'我几乎上了当也!'返身急跑,行已远,始立定回顾,见绳端只缚着一个猴头,乃叹息道,'亏我逃得快,但这猴子的身子已给漏抓住留下了。'"

1075【水涨船高】周作人《立春以前·雨的感想》:"如俗语所云,水涨船高,别无什么害处,其唯一可能的影响乃是桥门低了，大船难以通行，若是一人两桨的小船，还是往来自如。"比喻事物随着它所凭借的基础的提高而提高。

1076【草鞋】周作人《立春以前·雨的感想》："本来防湿的方法最好是不怕湿，赤脚穿草鞋，无往不便利平安。"用稻草等编制的鞋，为江浙一带农民必备的雨具。我在拙著《我的积木·外婆桥》中说："除了养鱼种菱之外，还有一种手工业也是远近闻名的。这就是做草鞋。草鞋以稻草做原料，先用莎草搓成缏，然后坐在一种特制的木床上，将捶软的稻草一圈一圈的编上去，做成鞋子的模样，是水稻地区的农民挑担、赶路所必不可少的。《西游记》里说过两句话：'足下踏草履，乃是枯莎搓就之缏。'就是指这样的草鞋。"

1077【钉鞋】周作人《立春以前·雨的感想》："本来防湿的方法最好是不怕湿，赤脚穿草鞋，无往不便利平安，可是上策总难实行，常人还只好穿上钉鞋，撑上雨伞，然后安心的走到雨中去。"钉鞋有两种，一种是用牛皮制成的短靴，底下有铁钉；还有一种用布做成，浸以桐油，底下钉上铁钉。绍兴城内大多穿的是后一种。

1078【曲蟮叹窠】周作人《立春以前·蚯蚓》："小时候每到秋天，在空旷的院落中，常听见一种单调的鸣声，仿佛似促织，而更为低微平缓，含有寂寞悲哀之意，民间称之曰曲蟮叹窠，倒也似乎定得颇为确当。"越中称蚯蚓为曲蟮。

· 1079【摸螺蛳】周作人《立春以前·寄龛四志》："（甲志卷一）又云：'越人信鬼，病则以为祟于鬼，宜送客。送客以人，定一人捧米筛盛酒食，一人燃纸燃火导之大门外，焚楮钱已，送者即其处馂焉，谓之摸螺蛳，则不解其所由来，又何所取义也。'皋坪

192

村人孙忠尝佣于小皋埠秦氏，为之送客，与其侣摸螺蛳，各尽一杯酒，再斟即不复得，以食饭，已而视壶中固未罄也，复饮则化为浆，稠粘而酸，不可沾唇矣。……'案，送客又通称送夜头，摸螺蛳之名或起于诙谐，乡间有爬螺蛳船，以竹器沿河沿兜之，可抄得螺蛳甚多，送客者两手端米筛，状颇相似。"我猜想，摸螺蛳是说两人在暗中摸索着吃酒饭，状如摸螺蛳。

1080【三十六包】周作人《立春以前·寄龛四志》："乙志卷四云：'越中病者将死，则必市经佛焚之，以黄纸包其灰，置逝者掌中，谓之三十六包，以为入冥打点官司之用。或仓促不及购置，有忍死以待者，设不及徒而死，指伸不得握，得而焚与之乃握所闻如是者比比，俗益神其事。"萧山还有一种风俗，就是将铜钱用红纸包了含在逝者口中，称为含口钱，据说是做买路用的。

1081【盎打头瓶】周作人《立春以前·寄龛四志》："丁志卷一云：'鲁哀公祖载其父。孔子曰，设五谷囊乎。公曰，五谷囊者起伯夷叔齐，不食周粟，饿死首阳，恐魂之饥，故作五谷囊，吾父食味含哺而死，何用此为。见《艺文类聚》，引《丧服要记》。此殆《颜氏家训》所谓粮罂，今越俗送葬犹用之。取陶器有盖者，子妇率孙曾男女凡有服者各于祖筵夹品物实其中，严盖讫，各以绵线绕其外，或积之数十百层，既窆而纳诸圹。'案，此种陶器出自特制，约可容一升，俗名盎打头瓶，不知字当如何写，范寅《越谚》中亦未收。"

1082【夜牌头】周作人《立春以前·寄龛四志》："丙志卷三记慈溪事，云邻人有作夜牌头者，注云，此称越亦有之，盖生人之役于冥者。宁波绍兴语多相通，夜牌头正是其一，唯越谚亦失载。"

1083 【关肚仙】周作人《立春以前·寄龛四志》:"丁志卷二云:'越俗有所谓关肚仙者,能摄逝者魂灵入腹中,与生人对语,小说家多有记其事者,或冤魂所附,或灵鬼凭之以求食,但与今异其名尔。余曾于亲串见女巫为之,语含胡不甚可辨,间从问者口中消息钩距之,盖鼓气伪为者居多。慈溪谓之讲肚仙。"萧山对说话声音很轻又含胡不甚可辨的人就说是"关肚仙"。

1084 【王阿二起解】周作人《立春以前·寄龛四志》:"甲志卷四云:'道光路萧山有王阿二者以妬奸杀女尼士一人,谳定磔之省城,至今萧山人赌牌九者,得丁八一,辄目以王阿二起解。盖此戏数牌之点数,以多寡为胜负,又分文武。三点为丁,八点有二六三五两牌,皆武也,以丁侣八,除十成数只余一点,莫少于是。他牌虽同为一点,有文牌者,如重四之八为人牌,重二为长三,重么为地牌,重三为长三么三为和牌,么五为短六,么六为短七,皆属文,可可侣他牌成一点,皆足以胜之,极言其无幸免也。'案,骨牌名称除计点者外,民间尚有俗名,如重二为板凳,么五为拳头,或曰铜鸟,么六为划楫,重五为梅花,皆取象形,唯五六称为胡子,则义不可晓。么二称钉子,二四转讹或称臭女婿,前因其为武牌,唯与么二配成至尊,若侣他牌则遇同点数之文牌元不败者,世轻之为臭,平常亦称为二四。"

1085 【竖蜻蜓】周作人《立春以前·寄龛四志》:"乙志卷二云:'宋书乐志载晋咸康中散骑侍郎顾臻表云,末世之伎,设礼外之观,足以蹈天,头以行地,云云。今越中亦有此戏,谓之竖蜻蜓。龙舟竞渡,或于小艇子上为之,艇狭而长,画鳞为龙形,两舷各施画楫十余,激水如飞,一人倒植鹢首,屹然如建铁柱,谓之竖老龙头,可以经数时之久。'"

1086 【袋络担】周作人《立春以前·寄龛四志》:"又卷四云:

194

'郎担越中谓之袋络担,是货杂碎布帛及丝线之属,其初盖以络索担囊橐炫且鬻,故云。小皋部邻沈媪有二子,曰袋络阿八袋络阿九,并以其业名。'"

1087【禁骑猫狗】周作人《立春以前·寄龛四志》:"丙志卷四云:'越俗患顽童之好狎畜狗若狸奴或为所爪齧也,曰骑猫狗者娶妇日必雨,患其好张盖而敝之也,曰非暑若雨及屋下张盖者躯体不复长,皆投其所忌,缪为之说以惧之,然寻常鞭挞所不能止者,无勿帖然不敢犯。'"

1088【大水云】周作人《立春以前·苦茶庵打油诗其十五》:"野老生涯是种园,闲衔烟管立黄昏,豆花未落瓜生蔓,怅望山南大水云。夏中南方赤云弥漫,主有水患,称曰大水云。"

1089【冬至大如年】周作人《立春以前·立春以前》:"冬至是冬天的顶点,民间于祭祖之外又特别看重,语云,冬至大如年,其前夕称为冬夜,与除夕相并,盖为其是季节转变之关掫也。"

1090【春梦如狗屁】周作人《立春以前·立春以前》:"但是乡间又有一句俗语云,春梦如狗屁。冬夜的梦特别有效验,一过立春便尔如此,殊不可解,岂以春气发动故,乱梦颠倒,遂悉虚妄不实欤。"

1091【一向情愿】周作人《过去的工作·关于竹枝词》:"所记是风土,而又是诗,或者以此二重原因,可以多得读者,但此亦未可必,姑以是为编者之一向情愿的希望可也。"亦说成"一相情愿"。泛指办事从主观愿望出发,不考虑客观条件。

1092【一块石板到底】周作人《过去的工作·石板路》:"又

有歌述女仆的生活,主人乃是大家,其门内是一块石板到底。"哪有这么大的一块石板? 无非是说全用石板铺成罢了。

1093【混堂】周作人《过去的工作·东昌坊故事》:"据山阴吕善宝著《六红诗话》,卷三录有张宗子《快园道古》九则,其一云:'苏州太守林五磊素不孝,封公至署半月即勒归,予金二十,命悍仆押其抵家,临行乞三白酒数色亦不得,半途以气死。时越城东昌坊有贫子薛五者,至孝,其父于冬日每早必赴混堂沐浴,薛五必携热酒三合御寒,以二鸡蛋下酒。袁山人雪堂作诗云:三合陈醋敌早寒,一双鸡子白团团,可怜苏郡林知府,不及东昌薛五官。'"即今浴室。

1094【时萝卜】周作人《过去的工作·东昌坊故事》:"其二名曰时萝卜,以萝卜带皮切长条,用盐略腌,再以红霉豆腐卤渍之,随时取食。此皆是极平常的食物,然在朴素之中自有真味。"

1095【肉骨头粥】周作人《过去的工作·东昌坊故事》:"荤粥一名肉骨头粥,系从猪肉店买骨头来煮粥,食时加葱花小虾米及酱油,每碗才几文钱,价廉而味美,是平民的好食品。"

1096【无鸟村里蝙蝠称王】周作人《过去的工作·两个鬼的文章》:"俗语云,无鸟村里蝙蝠称王。蝙蝠本何足道,可哀的是无鸟村耳。"

1097【披肩帽】周作人《知堂乙酉文编·孔融的故事》:"从前所见木板《三国演义》的绣像中,孔北海头上好像戴了一顶披肩帽,侧面画着,飘飘的长须吹在一边,这个样很不错。"

1098【叠起书包】周作人《知堂乙酉文编·小说的回忆》:

"十三经之中,自从叠起书包,作揖出了书房门之后……"犹"收拾书包"。俗语有写赖学者的歌曰:"春天不是读书天,夏日炎炎正好眠,秋有蚊子冬有雷,收拾书包好过年。"

1099【煞辣】周作人《知堂乙酉文编·小说的回忆》:"武松与石秀都是可怕的人,两人自然也分个上下,武松的可怕是煞辣,而石秀则是凶险,可怕以至可憎了。"手段厉害或毒辣。

1100【纣鹿台】周作人《知堂乙酉文编·小说的回忆》:"《封神榜》乡下人称为'纣鹿台',虽然差不多已成为荒唐无稽的代名词。"

1101【费手脚】周作人《知堂乙酉文编·报纸的盛衰》:"大概先由报馆发给杭州的申昌派报处,分交民信局寄至城内,再托航船带下,很费手脚,自然所费时光也很不少。"手续麻烦;费事。

1102【申报】周作人《知堂乙酉文编·报纸的盛衰》:"……只要是已见于《申报》,那么这也就一定是不会假的了。(案乡下人称一切报纸皆曰《申报》,申读若升,大概由于他们最初只知道有《申报》,有如西人用秦人的名称来叫我们中国人吧。)"现在乡下还有一些笃旧的人把一切报纸叫作"申报纸",如说:"用申报纸包起来。"

1103【鳑鮍】周作人《知堂乙酉文编·北京的风俗诗》:"替塾师诉苦的打油诗向来不少,如《捧腹集》中就有《青毡生随口曲》七绝十四首……《随口曲》云:'最难得已口头肥,青菜千张又粉皮,闻说明朝将厔湌,可能晚膳有鳑鮍。'"又写作"鳑鲏"。鱼类,体形和鲫鱼相似,比鲫鱼小。眼有彩色光泽,背上淡绿色,腹部银白色。生活在淡水中,吃水生植物。越中人称为"红眼鳑鲣",嫌其小,一般不吃。戽溇,也叫"车池塘"。把水塘戽干了捉鱼。

1104【龙风】周作人《知堂乙酉文编·风的话》:"绍兴在夏秋之间时常有一种龙风,这是在北京所没有见过的。时间大抵在午后,往往是很好的天气,忽然一朵乌云上来,霎时天色昏黑,风暴大作,在城里说不上飞沙走石,总之是竹木摧折,屋瓦整叠的揭去,哗喇喇的掉在地下,所谓把井吹出篱笆外的事情也不是没有。若是在外江内河,正坐在船的人,那自然是危险了,不过撑蜑船的老大们大概多是有经验的,他们懂得占候,会看风色,能够预先防备,受害或者不很大。龙风本不是年年常有,就是发生也只是短时间,不久即过去了。"即龙卷风,与台风不同,它是旋风,所以能把井圈吹出墙外。

1105【瓦罐不离井上破】周作人《知堂乙酉文编·风的话》:"我想越人古来断发文身,入水与蛟龙斗,干惯了这些事,活在水上,死在水里,本来是觉悟的,俗语所谓瓦罐不离井上破,是也。"下面似乎还有一句:"将军难免阵上亡。"

1106【活切头】周作人《知堂乙酉文编·五十年前之杭州府狱》:"民间称妇人再醮者为二昏头,若有夫尚存在者,俗称活切头。"

1107【抬杠】周作人《知堂乙酉文编·红楼内外》:"但是因为他是赞成挽留蔡校长的,所以也没有人再来和他抬杠。"争辩。

1108【经摺】周作人《知堂乙酉文编·关于覆瓿》:"折叠本至今俗称经摺,似乎起源于佛经,线装大约更要迟了。"民国时期还很流行,如向商店赊货,就写在经摺上。

1109【吃力不讨好】周作人《知堂乙酉文编·日本管窥之四》:"今为补足起见自不能不来谈一下,若其事倍功半,即俗语云吃力不讨好,则本来是早就知道者也。"

1110【木莲豆腐】周遐寿《鲁迅的故家·园里的植物》:"木莲藤缠绕上树,长得很高,结的莲房似的果实,可以用井水揉搓,做成凉粉一类的东西,叫作木莲豆腐,不过容易坏肚,所以不大有人敢吃。"因为是用冷水做成,所以容易坏肚。但是加糖醋薄荷,滋味的确很好。儿歌云:"木莲豆腐,有糖有醋,吃了毛坑头上搭铺。"毛坑,毛厕。

1111【知了】周遐寿《鲁迅的故家·园里的动物》:"蝉俗名知了,鲁迅的祖父介孚公曾盛称某人试帖的起句'知了知花了',以为很有情趣,但民间这知字乃是读作去声的。普通的知了是那大的一种,就是诗人所称为蟪首蛾眉的,此外还有一种小而青色的,名为山知了,在盛夏中高声急迫地叫,声如知了遮了,所以又一名遮了。"

1112【蛐蛐】周遐寿《鲁迅的故家·园里的动物》:"蟋蟀是蛐蛐的官名,它单独时名为叫,在雌雄相对,低声吟唱的时候则云弹琴,老百姓虽然不知道司马相如琴心的故事,但起这名字却极是巧妙,我也曾听过古琴专家的弹奏,比起来也似乎未必能胜得过。普通的蛐蛐之外,还有一种头如梅花瓣的,俗名棺材头蛐蛐,看见就打杀,不知道它们会叫不会叫。"

1113【火赤炼】周遐寿《鲁迅的故家·园里的动物》:"赤炼蛇只是传说说有,不曾见过,俗名火炼蛇,虽然样子可怕,却还不及乌梢蛇,因为那是说要追人的。"范寅《越谚》"火炼蛇"项下说:

199

"见人、灯火辄追。"

1114【清水鸟】周遐寿《鲁迅的故家·园里的动物二》："此外性子很急的白颊的张飞鸟，传说是被后母或是薄情的丈夫推落清水毛坑淹死的女人所化的清水鸟，也都常来。"

1115【拆书】周遐寿《鲁迅的故家·园里的动物二》："还有一种鸟名叫拆书，鸣声好像是这两个字，民间相信听到它的叫声时，远人将有信来了。"

1116【黄瓜】周遐寿《鲁迅的故家·菜蔬》："小孩得了大人的默许，进园里去可以挑长成得刚好的黄瓜，摘下来用青草擦去小刺，当场现吃，乡下的黄瓜色淡刺多，与北方的浓青厚皮的不同，现摘了吃味道更是特别。"

1117【晒场】周遐寿《鲁迅的故家·晒谷》："晒谷之前要先预备晒场。本来是园地，一林一林的，这就是说把土锄成长方片段，四边低下，以便行走，或亦有泄水之用，现在便将它锄平，成为一整块的稻地。"这块稻地又叫晒谷场。我曾在《越语备查·晒谷场》中说："过去种稻，一年一熟，人们把新收割的谷子晒在稻地里。如果不敷应用，还要临时修筑晒谷场。《诗经》里说：'九月筑场圃，十月纳新禾。'就是指的这件事情。宋人范成大有一首《田园杂兴》诗：'新筑场泥镜面平'，陆游也在《农家秋晚戏咏》中说：'鞭地如镜筑我场'，为了便于摊晒谷子，地面必须锄平敲实不可，这就叫作鞭地。"

1118【稻地】周遐寿《鲁迅的故家·晒谷》："稻地是乡间的名称，城里只有明堂，那是大的天井，如位在厅堂之间，照例南北有屋，东西有走廊，中间一片空地，用大石板满铺的，稻地则只是屋前的泥地,坚实平坦而开朗,承受阳光,打稻以及簸扬晒晾都可以在这里做得,比起明堂来用处大得多了。"

1119【忙月】周遐寿《鲁迅的故家·晒谷》:"平常种园,做晒场以及晒谷,都由一个工人承办,他不是长年,因为他家在海边也种着沙地,只抽出一部分工夫来城里做工,名称叫作忙月。忙字却读作去声。"

1120【嬉傢生】周遐寿《鲁迅的故家·园门口》:"特别叫人佩服的是他还会得做竹的玩具,俗语叫作嬉傢生的。(傢生即傢伙,三字连说时傢字读作去声。)"又叫"玩傢生",玩读若"蛮",去声。一声之转。

1121【做米】周遐寿《鲁迅的故家·园门口》:"平时常见到的工作是做米。这工程有牵枕,扇风箱和舂米三段,写的舂字读音却作桑。与牵枕相连的是锻枕,小孩也很喜欢看,用那像长手指甲的凿槌打过去,一行行的现出新的枕齿来。舂米看去很费劲,所以去看的时候很少。"枕是去谷壳的一种工具,用磨的原理,以松木为材料,把谷子磨成米。

1122【捣臼】周遐寿《鲁迅的故家·园门口》:"乡下叫石臼曰捣臼,杵曰捣杵,读若齿,照例是上小下大,上头部分是木做的……"杵的下头部分是用石头做的。上下密接,从来没有听说因为石头脱落发生危险的。萧山地方叫"掇米榔头"。

1123【先头】周遐寿《鲁迅的故家·橘子屋读书》:"鲁迅在那里读《孟子》,大抵是壬辰年的事,在年代上也比较的早,应该说在先头。"前头;前面。

1124【七零八落】周遐寿《鲁迅的故家·白光》:“立房的人们如上文所述,分散得七零八落。”也有人以为该写作“七菱八落”的。梁绍壬《两般秋雨庵随笔》卷四《菱落》条云:“菱角最易落,故谚曰‘七菱八落’。”

1125【川】周遐寿《鲁迅的故家·白光》:“立房的人们如上文所述,分散得七零八落,只有子京一人还常川在家,这就是说在蓝门里教书这一段落。”或应写作“窜”。另有俗语曰“窜进窜出”,意谓一忽儿跑进来一忽儿跑出去。

1126【闪】周遐寿《鲁迅的故家·白光》:“他一惊慌赶紧要爬上来,却把腰骨闪了,躺了好两天不能教书。”因动作过猛,使一部分筋肉受伤而疼痛。多指腰部言,所以也说“闪腰”。《寻亲记》剧:“阿哪!阿哪!闪子了腰哉!”

1127【养儿防老,积谷防饥】周遐寿《鲁迅的故家·子京的末路》:“可是子京等不到收租,于春间早以廉价将租谷押给别人,拿这钱来要办两件大事,即是养儿防老,积谷防饥。”养儿防老,在这里意思是说要娶妻。

1128【石硬】周遐寿《鲁迅的故家·曾祖母》:“平常她总是端正的坐在房门口那把石硬的太师椅上。”石硬、火热、冰冷等等,用范寅的话来说,是属于“借喻之谚”。

1129【白吃饭】周遐寿《鲁迅的故家·曾祖母》:“宝姑那时大概有十七八岁,在上海说就是大姐,但是乡下的名称很奇怪,叫作‘白吃饭’,有地方叫‘白摸吃饭’。如《越谚》所记,大约从前是没有工钱的吧,但后来也有了,虽然比大人要少些。”

1130 【袋皮】周遐寿《鲁迅的故家·曾祖母》:"有一回带来的东西不知道为什么装在一只袋皮就是麻袋内。"

1131 【马桶箱】周遐寿《鲁迅的故家·房间的摆饰》:"祖母的床靠西北角,迤南是马桶箱。"越中妇女房中都设有马桶,放在马桶箱内,不仅雅观,也不容易倒翻;马桶箱上面有盖可以启闭,从外表看就像一只四方的木箱。

1132 【油墩甏】周遐寿《鲁迅的故家·房间的摆饰》:"柜的西头是一个油墩甏,中盛菜油,够一年点灯之用。"根据范寅在越谚中的解释:"其式甏底直身有肩,厥口在中,可容六斗。"可容六斗恐不确。

1133 【弄堂风】周遐寿《鲁迅的故家·房间的摆饰》:"北窗斜对往厨房及后园去的通路,冬天'弄堂风'大得很。"

1134 【四仙桌】周遐寿《鲁迅的故家·房间的摆饰》:"窗下有四仙桌,它的特色是抽斗拉手的铜环上结着长短不一的钱串绳,那种用什么草叶搓成,精致可喜的绳索现在早已不大有人知道了。"据范寅在《越谚》"八仙桌"项下的解释:"可坐八人;小仅四人者名四仙桌。"四仙桌一般有抽斗,从前我家有一张,大家称它为账桌;八仙桌没有抽斗。

1135 【横神直祖】周遐寿《鲁迅的故家·廊下与堂前》:"堂中原有八仙桌一二张分置两旁,至时放到中间来,须看好板桌的木纹,有'横神直祖'的规定。"越中一般称神为菩萨,祖即祖宗。

1136 【豁】周遐寿《鲁迅的故家·伯宜公》:"他看去似乎很是严正,实际却并不利害,他没有打过小孩,虽然被母亲用一种叫做呼箓(音'笑')的竹枝豁上几下的事情总是有过的。"原意是打或敲,但是用呼箓豁几下只是聊有责罚之意而已。

1137【办人家】周遐寿《鲁迅的故家·伯宜公》:"此外有几张紫砂小盘,上有鲤鱼跳龙门的花纹,乃是闰中给月饼吃时的碟子,拏来正好作家事游戏。俗语云办人家。"

1138【蜈蚣纸】周遐寿《鲁迅的故家·荡寇志的绣像》:"这时在乡下杂货铺里却又买到一种蜈蚣(读若'明公')纸,比荆川稍黄厚而大,刚好来影写大本的绣像。"也有红颜色的,可以包书面,上个世纪六十年代初我在南京正风书店买到几本《流云小诗》等诗集,就是用这种红蜈蚣纸包书面的,这几本书至今还在。

1139【鸟】周遐寿《鲁迅的故家·老寿先生》:"还有一回先生闭目养神,忽然举头大嚷道,'屋里一只鸟(都了切),屋里一只鸟!'"同书《童话》中说:"前几年我写了些儿童生活的打油诗,其一首云,'幻想山居亦大奇,相从赤豹与文狸,床头话久浑忘睡,一任檐前拙鸟飞。'注云,'空想神异境界,互相告语,每至忘寝。儿童迟睡,大人辄警告之曰,拙鸟飞过了,谓过此不睡,将转成拙笨也。'"拙鸟方言谓之"笨鸟",鸟亦读"都了切"。

1140【挜酒】周遐寿《鲁迅的故家·祖母二》:"他最喜欢挜酒,伯宜公很爱喝酒而厌恶人强劝,常训诲儿子们说,'你们到鲁墟去,如玉叔叔挜酒,一口都不要喝,酒盅满了也让它流在桌子上面。'"强劝人喝酒。越语另有"挜赊逼讨"这句话。挜赊,也就是强劝人买。

1141【死尸】周遐寿《鲁迅的故家·阿长的结局二》:"他是一个胖胖的,和霭的老人,爱种一点花木,他的太太却正相反,什么也莫名其妙,曾将晒衣服的竹竿搁在珠兰的枝条上,枝折了,还要愤愤地咒骂道,'这死尸!'。"死,越语读若"希",去声。

1142【乌嘴野猫】周遐寿《鲁迅的故家·病》:"小孩在尺八纸上写字,屡次添笔,弄得'乌嘴野猫'似的,极是平常。"添,即"舔"。

1143【从神】周遐寿《鲁迅的故家·礼房的人们》:"说阿云现今在塔子桥的社庙里,给土地奶奶当从神,一切很好。"方言常把跟随某人不离身的人讽刺为"从神菩萨"。

1144【瓜皮秋帽】周遐寿《鲁迅的故家·四七》:"(四七)头上歪戴了一顶瘪进的瓜皮秋帽,十足一副瘪三相。"瘪,物体表面凹下去;不饱满。越语有"瘪嘴老太婆"的话。

1145【伯伯】周遐寿《鲁迅的故家·四七》:"四七与五十两人不知道是谁居长,但总之是年纪都要比伯宜公为大,因为小孩们叫他们为伯伯,却念作阳韵,上一字上声,下一字平声,虽然单读如某伯时也仍念作药韵。"父辈中比父亲年长的称伯,小的称叔,但也有一律称伯的。

1146【猫砦碗】周遐寿《鲁迅的故家·四七》:"每在傍晚常看见他从外边回来,一手捏着尺许长的潮烟管,一手擎了一大'猫砦碗'的酒(砦当是槽字的转变,指喂养动物的食器)……"

1147【孩业】周遐寿《鲁迅的故家·五十在诚房》:"五十平常对随便什么人都是笑嘻嘻的,就是对于年幼的弟侄辈也无不如此,你同他说话,不管是什么他总表示赞同,连说'是呀是呀',这在地方俗语里说作'是咭是咭',是字读如什蔼切,又急迫接连的说,所以音变如绍兴音的'孩业',小孩们遂给他起诨名曰'孩业',意思即以表明他拍马屁的工夫。"

1148【腊梨头】周遐寿《鲁迅的故家·桐生》:"他的特征是矮,胡只是有普通的胡须而已,癞则是秃发,并非腊梨头。"这是一种病,与秃头不同。

1149【葛老官】周遐寿《鲁迅的故家·阿有与阿桂》:"乡下常说这个人曰葛老官,潘姨太太初到绍兴,听人家说话里常有这句话,心里很怀疑,为什么老是谈论乌鸦的呢,因为这和老鸹的发音的确相差无几。"那个人就叫"哼(hang)老官"。有时也说成"哼个老官"。

1150【解】周遐寿《鲁迅的故家·单妈妈》:"她曾对鲁老太太诉说生平,幽幽的说道,'说是在阴司间里还要用锯解作两爿的呢。'"锯子越语说成"盖",解作个啊切。

1151【捐门槛】周遐寿《鲁迅的故家·单妈妈》:"她曾对鲁老太太诉说生平,幽幽的说道,'说是在阴司间里还要用锯解作两爿的呢。……《祝福》中捐门槛之说,或者可能也是她所说的。'"再醮妇向庙里捐门槛,这件事在越中相当普遍,以为门槛是千人踏万人跨的,以此作践自己,从而为自己赎罪。

1152【台门】周遐寿《鲁迅的故家·台门的败落》:"乡下所谓台门意思是说邸第,是士大夫家的住宅,与一般里弄的房屋不同,因此这里边的人,无论贫富老少,称为台门货,也与普通人有点不同。在家境好的时候可以坐食,及至中落无法谋生,只有走向没落的一路。"

1153【夜壶镴】周遐寿《鲁迅的故家·台门的败落》:"当铺的伙计,普通尊称为朝奉,诨名则云夜壶镴,因为它不能改制别的器皿也。"可以参看上面周冠五的"镴夜壶"条。

1154【低不就,高不凑】周遐寿《鲁迅的故家·台门的败落》:"照这样情形,低不就,高不凑,结果只是坐吃山空,显出那些不可思议的生活法,末了台门分散,混入人丛中不可再见了。"

1155【坐吃山空】周遐寿《鲁迅的故家·台门的败落》:"结果只是坐吃山空,显出那些不可思议的生活法。"不事生产,再多也会被吃空。

1156【有想头】周遐寿《鲁迅的故家·分岁》:"分岁所用的饭菜……特别的菜有鲞冻肉,碗面上一定搁上一个白鲞头,并无可吃的地方,却尊称之曰'有想头',只看不吃。"

1157【吃过有余】周遐寿《鲁迅的故家·分岁》:"又有一碗煎鱼也是不吃的,称作'吃过有余'。"有的地方叫"年年有余",反正都是吉利话。

1158【箓笋】周遐寿《鲁迅的故家·分岁》:"处州的箓笋米泔水久浸,油煎加酱醋煮。"旧日萧山过年,有三碗菜是必不可少的:鲞冻肉(又叫白鲞烩肉)、虾油鸡、肉煮箓笋。箓笋的吃法与绍兴大不相同,只是切丝与猪肉同煮而已。

1159【偶偶凑凑】周遐寿《鲁迅的故家·分岁》:"又藕切块,加白果红枣红糖煮熟,名为'藕脯',却读若油脯,也是必要的,盖取'偶偶凑凑'之意云。"意即成双成对,也无非是讨个吉利罢了。

1160【抱儿粽】周遐寿《鲁迅的故家·分岁》："粽子都是尖角的,有极细尖的称'尖脚粽',又有一大一小或一大二小并裹在一起的叫作'抱儿粽',儿读作倪,大抵纯用白米,不夹杂枣栗在内。"粽子的馅除了红枣栗子之外,还有猪肉、赤豆,都是尖角的,有谜语《狗》为证:"粽子头,梅花脚,田塍塍上打飞脚。"现在也有裹成桶形的,大概是从杭州传过来。

1161【涨】周遐寿《鲁迅的故家·饭菜》:"每顿剩下来的冷饭,他们并不那么对付的吃了,却仍是放到锅(本地叫作镬)里同米一起煮,而且据说没有这个便煮不好饭,因为纯米煮成饭是不'涨'的。"这种冷饭还有一个特别的名称叫"饭娘"。

1162【熯】周遐寿《鲁迅的故家·饭菜》:"因了三餐煮饭的关系,在做菜的方法上也发生了特别的情形,这便是偏重在蒸,方言叫作熯,这与用蒸笼去蒸的方法不同,只是在饭锅内搁在'饭架'上去,等到生米成为熟饭,它也一起的熟了。"

1163【备瓮菜】周遐寿《鲁迅的故家·饭菜》:"此外有芥菜干,是切碎了再腌的,鲜时称备瓮菜(读作'佩翁菜'),晒干了则名叫倒督菜,实在并不倒督,系装在缸甏里,因为它是怕潮湿的。"据我所知,倒督菜乃是半干的腌芥菜装在酒坛里,底朝天,口朝地,以防芥菜变干成为干菜。但也只是听说而已。

1164【柳豆腐】周遐寿《鲁迅的故家·蒸煮》:"这柳字是假借用的,也有人写作溜,但那是一种动作,读作上声,或者应当照柳字之例,于剔手旁写一个卯字,但是铅字里没有,所以不好使用。这豆腐的制法很简单,豆腐放在陶钵内,(实在乃是缸钵,因为是用做缸的土质烧成的),用五六只竹筷捏在一起,用力圆转,这就叫作柳,柳得愈多愈好,随后加研细的盐奶,或者是融化的水,蒸熟即成。这里还有一层秘密,便是柳豆腐不贵新鲜,若是吃剩再蒸,经过两次蒸煠之后,它的味道就更厚实好吃,这对于寒俭的家庭是非常有利的。"盐奶的意思不好懂,我曾经写信问过知堂先生,他在回信中说:"盐奶后来改用烧盐,亦曾知道(盐奶系煮盐时自然结成,后因专卖此物遂少见了),二物硬度相同,盐奶也须擦碎,但柳系指后来动作,据云愈多柳愈好,至于加冷茶,则未前闻也。"(见拙著《我的积木·周作人信札录存》)

1165 【打鸭子】周遐寿《鲁迅的故家·蒸煮》:"打鸭子即是北京的溜黄菜,有地方叫作鸡蛋糕,本地人却很听不惯,因为点心里有这一种名称,觉得容易相混。打与柳的意思相去不远,动作也相像,不同的地方在于柳的物质多少是半固体,鸡鸭蛋的内容差不多是液休,而且乡下人节约,碗里还要掺大半的水,用筷子可以很爽利地打去,所以这就不叫做柳了。"打鸭子(鸡蛋也可以)萧山叫"豁碎蛋",豁也是假借用的,照例应该写作剔手旁。安徽人叫"鸡蛋糊",但也有叫"蛋羹"的。

1166 【开洋】周遐寿《鲁迅的故家·蒸煮》:"荤菜也同样的蒸煠,白鲞或鳖鱼鲞切块,加上几个虾米(俗名开洋),加水一蒸,成为很好的一碗鲞汤。"

1167 【暴腌】周遐寿《鲁迅的故家·蒸煮》:"鲢鱼或胖头鱼的小块,用盐腌一晚,蒸了吃不比蒸鱼为差。"这种烹调法越中叫"暴腌",除鱼外青菜也可以,时间长短由天气冷暖决定,称为"暴腌菜"。从前先母在时,做的暴腌菜特别可口,看起来似乎很简单,把青菜切作寸段,加盐揉捏几下就成,但要自己做滋味就不及她做的好,大概巧妙全在一双手上,俗称手法,而这手法是很难传授的,孟子说,"大匠能予人规矩,不能予人巧",说的真是不错。

1168 【开火】周遐寿《鲁迅的故家·灯火》:"在甲午前后,大概家里也已有火柴了……不过那只是用在内房里,若是厨房或是退堂后放着小风炉的地方,那还是用的打火的傢伙,籐编的长形容器内放着火石,铁片,毛头纸的粗纸煤插在竹筒内的,这都还清楚的记忆着。'开火'工作很不容易,如不熟练不但点不着纸煤,连火星也不大出来。乡下有一句谚语道,'一贼,二先生,三撑船,四老伻',《越谚》注云:'此言火刀火石取火,快者一刀即着,二三四各分其人。'贼入事主家,假如点不着火,老是笃笃的用火刀敲着火石,未免要误事,这是容易了解的,教书先生为什么那么敏捷,他开火只要两刀,他的本领还超出'撑船客人'(妇孺们叫舟夫的名称)之上呢?……老伻即是看门的人,伻读如上海的浜字,我想这或者是伯字之转也未可知。"

1169 【灯台】周遐寿《鲁迅的故家·灯火》:"又一种可以叫作灯台,大抵是锡做的,形如圆的烛台,不过顶上是一个小盘,搁着油盏而已。"记得有一首儿歌是这样唱的:"小老鼠,上灯台,偷油吃,下不来。吱吱,叫奶奶抱下来。"如果换成灯盏就不妥当,因为灯台就像一个瞭望台,有孤危之感,只是不知道小老鼠是怎么爬上去的?

1170 【冻瘃】周遐寿《鲁迅的故家·寒暑》:"别的不说,手脚的冻瘃就不能免。"冻疮。

1171 【毛手毛脚】周遐寿《鲁迅的故家·咸亨的老板》:"年过从心所欲,却逾了矩,对佣媪毛手毛脚。"这是指对佣媪动手动脚,作不规矩解释。

1172 【娘杀】周遐寿《鲁迅的故家·咸亨的老板》:"有一天

在东家灶头同他儿子一起吃饭,有一碗腌鱼,儿子用筷指着说道,'你这娘杀吃吃',父亲答道,'我这娘杀弗吃,你这娘杀吃吧。'娘杀是乡下骂人的恶语,但这里也只当作语助词罢了。"

1173【摇门】周遐寿《鲁迅的故家·泰山堂的人》:"申屠家临街北向,内即堂屋,外为半截门,称曰摇门,摇读作去声。"也有称"腰门"的。

1174【疑心生暗鬼】周遐寿《鲁迅的故家·马面鬼》:"有一部分是精神错乱的幻觉,一部分是疑心生暗鬼的误会。二者之中以后者比较的为多,譬如说看见一团白物,这可能是白衣人或一只白狗,听见吱吱呷呷的鬼叫,这或者本来就是老鼠蝙蝠以及鸭子。"另有"疑神鸠鬼"的话,也是越中人常说的。

1175【屋角落头】周遐寿《鲁迅的故家·范爱农》:"其时蒋观云主张发电报给清廷,有许多人反对,中间有一个人蹲在屋角落头,(因为会场是一间日本式房子,大家本是坐在席上的,)自言自语的说道,'死的死掉了,杀的杀掉了,还打什么鸟电报。'"另有"壁角落头"也是浙东方言。

1176【做弄】周遐寿《鲁迅的故家·伍舍》:"他常常诉苦说被这老太婆做弄(欺侮)得够了。"

1177【哈喇菩萨】周遐寿《鲁迅的故家·民报社听讲二》:"太炎对阔人要发脾气,可是对学生却极好,随便谈笑,同家人朋友一样,夏天盘膝坐在席上,光着膀子,只穿一件长背心,留着一点泥鳅须,笑嘻嘻的讲书,庄谐杂出,看去好像是一尊庙里的哈喇菩萨。"弥勒佛俗称"哈喇菩萨"。

1178【蹲山老虎】周遐寿《鲁迅的故家·旧书店》:"那里的书店老板与小伙计也更显得精明,跪坐在账桌一隅,目光炯炯,监视着看书的人,鲁迅说这很像是大蜘蛛蹲踞在网中心,样子很有点可怕,这个比喻实在比'蹲山老虎'还要得神。"又叫"坐山老虎"。

1179【昏头搭脑】周作人《知堂集外文〈亦报〉随笔·读旧书》:"如今翻阅旧书,往往看得昏头搭脑。"昏头昏脑。越语中另有"昏头瞌铳"的话,意思与之相同。

1180【砖瓦店】周作人《知堂集外文〈亦报〉随笔·焕强盗和蒋二秃子》:"他家在乡间,开着一爿砖瓦店。"以卖砖头、瓦片、石灰等建筑材料为业的店铺。

1181【梗灰】周作人《知堂集外文〈亦报〉随笔·焕强盗和蒋二秃子》:"因为不知道梗灰市灰的区分,把好灰卖了次灰的价钱,大为父亲所不满。"石灰的一种。范寅《越谚》卷中"屋宇"下有"石灰"一项说:"石块烧成,用以垩。佳者谓梗灰,即矿灰。"

1182【游荡】周作人《知堂集外文〈亦报〉随笔·焕强盗和蒋二秃子》:"因为不知道梗灰市灰的区分,把好灰卖了次灰的价钱,大为父亲所不满,加以训斥,问他那么游荡是什么意思。"又说成"游游荡荡"。闲游放荡,不务正业。

1183【寥天八足脚】周作人《知堂集外文〈亦报〉随笔·苍蝇之微》:"苍蝇却实在不容易谈,因为如老百姓所说寥天八足脚的讲起来。"毫无根据。常说成"悬空八足脚"。

1184【金苍蝇·麻苍蝇·饭苍蝇】周作人《知堂集外文〈亦

212

报〉随笔·苍蝇之微》:"我们在乡下从小听大人说,这里有金苍蝇,麻苍蝇,以及饭苍蝇,一共是三种,而且又望文生义的加以解释,以为金苍蝇麻苍蝇要生蛆,所以很脏,饭苍蝇则是专门来定(古文云集)在饭上的,自然是干净的。"金苍蝇身上闪金光,麻苍蝇有点点斑点,饭苍蝇较小。

1185【不经吃】周作人《知堂集外文〈亦报〉随笔·臭豆腐》:"而豆腐一块也要百元以上,加上盐和香油生吃,既不经吃也不便宜。"不耐吃。耐吃则谓之"经吃"。

1186【杀饭】周作人《知堂集外文〈亦报〉随笔·臭豆腐》:"(臭豆腐)这只要百元一块,味道颇好,可以杀饭。"容易下饭。这里所谓臭豆腐,也即绍兴所说的"臭霉豆腐",通称腐乳。

1187【霉菜头】周作人《知堂集外文〈亦报〉随笔·臭豆腐》:"这一类的食品在我们的乡下出产很多,豆腐做的是霉豆腐,分红霉豆腐臭霉豆腐两种(棋子霉豆腐附),有霉千张,霉苋菜梗,霉菜头,这些乃是家里自制的。"下半年腌白菜,将切下的菜部头用盐腌起来,做成"霉菜部头",却是特别腴润可口。传说有穷人买不起猪头,就拿霉菜部头"作福"(即请年菩萨),结果是受到菩萨的赞赏,并且得到保佑。因此它就又有了"菜猪头"的别名。故事自然不能当真,但是滋味好却是事实——有口皆碑。

1188【臭豆腐】周作人《知堂集外文〈亦报〉随笔·臭豆腐》:"(腐乳)外边改称酱豆腐臭豆腐,这也没有什么关系,但本地别有一种臭豆腐,用油炸了吃的,所以在乡下人看来,这名称是有点缠夹的了。"作者早先在《雨天的书·喝茶》中说:"吾乡昌安门外有一处地方,名三脚桥,其地有豆腐店曰周德和者,制茶干最有名。……我家距三脚桥有步行两小时的路程,故殊不易得,但能吃到油炸者而已。每天有人挑担设炉镬,沿街叫卖,其词曰,辣酱辣,麻油炸,红酱搽,辣酱拓:周德和格五香油炸豆腐干。其制法如上所述,以竹丝插其末端,每枚值三文。豆腐干大小如周德和,而甚柔软,大约系常品。惟经过这样烹调,虽然不是茶食之一,却也不失为一种好豆食。"可以油炸,也可以清蒸,都各有滋味。据食家说,若要保持其臭味,油炸在不及清蒸,似乎也有道理。

1189【王广思堂】周作人《知堂集外文〈亦报〉随笔·三味书屋的轶事》:"例如王广思堂里绰号矮癞胡的一个塾师。"王家的一个厅堂。在咸欢河北岸,我曾在《我的积木·杭州书贾耆旧录》中说:"松泉君原籍绍兴,祖上也是书香门第,故居在城内咸欢河北岸,与鲁迅他们的百草园正好是隔岸相望。"这里稍有错误,因为后来我读周冠五等人的文章,知道王广思堂并不是在咸欢河北岸,而是在百草园东边,与鲁迅家正好同处在一条巷里。

1190【啃】周作人《知堂集外文〈亦报〉随笔·三味书屋的轶事》:"那些盔甲都被蟑螂啃得不成样子了。"小口咬谓之啃。

1191【二次三番】周作人《知堂集外文〈亦报〉随笔·章太炎的法律》:"大家都很佩服他的汉学,他二次三番的被门人请出来讲学。"也说成"三番两次"。

1192【吃大豆腐】周作人《知堂集外文〈亦报〉随笔·吃豆腐》:"我们的乡下别有一句吃大豆腐,那是指办丧事时的素菜,所以是死的替代词。"越中还有"吃豆腐饭"的话,也是"死的替代词"。

1193【炖豆腐】周作人《知堂集外文〈亦报〉随笔·吃豆腐》:

"就乡下的经验来说,豆腐顶好是炖豆腐……将豆腐先煮一过,加上笋干香菇,透味炖成,风味甚佳。"

1194 【砚瓦】周作人《知堂集外文〈亦报〉随笔·砚台的寿命》:"我们乡下称砚台只是叫砚瓦,可知原来是用瓦做的。"

1195 【白眼】周作人《知堂集外文〈亦报〉随笔·〈新青年〉与北大》:"刘半农因为没有博士学位,有时要受同人的白眼。"眼睛"白多乌少",是一种瞧不起人的表情。

1196 【河埠头】周作人《知堂集外文〈亦报〉随笔·吃鱼》:"水乡不必说了,便是城里也都是河道,差不多与大街小巷平行着,一叶渔舟,沿河高呼'鱼嗬虾嗬',在门口河埠头就可以买到。"如果是池,就叫"池埠头"。

1197 【馋痨】周作人《知堂集外文〈亦报〉随笔·吃肉》:"蒜葱鱼肉碰着便吃,觉得无须太是馋痨。"犹"馋嘴"。特别贪吃。

1198 【鲁墟】周作人《知堂集外文〈亦报〉随笔·双日开市》:"中国到处都有市集,有的每天都有,还是古时'日中为市'的遗风,不过因为买菜的便利,大都是早市罢了。乡村里多称赶集,多少天一次,古人亦称'趁墟',至今陆放翁故里还叫作'鲁墟'。"作者在《老虎桥杂诗·苦茶庵打油诗其二》云:"家祭年年总是虚,乃翁心愿竟何如。故园未毁不归去,怕出偏门过鲁墟。"下注云:"二十日后再作一绝,怀吾乡放翁也。先祖姚孙太君家在偏门外,与快阁比邻,蒋太君家鲁墟,即放诗所云'轻帆过鲁墟'者是也。"

1199 【烧刀】周作人《知堂集外文〈亦报〉随笔·绍兴酒的将

来》："绍兴酒始见于《谰言长语》，谓入口便螫，味同烧刀，此酒一出，金华浙闽诸酒皆废矣。"即"烧酒"。现在的绍兴酒已经变得很温和了。

1200【烂泥菩萨】周作人《知堂集外文〈亦报〉随笔·洋囡囡》："各种人物如状元，老嬷，一团和气与老寿星，此外也有孩童，却只有正面著色，总称曰烂泥菩萨。"

1201【红番薯】周作人《知堂集外文〈亦报〉随笔·红番薯》："近日吃煮白薯，忽然想起小时候吃过的红番薯，煮的是不大看得出了，在水果摊上摆着的，一文钱一大片，桂红色的肉，白色的边，外面红皮自然已经削去了，这样番薯现在早已不见，有的都是黄白色的了。"黄白色的番薯是新品种，据说产量高，淀粉多，俗称"胜利番薯"。

1202【会饯】周作人《知堂集外文〈亦报〉随笔·吃酒》："城里人说请或被请吃酒，总是大规模的宴会，如不是有十二碟以上的果品零食（俗名会饯，宁波也有这句话）的酒席，也是丰满的一桌十碗头。"越语中另有"十八会饯"的话。

1203【寒酸】周作人《知堂集外文〈亦报〉随笔·吃酒》："下酒的东西都很讲究，鸟肉腊肫与花红苹果，由人随意欣赏，到了花生豆腐干，那是顶寒酸的了。"形容简陋或过于俭朴而显得不体面。

1204【湾奇】周作人《知堂集外文〈亦报〉随笔·吃酒》："假如说酒吃不得，那么喝一碗涩的粗茶，抽一钟臭湾奇，岂不也是不对么。"烟草的一种。范寅《越谚》卷中"菸"字项下云："《正韵》音烟，《广韵》臭草。此物明季起于福建，草本大叶，高者数尺，有花,春种夏收,嫩苗可蔬食,老叶缚麛刨丝,用粤竹湘竹为烟管,装菸点火吸食,香暖口腹。昔谓御漳气,今则处处种食。店卖有湾奇,瑞奇,白奇,黄奇,香奇,老秋诸名。且因吸食有烟,亦名烟。"

1205【芥辣头】周作人《知堂集外文〈亦报〉随笔·咬菜根》:"芜菁的根乡下叫芥辣头,南货店中供给五香酱制的黑色的一种,但北方还有一种盐渍白色的,名曰水疙。"方言又叫"酱大头菜"。

1206【《义妖传》】周作人《知堂集外文〈亦报〉随笔·雷峰塔》:"《雷峰塔》是在看图识字时代所看的,所以连书名也有点模胡了,仿佛是又叫作《义妖传》。"现在通称《白蛇传》。作者在《老虎桥杂诗·白蛇传》中写道:"顷与友人语,谈及白蛇传。缅怀白娘娘,同声发嗟叹。许仙凡庸姿,艳福却非浅。蛇女虽异类,素衣何轻情。相夫教儿子,妇德亦无间。称之曰义妖,存诚亦善善。何处来妖僧,打散双飞燕。禁闭雷峰塔,千年不复旦。滦州有影戏,此卷特哀艳。美眷终悲剧,儿女所怀念。想见合钵时,泪眼不忍看。女为释所憎,复为儒所贱。礼教与宗教,交织成偏见。弱者不敢言,中心怀怨恨。幼时翻弹词,文句未能念。绝恶法海像,指爪掐其面。前后掐者多,面目不可辨。迩来廿年前,塔倒经自现。白氏已得出,法海应照办。请师入钵中,永埋西湖畔。"

1207【装模作样】周作人《知堂集外文〈亦报〉随笔·关于身边琐事》:"第二是琐事,事太琐屑,不值得写,现在却拿来敷衍铺张,装模作样的当作文学请人赏鉴。"故意做作,装出某种样子给人看。

1208【茶食店】周作人《知堂集外文〈亦报〉随笔・南北的点心》:"以四十年前故乡的茶食店为例,所卖的东西大概有这几类:一是糖属,甲类有松仁缠,核桃缠,乙类牛皮糖,麻片糖,寸金糖,酥糖等。二是糕属,甲类有松子糕,枣泥糕,蜜仁糕,乙类炒米糕,百子糕,玉露霜,丙类玉带糕,云片糕等。三是饼属,甲类有各种月饼,限于秋季,乙类红绫饼,梁朝月饼等,则通年有之。四是糕干类,有香糕,琴糕,鸡骨头糕干等。五是鸡蛋制品,有蛋糕,蛋卷,蛋饼等。"

1209【红绫饼】周作人《知堂集外文〈亦报〉随笔・南北的点心》:"甲类有各种月饼,限于秋季,乙类红绫饼,梁朝月饼等,则通年有之。"1990年春天,湖南钟叔河先生来信问及红绫饼,我知道他是针对周作人《老虎桥杂诗・儿童杂事诗》甲之二十四《中秋》提出来的。因为他当时正在笺释《周作人丰子恺儿童杂事诗图》。我虽然爱读《儿童杂事诗》,可是对于其中的名物往往不甚留意,经钟先生一问,就只好老实告诉他说"不知道"。但是我一方面就写信给绍兴的百年老店孟大茂求教。过了不久,果然收到一个名叫张树源的热心人的来信,原来孟大茂早已不存,现在通称绍兴市食品厂。据张君来信说,红绫饼是糕点的烤制品,属于酥皮包馅产品,它的形状外观和内材质量基本与中秋的夹沙月饼相同,所不同者约有五点。首先,夹沙月饼是中秋节期间销售,过了中秋节就不再生产了。红绫饼却是接夹沙月饼之后上市,供应时间约两个月。其次,夹沙月饼在收口处(即表面)贴有一张小方纸,红绫饼则没有。第三,红绫饼比夹沙月饼要小,每公斤有三十二只,而夹沙月饼一般为十六只。第四,红绫饼在底部盖有四颗红色的小方点,有如骰子的四点,而夹沙月饼盖的却是菊花形的印。末了还有一点区别,夹沙月饼是用素油制的,红绫饼却是猪油的。周作人的《中秋》诗云:"红烛高香供月华,如盘月饼配南瓜。虽然惯吃红绫饼,却爱神前素夹沙。"我猜想素夹沙也就是张君所说的夹沙月饼。

1210【台太·本间·台青】周作人《知堂集外文〈亦报〉随笔·糖与盐》："我还记得糖这一部分,有什么台太本间台青这些名称。台太台面都是细白好看的糖,只买一点,给新年客人蘸粽子年糕吃之用,平常使用的多是本间,颜色微黄而鲜甜,台青则是红糖,有时煮藕脯等也非特别用这个不可,流质的黑糖名为泉水,品级似乎最低,却亦自有风味。"

1211【粗盐】周作人《知堂集外文〈亦报〉随笔·糖与盐》："乡下买的粗盐,里边固然有杂质在内,但因此反而比精盐更多鲜味,我想如用那种精盐去腌白菜芥菜,那么味道一定未必有那么好吧。"

1212【狗屎蝮】周作人《知堂集外文〈亦报〉随笔·女人与蛇》："乡下没有怎么凶的毒蛇,只见到过所谓雄鸡蝮狗屎蝮这一类蝮蛇,俗语读若扑蛇,说是可以毒死人,但也很少听到实例,比起响尾蛇与眼睛蛇来,大概差得很远了。"

1213【脚踝】周作人《知堂集外文〈亦报〉随笔·女人与蛇》："大家问女主人怎么知道有蛇,她答说道,他正缠住我的脚踝呢。"指大腿与小腿之间突出的部位,实际上往往是指大腿的下半部。普通所谓坐在膝上,如用越语来说,就是坐在脚踝头上。

1214【埠船】周作人《知堂集外文〈亦报〉随笔·航船与埠船》："航船可以列入文言,也是普通话,埠船乃是方言,但乡下也有航船这句话,不过是专指远路的夜航船,若是水程六七十里,一天里打来回的,那就称为埠船。埠船总数不知道共有多少,大抵中等的村子总有一只,每日往来城乡间,早上开船,旁午进城,停泊一定的埠头,中间大约有几小时的休息,让客人可以访问亲戚或买东西,到下午开回去,到得村里总在快晚边了。乡村的住户都是固定的,彼此全是老街坊,或者还是本家,上船一看主客差不多是熟人,坐下来就聊起天来,这里的空气与远路多是生客的航船便很有点不同。……埠船办着本村的公用事业,却有点给地方服务的意思,不单是营业,他不但搭客上下,传送信件,还替村里代办货物,无论是一斤麻油,一尺鞋面布,或是一斤淮蟹,只要店铺里有的,都可以替你买来,他们也不写账,回来时只凭记忆,这是三六叔的旱烟五十六文,这是七斤嫂的布六十四文,一件都不会遗漏或是错误。”

1215【蛀虫】周作人《知堂集外文〈亦报〉随笔·蠹鱼的变化》:"文言中只说蠹鱼,其实蛀书的虫另外还有一种,俗语便只称作蛀虫。这是一种蛾蝶类的幼虫,大小略有不同,在科学上该有分别的名称,我们却不知道,大抵蛀孔以直径一分为普通,有些自上直下,若干册的书都打一圆孔,有的在平面盘旋,往往做成西北的窗花模样,书的受害更大,有时竟无法修补。”民间又有“米蛀虫”的话,比喻那些只吃饭不干事的人,又称“吃饭家伙”。

1216【扯得牢】周作人《知堂集外文〈亦报〉随笔·馄饨担》:"浙东民间歌谣嘲讽拙劣的戏班云:‘台上群玉班,台下都走散,连忙关庙门,两边墙壁都爬坍,连忙扯得牢,只剩一担馄饨担。’这在只看戏园里的戏的人听了觉得有些费解之处,第一是戏台下怎么会有馄饨担的,这因为原是社戏,大家出钱在庙里演剧给菩萨看,一般人都可以去白看,而且还大吃其点心,所以各样吃食摊在台下开张,馄饨担不过其中之一罢了。其次,馄饨担特别被扯牢,这是什么缘故呢?……这便为他的担子特别笨重,挑了走不快之故。不知道为什么,馄饨担要那么与众不同,于必要的缸灶水桶之外加上那些抽屉,朱漆描画,像新娘嫁妆似的,其实豆腐浆担也用好些作料,可是担子却简单得多了。在空庙里,好些人纠缠住挑着一副很伉的担子的人,这里老百姓显示出他们很好的幽默,只可惜不知道这担子的人也就不能充分了解。"

1217【很伉】周作人《知堂集外文〈亦报〉随笔·馄饨担》:"在空庙里,好些人纠缠住挑着一副很伉的担子的人,这里老百姓显示出他们很好的幽默。"喻事物横七竖八地特别不顺畅。

1218【抖抖病】周作人《知堂集外文〈亦报〉随笔·香烛店》:"去年夏天在上海买了几盒猪牌蚊香,本来蚊子不多,因为怕生抖抖病,每晚总是点它一根。"即疟疾。因为发病时先是浑身发冷,抖得很厉害,所以俗称"抖抖病"。

1219【九斗九升命】周作人《知堂集外文〈亦报〉随笔·谈报应》:"俗语有云,九斗九升命,凑得一石要生病。"越中另一说为"九升九合的命,多一合要生病。"

1220【乌烟】周作人《知堂集外文〈亦报〉随笔·谈报应》:"有如肚痛时吃乌烟,缓和了一时的痛,可是留下后患。"鸦片的俗名。

1221【倒瓜子脸】周作人《知堂集外文〈亦报〉随笔·作画难》:"上小下大的倒瓜子脸,红的面颊,肥壮的身材,与杨玉环倒颇相合。"上大下小,俗称"瓜子脸",上小下大,通称"倒盂脸"。作者在《老虎桥杂诗·往昔》之十八《陈洪绶》中说:"衣褶皆殊绝,自是古衣冠。女面如倒盂,(面上小下大者,俗称倒盂脸。)不作瓜子尖。窄额丰辅颊,唐俑多婵娟。环肥正非偶,华清想当年。"

1222【烧鹅】周作人《知堂集外文〈亦报〉随笔·吃烧鹅》："在乡下的上坟酒席中,一定有一味烧鹅,称为熏鹅,制法与北京的烧鸭子一样,不过他并不以皮为重,乃是连肉一起,醮了酱油醋吃,肉理较粗,可是我觉得很好吃,比鸭子还好。"作者在《药味集·上坟船》里也说过:"在'上坟酒'中还有一种食味,似特别不可少者,乃是熏鹅,据《越谚》注云系斗门镇名物,惜未得尝,但平常制品亦殊不恶,以醋和酱油醮食,别有风味,其制法虽与烧鸭相似,唯鸭稍华贵,宜于红灯绿酒,鹅则更具野趣,在野外舟中啖之,正相称耳。孙彦清《寄龛丙志》卷四记孙月湖款待谭子敬,'为设烧鹅,越常馔也,子敬食而甘之,谓是便宜坊上品,南中何由得此。盖状适相似,味实悬绝,貌貌者乃得此过情之誉,殊非意计所及。已而为质言之,子敬亦哑然失笑。'"

1223【新年新岁】周作人《知堂集外文〈亦报〉随笔·腌鱼腊肉》:"腊味大都是冬天的制品,其用处在新年新岁,市场休息,买办不便的时候,可以供应客人,也可自吃,与鲞冻肉有同样的功用。"大概指农历正月上半个月而言。

1224【鲞冻肉】周作人《知堂集外文〈亦报〉随笔·腌鱼腊肉》:"腊味大都是冬天的制品,其用处在新年新岁,市场休息,买办不便的时候,可以供应客人,也可自吃,与鲞冻肉有同样的功用。"又叫"白鲞烩猪肉"。黄花鱼,简称黄鱼,又叫石首鱼,做成鲞,俗称白鲞。取大黄鱼制白鲞,须经过剖(背脊)、腌、晒(大伏天)三道手续,坚硬而色白。李时珍说:"以白者为佳,故呼白鲞,若露风则变红色失味也。"张岱在《咏方物二十首·松门白鲞(台州)》中说:"石首传天下,松门擅胜场。以酥留作味,夺臭使为香。皮断胶能续,鳞全雪不僵。如来曾有誓,僧病亦教尝。"

1225【接潮头】周作人《知堂集外文〈亦报〉随笔·弄潮》:

"三十年前在乡下教书的时候,看过几次浙江潮,虽然不是海宁,潮头也相当的高,这时便看见有些蜑船在接潮头了。说来也很平常,只是在潮来之前把船放到江心,挂起风帆,向着潮水驶去,一与潮头碰着,船便直竖起来,这时望起颇为危险,可是只是一刹那间的事,卡上了潮头之后船立即平正,在水面上溶溶漾漾的十分写意,随即可以自由的来靠岸,停泊下去。其不去接潮头的船也可以停着不动,不过危险更大……"蜑船:通称渔船。

1226【只要年成熟,麻鸟吃得几颗谷】周作人《知堂集外文〈亦报〉随笔·冬天的麻雀》:"乡下有俗语云,'只要年成熟,麻鸟吃得几颗谷',虽是旧思想,也说的不无理由。"意为当从大处着眼。

1227【跳山】周作人《知堂集外文〈亦报〉随笔·钱大王的歌》:"稽有跳山,原有东汉摩崖刻字,全被苔藓埋没,只露出末了一个钱字,村人传说是他的遗迹,卖盐遇捕役,跳上山崖逃走,遂以名山云。"

1228【《螺蛳经》】周作人《知堂集外文〈亦报〉随笔·〈螺蛳经〉》:"其三是《螺蛳经》,这经做得很好,文章也不长,所以把他全抄在下面。螺蛳经,念把众人听。日里沿沙走,夜里宿沙村。撞着村里人,缚手缚脚捉我们。九十九个亲生子,连娘一百落汤锅。捉我肉,把针戳。捉我壳,丢在壁角落。鸡爬爬,响碌碌。玉皇大帝亲看,眼泪纷纷落。"

1229【船到桥门自会直】周作人《知堂集外文〈亦报〉随笔·俗谚的背景》:"有些俗谚也多有地方性的,如范寅《越谚》中所记的'船到桥门自会直','只要铜钱多,巷牌抬过河',均是水乡的背景。巷牌即牌楼,在北方亦有之,唯像绍萧沿官河一带那么的石坊林立，却也少见。"

1230【薄粥撑大肚，荒年自受苦】周作人《知堂集外文〈亦报〉随笔·饱的饥饿》："不吃足也就觉得不饱，俗语云：'薄粥撑大肚，荒年自受苦'，也正是这个意思。"大肚皮，指食量大。

1231【逼上梁山】周作人《知堂集外文〈亦报〉随笔·典故的用法》："又如逼上梁山，出于《水浒》。"出于无奈。

1232【相唤弗出手】周作人《知堂集外文〈亦报〉随笔·怎么唱喏》："《越谚》中'九九消寒谣'第一句云，头九二九，相唤弗出手，范啸风注云，越呼揖人为相唤，弗出手者，冷也。当初相见作揖，想必要叫一声，乡下习惯见长辈时必须称名号招呼，或即其遗风，又戏文上二人见礼，也必说见礼有礼，岂非礼失而求诸野之一例乎。"

1233【看脚埭】周作人《知堂集外文〈亦报〉随笔·借水》："你既没有铺保作证，他怎能相信借时不是去看'脚埭'（即是贼的路线）。"

1234【孵太阳】周作人《知堂集外文〈亦报〉随笔·重译书》："他还只是一个失业的工人，只好袖手在孵太阳。"冬天在太阳下取暖。

1235【烦闷】周作人《知堂集外文〈亦报〉随笔·周玉山的印象》："我们两人催请学堂设法，却也没有法子，觉得很是烦闷。"烦躁郁闷。

1236【床公床母】周作人《知堂集外文〈亦报〉随笔·洗三的

咒语》："买到两本旧书,名曰《北京的市民》……在这里洗三一章的译文却占了十六页,有些稳婆的祝词也很有意思,大概还是未见著录的。用五色丝线、生鸡蛋、纸制石榴花、铁秤顾锤、铜锁、生葱、梳子做过种种把戏之后,祭祀床公床母,把他们送走的时候,口唱咒语云,床公床母本姓李,吴家的小孩交给你,摔了碰了不依你。"越中也有"床公床婆"的话。据字典上说,旧俗年终以酒祀床母,以茶祀床公,祈终岁皆得安寝。稳婆:收生婆。不依你:不肯放过你。曾之异《因话录》:"崔大雅在翰苑,夜值玉堂,忽降旨,令撰《祭床婆子文》。"《通俗编》:"按,杨循吉诗云:'买饧迎灶帝,酌水祀床公。'知床公亦为宋世所祀。"

1237【劳神】周作人《知堂集外文〈亦报〉随笔·枕上看书》:"假如躺着多思想一会儿,便会兴奋起来,小时候听大人们叫作劳神。"损耗精神。

1238【不经看】周作人《知堂集外文〈亦报〉随笔·枕上看书》:"而新书笔记少有好的,又不经看(经或者应写作禁),还是旧说部书可以炒冷饭。"不耐看。

1239【对襟】周作人《知堂集外文〈亦报〉随笔·改良衣服》:"若是要顾念中国现时现地的情况,那么还只好用本国短装,稍加改变,如上衣略加长,改右衽为对襟。"纽扣在中间。如在右边,则称右衽,也叫大襟。

1240【小鬼】周作人《知堂集外文〈亦报〉随笔·小鬼》:"我们乡下俗语称小孩为小鬼,鬼读若据,意思是半笑半骂,有时还作亲爱之称,我有一位乡兄,夫妇均大学出身,二十多年前寄寓舍间结婚,后来避南下,及至重来儿女成行,有小囡不曾见过,问什么名字,细声答道,'我叫小据',这位小姐现在也早已大学毕业了吧。"所谓乡兄即川岛,真名为章廷谦。

1241【落汤鸡】周作人《知堂集外文〈亦报〉随笔·士大夫的习气》:"如《三侠五义》里的人走路便不带什么伞,遇着小雨多被淋得像落汤鸡。"形容浑身湿透,像掉在热水里的鸡一样。极其尴尬无奈。

1242【发福】周作人《知堂集外文〈亦报〉随笔·养猪》:"唯有他却特别发福了。"即发胖。

1243【险凛凛】周作人《知堂集外文〈亦报〉随笔·养猪》:"那里的便所很特别,是方丈的一个深坑,有台阶可以下去,垃圾粪便放在那里,人蹲在边沿出恭,有点险凛凛的,而坑里还不时有哼哼之声,原来是猪在那里呢。"危险的样子。

1244【阴功】周作人《知堂集外文〈亦报〉随笔·做文的故事》:"至少不至误人子女,这在我觉得是可以记阴功的。"即"阴德"。越语另有"阴功积德"的话。

1245【麻雀豆腐绍兴人】周作人《知堂集外文〈亦报〉随笔·中国气味》:"他们有一句谚语云,麻雀豆腐绍兴人,谓'此三者不论异域殊方皆有'。"

1246【装扮】周作人《知堂集外文〈亦报〉随笔·男女的装扮》:"装扮是句土话,当作化妆穿著讲。"

1247【落夜】周作人《知堂集外文〈亦报〉随笔·夜读的境界》:"换句话说就是不喜'落夜'或云熬夜。"

1248【戽溇】周作人《知堂集外文〈亦报〉随笔·竹枝词的打油》:"最难得是口头肥,青菜千张又粉皮。闻说明朝将戽溇,可能晚膳有鳊鲡。"俗称"车池塘",即将水车干捉鱼。

1249【团】周作人《知堂集外文〈亦报〉随笔·不写说理文》:"写好了一篇之后,复阅一遍,发见这很有点儿韩气,心里大为气闷,只好顺手团了放进字纸篓里去。"使操成团。当动词用。

1250【马蟥】周作人《知堂集外文〈亦报〉随笔·〈动物园〉》:"唐代逸书崔禹《食经》云,海鼠似蛭而大者,也就是俗语所谓马蟥,老百姓在水田里耘草,腿上常要被叮的。"书名叫蛭,环节动物的一纲,体一般长而扁平,无刚毛,前后各有一个吸盘。生活在淡水中或湿润的地方,大半营半寄生生活,如水蛭、马蟥。

1251【驮】周作人《知堂集外文〈亦报〉随笔·路旁水果摊》:"卖秋白梨的大汉叫卖一两声,频高呼曰,来驮哉,来驮哉,其声甚急迫。这三个字本来也可以解为请来拿吧,但从急迫的声调上推测过去,则更像是警戒或告急之词,所以显得他很是特别。"

1252【挜卖情销】周作人《知堂集外文〈亦报〉随笔·路旁水果摊》:"他的推销法亦甚积极,如有长衫而不似啬刻或寒酸的客近前,便云,拿几堆去吧,不待客人说出数目,已将台上两个一堆或三个一堆的梨头用右手搅乱归并,左手即抓起竹丝所编三文一只的苗篮来,否则亦必取大荷叶卷成漏斗状,一堆两堆的尽往袋里装下去。客人连忙阻止,并说出需要的堆数,早已来不及,普通的顾客大抵不好固执,一定要他从荷叶包里拿出来再摆好在台上。所以只阻止他不再加入,原要两堆如今已是四堆,也就多花两个角子算了。俗语云,挜卖情销,上边所说可以算作一个实例。"

1253【天灯】周作人《知堂集外文〈亦报〉随笔·桥与天灯》："凡桥虽低而两栏不是墙壁者,照例总有天灯用以照路……这乃是一支木竿高约丈许,横木上着板制人字屋脊下有玻璃方龛,点油灯,每夕以绳上下悬挂。"清代翟晴江《无不宜斋稿》卷一《甘棠村杂咏》之十七咏天灯云："冥冥风雨宵,孤灯一杠揭。荧光散空虚,灿逾田烛设。夜间归人稀,隔林自明灭。"写的虽是杭州的情况,但可以通用于绍兴及别处。

1254【夜行人】周作人《知堂集外文〈亦报〉随笔·桥与天灯》："其实就是在那时候,天灯的用处大半也只是一种装点,夜间走路的人除了'夜行人'以外,总须得自携灯笼,单靠天灯是决不够的。"指摸黑在夜里行动的人,如窃贼。

1255【女吊】周作人《知堂集外文〈亦报〉随笔·活无常与女吊》："(活无常)虽然职司勾魂,却也有许多人并不等他降临,自己前去,这时候的经手人是讨替代的五伤鬼,其中最多是吊死鬼,而这又十九就是女吊。中国旧社会里妇女的苦痛,除了现在都市的女学生诸君外大概人多知道,那是相当的深刻的,它在戏台上表现出来只是一件红衫披着头发,叫一声'阿呀苦呀天呀',实在够惊心动魄。"

1256【我里】周作人《知堂集外文〈亦报〉随笔·三顿饭》："乡间饭时有客来,主人主妇必以筷指其饭碗曰,我里吃饭,我读额挨切,意云我们,我里者我们这里也。"

1257【打秋风】周作人《知堂集外文〈亦报〉随笔·横浜桥边》："有一回还打过高唐先生的秋风。"指假借某种名义向人索取财物。也写作"打抽丰"。孙锦标《南通方言疏证》"打秋风"项下说：《野获编》载都城俗事对偶，以打秋风对撞太岁。盖俗以自远干求，曰打秋风，以依托官府，赚人财物，曰撞太岁也。《七修类稿》米芾札中，有秋风二字，即世云秋风之义。盖彼处丰稔，往抽分之耳。"

1258【蚊子做市】周作人《知堂集外文〈亦报〉随笔·蚊子与白蛉》："最讨厌的乃是蚊子，特别是在乡下的旧式房屋里。每到夏天晚上蚊子必要做市，呜呜的叫声聚在一处简直响得可以，蚊雷蚊市的意义到那时候真是深切的感迂到了。"

1259【嘬】周作人《知堂集外文〈亦报〉随笔·鸟吐蚊子》："鸟不是哺乳动物，不要说嘴尖，就是像鸭似的扁嘴也没法子嘬奶吃的。"吮吸。

1260【冬瓜咬不着咬蒲子】周作人《知堂集外文〈亦报〉随笔·瓠子汤》："在我们乡下这是本末如一的长条的瓜，俗语叫作蒲子，谚语有云，冬瓜咬不着咬蒲子，这是说迁怒，也含有欺善怕恶的意思。"

1261【剁螺蛳过酒，强盗赶来勿肯走】周作人《知堂集外文〈亦报〉随笔·儿歌中的吃食》："又有一首云：啄螺蛳过酒，强盗赶来勿肯走。这也很是幽默有意思。英美人听说螺蛳田螺，便都叫作斯耐耳，中国人又赶紧译成蜗牛，以为法国有吃蜗牛的，很是可笑，其实江浙乡间这种蜗牛是常吃的，因为价贱吃的很多，剁去尾巴，加酱油蒸熟，搁点葱油，要算是一样荤菜了。假如再有一碗老酒，嘬得吱吱有味，这时高兴起来，忽然想到强盗若是看见一定也要歆羡的吧。"不过第二句也可解释为：即使强盗追来也舍不得丢掉它离开。极言螺蛳味美。赶来，通常说成"别来"。

1262【麻鸟虽小，五脏俱全】周作人《知堂集外文〈亦报〉随笔·文章的包袱》："拿起笔来总要有一番布置，题材如何分配，主意如何表现，麻雀虽小五脏俱全。"

1263【淡口吃】周作人《知堂集外文〈亦报〉随笔·罗汉豆》："我喜欢它因为吃的花样多，虽然十九都是'淡口吃'，用作小菜倒是用途极少。"就是光吃蚕豆不吃饭，换句话说不把它当作"下饭"。

1264【兰花豆】周作人《知堂集外文〈亦报〉随笔·罗汉豆》："剥半老的肉油炒为玉兰豆，或带皮切开上半，油炸后哆张反卷，称兰花豆，可以下酒，但顶好的还要算是普通的煮豆，取不老不嫩的豆煮熟加盐花，色绿味鲜，饱吃不厌，与秋天的煮大菱同样的可喜，而风味不同。"

1265【沙炒豆】周作人《知堂集外文〈亦报〉随笔·罗汉豆》："炒豆有几种，佳者曰沙炒豆，豆浸水中一二日，和沙同炒，悉爆开甚松脆，多家中自制，店头所有者只是所谓铁蚕豆，坚如铁石。"铁蚕豆又叫实炒豆，虽然坚如铁石，却特别香。沙炒豆又叫沙爆豆。

1266【只认衣衫不认人】周作人《知堂集外文〈亦报〉随笔·短衣三便》："中国从前的社会是只认衣衫不认人的，凡是衙门公馆，假如你衣服褴褛，或是穿了短打，即使你是乡下来的舅公，在门房总难免要遇到白眼，至少通报也要慢几分钟的。"

1267【短打】周作人《知堂集外文〈亦报〉随笔·短衣三便》："中国从前的社会是只认衣衫不认人的，凡是衙门公馆，假如你

230

衣服褴褛，或是穿了短打，即使你是乡下来的舅公，在门房总难免要遇到白眼，至少通报也要慢几分钟的。"穿着短衫。

1268【堕贫钓田鸡】周作人《知堂集外文〈亦报〉随笔·堕民的生活》："他们聚族而居，在郡城的中心部分，总称三埭街，男的专业做吹手，做戏，以炒豆麦糖（俗称堕贫糖）换取鸡毛破布烂铁，钓田鸡似乎也是他们的事，因为儿歌中有'满天月亮一颗星，田鸡来亨钓堕贫'之语，虽系反话亦是一证。"

1269【人生路不熟】周作人《知堂集外文〈亦报〉随笔·堕民的生活》："俗谚又云，人生路不熟，看见堕贫叫阿叔，这种经验却是许多人都有过的。"

1270【懒惰头】周作人《知堂集外文〈亦报〉随笔·懒惰头》："乡下传说清初有生降死不降，男降女不降之谣，人死后于顶上梳髻，着斜领衣，洗尸买水，示不受惠，（其实买水之俗南宋已有，见于《岭外代答》。）妇女不穿旗袍，引为例证。别的不管，中国妇女的衣裳近古那总是真的，特别是新娘子的那种服装，就只可惜头发的式样容易变，比较的走了样了。堕民的妇女服装受了差别制度的影响不大能变化，她们外出时的正装玄色衣裙长背心乃是法定的'青衣'，头上梳的'前朝髻'我想当是元明时的式样，这可以妇女居丧时的结发证明之，名称也正相同。这是人工所制的高髻，服重者上缠白头绳，罩着后头髻上，亦有年少美发者以真发绾成，名'懒惰头'，如其人圆脸稍有姿色，便极似唐俑，可以想见古人的面影。烂泥菩萨虽不见得写实，但总有一点传统，大概仿佛明代衣冠……"古代妇女的发式在"前朝髻"上留下了痕迹。

1271【青榔头】周作人《知堂集外文〈亦报〉随笔·谈梅子》：

"乡下有一种大青梅,土名青榔头,叫卖的大声叫道,青榔头,大梅子! 大约径可二寸,放在桌上,只用拳头砰的敲一下,他就碎裂了,这有那么的脆,自然也那么的酸,有人用糖蘸,或用盐以至有用旱烟丝的,这些都不对,正当的还是大胆的一口咬,酸是酸,却是有他的新鲜味,为别的吃法所没有的。"

1272【黄沙罐】周作人《知堂集外文〈亦报〉随笔·湿蜜饯》:"黄沙罐里装的是湿蜜饯,底下大部分是紫苏生姜片,犹如菜的垫底,至多果品有一半,枇杷桃子很占地方,此外是樱桃半梅金桔,顶上大都是一片佛手柑,小时候看见了这一瓶,比什么都还欢喜。"

1273【推板】周作人《知堂集外文〈亦报〉随笔·作文与讲演》:"自己的唱功尽管推板,总要留意如普通招贴所说'不误主顾',至少也不可取厌于人,这是很要紧的。"差。

1274【潭杀猫】周作人《知堂集外文〈亦报〉随笔·吃白食》:"我时常记起潭杀猫来。潭读作去声,俗语意云水淹,潭杀猫即是淹死的猫……"形容浑身滚胖。

1275【前后不兜头】周作人《知堂集外文〈亦报〉随笔·坏文章(二)》:"《送孟东野序》开口说物不得其平则鸣,而后边就说伊尹鸣殷,周公鸣周,直至和声鸣盛,话都说得前后不兜头。"所谓前后不兜头,就是前后有矛盾,这在作者另一篇《古文的不通》中说得更为清楚:"如《送孟东野序》是篇名文,起首说物不得其平则鸣,随后说以鸟鸣春,不知道它们有什么不平,到末了又说和声鸣盛,更是完全矛盾。"兜头,又作"碰头"讲。

1276【目连嘻头】周作人《知堂集外文〈亦报〉随笔·喇叭的

回忆》:"其二俗名嗐头,亦因其吹声立名,实即号角,又有名目连嗐头者,专用于目连大戏,及道士作炼度道场时,声甚凄厉,其干数节,引伸长七八尺,常用的唢呐俗名梅花,则是此类中顶小的一种了。"

1277【淮蟹】周作人《知堂集外文〈亦报〉随笔·吃蟹(二)》:"醉蟹在都市上虽有出售,乡间只有家里自制,所以比较不易得到,腌蟹则到时候满街满店,有俯拾即是之概,说是某一季的民众副食物也不为过。腌蟹通称淮蟹,译音如此,不知道是那里来的,形状仍是普通的湖蟹,好的其味不亚于醉蟹,只是没有酒气。俗语云,九月团脐十月尖,这说明那时是团脐蟹的黄或尖脐的膏最好吃,实际上也是这顶好吃,别的肉在其次。腌蟹的这两部分也是美味,而且据我看还可以说超过鲜蟹,这可以下饭,但过酒更好,不知道喝老酒的朋友有没有赞成这话的。"顾名思义,淮蟹的原产地是在淮河边上,曾读程穆衡的《燕程日记》,于乾隆二年(1737)二月初七日过淮安县时云:"土产皮鞋、鼓饶、淮蟹。"周冠五在《鲁迅家庭家族和当年绍兴民俗·三台门的遗闻佚事》中说:"如果在冬季是把'淮蟹'(南货店里买的腌蟹,价极贱为普通的肴馔,系从江苏淮安产地而来,所以谓之淮蟹)依它的八只脚撕作八绺,每人一绺限佐一餐饭。"

1278【像貂蝉介】周作人《知堂集外文〈亦报〉随笔·西施》:"貂蝉却不免有点冤枉,大概他们通读作刁钻古怪的刁,所以对于伶俐的少女的恶评曰'像貂蝉介'。"像……这样。作者曾在《风雨谈·绍兴儿歌述略序》中说:"绍兴儿童唱蚊虫歌,颇似五言绝句,末句云:'搭杀像污介。'这里'搭'这一动作,'污'这一名物以外,还有'像污介'这一种语法,都是值得记述的。"

1279【虚头】周作人《知堂集外文〈亦报〉随笔·笑话的技

术》：“其实这几种的几字乃是生意经上的虚头，本来一共只有两个，前回说过其一，现在只剩有那其二了。”虚假的部分。常言道，“货真价实”，虚头就是超出实价的部分。

1280【走索】周作人《知堂集外文〈亦报〉随笔·笑话的技术》：“可是说笑话还要进一步，所要的技术乃是属于危险演技这一类，最好的例是走索。”又叫“走绳”或“走钢丝”，是杂技之一。

1281【好脚色】周作人《知堂集外文〈亦报〉随笔·笑话的技术》：“一个人在索子上走，平常的挑着担子以取平衡，好脚色单拿什么扇子之类……”技术高超的演员。脚色即角色。

1282【一失足成千古恨】周作人《知堂集外文〈亦报〉随笔·笑话的技术》：“其间的分寸是极微妙的，稍一过度便真是一失足成千古恨。”一犯错误，悔恨莫及。这原是一句古语，却常为民众所引用。明杨仪《明良记》：“唐解元寅既废弃，诗云：‘一失脚成千古笑，再回头是百年人。’”但后多改成“一失足成千古恨”。

1283【吧哒】周作人《知堂集外文〈亦报〉随笔·笑话的技术》：“略一不小心偏过一分去，那么立即吧哒的一下人和他的笑话本一齐落在地上了。”象声词。亦写作“吧嗒”。

1284【其休】周作人《知堂集外文〈亦报〉随笔·蓑衣虫》：“蟛蜞二字我们乡下也认识，读作其休，是蜈蚣似的多足虫，江南云蓑衣虫，北方称钱串子，或曰钱龙，以前者为更普遍。”

1285【袋皮虫】周作人《知堂集外文〈亦报〉随笔·蓑衣虫》：“江君（按即江绍原）云别又有所谓蓑衣虫，系蛾类的幼虫，织碎叶小枝为囊以自裹，负之而行，案此即《尔雅》之蜆缢女，因为它附枝下垂，古人观察粗率，便以为缢，郝氏断之曰，此虫吐丝自裹，望如披蓑，形似自悬而非真死，旧说殊未了也。我们乡间称之曰袋皮虫，《尔雅翼》云俗呼避债虫。披蓑有渔人或农人的印象，袋皮已沦为瘪三，避债的联想更为滑稽，缢女则太悲惨了。我不知道这在北京叫作什么，仿佛没有看见过，要有也未必叫蓑衣虫了吧，因为在北方蓑衣极少见，其实秋天雨不小，虽或缺乏棕皮，但也可以用别的草制的，不知何以不用。唐人诗云，孤舟蓑笠翁，独钓寒江雪，这种情景在黄河以北实在是难被了解，不但寒江不能钓，就是蓑笠也是很生疏的东西，读了不会发生什么兴趣。"

1286 【吃一行怨一行】周作人《知堂集外文〈亦报〉随笔·拿手戏》："无奈写字难以成为一艺，他没有师父传授，并无基本技艺，只是每日随时说说唱唱，费力多而成功少，并不一定是吃一行怨一行，的确乃是实情。"

1287 【拿手戏】周作人《知堂集外文〈亦报〉随笔·拿手戏》："某甲先生有一句名言云，著作等身不如拿手戏三五只。"指某演员特别擅长的戏。也说"拿手好戏"。

1288 【粉蒸肉】周作人《知堂集外文〈亦报〉随笔·猪肉》："我们只说东坡肉与粉蒸肉这两味，实在非猪肉莫办，至于肉丝与肉片的功用，更甚广大。"粉蒸肉的制法，据冲斋居士在《越乡中馈录》里说是如此："五花肉切长方块，下水微煮。去水，以酱油、黄酒、茴香，略浸一刻。取出，用炒米粗粉拌之（或馔焦粉，亦有用粳粉者），逐块包鲜荷叶（包时粉上微浇酱油），隔水蒸之，愈熟愈佳。为夏令食品，味不过腻，唯不能越宿耳。用熟肉（用罐炖熟）将粉拌酱油包蒸，较省工夫，唯不香。凡包荷叶，正面向外。"

1289【蛇精】周作人《知堂集外文〈亦报〉随笔·猪肉》:"有时又明明是一个人,蒙着白布从顶上长出一根细长的香肠似的白的东西,仔细看时乃是蛇头和身子,原来这是蛇精。"关于蛇精,鲁迅在小说《社戏》中也曾写到过:"我最愿意看的是一个人蒙了白布,两手在头上捧着一支棒似的蛇头的蛇精。"

1290【田螺精】周作人《知堂集外文〈亦报〉随笔·田螺精》:"幼时闻儿歌有云'剥剥剥,吭那妈格田螺壳,金金金,吭那妈格田螺精',此外文句不知有否,却是记不得了。仿佛有一件本事,穷书生独居,有仙女替他经理家事,后发见系水缸中田螺所化。……《道山清话》中云,苏东坡有一帖,首数语曰,岁行尽矣,风雨凄然,纸窗竹屋,灯火青荧,刘贡父看了说道,此乃是夜行迷路,误入田螺精家中来。可见这类故事宋朝也有,但这里田螺精是有家的,与上文寄居人家水缸里的不同。"诗人刘大白曾撰有《故事的坛子》一书,记录越中的民间故事,里面就有一篇《田螺姑娘》,讲的就是田螺精的事情。越中家家有水缸,据说田螺有清理水质的作用,所以总养几颗田螺在里面。

1291【十三点】周作人《知堂集外文〈亦报〉随笔·十三与五十二》:"此外说人痴呆常云十三点,不知是否由于骨牌点数,与普所云二百五相同,虽然二百五的意义也不可了解。"

1292【刚刚好】周作人《知堂集外文〈亦报〉随笔·十三与五十二》:"有些老人不喜欢明说确实的年龄,如年五十八岁,不云去年五十七,便云明年五十九,又有人六十岁时辄云恰好,犹整数。关于这事,书上有过一个笑话。书呆子出门雇驴,争论价钱,出之八十文,驴夫曰,那么给个刚刚好吧,问这是多少,说即是一百文。半路上问驴夫年纪,答说刚刚好,书呆子大惊道,一百岁么？驴夫举起三指，则愈惊骇曰，三百岁，真没想到。"刚刚好、齐头数，都是越中人常说的。

1293【荠菜花当盆景】周作人《知堂集外文〈亦报〉随笔·南北的花木》："杜鹃花在乡下称为映山红，春天上坟时节开的漫山遍野，山里人把它同小松树一起砍了当柴烧，每年老根抽条，常有枝叶恰好的一株，想要拔取，却发见根株如小儿臂似的，现在花园里种在盆里，一对要买很贵的价钱，真觉得是荠菜花当盆景，很有点可笑了。""盆景"二字，在越中往往作"宝贝"解释。

1294【自说自话】周作人《知堂集外文〈亦报〉随笔·文盲问题》："我因此醒悟，世间所谓不通的人计有两种，其一是文理不通，即是文盲，其二是事理不通，论文字可以点翰林，论学问可以成专家，但是不懂情理，自说自话，说他低能似乎欠妥，总之精神上有什么缺陷，成了这种毛病。"只顾自己说的，不管说的对与不对。

1295【实惠】周作人《知堂集外文〈亦报〉随笔·在过塘行》："俞五房左邻饭店老板的尊容，我至今清楚记得，虽然这中间至少隔了四十年的光阴了。他很客气说，请吃了饭去开船刚好，饭新煮好，来一个烤虾，或是煎鱼，一碗蛋花白菜汤，好不好呢？他当然不是请我白吃的，但听了他的话，也觉得还实惠，盛意难却，就跟了他过去坐在板桌旁边，不要劳他送到行里来吃了。"实际的好处。

1296【涨沙】周作人《知堂集外文〈亦报〉随笔·钱塘江》："范啸风在《越谚》卷末附有论文五篇，其论涨沙中有云，'咸丰元年辛亥二月初吉，送胞兄赴皖，至西兴石塘上话别，但见洋洋水阔十里者，钱塘江也，以石塘为渡头，兄跨脚上船，一帆径去。明年秋初予赴皖,亦渡钱塘江,由石塘上船,隔水沙二里许矣。月涨年高,予亦数数往还江上,三十年间已由芦茅棉而稔瓜豆,其涨沙之地上接闻堰,下至海宁对岸,昔年十里江面,今唯中流一泾矣。'"成语有"沧海桑田",钱塘江就是例子。

1297【"哈拉"】周作人《知堂集外文〈亦报〉随笔·鱼腊》:"风鱼腊肉是乡下的名物,最有名的自然要算火腿与家乡肉了,但是这未免太华贵一点,而且也有缺点,虽然说是熏腊,日子久了也要走油'哈拉',别的不说,分量总是要减少了。"这是一种滋味,又叫"油熬头气"。

1298【鱼干】周作人《知堂集外文〈亦报〉随笔·鱼腊》:"在久藏不坏这一点上,鱼干的确最好,三尺长的螺蛳青,切块蒸熟,拗开来肉色红白鲜明,过酒下饭都是上品。"其制法可参看冲斋居士的《越乡中馈录》腌腊类《鱼干》条:"以鲭鱼、鲤鱼为上,约重十斤左右者,从背棱剖开,挖去肠杂,不去鳞,随用盐擦之,内外匀透;鱼过大者,按段切开。置瓦缸中,上盖木盘,腌四五日,或六七日,视鱼大小。取出水洗,用竹棒撑开,穿绳晒之,五六日,多或八九日。挂风檐吹之,俟两面硬透,即可蒸吃。"

1299【鱼腊】周作人《知堂集外文〈亦报〉随笔·鱼腊》:"但是我觉得最喜欢的还是鱼腊(xī),这末一字要注明并非腊月的腊字的简写,就是那么从肉昔声的字,范寅《越谚》注云音昔,夏白鲦用椒酒酱烹烘,范君这注有点电报式的,须得加以补充,这就是说夏天取白鲦较小者,用酱油加酒和花椒煮熟,炭火烘干,须家中自制,市上并无出售。这鱼风味淡白,可肴可点,收藏在瓷瓶里,随时摸出几条来,不必蒸煮就可以吃,味道总是那么鲜美,这是它特别的特色。"

1300【拨】周作人《知堂集外文〈亦报〉随笔·姑恶鸟》:"乡下有一首儿歌,形容燕子的声音云,'弗借那盐,弗借那醋,只借那高堂大屋拨我住住。'颇有呢喃之趣,那谓你们,拨者给也,写作古字可以作俾。"作者又在《过去的工作·再谈禽言》中说:"又记燕子鸣声云:'弗借吭乃盐,弗借吭乃醋,只要吭乃高堂大屋让我住住。'吭乃者,方言谓你们。此数语音调呢喃,深得燕语精神,又恰是小儿女语,故儿童无不喜诵之者。"

1301【十人十色】周作人《知堂集外文〈亦报〉随笔·夜航船里》:"乘客是十人十色,但根本都是老百姓。"十个人十个样子。

1302【有眼瞎】周作人《知堂集外文〈亦报〉随笔·文盲问题》:"太史公能做八股写大卷,遭见乳母托写一封家信便手忙脚乱,有如双眼炯炯的'有眼瞎',也正是大大的文盲,这在以前科举时代是不少概见的。"

1303【对牛弹琴】周作人《知堂集外文〈亦报〉随笔·国乐的经验》:"俗语不是有对牛弹琴的话么。"下面照例还有一句:"牛不入耳。"

1304【过塘行】周作人《知堂集外文〈亦报〉随笔·在过塘行》:"渡过了钱塘江,进人西兴镇,在一个过塘行里落脚。"作者在《知堂回想录》第一卷二八《西兴渡江》中说:"讲到市面来,也只是平常的一个市镇罢了,却自有一种驿站的特色,这便是有许多的'过塘行',专门管理客货。"用现在的话来说就是运输公司。

1305【瓜熟蒂落】周作人《知堂集外文〈亦报〉随笔·瓜熟蒂落》:"其中有一本《达生编》,是旧医书讲生产的,我以为还有可取,其中记得的也只是一句,即是其主要的格言曰瓜熟蒂落。这本来说生产只要顺其自然，便自顺遂，产婆妄加催迫，乃多难产，我这里拿来说明作文，也有同样情形。"

1306【龙虎日】周作人《知堂集外文〈亦报〉随笔·戏文里的考试》："聪明的办法便是一笔勾消，只须一个场面，在考官面前对一个课，便龙虎日看榜，状元及第了。"看榜那天。出典在《新唐书·欧阳詹传》：唐贞元八年，欧阳詹与韩愈、李观、李绛等二十三人于陆贽榜联第，詹等皆有文名，时称龙虎榜。所以后称看榜日为龙虎日。

1307【霉黯气】周作人《知堂集外文〈亦报〉随笔·鱼腊》："秋高气爽，大概是宜于喝老酒的时候吧，我说这话，未免显得馋痨相，其实这只是表面如此，若是里面则心想鱼腊，眼看的却是自己的文章，这些写下来才有一个月之久，登出来看时多已生了白花或是青毛，至少也有霉黯气，心想若能像风鱼腊肉那样经久一点，岂不很好，其中理想自然以鱼腊为第一而惜乎其不可能也。"霉烂的气味。食品受潮后出现的霉点。

1308【铁铳】周作人《知堂集外文〈亦报〉随笔·鞭炮的用度》："衙门口升炮，其实是一种铁铳，民间婚丧也均使用，状如莲蓬，共四眼，长不及尺，上装木柄，以火药杂碎瓦屑装入，旁有药线，点火燃放，用处该在吓鬼。"旧时举行赛会，会伙中旗锣伞铳是必不可少的。

1309【瓜子花生】周作人《知堂集外文〈亦报〉随笔·瓜子》："乡下新年客来，在没有香烟的时候，清茶果茶之后继以点心，必备瓜子花生……"作者又说："平常待客用的都是市上买的黑瓜子。"比西瓜子要大，我猜想是张中行所说的打瓜子。张在《吃瓜》一文中说：故乡河北香河县出产一种打瓜，类西瓜而小，白瓤无沙性,黑子却很大,种植者意在收瓜子,所以行经瓜地可以白吃,只要把瓜子给留下即可。花生也往往买大泡生,经用砻糠炒熟后特别香甜。

1310【一百小烧饼】周作人《知堂集外文〈亦报〉随笔·瓜子》:"小孩们有谜语云:一百小烧饼,吃了一百还有二百剩,这显然是指西瓜子,南瓜子与葵花子并不在内,因为那两种嗑开时壳都不能干脆的分作两片。"

1311【吃甜菜,讲苦话】周作人《知堂集外文〈亦报〉随笔·天气哈哈哈》:"现在再提起来,如俗语云吃甜菜,讲苦话,也不是没有意义的事吧。"犹云忆苦思甜。

1312【顶靠硬】周作人《知堂集外文〈亦报〉随笔·招牌的效用》:"顶靠硬的是柴米与盐,人生日用上除水火外便是这几样,他就是不挂招牌,人家也会寻访上门去,更用不着贴广告。"

1313【合寿材】周作人《知堂集外文〈亦报〉随笔·招牌的效用》:"末了是棺材铺,虽然店老板客气的说,我们希望年成熟,大家都要合寿材。"为生者置办棺木叫合寿材。合,方言读为 qě。

1314【麻鸟脚】周作人《知堂集外文〈亦报〉随笔·汤料》:"比较简素的是汤料,我至今还觉得这很不差。材料用的很多,大概是香菰、虾米、京冬菜、竹笋小枝,俗名'麻鸟脚'的(鸟读作刁上声),用好酱油煮透烘干,随时冲汤,也可干吃。"篆竹笋俗称呼啸笋,煮熟晒干,细小而长,通称呼筱笋干。

1315【石捣臼跳大头】周作人《知堂集外文〈亦报〉随笔·英文与美文》:"有友人写信来,说正在翻译一篇小说,这事实难似易,往往是'石捣臼跳(音"条")大头'出力不讨好。"大头即大头鬼(鬼音"举"),昔五猖会中有跳大头一场,演员头戴小谷箩似的面具。若套上石捣臼,那就非被压杀不可了。

1316【拼拢坳羹】周作人《知堂集外文〈亦报〉随笔·暖锅》:"乡下结婚,不问贫富照例要雇喜娘照料,浙东是由堕民的女人任其事,他们除报酬以外还有一种权利,便是将新房和客人一部分的剩余肴馔拿回家去。他们用一只红漆的水桶将馐余都倒在里边,每天家里有人来拿去,这叫作拼拢坳羹,名称不很好,但据说重煮一回来吃其味甚佳云。"这在杭州叫回样儿,从前大的菜馆有出售,时间在下午四五点钟,买者大多为贫民。

1317【把唔唔】周作人《知堂集外文〈亦报〉随笔·九九歌》:"五九吴云穷汉街头舞,越乃云床头把唔唔,注曰婴儿夜屎,母必出帐把其两股,口曰唔唔,此时严寒,床头把之。"俗称"把污"。唔唔从母亲口中说出,意在替婴儿着力。

1318【芭头出嫩刺】周作人《知堂集外文〈亦报〉随笔·九九歌》:"六九吴云苍蝇躲屋次,越云芭头出嫩刺,注曰天地回春,草木萌芽。"所谓芭头的嫩刺,是一种有刺的藤蔓,往往缘篱笆生长,也不知道叫什么名字,小孩子常采嫩头剥皮消闲,称为"刺芽头头"。

1319【换糖担】周作人《知堂集外文〈亦报〉随笔·九九歌》:"七九大旨相同,唯越写作破絮担头摊,注曰伤箫吹暖,破絮换糖,特别点出堕民的换糖担来。"俗称换糖佬,挑着担子,吹着竹箫,以糖换取各种废品,如头发、破布、破花絮、肉骨头、破锅子、破鞋、鸡毛、鸭毛,连鸡胗皮也要。小孩子特别欢迎他的到来。我曾写过这样一首小诗:"竹笛呜呜,是鸡毛换糖的信号。飘过田野,飘过村庄。竹笛呜呜,伴我度过童年的寂寥。说不出的欢喜,说不出的忧伤。"

1320【四节】周作人《知堂集外文〈亦报〉随笔·一年四节》:"中国民间习惯,旧历一年分成几节,买卖赊欠,到时候结一下账,书房的束脩也以节记算。从前乡下照例是一年四节,即是清明、端午、中秋和年终。"

1321【来读不来读,书钱要十足】周作人《知堂集外文〈亦报〉随笔·一年四节》:"可是社会上有句老话,来读不来读,书钱要十足,这书钱是不能怎么计较的。"

1322【伉】周作人《知堂集外文〈亦报〉随笔·花瓶(二)》:"看花只应该在枝头看,并不想拿去伉在自己的房里。"藏。

1323【落雪温和烊雪冷】周作人《知堂集外文〈亦报〉随笔·烊雪》:"俗语有一句话,落雪温和烊雪冷。"另一说是:"落雪还是烊雪冷。"据说有个婆婆给童养媳做了一件新棉袄,说下雪了穿。等到下雪了,婆婆却说:"落雪还是烊雪冷。"等到雪烊了,婆婆又说:"雪都烊了,还穿什么棉袄。"不过根据科学家说,落雪的确还是烊雪冷。

1324【摸夜游】周作人《知堂集外文〈亦报〉随笔·月夜》:"又如熬夜的朋友,乡人叫作摸夜游的,不过他们的行业不是赌博或跳舞。"大概是指窃贼。

1325【木侄侄】周作人《知堂集外文〈亦报〉随笔·过年的酒》:"绍酒好处在其味鲜,伪绍酒的味道乃是木侄侄的也。"犹"木肤肤",感觉不到。

1326【啐】周作人《知堂集外文〈亦报〉随笔·过年的酒》："小时候啐一口本地烧酒,觉得很香,后来尝到茅台,仿佛是一路的。"小口喝一点。茹三樵《越谚释》卷上："啐:酒尽觞曰爵,略上口而不饮曰啐。此仪礼经文习见之字。其衣上偶有污染,口唅之,谓之啐者,盖因啐酒之啐,而通其义。今人衣不全洗,但就其污者洗之,谓之啐一啐。则又因口唅之啐而通之尔。广韵又出领字,可删。"

1327【虾油鸡】周作人《知堂集外文〈亦报〉随笔·烤越鸡》："齐公所鼓吹的虾油鸡一定也很好,因为我们东陶坊没有这做法,所以不能加在里边。"简单的说是用虾油浸鸡。关键要有好的鸡肉与地道的虾油。我曾在《白鲞肉与虾油鸡》(见拙著《远去的背影》)一文中说:"鸡通称'线鸡',就是经过阉割后的雄鸡。范寅在《越谚》'线鸡'项下说:'雄者割开后肚,挖出腰子,线缝,使肥美。'这里说腰子是错的。等到临近春节,线鸡已经长大,就关在暗处,养得肥肥的胖胖的,准备宰杀。俗称为'栈'。虾油据日人青木正儿在《中华腌菜谱》中说:'虾油者是似乎就是盐腌细虾,腐烂溶解的卤汁。'但一般用的都是咸鲞咸虾的卤汁而已。"

1328【花线鸡】周作人《知堂集外文〈亦报〉随笔·花线鸡》："线鸡专供食用,大抵养到年底为止,所以转变成为一种混名,有空心大老官便被称作荷花大少爷、花线鸡,言其外表好看而不能过冬。"萧山人叫嫖客大佬。

1329【推光头】周作人《知堂集外文〈亦报〉随笔·休沐日》："为什么中国古时定这日为休沐日,在推光头的我们很有点隔膜了,他们留着长头发,时时要洗,必须把它晾干了,挽好了髻,才能戴上纱帽,出去办公,一整天的休息的确是必要的。"光头,又叫"推光和尚头"。从前伙计称店老板为"削光",意思就是"头"。

1330【麻鸟结】周作人《知堂集外文〈亦报〉随笔·怎么结绳》:"其二是加法,打一结为一,至五则为活结(乡下称麻鸟结)。"有的地方叫"抽结",即一抽就散开。与活结相对的是"死结"。

1331【火气】周作人《知堂集外文〈亦报〉随笔·王敬轩的信》:"那篇回答是刘半农写的,火气很盛。"暴躁的脾气。

1332【戏文虽假,情节是真】周作人《知堂集外文〈亦报〉随笔·外行谈戏》:"乡间有一句俗语,说戏文虽假,情节是真,这情节是在举动说白上表现出来的。"

1333【笃定】周作人《知堂集外文〈亦报〉随笔·外行谈戏》:"我这番外行话,在华北当然通不过,但若是拿到江南去请大家投票,我想是笃定可以得到八九成的票数的。"极有把握。

1334【打虎跳】周作人《知堂集外文〈亦报〉随笔·小孩说话》:"一来就在院子里的槐树下'打虎跳',这是乡下名称,不知别处叫什么。"先举起双手,然后扑到地上去,使两脚朝天翻过身来,最后仍然站立原地方。

1335【吃一行,怨一行】周作人《知堂集外文〈亦报〉随笔·写文章是哪一行》:"俗语云,吃一行,怨一行。"对本职工作都是不满意的。

1336【大蒜煎豆腐】周作人《知堂集外文〈亦报〉随笔·天下第一的豆腐》:"豆腐切片油煎,加青蒜,叶及茎都要,一并烧熟,名为大蒜煎豆腐，我不喜蒜头，但这碗里的大蒜却是吃得很香，而且屡吃不厌。"

1337【大】周作人《知堂集外文〈亦报〉随笔·方言与官音》："大概学方言难处不在发音别扭，读音有例外最是麻烦事，例如大字读陀去声，用于读书时的官音则仍为大，地名如大路大坊口读土音，大云桥大善寺却又用官音。水字土音读若史，地名大抵一律如此，但人名如鲁迅小说中的运土本名运水，又仍读作绥上声而不叫作运史。又如猪土音读支，桃子读桃执，人读银，但鸡子鸭子杏仁朱红柿，都还是照普通读法，不曾改变。光绪中叶绍兴有个名医，名朱滋仁，家里很有钱，据说是在上海洋场上行医，发了财回来的，是陶心云的亲家，在街坊上很是有名。我有一位叔父，生长北方，十二三岁时才回家去，学说绍兴话，有一天对祖母（就是他的嫡母）说，刚才看见支执银坐轿过去，她老人家不懂，以为他说北京话，其实正是相反，他把朱滋仁都译成土音了。这一段好像是硬做出来的笑话，实在乃是真实的故事。"

1338【大秤】周作人《知堂集外文〈亦报〉随笔·今年的立夏》："据顾铁卿的《清嘉录》上说，是日家户以大秤权人轻重，至立秋日又秤之，以验夏中之肥瘠。"又叫扛秤。如作者在《知堂集外文〈亦报〉随笔·招牌的效用》中说："药剂该是人生必要品了，但是扛秤进来，戥子出去，利息太大。"戥子（děng·zi）：测定贵重物品或药品重量的小秤，构造和原理跟杆秤相同，盛物体的部分是一个小盘子，最大单位是两，小到分或厘。也作"等子"。

1339【蛀夏】周作人《知堂集外文〈亦报〉随笔·今年的立夏》："《清嘉录》又云，俗以入夏眠食不服曰注夏，一说云，注当作蛀，入夏不健，如树木之为虫蛀也。"也有人说即苦夏——为夏所苦。《博雅》："疰，病也，音注。"《通俗编》："按，今谓小儿逢夏多病,曰'疰夏'。"其实,大人亦有此病。

1340【焅】周作人《知堂集外文〈亦报〉随笔·今年的立夏》:"小时候住在家乡,三伏天睡不着觉,在院子里乘风凉,一直到疲倦极了,才去倒在腊腊会响的草席上,迷糊的睡去,一觉之后热得醒过来,遍身汗出如洗浴,席子都湿透了,非得起来擦身子擦席不可。每天这样焅油似的流大汗,怎会不减少若干斤两呢,到得秋风起时,当然免不了要觉得有点轻飘飘了。"用火烘烤谓之焅。

1341【渡船】周作人《知堂集外文〈亦报〉随笔·渡船问题》:"《越谚》卷中器用部下有渡船这一项,注曰过渡之船,两头有绳索,手持曰 ,云见《说文》……俗语读音如绸,以两手交互拉索近前,我想当是抽字之变,不过抽是从什么东西中间抽拔出来,今乃是拉绳索而已。"作者在同文中又说:"今据居士山人所说,似乎江南也是没有,那么说不定这是绍兴独有的了。野渡无人舟自横,情形有点相像,因为若是用篙橹的,那必须有人才行,现在人到哪里去了呢,既是野渡,往来的人未必有钱养得起一名渡船夫,所以可能是渡,只是横的印象不大像,因为那船是方的。这方的也很有道理,取其平稳,不会倾侧,自然更不至翻覆。凡是两个村庄之间,往来相当频繁,河面不很狭,无力建造石桥者,大抵用这种船过渡。"上个世纪六十年代初,我在富阳场口附近就坐过这种 船。 ,平景孙在《攈屑》卷四《揉渡船》中写作"揉":"越中野渡,方舟中流,引绳两端分系于岸,渡者拽绳出水,置舟中,欲东则舟掣而东,西亦如之,呼曰揉渡船,而字不知所本。按揉音柔,《集韵》以手挺也。苏文忠公《新滩阻风》诗:'孤舟倦鸦轧,短揽困牵揉。'即此揉字,不得云俗也。"

1342【怡】周作人《知堂集外文〈亦报〉随笔·温独公揣鱼》:

"天天读居士山人的《下乡杂记》，看到有些绍兴事情，觉得离乡三十年，许多都改变了，虽然老婆子叫她的丈夫作'佮'（音额挨）屋里还是同以前一样。"我们。

1343【温独公】周作人《知堂集外文〈亦报〉随笔·温独公揾鱼》："小时候听母亲说这种人叫作温独公，不晓得是什么意思，其事则云泅潭，上读丁瓦切，瓦亦读土音，下读去声，意义则是'如文'很易明了。……从前听人说，温独公照例有一件老棉袄，是用砒霜煮过的，他从水里上来的时候，便裹上这件衣服，没有用火炉把屁股都烤烂的话。"

1344【没头潭】周作人《知堂集外文〈亦报〉随笔·温独公揾鱼》："《越谚》上没有记载，卷中有泗人头潭一条，注云，东坡《日喻》所谓南方多没人是也，这没人似乎倒是古雅的名称，虽然没头潭只是小孩们的玩耍，低头钻到水里去，并不捕鱼，也不是在冬天。"

1345【落胃】周作人《知堂集外文〈亦报〉随笔·范寅的日记》："日记上就用了好些俗语，如十二月十一日条，记赴宴事，同席七人，注云：是席专为五年陈酒而设，畅饮不渴，颇落胃。"作者另外在《知堂集外文（四九年以后）·〈越谚〉的著者范啸风》一文中引其日记云："落胃意云腹内舒畅。"

1346【心疨】周作人《知堂集外文〈亦报〉随笔·范寅的日记》："又十三日条云：下午因饭后查账发肝气，心疨，躺卧一时。绍兴话恶心曰心泛，在《越谚》中他就用的这个怪字。"

1347【囫囵吞】周作人《知堂集外文〈亦报〉随笔·范寅的日记》："又廿一日条云：牙浮，嚼痛，饭菜皆囫囵吞。"不加嚼碎，整个地吞下肚去。

1348【翻落】周作人《知堂集外文〈亦报〉随笔·范寅的日记》："次年正月初六日条云:孙女联喜荷花池敲冰,翻落池中。"掉进。

1349【苗实】周作人《知堂集外文〈亦报〉随笔·文章与陶器》："我觉得自己的文章写不好,不是太苗实,便是太空虚了,至于技术倒还在其次。"壮实。

1350【老虎外婆】周作人《知堂集外文〈亦报〉随笔·文章与陶器》："小时候听大人讲老虎外婆的故事,听了还要听。"关于老虎外婆,作者在《周作人集外文》下集中说:"这种'狐外婆'的故事是到处通行的,浙江绍兴地方也有,不过称作'老虎外婆',那吃人的是一只老虎。大女儿要去撒尿,老虎外婆叫拿'脚纱头'(裹脚布条)来让她拉着,大女儿却把脚纱的那一个头缚在马桶盖上逃走了,躲在一棵树上。老虎外婆不能上树,叫了一个猴子来替它去捉。猴子用绳打成活结,套在自己的颈子上,爬上树去,老虎外婆拿着绳的尾巴等着。大女儿见猴子上来了,吓得魂不附体,撒出尿来,淋在猴子头上,猴子大嚷道,'好热好热!'老虎外婆以为猴子已经得手,叫她'好拽!'(乡音热拽叠韵)便死劲一拉,把猴子直扯下树来,麻绳紧扣在颈上,早已勒死了。"故事原有个头,说是母亲要回娘家去,嘱咐两个女儿好好在家待着。到了夜里,忽然听到有敲门声,问是谁,说是外婆,外婆进门后,大女儿想要点灯,外婆说她眼睛怕光,就这样睡好了。不久大女儿听到外婆各登各登的在咬什么东西吃,问在吃什么,回答说是"鸡骨头糕干",大女儿用手一摸,发觉外婆身上毛绒绒的,知道外婆原来是只老虎,所谓鸡骨头糕干,只是妹妹的骨头。接下去就跟上面说的相同。

1351【坐起间】周作人《知堂集外文〈亦报〉随笔·北方的席子》:"北方的炕实在是一间'坐起间',很是实用。"犹活动室。

1352【两头跷】周作人《知堂集外文〈亦报〉随笔·秋虫的鸣声》:"乡下有关于蝉鸣的儿歌云:知了喳喳叫,石板两头跷,懒惰女客睏旰觉。这里说的是三伏天气,石板都晒得'乔'(微弯)了。"有的把"石板"说成"船板"。说船板比较真实,但说石板夸张得好。

1353【汏】周作人《知堂集外文〈亦报〉随笔·植物染料》:"汏去污泥,颜色很好,也不变脆。"漂洗。

1354【前人种树,后人乘凉】周作人《知堂集外文〈亦报〉随笔·种树的谚语》:"例如'前人种树,后人乘凉'这两句老,说出意思来任何外国人也都能懂。"《通俗编·俚语集对》:"今年种竹,来年吃笋;前人栽树,后人乘凉。"

1355【二菽蒲】周作人《知堂集外文〈亦报〉随笔·国语与方言》:"例如玉蜀黍,现在几乎成了古文了,北京习惯叫老玉米(虽然是很嫩的),江苏称珍珠米,安徽称苞芦,东北称苞谷,河北称棒子,绍兴最特别,称为二(音'贰')菽蒲,其实上二字即是玉蜀黍之略,下一字与苞字相近,浙江别处有叫六谷的,不知道是什么意思。"其实即"义黍蒲"。越人称玉蜀黍为"义黍"或"义黍蒲"。但也有称"六谷"的。如作者在同书《六谷糊》一文中说:"柳絮先生说玉蜀黍一名六谷,是第六谷的意思,这话大概是很对的。"按照此理,那么义黍就是"黍"的结拜兄弟了。

1356【这老官】周作人《知堂集外文〈亦报〉随笔·老鸹之

误》："北京叫乌鸦为老鸹,他听见乡下人常说这(音'葛')老官亨老官,即是这人那人,便把它当作老鸹了,虽然鸹官音相近而并不一样。"

1357【错绽】周作人《知堂集外文〈亦报〉随笔·认别字》:"至于破绽,在中国有些地方有这句话,口头正读作栈,我们乡下说无心的过误曰错绽,小孩常作为引咎之词。"萧山说成"错碰"(碰音"髼")。

1358【倒转过来】周作人《知堂集外文〈亦报〉随笔·语体文与文体语》:"所以语体文显得有点生硬,而且后来又倒转过来影响到国语。"亦即掉过头来。

1359【六谷糊】周作人《知堂集外文〈亦报〉随笔·六谷糊》:"柳絮先生说玉蜀黍一名六谷,是第六谷的意思……小时候在杭州,遇见一个台州的老太太,常吃六谷糊,中间搁一点山薯,我吃得很好,就一直没有忘记。"燥六谷磨成粉,与青菜一起放在水锅中抑,谓之六谷糊。

1360【火充】周作人《知堂集外文〈亦报〉随笔·汤婆子与脚炉》:"以我们乡下的情形来做例子,汤婆子很少见,就是老年人也只是用脚炉,方言叫作火充,不知道字要怎么写,农民也用,但是因为铜的太贵,只好用土制的代替。"从前(宣统辛亥年榴月)我父亲抄录过一本《杂字要诀》,于铜锡类中有"铜火熄"一项。

1361【船店】周作人《知堂集外文〈亦报〉随笔·水乡的船店》:"乡下也有市镇,可是分散在各处的乡村,距离相当的远,并且村里缺少闲人,老幼上市要上船上岸(没有桥的地方只用抽渡船),不很安全,于是便有移樽就教的小店出来,这就叫作船店。

大抵是一只白篷的大中船,平常一人摇橹,近了乡村,船里一两个人敲起小锣来,大家知道船店来了,一哄的出到河埠头,各买需要的东西,大概除柴米外别的日用品都可以有,有洋油与洋灯罩,也有苎麻鞋面布和洋头绳。"有的地方还有小贩把酱油、腐乳、旱烟、酥糖等日杂用品挑到村里叫卖,嘴里喊道:"酱油腐乳嗄!"所以大家就把它叫作"酱油腐乳担"。因为他几乎在一定的时间到来,所以人们把他作自鸣钟用,说:"酱油腐乳担还没有来过呢。"

1362【虚不受补】周作人《知堂集外文〈亦报〉随笔·中外补药》:"医学上有虚不受补的话,据说吃了人参也要脸肿。"

1363【靠天吃饭】周作人《知堂集外文〈亦报〉随笔·迷信与医生》:"以前农民'靠天吃饭',遇见水旱,没有补救的方法,沿江沿河的住民时常碰着洪水,生命财产全无保障,急来只好求龙王,这是迷信,但怎么怪得他们呢。"

1364【千钱难买三伏泻】周作人《知堂集外文〈亦报〉随笔·土卫生法讲话》:"社会上相传的谚语,有些关于卫生的很是错误,例如'千钱难买三伏泻',以为夏天腹泻能'败火',反是好的,这害处便很不小。"有的是说:"千钿难买伏里撒。"

1365【下饭】周作人《知堂集外文〈亦报〉随笔·中国菜的分食》:"中国则主食是饭,包括细粮粗粮,其他是菜,虽然酒席上的菜大抵空口吃,在平常乃是'下饭'的,我们乡下便称作下饭,喝酒时吃的叫作过酒坯。"下饭二字,有动词与名词的区别。

1366【跳吊】周作人《知堂集外文〈亦报〉随笔·旧戏的印象(二)》:"大戏的精彩则是在于中间的'跳吊'与末了的出活无常

与恶鬼。……活无常虽是勾魂使者,但他那场面在看的人却是很阳气的,跳吊到了女吊出来的时候,那就大大不然,乃是阴惨万分的了。跳吊的上部是男吊,他是一个'趺打',出来专门表现身手,在一根索子上做出手吊、脚吊、牙吊、后脑吊等种种方式,看去像是做体操罢了。女吊并不演这些技艺,她只是红衫粉面,披着黑发,走到台前,将头发往后一摔,高叫一声,阿呀苦呀天呀! 我相信看的、听的人这时无不觉得心里一抽,在这一声里差不多把千百年来妇人女子所受的冤苦都迸叫了出来了。"

1367 【绍兴师爷】周作人《知堂集外文(四九年以后)·关于绍兴师爷》:"一口说是绍兴师爷,其中也很有分别,例如刑名钱谷书启朱墨,性质等级大不相同,刑名钱谷今称司法与财政,书启乃是秘书,朱墨则是书记之流,只在告示什么上面点一点钩一钩,写一个草书遵字,已经够不上有什么作风的了。至于师爷的出身也有讲究,虽然一样是读书不成即是屡试不第的秀才或文童,其间还有个区分,刑名最是地位高,责任重,事情难,须要文理较通,较有能力的人才可担任,钱谷书启也有一点专长,却已在其次。普通所谓绍兴师爷,大抵以刑名师爷为代表,别的几种是不在其内的。"

1368 【打来回】周作人《知堂集外文(四九年以后)·绍兴山水补笔》:"鲁墟离城不远,大抵只有三四十里,当日可打来回。"去了又回来。

1369 【弶】周作人《知堂集外文(四九年以后)·人民语法》:"几年前我翻译一篇小说,说西伯利亚的土人在雪地里装'弶'捕狐狸,这个弶字是我们的方言,但查字典从唐朝便已有了,解作'施罟于道',可是出版社便提过意见,以为不通俗。"

1370【鬼见怕】周作人《知堂集外文(四九年以后)·鬼与清规戒律》:"此外如一种小贝壳称作'鬼螺蛳',又日本的子安贝,地方上俗名'鬼见怕',大概因为样子古怪的缘故,又因了这个名称,却相信它真可以有辟邪的功用。"

1371【牛郎花】周作人《知堂集外文(四九年以后)·种花和种菜》:"此外有一种黄色的羊踯躅,俗名牛郎花,是有毒的,虽是难得,种的人也就少了。"作者在《老虎桥杂诗·儿童生活诗(八)》中写道:"牛郎花好充鱼毒",注云:"牛郎花色黄,即羊踯躅,云羊食之中毒,或曰其根可以药鱼。"在三十多年前,我在富春江北岸的山区行走,看见有黄杜鹃花开得正旺,就随便采了几朵拿在手里,有个农民走来,不等我问他这是什么花,他却先恳切地对我说:"同志,这花是不能吃的呢!"花名我早已忘记,但这句话却还记着。牛郎花虽然有毒,却比映山红要好看得多。俞平伯有小诗《南宋六陵》云:"牛郎花,黄满山,不见冬青树,红杜鹃儿血斑斑。"

1372【勃弗倒】周作人《知堂集外文(四九年以后)·不倒翁》:"名称改为'扳不倒',方言叫做'勃弗倒',勃字写作正反两个'或'字在一起,难写得很,也很难有铅字,所以从略。"另有俗语曰:"烂田里勃捣臼,越勃越深。"也用这个字。

1373【长江无六月】周作人《知堂集外文(四九年以后)·华侨与绍兴人》:"'长江无六月。'(《越谚》)原本注云,'越人原皆有四方之志,不敢偷安家居,无六月者言其通气风凉,虽暑天亦可长征也。'"但底下还有一句:"深山夜夜寒。"

1374【加饭酒】周作人《知堂集外文(四九年以后)·日本人谈中国酒肴(译文)》:"〔译者附记〕范寅的《越谚》里记载着:'老

254

酒,在家名此,出外曰绍兴酒。大抵饮多则力厚味醇,曰加饭酒。加饭则加重,可运京不坏,曰京庄酒,内地运粤路更远则双加重,名广庄酒。'普通在市面上的名称,则因酒的颜色计分两种:一曰竹叶青,色青微黄;一曰状元红,色黄赤,本地人不很喜欢它。这是从前的情形,直至民国初年,大约是一九一四年左右,才有一种所谓善酿酒上市,那时我还在绍兴城里,买了来喝,觉得味稍醇厚,无非就是加饭则力厚味醇罢了,但是有点甜味,不是什么上品。善酿这个名称乃是当时的一种商标的名目,店伙在笔记本上所写原是不大可靠,不但所谓甚酿不知道原来是什么了。"

1375 【阴】周作人《知堂集外文(四九年以后)·〔附录〕冬至九九歌》:"其次'八九'这一句里,用了一个替代字,写作'阴'字了,其实应读作去声的。此字本从三点水加一个'阿訇'的'訇'字,读作印。《世说新语》里说王家子弟作吴语,有这个字,意思是说凉而不寒,夏天就棋枰(大概是漆器)去靠肚皮,这一句最能表得出这种感觉。"

1376 【迎会】周作人《知堂集外文(四九年以后)·八十心情——放翁适兴诗》:"所谓乡傩,实上就是地方上的迎神赛会,在本地通称'迎会',有的是在神的诞日,但是最盛大的乃是夏天的这一回,普通说保平安这即是古语'傩'的今译了。"作者又在《药堂杂文·关于祭神迎会》中说:"诸神照例定期出巡,大约以夏秋间为多,名曰迎会,出巡者普通是东嶽,城隍,张老相公,但有时也有佛教方面的,如观音菩萨。"

1377 【会伙】周作人《知堂集外文(四九年以后)·八十心情——放翁适兴诗》:"所谓乡傩,实上就是地方上的迎神赛会,在本地通称'迎会'……'会伙'(出会的仪仗脚色)极为繁多。旗纛高二三丈,称为'高照',一大汉捧柱,数人左右以绳牵引而行,又有'大敲棚',制木棚如小床,中有乐人敲锣鼓,四人在角舁之行走,如是者率以十数。"作者在《药堂杂文·关于祭神迎会》中说得更为详细:"会伙最先为开道的锣与头牌,次为高照即大纛,高可二三丈,用绸缎刺绣,中贯大猫竹,一人持之行,四周有多人拉纤或执叉随护,重量当有百余斤,而持者自若,时或游戏,放着肩际以至鼻上,称为嬉高照。有黄伞制亦极华丽,不必尽是黄色,但世俗如此称呼,此与高照同,无定数,以多为贵。次有音乐队,名曰大敲棚,木棚雕镂如床,上有顶,四周有帘幔,棚内四角有人舁以行,乐人在内亦且走且奏乐,乐器均缚置棚中也。昔时有马上十番,则未之见。有高跷,略与他处相同,所扮有滚凳,活捉张三,皆可笑,又有送夜头一场,一人持米筛,上列烛台酒饭碗,无常鬼随之。无常鬼有二人,一即活无常,白衣高冠,草鞋持破芭蕉扇,一即死有分,如《玉历钞传》所记,民间则称之曰死无常,读如国语之喜无上。活无常这里乃有家属,其一曰活无常嫂嫂,白衣敷脂粉,为一年轻女人,其二曰阿领,云是拖油瓶也,即再醮妇前夫之子,而其衣服容貌乃与活无常一律,但年岁小耳。此一行即不在街心演作追逐,只迤逦走过,亦令观者不禁失笑,老百姓之诙谐亦正于此可见。"如遇有广场,活无常一家与持米筛者也演作追逐,称为跳无常。

1378 【点得红灯做绣鞋】周作人《知堂集外文(四九年以后)·八十心情——放翁适兴诗》:"希腊欧里庇得斯的悲剧译出了十几种,可是我的兴趣却是在于后世的杂文家,路吉阿诺斯的《对话》一直蛊惑了我四十多年,到去年才有机缘来着手选译他的作品,想趁炳烛之明,完成这多年的心愿,故乡有儿歌云:'二十夜,连夜夜,点得红灯做绣鞋。'很能说出这种心情。"

1379 【花不如团子】周作人《知堂集外文(四九年以后)·闲话毛笋》:"俗语云,花不如团子,这是普遍的情形,原不独小孩子是这样的。"

1380【烙饼】周作人《知堂集外文（四九年以后）·南北的点心》："我们故乡是在钱塘江的东岸，那里不常吃面食，可是有烙饼这物事。这里要注意的，是烙不读作老字音，乃是'洛'字入声，又名为山东饼，这证明原来是模仿大饼而作的，但是烙法却大不相同了，乡间卖馄饨面和馒头都分别有专门的店铺，唯独这烙饼只有摊，而且也不是每天都有，这要等待那里有社戏，才有几个摆在戏台附近，供看戏的人买吃，价格是每个制钱三文，计油条价二文，葱酱和饼只要一文罢了。做法是先将原本两折的油条扯开，改作三折，在熬盘上烤焦，同时在预先做好的直径约二寸，厚约一分的圆饼上，满涂红酱和辣酱，撒上葱花，卷在油条外面，再烤一下，就做成了。它的特色是油条加葱酱烤过，香辣好吃，那所谓饼只是包裹油条的东西，乃是客而非主，拿来与北方原来的大饼相比，厚大如茶盘，卷上黄酱与大葱，大爵一张，可供一饱，这里便显出很大的不同来了。"这在杭州叫作"葱包桧儿"，圆饼通称"春饼"，为春节的应时食品，过了春节，只有卖葱包桧儿的摊上还能够见得到它。

1381【连连】《周作人集外文》上集《群玉班》："台上群玉班，台下都走散。连连关庙门，东边墙壁都爬坍。连连扯得牢，只剩一担馄饨担。"即连忙，但其意思似更急迫。

1382【豆腐薄刀两面光】《周作人集外文》上集《听说商会要皇帝》："岂不是'豆腐薄刀两面光'么？"两面讨好，谁也不得罪。

1383【姑恶】《周作人集外文》上集《致潘汉年》："你所说的那种鸟在我的故乡（旧会稽县）也有，通称'姑恶'，故事大略相同，唯鸣声殊短促，听去正如 ka—oh 二字。此鸟只在晚间出来，所以没有人知道她是什么形状。通雅云，鵙，即今之苦吻鸟也，如鸠，黑色，以四月鸣，其鸣曰苦苦，又名姑恶，俗以妇被姑苦死而化。”

1384【烧火凳】《周作人集外文》上集《〈语丝〉编者按》五《蛇郎精》：“凯明按，绍兴通行的故事叫作《蛇郎》，大概与此篇相同，惟末尾说二姐把那棵树砍去做成烧火凳……说得略有不同。”烧火时坐的凳子，长条形，比一般长凳要矮，这是根据绍兴灶灶门低设计的。(凯明或者是“岂明”之误。)

1385【后生家】《周作人集外文》上集《〈语丝〉编者按》五《蛇郎精》：“我很想编一本小册子，集录故乡的童话，只是因为少小离家而又老大不回，所以这东西几乎忘记完了，非去求助于后生家(ghoursangkao)不可。”年轻人。

1386【大雷公公】《周作人集外文》下集《刘百昭的骈文》：“其次这大雷公公(我们从小是这样尊称他的)……”小孩对雷神的尊称。

1387【夜壶】《周作人集外文》下集《刘百昭的骈文》：“据刘君所说，白香山用了他的诗买进好些高丽奴隶，案购胡人为奴之风‘古已有之’，唐时犹有此俗正不足为异，所可怜者那班箕子之后的掌柜们耳，好端端地在汉城做生意，忽然被购到唐土来，做提水烟袋倒夜壶的工作，真是冤枉极了。”尿壶。

1388【若要人不知，除非己莫为】《周作人集外文》下集《我们的闲话(一)》：“倘若二千元是有的，那么可以无须怪别人的讽刺。若是没有，那么更不必疑心别人的讽刺，俗语曰：‘白天不作亏心事，夜半敲门不出惊，’又曰：‘若要人不知，除非己莫为，’此之谓矣。"清金埴《不下带编》卷三有此一条云:"谚语有确不可易者,大约多本之古人,如'欲人不知,莫若勿为'。此语苻秦时即有之。苻坚将为赦,与王猛、苻融屏左右密议,坚亲为赦文。有二大苍蝇集于笔端,驱复来。俄而长安街里人相告曰:'官今日大赦。'有司以闻,坚惊谓猛、融曰:'禁中无耳属之理,事何从泄也?'赦又穷究之,咸言有二小儿,衣黑衣,呼于市曰:'官今大赦。'须臾不见。坚曰:'其向苍蝇乎? 我故疑之。谚曰:"欲人不知,莫若勿为。""声无细而弗闻,事未形而必彰"者,此罕谓也。'"《杀狗记》剧:"欲人不知,除非莫为。"今通行为"若要人不知,除非己莫为。"

1389【说海话】《周作人集外文》下集《致刘半农》:"俗云'说海话',即说大话。"

1390【淀】《周作人集外文》下集《致刘半农》:"又四九页'淀清阳沟水',上二字亦未必是'淀青'之误,大约是说澄(沉淀)过的水,绍兴语有'淀'字,读若丁去声,本字或即系沉淀之淀字欤。"

1391【狼伉】《周作人集外文》下集《我们的闲话(二十七)》:"据说狗是狼变的,吧儿狗是狗之一种,自然也是狼所变的了。想起来也就觉得颇是奇怪,那样狼伉的身体怎么会成这一团比猫还小的东西……"笨重。

1392【丑媳妇终要见公婆面】《周作人集外文》下集《沙漠之梦(一)》:"现在的白话诚然还欠细腻,然而俗语说得好,'丑媳妇终要见公婆面',索性大胆地出来罢,虽然不免唐突了古人。"

1393【九月九,蚊虫叮捣臼】《周作人集外文》下集《苦雨斋尺牍三任可澄与女校》：“你还在南方饲蛟子，但是不久也就是'九月九，蚊虫叮捣臼'的时候了。”

1394 【怨有头，债有主】《周作人集外文》下集《〈语丝〉编者按》十七《又讲到澄衷的国学文》：“俗语云，'怨有头，债有主'，此之谓也。”

1395 【莲花落】《周作人集外文》下集《莲花落》：“关于'莲花落'，我知道很少。儿时在浙东曾经听过所谓莲花落，是一种民间的戏剧似的东西。这也是用两扇门搭起来的戏台，也有后场，记得一个人坐着敲绰板，仿佛还有一个，只是记不起是拿什么'乐器'了。演者穿蓝洋布大衫，(因那时大抵是夏天，)一面唱一面作种种姿势，——不，不是真唱，只是朗诵有节奏的文词罢了。所说的似以近于喜剧的故事为多，但也有悲剧，不过也记不很清楚了。每说一节，必结之曰，'哩呀哩呀莲花落'，如是反复不已。”

1396 【人头脆】《周作人集外文》下集《青年脆》：“我们乡间有一句俗语，在村里死亡率较高的时候，便说'今年人头脆'，人头(Ningdhou)云者，生命之谓，非真是指圆如西瓜的一个个脑袋也。这句话的妙处在于一个脆字，能够具体地表出无常的意思，恰如掐断绿豆芽或拗断黄瓜似的那样松脆地死去，真是没有第二句话能够形容得出的了。”

1397 【扁扁服服】《周作人集外文》下集《〈中国新文学大系·散文一集〉导言》：“我们中国人倘然还有一口气没有绝，总不应该扁扁服服，做他的奴隶牛马，自称大元国的百姓。”服服贴贴。

1398【偷鸡弗着折把米】《周作人集外文》下集《论骂人文章》:"如今却想站在他的头上去出风头,不但毫无效果,而且还白费气力,这真成了偷鸡弗着折把米了。"折(shé),折本,折耗。

1399【是非都为多开口】《周作人集外文》下集《关于自己》:"俗语云,是非都为多开口。"亦犹"祸从口出"。

1400【角先生】《周作人集外文》下集《角先生》:"往年译《希腊拟曲》,《昵谈》篇中有'抱朋'一语,曾问胡适之君,拟译作角先生,无违碍否?胡君笑诺,故书中如是写,而校对者以为是人名,在角字旁加了一直画,可发笑也。民间虽有此称,却不知所本,疑是从明角来,亦未见出处。后读林兰香小说,见第廿八回中说及此物,且有寄旅散人批注云:'京师有朱姓者,丰其躯干,美其须髯,设肆于东安门之外而货春药焉,其角先生之制尤为工妙,闻买之者或老妪或幼尼,以钱之多寡分物之大小,以盒贮钱,置案头而去,俟主人措办毕,即自来取,不必更交一言也。'案此说亦曾经得以传闻,其见诸著录者殆止此一节乎。林兰香著书年月未详,余所见本题道光戊戌刊,然则至今亦总当是百年前事矣。友人蔡谷清君,民国初年来京,闻曾购得一枚,惜蔡君久已下世,无从问询矣。文人对于猥亵事物,不肯污笔墨,坐使有许多人生要事无从征考,至为可惜。寄旅散人以为游戏笔墨无妨稍纵,故偶一着笔,却是大有价值,后世学人皆当感激也。"

1401【零零落落】《周作人集外文》下集《〈呐喊〉索隐》:"恰巧我得着了好些材料,不趁这机会利用了、搁着也很可惜,便就记忆所及,零零落落的把它写了下来。"断断续续,不连贯貌。

1402【贼骨头】《周作人集外文》下集《〈呐喊〉索隐》:"然而那是贼骨头的诳话……"绍兴方言称贼为贼骨头。元人《争报恩》剧："我现在梢房里拿着他,看他那贼鼻子、贼耳朵、贼脸、贼骨头。"

1403【贪小失大】范寅《越谚》卷上《警世之谚第二》:"贪小失大:见小利则大事不成;小不忍,则乱大谋。"

1404【人在人情在】范寅《越谚》卷上《警世之谚第二》:"人在人情在。"人情硗薄。

1405【勿药为中医】范寅《越谚》卷上《警世之谚第二》:"勿药为中医:慎医。"中医,符合医理。意谓如让庸医治病,不如不治为好;如不对症服药,不如不服为好。

1406【一勿赌力,二勿赌食】范寅《越谚》卷上《警世之谚第二》:"一勿赌力,二勿赌食。"

1407【浊富不如清贫】范寅《越谚》卷上《警世之谚第二》:"浊富不如清贫。"

1408【棋力酒量】范寅《越谚》卷上《警世之谚第二》:"棋力酒量:不可伪为也。"

1409【远亲弗如近邻】范寅《越谚》卷上《警世之谚第二》:"远亲弗如近邻。"元秦简夫《东堂老》剧:"岂不闻远亲呵,不似我近邻。"《杀狗记》剧:"算远亲不如近邻。"《翡翠园》剧:"行商不如坐贾,远亲不如近邻。"

1410【一动弗如一静】范寅《越谚》卷上《警世之谚第二》:"一动弗如一静。"《贵耳集》:"宋孝宗幸群隐,见飞来峰,曰:'既是飞来,何不飞去?'僧静辉对曰:'一动弗如一静。'"

1411【心正弗怕壁邪】范寅《越谚》卷上《警世之谚第二》:"心正弗怕壁邪。"

1412【若要好大做小】范寅《越谚》卷上《警世之谚第二》:"若要好大做小。"大做小,指长辈迁就晚辈。

1413【上弗正下参差】范寅《越谚》卷上《警世之谚第二》:"上弗正下参差。"意即上行下效。

1414【少吃多滋味,多吃坏肚皮】范寅《越谚》卷上《警世之谚第二》:"少吃多滋味,多吃坏肚皮。"

1415【惜衣有衣穿,惜食有食吃】范寅《越谚》卷上《警世之谚第二》:"惜衣有衣穿,惜食有食吃。"

1416【宁可全弗管,弗可管弗全】范寅《越谚》卷上《警世之谚第二》:"宁可全弗管,弗可管弗全。"

1417【田怕秋来旱,人怕老来贫】范寅《越谚》卷上《警世之谚第二》:"田怕秋来旱,人怕老来贫。"

1418【但存方寸地,留与子孙耕】范寅《越谚》卷上《警世之谚第二》:"但存方寸地,留与子孙耕。"

1419【人弗可貌相,海水弗可斗量】范寅《越谚》卷上《警世之谚第二》:"人弗可貌相,海水弗可斗量。"《五灯会元》有文、圆智,俱有"七零八落"之语。元人《小尉迟认父归朝》剧:"古语云:

'凡人不可貌相,海水不可斗量。'"

1420【若要小儿安,常带三分饥与寒】范寅《越谚》卷上《警世之谚第二》:"若要小儿安,常带三分饥与寒:富家子弟辄多疾病,溺爱者过与饱暖耳。"元李冶《古今黈》:"小儿欲得安,无过饥与寒。"唐翼修《人生必读书》:"凡生养子女,固不可不爱惜,亦不可过于爱惜,过于爱惜,则爱惜实所以害之。小儿初生,勿勤抱持,裹而置之,听其啼哭可也。医云:'小儿顿足啼哭,所以宣达胎滞。乳饮须有节,日不过三次。夜唯鸡将鸣饮一次。衣用稀布,宁薄无厚。'语云:'若要小儿安,常带三分饥与寒。'"

1421【种田弗离田头,读书弗离案头】范寅《越谚》卷上《警世之谚第二》:"种田弗离田头,读书弗离案头:业精于勤。"《千金记》刷:"读书弗离案头,种田弗离田头。"今人又有谚语曰:"开店不离店头,种田不离田头。"

1422【好事不出门,恶事行千里】范寅《越谚》卷上《警世之谚第二》:"好事不出门,恶事行千里。"《北梦琐言》:"晋相和凝,少年好为曲子词,布于汴、洛。洎入相,专托人收拾焚毁不暇,然相国厚重有德,终为艳词玷之。契丹人夷门,号为曲子相公。谚所谓'好事不出门,恶事行千里',士君子得不戒之乎?"《水浒传》二十三回:"自古道:'好事不出门,恶事传千里。'"

1423【天生天化】范寅《越谚》卷上《引用之谚第三》:"天生天化。"一切归功于自然。

1424【水滴石穿】范寅《越谚》卷上《引用之谚第三》:"水滴石穿。"

1425【老当益壮】范寅《越谚》卷上《引用之谚第三》："老当益壮。"

1426【脚踏实地】范寅《越谚》卷上《引用之谚第三》："脚踏实地。"

1427【水泄不通】范寅《越谚》卷上《引用之谚第三》："水泄不通。"

1428【一团和气】范寅《越谚》卷上《引用之谚第三》："一团和气。"态度温和。《程子全书》："谢显道云：'明道坐如泥塑人，及接人，浑是一团和气。'"又《风筝误》剧："倒不如三杯酒，化作一团和气。"现在用这个词多含义，即毫无原则。

1429【清明螺抵只鹅】范寅《越谚》卷上《格致之谚第四》："清明螺抵只鹅；应节而肥。此指螺蛳，非田螺也。"

1430【心病最难医】范寅《越谚》卷上《格致之谚第四》："心病最难医。"《传灯录》："从谂偈云：'若与空王为弟子，莫教心病最难医。'"元人《碧桃花》剧："常言道，心病从来无药医。"

1431【久病成良医】范寅《越谚》卷上《格致之谚第四》："久病成良医。"

1432【拼死吃河豚】范寅《越谚》卷上《格致之谚第四》："拼死吃河豚；河豚出江阴。拼音潘。"

1433【天无绝人之路】范寅《越谚》卷上《格致之谚第四》："天无绝人之路。"

1434【罗字当磨字读】范寅《越谚》卷上《格致之谚第四》：
"罗字当磨字读：戒勿太认真，不为己甚。"

1435【好马弗吃回头草】范寅《越谚》卷上《格致之谚第四》：
"好马弗吃回头草。"《怜香伴》剧："多承高谊，好马不吃回头草，
就复了衣巾，也洗不得这场羞辱。"

1436【盘船乌龟鳖价钱】范寅《越谚》卷上《格致之谚第四》：
"盘船乌龟鳖价钱。"盘船即路费，又作盘缠；鳖，通称甲鱼。

1437【人老珠黄不值钱】范寅《越谚》卷上《格致之谚第四》：
"人老珠黄不值钱。"

1438【蛇无头儿不行】范寅《越谚》卷上《格致之谚第四》：
"蛇无头儿不行。"《金史·斜卯爱宝传》："好作诗词，语鄙俚。自
草《括粟榜文》有'雀无翅儿不飞，蛇无头儿不行'等语。以儿作
而，掾虽知之，不敢易也。京城目之曰'雀儿参政'。"《水浒传》三
十四回："自古道'蛇无头而不行'，若无仁兄去时，他那里如何肯
收留我们？"

1439【人逢喜事精神爽】范寅《越谚》卷上《格致之谚第四》：
"人逢喜事精神爽。"

1440【千年弗大黄杨木】范寅《越谚》卷上《格致之谚第四》：
"千年弗大黄杨木。"

1441【有钱使得鬼挑担】范寅《越谚》卷上《格致之谚第四》：
"有钱使得鬼挑担。"通常说"有钱能使鬼推磨。"《幽明录》："新鬼

往一家西厢,有磨就推之,如生人捱法。"《古谣谚》鲁褒引谚云:"钱有耳,鬼可使。"《治世余闻》:"弘治乙卯,有代贵官子弟,入试高第者,时人诗曰:'有钱买得鬼推磨,无力却教人顶缸。'"

1442【痴心女子负心汉】范寅《越谚》卷上《格致之谚第四》:"痴心女子负心汉。"

1443【有借有还,再借弗难】范寅《越谚》卷上《格致之谚第四》:"有借有还,再借弗难。"

1444【嫖赌吃着无有结煞】范寅《越谚》卷上《格致之谚第四》:"嫖赌吃着无有结煞。"结煞,结果。

1445【人贫志短,马瘦毛长】范寅《越谚》卷上《格致之谚第四》:"人贫志短,马瘦毛长。"

1446【当局者昧,旁观者清】范寅《越谚》卷上《格致之谚第四》:"当局者昧,旁观者清。"《唐书·元行冲传》:"当局称迷,旁观必审。"现在人常说"当局者迷,旁观者清"。

1447【吃饭防噎,走路防跌】范寅《越谚》卷上《格致之谚第四》:"吃饭防噎,走路防跌。"老人常态。《水浒传》第九回:"岂不闻古人云:'吃饭防噎,走路防跌。'"

1448【强将手下无弱兵】范寅《越谚》卷上《格致之谚第四》:"强将手下无弱兵。"《苏东坡集》题连公壁曰:"俗语云'强将手下无弱兵',真可信也。吾观连公之子孙,无一不好事者,此事当日盛矣。"《陔余丛考》:"死人身边有活鬼,强将手下无弱兵。见周遵道《隐豹纪谈》及《栗斋诗话》,谓俚语自然成对也。"《合纵记》剧："正所谓'强将手下无弱兵。'"将，去声。

1449【在行人都是修子鐾变】范寅《越谚》卷上《格致之谚第四》："在行人都是修子鐾变。"

1450【一个铜钱逼杀英雄汉】范寅《越谚》卷上《格致之谚第四》："一个铜钱逼杀英雄汉。"《梦笔生花·弦索乐府》："一文钱逼杀英雄汉。"今简说成"一钱逼杀英雄汉。"极言钱的重要。

1451【人无千日好，花无百日红】范寅《越谚》卷上《格致之谚第四》："人无千日好，花无百日红。"《谭概》载钱兼山等酒令，举谚曰：'人无千日好，花无百日红。'"元杨文奎《儿女两团圆》剧："人无千日好，花无百日红。早时不算计，过后一场空。"

1452【丑媳妇难见公婆面】范寅《越谚》卷上《格致之谚第四》："丑媳妇难见公婆面。"《西厢记》剧："丑媳妇，少不得要见公婆的。"《意中缘》剧："俗语说得好，'丑媳妇免不得见公婆'，难道躲得一世不成。"《苏子瞻杂纂二续》载怕不得八事："一曰丑妇见舅姑。"《通俗编》："今人云'丑媳妇难见公婆面'，本此。"

1453【赤脚的赶鹿，穿靴的吃肉】范寅《越谚》卷上《格致之谚第四》："赤脚的赶鹿，穿靴的吃肉：的读若革。"

1454【耐可佮天下，勿可佮厨下】范寅《越谚》卷上《格致之谚第四》："耐可佮天下，勿可佮厨下。"

1455【要知心里事，但听口中言】范寅《越谚》卷上《格致之谚第四》："要知心里事，但听口中言。"《合纵记》剧："要知心腹事，但听口中言。"《通俗编》："古乐府：'尺素如残雪，结成双鲤鱼。要知心里事,看取腹中书。'按,今谚云'要知心里事,但听口中言',似即因此改窜。"

1456【三百六十行,行行出贵人】范寅《越谚》卷上《格致之谚第四》:"三百六十行,行行出贵人。"

1457【笔直】范寅《越谚》卷上《借喻之谚第五》:"笔直。"

1458【铁实】范寅《越谚》卷上《借喻之谚第五》:"铁实。"

1459【棉软】范寅《越谚》卷上《借喻之谚第五》:"棉软。"

1460【索脆】范寅《越谚》卷上《借喻之谚第五》:"索脆。"

1461【藤韧】范寅《越谚》卷上《借喻之谚第五》:"藤韧。"

1462【冰冷】范寅《越谚》卷上《借喻之谚第五》:"冰冷。"

1463【油滑】范寅《越谚》卷上《借喻之谚第五》:"油滑。"

1464【蜜甜】范寅《越谚》卷上《借喻之谚第五》:"蜜甜。"

1465【挖襟裁】范寅《越谚》卷上《借喻之谚第五》:"挖襟裁:俭省。"

1466【散窠鸡】范寅《越谚》卷上《借喻之谚第五》:"散窠鸡:不堪收拾。"

1467【温吞水】范寅《越谚》卷上《借喻之谚第五》:"温吞水:

懦弱无刚。"

1468【汤浇雪】范寅《越谚》卷上《借喻之谚第五》："汤浇雪:易于消败。"

1469【纸糊窗】范寅《越谚》卷上《借喻之谚第五》："纸糊窗:遮瞒也。"

1470【小结构】范寅《越谚》卷上《借喻之谚第五》："小结构:无大志。"《梦笔生花·杭州俗语杂对》："小结构;大排场。"

1471【纸老虎】范寅《越谚》卷上《借喻之谚第五》："纸老虎:假威严。"

1472【倒拔蛇】范寅《越谚》卷上《借喻之谚第五》："倒拔蛇:吃力。"

1473【直头牛】范寅《越谚》卷上《借喻之谚第五》："直头牛:不知转湾。"

1474【过河卒】范寅《越谚》卷上《借喻之谚第五》："过河卒:象棋奕名。喻纵横如意。"

1475【马后炮】范寅《越谚》卷上《借喻之谚第五》："马后炮:奕象棋杀着。此喻追不及。"

1476【豹皮鞭】范寅《越谚》卷上《借喻之谚第五》："豹皮鞭:演戏剧名。击必致死之具。喻辣手。"

1477【定盘星】范寅《越谚》卷上《借喻之谚第五》："定盘星：戥秤第一星也。"

1478【大手笔】范寅《越谚》卷上《借喻之谚第五》："大手笔：谓阔绰。"

1479【走叉路】范寅《越谚》卷上《借喻之谚第五》："走叉路：其行不正。"

1480【露马脚】范寅《越谚》卷上《借喻之谚第五》："露马脚：阴情微见。"

1481【联刀块】范寅《越谚》卷上《借喻之谚第五》："联刀块：不零清。"

1482【齐头数】范寅《越谚》卷上《借喻之谚第五》："齐头数：香山诗'白发平头五十人'，即此之谓。"

1483【搭山头】范寅《越谚》卷上《借喻之谚第五》："搭山头：虚夸。"

1484【卷地皮】范寅《越谚》卷上《借喻之谚第五》："卷地皮：刻剥聚敛。"

1485【挖门路】范寅《越谚》卷上《借喻之谚第五》："挖门路：钻营谋干。"

1486【当头炮】范寅《越谚》卷上《借喻之谚第五》："当头炮：象棋奕名。喻抵当，又出面事。"

1487【护身符】范寅《越谚》卷上《借喻之谚第五》："护身符：张天师画符有此名目。喻有恃不恐。"

1488【鬼使神差】范寅《越谚》卷上《借喻之谚第五》："鬼使神差：莫之为而为。"

1489【露天捣臼】范寅《越谚》卷上《借喻之谚第五》："露天捣臼：人人可用。"

1490【湖满塘流】范寅《越谚》卷上《借喻之谚第五》："湖满塘流。"言到处是水。

1491【粗花大叶】范寅《越谚》卷上《借喻之谚第五》："粗花大叶。"亦说"粗枝大叶。"

1492【寅葬卯发】范寅《越谚》卷上《借喻之谚第五》："寅葬卯发。"犹立竿见影。

493【暗箭难防】范寅《越谚》卷上《借喻之谚第五》："暗箭难防。"

1494【行云流水】范寅《越谚》卷上《借喻之谚第五》："行云流水：纯任自然。"

1495【急流勇退】范寅《越谚》卷上《借喻之谚第五》："急流勇退。"

1496【无处落网】范寅《越谚》卷上《借喻之谚第五》："无处

落网。"无从下手。

1497【鳗吃糊虾】范寅《越谚》卷上《借喻之谚第五》:"鳗吃糊虾。"糊虾:小虾。

1498【现成锣鼓】范寅《越谚》卷上《借喻之谚第五》:"现成锣鼓:反手可为。"事情容易办。

1499【寅吃卯粮】范寅《越谚》卷上《借喻之谚第五》:"寅吃卯粮:预支也。"

1500【曲蟮游太湖】范寅《越谚》卷上《借喻之谚第五》:"曲蟮游太湖:忒宽。"

1501【鸡膆裹客人】范寅《越谚》卷上《借喻之谚第五》:"鸡膆裹客人:无甚行李。"

1502【小人办人家】范寅《越谚》卷上《借喻之谚第五》:"小人办人家:儿戏。"

1503【老囡上绣绷】范寅《越谚》卷上《借喻之谚第五》:"老囡上绣绷:昔会今否。"

1504【小狗落污缸】范寅《越谚》卷上《借喻之谚第五》:"小狗落污缸:有得吃。"

1505【肉挂臭,猫引瘦】范寅《越谚》卷上《借喻之谚第五》:"肉挂臭,猫引瘦。"

1506【痞子当发背医】范寅《越谚》卷上《借喻之谚第五》："痞子当发背医。"杀鸡用牛刀。

1507【墙头草，两面倒】范寅《越谚》卷上《借喻之谚第五》："墙头草，两面倒。"无立场。

1508【头轧出弗管尾巴】范寅《越谚》卷上《借喻之谚第五》："头轧出弗管尾巴：前不顾后。"

1509【饭店门口摆粥摊】范寅《越谚》卷上《借喻之谚第五》："饭店门口摆粥摊：卧榻之侧安用他人鼾睡。"

1510【羊圈里牵出牛来】范寅《越谚》卷上《借喻之谚第五》："羊圈里牵出牛来：圈呼仲。喻小往大来。"

1511【一个馒头发场酵】范寅《越谚》卷上《借喻之谚第五》："一个馒头发场酵。"犯不着。

1512【山阴弗管，会稽弗收】范寅《越谚》卷上《借喻之谚第五》："山阴弗管，会稽弗收：其事悬宕。"

1513【搦搦怕搦杀，放放怕放去】范寅《越谚》卷上《借喻之谚第五》："搦搦怕搦杀，放放怕放去。"患得患失。

1514【老虎赶到脚后跟，还要看雌雄】范寅《越谚》卷上《借喻之谚第五》："老虎赶到脚后跟，还要看雌雄。"

1515【清明前后落夜雨】范寅《越谚》卷上《占验之谚第六》："清明前后落夜雨。"江浙三四月的天气。此时又叫"养花天"。

1516【梅酸藕烂蔗空心】范寅《越谚》卷上《占验之谚第六》：
"梅酸藕烂蔗空心：五月节气。"

1517【六月盖被，有谷无米】范寅《越谚》卷上《占验之谚第
六》："六月盖被，有谷无米：明诗综引吴中谚云：六月不热，五谷
不结。此意相同。《群芳谱》："三伏宜热，谚云：'三伏不热，五谷
不结。盖当稿穰之时，又当下壅，晴热则苗旺，凉雨则苗没。'"
《古谣谚》："吴中谚云：'六月不热，五谷不结。'"

1518【春霜勿露白，露白要赤脚】范寅《越谚》卷上《占验之
谚第六》："春霜勿露白，露白要赤脚：言必雨。"

1519【南闪火门开，北闪雨淋来】范寅《越谚》卷上《占验之
谚第六》："南闪火门开，北闪雨淋来：谓电。"但据我的记忆，下面
还有两句："东闪西闪，晒杀泥鳅黄鳝。"

1520【日晕半夜雨，月晕午时风】范寅《越谚》卷上《占验之
谚第六》："日晕半夜雨，月晕午时风。"

1521【夏雨隔牛背，秋雨隔灰堆】范寅《越谚》卷上《占验之
谚第六》："夏雨隔牛背，秋雨隔灰堆。"

1522【夏东风燥松松，冬东风雨祖宗】范寅《越谚》卷上《占
验之谚第六》："夏东风燥松松，冬东风雨祖宗：一说冬作冷。"

1523【《九九消寒谣》】范寅《越谚》卷上《谣诼之谚第七》：
"头九二九，相唤勿出手（越呼揖人为相唤，勿出手者冷也。）三九
廿七，笆头吹觱栗。（诗经觱发栗烈。）四九三十六，夜眠如露宿。

五九四十五,床头把唔唔。(婴儿夜屎。母必出帐。把其两股,口曰唔唔。此时严寒,床头把之。)六九五十四,笆头出嫩刺。(天气回春,草木萌芽。)七九六十三,被絮担头摊。(饧箫吹暖,被絮换糖。)八九七十二,黄狗躺阴地。九九八十一,犁耙一齐出。十九足,虾蟆闹嗼嗼。"

1524【《盛暑偷安谣》】范寅《越谚》卷上《谣诼之谚第七》:"知了喳喳叫,船板两头翘。懒惰女客困旰觉(告)。"

1525【《勤俭作家谣》】范寅《越谚》卷上《谣诼之谚第七》:"火萤虫,夜夜红。公公挑菜卖胡葱,婆婆绩㠚糊灯笼。(姑曰婆婆。)倪子开店做郎中。(行医。)新妇抽牌捉牙虫。一石米桶吃弗空。(又有一说倪子打卦做郎中,新妇织布兼裁缝。)"

1526【《警戒谣》】范寅《越谚》卷上《谣诼之谚第七》:"少年去游荡,中年想掘藏,老年做和尚。"

1527【《时序民风谣》】范寅《越谚》卷上《谣诼之谚第七》:"天河对弄堂,家家人家晒酱缸;天河对笆桩,家家人家吃虾汤;天河对大门,家家人家吃大菱。(按四民月令有"河射角,堪夜作"之谚。谈荟有"天河东西,浆洗寒衣"之谚。此较繁耳。然山会萧三县民屋南向,什之九五弄堂居东,笆桩东南,大门正南。气候庐舍时食件件吻合。)"

1528【《五怕谣》】范寅《越谚》卷上《谣诼谚第七》:"摇船怕风暴,讨饭怕狗咬,秀才怕岁考,厨师怕冈灶,裁缝怕刁皮袄。"

1529【贱骆驼】范寅《越谚》卷上《隐谜之谚第八》:"贱骆驼:越重越走。"

1530【砻糠搓绳】范寅《越谚》卷上《隐谜之谚第八》："砻糠搓绳:起头难。"

1531【粪坑石板】范寅《越谚》卷上《隐谜之谚第八》："粪坑石板:亦臭亦硬。"

1532【猢狲种树】范寅《越谚》卷上《隐谜之谚第八》："猢狲种树:搦搦放放。"

1533【秤钩打钉】范寅《越谚》卷上《隐谜之谚第八》："秤钩打钉:曳直。"

1534【狗吃粽子】范寅《越谚》卷上《隐谜之谚第八》："狗吃粽子:无得解。"

1535【梗米做酒】范寅《越谚》卷上《隐谜之谚第八》："梗米做酒:勿作。"

1536【寿星吃砒霜】范寅《越谚》卷上《隐谜之谚第八》："寿星吃砒霜:活得勿快活。"

1537【棺材里伸手】范寅《越谚》卷上《隐谜之谚第八》："棺材里伸手:死要。"

1538【小和尚念经】范寅《越谚》卷上《隐谜之谚第八》："小和尚念经:有口无心。"

1539【灯笼照火把】范寅《越谚》卷上《隐谜之谚第八》："灯

笼照火把:亮见亮。"

1540【蜻蜓咬尾巴】范寅《越谚》卷上《隐谜之谚第八》:"蜻
蜓咬尾巴:自吃自。"《杀狗记》剧:"上下使用,弄了出来,可不枉
费了钱财,分明蜻蜓吃尾巴,自吃自。"

1541【寒天吃冷水】范寅《越谚》卷上《隐谜之谚第八》:"寒
天吃冷水:点点在心头。"

1542【黄连树下弹琴】范寅《越谚》卷上《隐谜之谚第八》:
"黄连树下弹琴:苦中作乐。"《通俗编》:"今市井有等谚云,如黄
蘗树下弹琴,苦中作乐。"《瑞筠图》剧:"黄连树下操琴,苦中
作乐。"

1543【肉骨头吹喇叭】范寅《越谚》卷上《隐谜之谚第八》:
"肉骨头吹喇叭:昏都都。昏借荤。"

1544【湿手捏干面粉】范寅《越谚》卷上《隐谜之谚第八》:
"湿手捏干面粉:粘牢勿得脱手。"欲罢不能。

1545【老鼠咬断饭篮绳】范寅《越谚》卷上《隐谜之谚第八》:
"老鼠咬断饭篮绳:给狗赶食。"

1546【狮子尾巴摇铜铃】范寅《越谚》卷上《隐谜之谚第八》:
"狮子尾巴摇铜铃:闹悦在后头。"

1547【贼无种,趁队哄】范寅《越谚》卷上《事类谚第九》:"贼
无种,趁队哄:将相本无种。"

1548【和尚要钱经要卖】范寅《越谚》卷上《事类谚第九》："和尚要钱经要卖。"这是没有办法的事。

1549【强盗弗进五女门】范寅《越谚》卷上《事类之谚第九》："强盗弗进五女门：越嫁奢靡，富罄十所有，贫贷所无，嫁至五女，室罄如洗，无须盗劫矣。"

1550【路上弗平，旁人监削】范寅《越谚》卷上《事类之谚第九》："路上弗平，旁人监削。"自有公论。

1551【福无双至，祸不单行】范寅《越谚》卷上《事类之谚第九》："福无双至，祸不单行。"

1552【出门一里，不如屋里】范寅《越谚》卷上《事类之谚第九》："出门一里，不如屋里。"

1553【丈姆见郎，割奶放汤】范寅《越谚》卷上《事类之谚第九》："丈姆见郎，割奶放汤。"郎，女婿。

1554【《诗经》《易经》，各自一经】范寅《越谚》卷上《事类之谚第九》："诗经易经，各自一经。"

1555【头痛灸头，脚痛灸脚】范寅《越谚》卷上《事类之谚第九》："头痛灸头，脚痛灸脚。"

1556【只要铜钱多，巷牌抬过河】范寅《越谚》卷上《事类之谚第九》："只要铜钱多，巷牌抬过河。"巷牌：牌坊。

1557【三个缝皮匠，抵个诸葛亮】范寅《越谚》卷上《事类之谚第九》："三个缝皮匠,抵个诸葛亮:任子一人之智,不如众人之愚。此谚当原于此三人成众也。"

1558 【天下无难事,只怕有心人】范寅《越谚》卷上《事类之谚第九》:"天下无难事,只怕有心人。"

1559 【无钱买衣食,困困当将息】范寅《越谚》卷上《事类之谚第九》:"无钱买衣食,困困当将息。"亦作"无钱买补食,困困当将息。"

1560 【养老日日蔫,养小日日鲜】范寅《越谚》卷上《事类之谚第九》:"养老日日蔫,养小日日鲜。"蔫:精神不振;萎缩。

1561 【健儿须快马,快马须健儿】范寅《越谚》卷上《事类之谚第九》:"健儿须快马,快马须健儿。"相得益彰。

1562 【有屋住千间,无屋住半间】范寅《越谚》卷上《事类之谚第九》:"有屋住千间,无屋住半间。"

1563 【大人话错话话过,小人话错打屁股】范寅《越谚》卷上《事类之谚第九》:"大人话错话话过,小人话错打屁股。"

1564 【画一】范寅《越谚》卷上《数目之谚第十》:"画一:又云画一不二。"

1565 【活逼四六】范寅《越谚》卷上《数目之谚第十》:"活逼四六。"形势逼成。

1566 【推三阻四】范寅《越谚》卷上《数目之谚第十》:"推三

阻四。"

1567【悬空八只脚】范寅《越谚》卷上《数目之谚第十》:"悬空八只脚。"毫无根据。

1568【板板六十四】范寅《越谚》卷上《数目之谚第十》:"板板六十四。"刻板而不知变通。《通俗编》:"板板六十四,见《隐豹纪谈》。按,凡鼓铸钱,每一板六十四文,乃定例也。又按,今人有呆板者,俗每以此语讥之。"

1569【大姑娘十八变】范寅《越谚》卷上《数目之谚第十》:"大姑娘十八变。"

1570【七上八落】范寅《越谚》卷上《数目之谚第十》:"七上八落。"心神不定。

1571【三十六策,走为上策】范寅《越谚》卷上《数目之谚第十》:"三十六策,走为上策。"《齐书·王敬则传》:"敬则仓卒东起,朝廷震惧,东昏侯使人上屋,望见征虏亭失火,谓敬则至,急装欲走,有告敬则者,敬则曰:'檀公三十六策,走为上计,汝父子廉急走耳。'盖讥以檀道济避魏事也。"《水浒传》第一回:"娘道:'我儿!三十六着,走为上着,只恐没处走。'"

1572【一娘生九子,子子不相同】范寅《越谚》卷上《数目之谚第十》:"一娘生九子,子子不相同。"

1573【仔迹仔迹,一百廿个污迹】范寅《越谚》卷上《数目之谚第十》:"仔迹仔迹,一百廿个污迹。"仔迹:怕脏。另一说为:"仔迹仔迹,十七八个污迹。"

1574【三三四四偷头牛，弗如独自偷只狗】范寅《越谚》卷上《数目之谚第十》："三三四四偷头牛，弗如独自偷只狗。"

1575【讨采头】范寅《越谚》卷上《头字之谚第十三》："讨采头：不论大小事思幸获。"求吉利。

1576【嗝浪头】范寅《越谚》卷上《头字之谚第十三》："嗝浪头：详单词只义。"《越谚》卷下《音义·单词只义》："嗝：虾去声。广韵诟嗝，责怒。越谓诈喝人罪曰嗝浪头，即此字。"

1577【泥孛头】范寅《越谚》卷上《头字之谚第十三》："泥孛头：块也。"

1578【老套头】范寅《越谚》卷上《头字之谚第十三》："老套头：旧章也，成例也。"老一套。

1579【热节头】范寅《越谚》卷上《头字之谚第十三》："热节头：暑天身脸红繁小疮。"

1580【咬嚼头】范寅《越谚》卷上《头字之谚第十三》："咬嚼头：耐人寻味者。"

1581【霎弗知头】范寅《越谚》卷上《头字之谚第十三》："霎弗知头：霎弗音三佛，意料不及者。"

1582【要紧关头】范寅《越谚》卷上《头字之谚第十三》："要紧关头。"关键时刻。

1583【草药一味,气杀名医】范寅《越谚》卷上《事类之谚第九》:"草药一味,气杀名医。"草药俗称"单头滚",有时效果在医生的处方之上。

1584【好记性弗如烂笔头】范寅《越谚》卷上《头字之谚第十三》:"好记性弗如烂笔头:劝人勤记账目。"

1585【眼睛生东额角头】范寅《越谚》卷上《头字之谚第十三》:"眼睛生东额角头:傲视世人。"

1586【长得人中,短得鼻头】范寅《越谚》卷上《头字之谚第十三》:"长得人中,短得鼻头。"

1587【"不如归去"】范寅《越谚》卷上《翻译禽音之谚第十五》:"不如归去:子规。"

1588【"姑恶"】范寅《越谚》卷上《翻译禽音之谚第十五》:"姑恶姑恶:水鸟。"

1589【"掘汪"】范寅《越谚》卷上《翻译禽音之谚第十五》:"掘汪掘汪:猫头鹰。"

1590【"敌国富"】范寅《越谚》卷上《翻译禽音之谚第十五》:"敌国富,敌国富:勃鸪。"

1591【"割麦插禾"】范寅《越谚》卷上《翻译禽音之谚第十五》:"割麦插禾,割麦插禾:布谷。"

1592【"得过且过"】范寅《越谚》卷上《翻译禽音之谚第十

五》："得过且过(早鸣)明朝爬起早做窠(暮鸣)：步姑。"《辍耕录》："五台山有鸟，名号寒虫。当夏，仪采绚烂，自鸣曰：'凤凰不如我。'比至深冬，毛羽脱落，遂自鸣曰：'得过且过。'"今俗语也有"得过且过"的话。

1593【"渴杀鸪"】范寅《越谚》卷上《翻译禽音之谚第十五》："渴杀鸪，渴杀姑(呼雨)挂挂红灯挂挂红(呼晴)：鸪。"

1594【"勿借唔乃盐"】范寅《越谚》卷上《翻译禽音之谚第十五》："勿借唔乃盐，勿借唔乃醋，只要唔乃高堂大屋让我住住：燕子。"

1595【贱胎】范寅《越谚》卷上《詈骂讥讽之谚第十六》："贱胎。"骂人的话。

1596【活死人】范寅《越谚》卷上《詈骂讥讽之谚第十六》："活死人：《郑元祐集》有《活死人窝歌》。"

1597【吃潦饭】范寅《越谚》卷上《詈骂讥讽之谚第十六》："吃潦饭：骂其浪子。又音劳，怨詈也。"

1598【三弗兜头】范寅《越谚》卷上《詈骂讥讽之谚第十六》："三弗兜头：卤莽也。"

1599【勿上禄位】范寅《越谚》卷上《詈骂讥讽之谚第十六》："勿上禄位：骂其贱。"

1600【诬言乱道】范寅《越谚》卷上《詈骂讥讽之谚第十六》："诬言乱道：不谨言。"

1601【狐群狗党】范寅《越谚》卷上《詈骂讥讽之谚第十六》：
"狐群狗党。"

1602【做滥好人】范寅《越谚》卷上《詈骂讥讽之谚第十六》：
"做滥好人：又滥小人。"

1603【弗明皂白】范寅《越谚》卷上《詈骂讥讽之谚第十六》：
"弗明皂白：无识。"

1604【不识时务】范寅《越谚》卷上《詈骂讥讽之谚第十六》：
"不识时务。"时务：当前的形势。

1605【末代子孙】范寅《越谚》卷上《詈骂讥讽之谚第十六》：
"末代子孙。"

1606【上轿穿耳朵】范寅《越谚》卷上《詈骂讥讽之谚第十六》："上轿穿耳朵：痛做已迟。"

1607【搦卵子过桥】范寅《越谚》卷上《詈骂讥讽之谚第十六》："搦卵子过桥。"过于小心。

1608【稂弗稂，秀弗秀】范寅《越谚》卷上《詈骂讥讽之谚第十六》："稂弗稂，秀弗秀：讽其庸懦。"《绣襦记》剧："弄得来，郎不郎，秀不秀，难道到着你一世无成。"

1609【肚痛暴怨灶司】范寅《越谚》卷上《詈骂讥讽之谚第十六》："肚痛暴怨灶司：暴怨，埋怨。"

1610【螺蛳壳里做道场】范寅《越谚》卷上《訾骂讥讽之谚第十六》:"螺蛳壳里做道场:讥屋窄。"

1611【铜钱眼里翻跟斗】范寅《越谚》卷上《訾骂讥讽之谚第十六》:"铜钱眼里翻跟斗:武林闻见录有云在钱眼里坐。"

1612【酒囊饭袋茶竹管】范寅《越谚》卷上《訾骂讥讽之谚第十六》:"酒囊饭袋茶竹管:讥贪婪。"

1613【知人知面不知心】范寅《越谚》卷上《訾骂讥讽之谚第十六》:"知人知面不知心。"了解得不彻底。

1614【剥脸皮】范寅《越谚》卷上《訾骂讥讽之谚第十六》:"剥脸皮:羞辱之骂。"另有越语曰:"脸皮都要。"

1615【读书读到畅,只可上上账】范寅《越谚》卷上《訾骂讥讽之谚第十六》:"读书读到畅,只可上上账。"

1616【九子廿三孙,独自造孤坟】范寅《越谚》卷上《訾骂讥讽之谚第十六》:"九子廿三孙,独自造孤坟:此诅咒之毒词。"清金埴《不下带编》卷六有一条云:"由曹江东渡,至余姚东五里,舠子向客指点之曰:'此孤老坟者。相传前明有富翁某,生子九人,孙则十三。迨暮年,其子若孙,殇亡殆尽。翁叹曰:"吾嗣续不为不广,而今仅子身拥此厚赀,终将谁与?且谁为吾造孤坟者?"乃自营葬地,尽以蓄产为学田,诣塾师而拜,告之曰:"吾九子十三孙,亲自造孤坟,(二语迄今传于人口。)诚古今罕有。今将就木,愿输产于庠,得传流不断,为吾寒食麦饭,则孤坟无主而有主,泽及枯骨矣!"至今余姚县儒学载之学册,其坟每岁春祭,学师必亲临奠,以其流惠士林于无穷也。'"

1617【双眼乌只只,转背都是贼】范寅《越谚》卷上《詈骂讥讽之谚第十六》:"双眼乌只只,转背都是贼。"

1618【发厉挤】范寅《越谚》卷上《孩语》:"发厉挤:小儿皱唇咬牙拳手作靳也。"

1619【打弗着,烂狗脚】范寅《越谚》卷上《孩语》:"打弗着,烂狗脚:此戏谑也。"

1620【已会哭,已会笑,两中黄狗来抬轿】范寅《越谚》卷上《孩语》:"已会哭,已会笑,两中黄狗来抬轿:讥其喜怒无常。"

1621【屁股眼里吹喇叭】范寅《越谚》卷上《孩语》:"屁股眼里吹喇叭:戏言痴疾。"

1622【夜饭少吃口,活到九十九】范寅《越谚》卷上《孩语》:"夜饭小吃口,活到九十九:到,呼如带。"

1623【阿秋一个嚏】范寅《越谚》卷上《孺歌》:"阿秋一个嚏,皇帝诇我做女婿,路远迢迢弗肯去。"嚏:喷嚏。

1624【坍眼乌娄娄】范寅《越谚》卷上《孺歌》:"坍眼乌娄娄,油炒扁眼豆,炒炒一钵头,搛搛一筷头。"搛:用筷夹取。

1625【义】范寅《越谚》卷上《孺歌》:"义,义,义,义到外婆家,外婆留吃茶,妗姆懒烧茶(言不为炊),茶钟茶匙别人家,水,水,水缸底里结莲花。"

1626【《二十夜》】范寅《越谚》卷上《孺歌》:"二十夜,连夜夜,点得红灯做绣鞋:详时序。此岁暮歌。"

1627【搨搨捼捼】范寅《越谚》卷上《孺歌》:"搨搨捼捼,百病消磨,饭咳消,食咳消,吃得茶饭长(去声)脂臕。"题下原注:"此儿多食腹痛按摩时语。"

1628【卜卜卜】范寅《越谚》卷上《孺歌》:"卜卜卜,吪乃娘个田螺壳,晶晶晶,吪乃娘个田蝶精。"

1629【小人】范寅《越谚》卷上《孺歌》:"小人勿可疲,疲得要剥皮,小人勿可倕,鸟得要磨粉:此警戒词。呼孩为小人。"疲:顽皮;倕:孏人。

1630【低叭】范寅《越谚》卷上《孺歌》:"低叭低叭,新人留歹,安歹过夜,明朝还俉乃:此宋末元初之谣。"周作人《初夜权》序言[译文]案:"中国初夜权的文献未曾调查,不知其详,唯传说元人对于汉族曾施行此权。范寅编《越谚》卷上载童谣《低叭》一章,其词曰:

低叭低叭,(唢呐声)

新人留歹,(歹读如 ta,语助词)

安歹过夜,

明朝还俉乃。(俉乃,读如 n—na,即你们。)注云:"此宋末元初之谣。"据绍兴县视学陈曰淀君说,德政乡谣如下:

低带低带,

新人留歹;

借我一夜,("我"读作 nga,即我们。)

明朝还乃。

云蒋岸桥地方昔有恶少啸聚,有新妇过此,必劫留一夜,后为知县所闻,执杀数人,此风始戢。所说本事大抵不可凭,唯古俗废灭,而民族意识中犹留余影,则因歌谣而可了知者也。又浙中有闹房之俗,新婚的首两夜,夫族的亲族男子群集新房,对于新妇得尽情调笑,无所禁忌,虽云在赚新人一笑,盖系后来饰词,实为蛮风之遗留,即初夜权之一变相。"

1631【譬如打譬如】范寅《越谚》卷上《劝譬颂祷之谚第十八》:"譬如打譬如。"

1632【喝糖茶,话苦话】范寅《越谚》卷上《劝譬颂祷之谚第十八》:"喝糖茶,话苦话:此颂人之由贫贱而富贵者。"

1633【捞得温藻就是虾】范寅《越谚》卷上《劝譬颂祷之谚第十八》:"捞得温藻就是虾:劝收债者不过刻。"

1634【拔得萝卜地头空】范寅《越谚》卷上《劝譬颂祷之谚第十八》:"拔得萝卜地头空:劝还债者不负人。"

1635【千里传声,万里传名】范寅《越谚》卷上《劝譬颂祷之谚第十八》:"千吐传声,万里传名。"

1636【比上不足,比下有余】范寅《越谚》卷上《劝譬颂祷之谚第十八》:"比上不足,比下有余。"《文选·鹪鹩赋》:"上方不足,下比有余。"方,亦即比。

1637【长命富贵,金玉满堂】范寅《越谚》卷上《劝譬颂祷之谚第十八》:"长命富贵,金玉满堂。"祝颂语。

1638【祸福无门,惟人自招】范寅《越谚》卷上《劝譬颂祷之谚第十八》：“祸福无门，惟人自招。”

1639【亭铎】范寅《越谚》卷中《名物·天部》：“亭铎：呼若零荡。雪时檐冰。”

1640【乌风猛暴】范寅《越谚》卷中《名物·天部》：“乌风猛暴：报。谓暗黑大风拔木飞瓦者。”

1641【阴浸头冷】范寅《越谚》卷中《名物·天部》：“阴浸头冷：酿雪天气。”

1642【乌黗白花】范寅《越谚》卷中《名物·天部》：“乌黗白花：霉天而衣服起黑白点者。”

1643【荡】范寅《越谚》卷中《名物·地部》：“荡：上声。栽菱养鱼处。”

1644【埂】范寅《越谚》卷中名物·地部》：“埂：盖梗切。田地条凸处。”

1645【埭】范寅《越谚》卷中名物·地部》：“埭：大。亦村地名，如陶家埭、姚家埭之类。”

1646【汉港】范寅《越谚》卷中《名物·地部》：“汉港：水斜穿处。”

1647【汇头】范寅《越谚》卷中《名物·地部》：“汇头：港湾墙转处。”

1648【石宕】范寅《越谚》卷中《名物·地部》："石宕：石山凿余之深窝。"

1649【连底冻】范寅《越谚》卷中《名物·地部》："连底冻：冰厚到底者。"

1650【黄道日】范寅《越谚》卷中《名物·时序》："黄道日：历中除危定执四日也。"

1651【黑道日】范寅《越谚》卷中《名物·时序》："黑道日：历中建满平收四日。"

1652【歇两日】范寅《越谚》卷中《名物·时序》："歇两日：凡倩人宽缓日期有此语。又停两日皆无的期。"

1653【黄昏头】范寅《越谚》卷中《名物·时序》："黄昏头：又曰黄昏戌时。"

1654【二十夜】范寅《越谚》卷中《名物·时序》："二十夜：自腊月二十至除夕均不呼日而呼夜，警岁暮也。"

1655【两头春】范寅《越谚》卷中《名物·时序》："两头春：正初腊底皆逢春。"

1656【百花生日】范寅《越谚》卷中《名物·时序》："百花生日：二月二日，此花朝之遗意。"

1657【夹年夹节】范寅《越谚》卷中《名物·时序》："夹年夹节：凡怨年节遇事有此语。"

1658【大天白亮】范寅《越谚》卷中《名物·时序》:"大天白亮:警迟起有此言。"《四节记》剧:"直困到大天白亮,爬起来踌躇踌躇。"

1659【三岁到老】范寅《越谚》卷中《名物·时序》:"三岁到老。"又有"七岁到死"的话。

1660【起早乌陇忪】范寅《越谚》卷中《名物·时序》:"起早乌陇忪:陇松黎明时。"

1661【冬至弗出年外】范寅《越谚》卷中《名物·时序》:"冬至弗出年外。"意即为期不远。

1662【冬至百六是清明】范寅《越谚》卷中《名物·时序》:"冬至百六是清明:此符历算。"一定的道理。

1663【三日起早当一工】范寅《越谚》卷中《名物·时序》:"三日起早当一工。"

1664【填房】范寅《越谚》卷中《名物·伦常》:"填房:填,窴,指人继妻。"《儒林外史》:"王氏向赵氏道:'我若死了,就把你扶正,做个填房。'"未扶正前,赵氏只是个"偏房",也就是"妾"。

1665【小】范寅《越谚》卷中《名物·伦常》:"小:妾也。纳妾曰讨小。"萧山称妾曰"小老婆"。《通俗编》:"小星,见《诗经》;小妻、小妇,俱见《汉书》;皆谓妾也。又副妾在妾之下,箜室在副妾之下,俱见《左传》。今俗通以'小'名之。"元武汉臣《天老生儿》剧:"敢是你那里看上了一个,你待娶来做小老婆也。"《怜香伴》

剧:"俗语说得好:'若要家不和,娶个小老婆。'"

1666【妯娌】范寅《越谚》卷中《名物·伦常》:"妯娌:逐里。似娣通文称。"

1667【吭乃】范寅《越谚》卷中《名物·伦常》:"吭乃:谓尔及尔一党括言之。"你们。

1668【小夥子】范寅《越谚》卷中《名物·伦常》:"小夥子:谓壮男。"

1669【进舍女婿】范寅《越谚》卷中《名物·伦常》:"进舍女婿:赘婿。"俗称"入赘女婿"。

1670【老实人】范寅《越谚》卷中《名物·善类》:"老实人:不知奸诈者。"也叫"老实头人"。

1671【忠厚人】范寅《越谚》卷中《名物·善类》:"忠厚人:不避人欺。"又叫"忠厚头人"。

1672【在行人】范寅《越谚》卷中《名物·善类》:"在行人:社杭银。称晓事者。"

1673【大姑娘】范寅《越谚》卷中《名物·善类》:"大姑娘:童女。"

1674【斯文一脉】范寅《越谚》卷中《名物·善类》:"斯文一脉:称读书人及美少年佳子弟有此一谚。又称斯文人。"

1675【郎中】范寅《越谚》卷中《名物·尊称》:"郎中:医生。"指"中医"。

1676【点王】范寅《越谚》卷中《名物·尊称》:"点王:主人。"王字加一点为主字。

1677【檀越】范寅《越谚》卷中《名物·尊称》:"檀越:施主。"

1678【新郎官】范寅《越谚》卷中《名物·尊称》:"新郎官:成婚时叫。"与此相对为"新娘子"。

1679【头陀】范寅《越谚》卷中《名物·贱称》:"头陀:谓蓄发戴箍敲响板和尚。"

1680【佃户】范寅《越谚》卷中《名物·贱称》:"佃户:农我田者。"

1681【小炉匠】范寅《越谚》卷中《名物·贱称》:"小炉匠:此铜匠之挑担有小炉者。"

1682【了唐】范寅《越谚》卷中《名物·恶类》:"了唐:骂败子。"萧山称"了唐坯"。

1683【佘客】范寅《越谚》卷中《名物·恶类》:"佘客:上吞上声。游惰之民。"游游荡荡有如"佘"在水面之上。佘:漂浮。

1684【无赖】范寅《越谚》卷中《名物·恶类》:"无赖:此无字官音。不事生业而行邪行者。"

1685【篾片】范寅《越谚》卷中《名物·恶类》："篾片:诳人诓财者。"犹今之"骗子"。

1686【吃戤饭】范寅《越谚》卷中《名物·恶类》："吃戤饭:中屹害切。同余客。"

1687【拖油瓶】范寅《越谚》卷中《名物·恶类》："拖油瓶:随母改嫁子,即售子之庾语也。"

1688【回头人】范寅《越谚》卷中《名物·恶类》："回头人:夫亡改嫁。"

1689【活切头】范寅《越谚》卷中《名物·恶类》："活切头:夫存转嫁。"

1690【大赝子】范寅《越谚》卷中《名物·恶类》："大赝子:中掩。不识好歹之甚。"

1691【十恶弗赦】范寅《越谚》卷中《名物·恶类》："十恶弗赦:沙去声。"

1692【拐子】范寅《越谚》卷中《名物·贼类》："拐子:骗卖子女者。"

1693【三只手】范寅《越谚》卷中《名物·贼类》："三只手:亦窃盗隐名。"杭语叫"撮头儿"。

1694【揖壁贼】范寅《越谚》卷中《名物·贼类》："揖壁贼:上魇。夜盗先伏门壁后者。"

1695【跌打】范寅《越谚》卷中《名物·贼类》:"跌打:专事翻跟斗竖囟顶者。"

1696【潮神菩萨】范寅《越谚》卷上《名物·神祇》:"潮神菩萨:执吴越春秋之说,谓即伍子胥,陪赛张大明王。"

1697【张老相公(张大明王)】范寅《越谚》卷中《名物·神祇》:"张老相公:宋名臣战倭寇没潮中。相传撑蛋船者遇风险,呼大明王盔甲来救迟,呼老相公便衣来救速。无庙不奉其神,而建祠于后桑盆者尤灵感尊崇。每岁仲秋初吉迎赛,酬病愿扮犯人者遮道牲祭,可为京观。按北魏书有东海明王神。"蛋船:渔船。京观:犹"大观"。

1698【五猖菩萨】范寅《越谚》卷中《名物·神祇》:"五猖菩萨:会稽东关市有庙,赛会颇盛。"鲁迅在《五猖会》一文中说:"要到东关看五猖会去了。这是我儿时所罕逢的一件盛事。因为那会是全县中最盛的会。"又说:"在那里有两座特别的庙。一是梅姑庙……其一便是五猖庙了,名目就奇特。据有考据癖的人说:这就是五通神。然而也并无确据。神像是五个男人,也不见有什么猖獗之状;后面列坐着五位太太,却并不'分坐'……"

1699【邋遢四老相公】范寅《越谚》卷中《名物·神祇》:"邋遢四老相公:十殿阎王内塑有此神。"周作人在《疟鬼》一文中说:"疟鬼名'腊塌四相公',幼时在一村庙中曾见其塑像。共四人,并坐龛中,衣冠面貌都不记忆,唯记得一人手持吹火筒,一持芭蕉扇,其余两个手中的东西也已忘却了。据同伴的工人说明,持扇者扇人使发冷,持火筒者一吹则病人陡复发热云。俗语称一般传染病云腊塌病,故四相公亦以是名。"

1700【鬾】范寅《越谚》卷中《名物·神祇》:"鬾:主。即鬼。"

1701【吊杀鬾】范寅《越谚》卷中《名物·神祇》:"吊杀鬾:缢鬼。"

1702【潭杀鬾】范寅《越谚》卷中《名物·神祇》:"潭杀鬾:淹鬼。"

1703【着杀鬾】范寅《越谚》卷中《名物·神祇》:"着杀鬾:火死。"被火烧死曰"着杀"。

1704【累】范寅《越谚》卷中《名物·疾病》:"累:皮外起小粒。"又叫"累扎"(记音)。

1705【刮积】范寅《越谚》卷中《名物·疾病》:"刮积:即痢疾不畅者。"

1706【发探】范寅《越谚》卷中《名物·疾病》:"发探:脸病浮肿。"

1707【发痴】范寅《越谚》卷中《名物·疾病》:"发痴:多情不慧。"

1708【斜头蹩脚】范寅《越谚》卷中《名物·疾病》:"斜头蹩脚:三僻,脚不正也。"

1709【污】范寅《越谚》卷中《名物·身体》:"污:粪也。又名大便。"茹三樵《越谚释》卷上:"污:周南薄污我私。注污谓烦撋

297

之以去其污。越人于一切浣濯之事,皆作呼去声,其音又与污微别。要是音近致讹者。又越人以粪秽为污,则左氏传有汾浍以流其恶,恶亦读污,其于言未有非,而世往往摘以为笑也。"

1710【鼻头红】范寅《越谚》卷中《名物·身体》:"鼻头红:鼻血。"

1711【肋胳支下】范寅《越谚》卷中《名物·身体》:"肋胳支下:腋下。"

1712【鸡骨头人】范寅《越谚》卷中《名物·身体》:"鸡骨头人:瘦小而坚者。"

1713【明堂】范寅《越谚》卷中《名物·屋宇》:"明堂:屋中院落。"杭语曰"天井"。

1714【廊厦】范寅《越谚》卷中《名物·屋宇》:"廊厦:房寝之外檐窗之内。"

1715【石灰】范寅《越谚》卷中《名物·屋宇》:"石灰:石块烧成,用以垩,佳者谓梗灰,即矿灰。又风化石灰。"

1716【鹰架】范寅《越谚》卷中《名物·屋宇》:"鹰架:起亭造桥,先用木料搭架。"《司马公书仪》:"挽重物上下,宜用革车,或用鹰架木。"现在工人建房,也搭"鹰架",又叫"脚手架"。

1717【纸筋】范寅《越谚》卷中《名物·屋宇》:"纸筋:破碎纸揉石灰用。"做草纸留下来的废料。

1718【巷牌】范寅《越谚》卷中《名物·屋宇》:"巷牌:凡节孝科甲用石坊表如牌,竖于街巷间。"又称"牌坊"。

1719【银镗箍】范寅《越谚》卷中《名物·屋宇》:"银镗箍:朗荡枯。大门铁甩,客叩即鸣。"

1720【虾蟆灶】范寅《越谚》卷中《名物·屋宇》:"虾蟆灶:独眼者,亦砖灰筑。越灶以三眼为大,两眼次之。"

1721【家事】范寅《越谚》卷中《名物·器用》:"家事:此更括尽器用财贿。"贿:财物。

1722【家伙】范寅《越谚》卷中《名物·器用》:"家伙:此括金木各器,较家生所包者广。"

1723【匮】范寅《越谚》卷中《名物·器用》:"匮:音惧。"简化字作"柜"。

1724【坐车】范寅《越谚》卷中《名物·器用》:"坐车:此木竹有棂方器,夏坐婴。"

1725【团箕】范寅《越谚》卷中《名物·器用》:"团箕:即簸具。"圆形。

1726【勃阑】范寅《越谚》卷中《名物·器用》:"勃阑:筛米时用。"

1727【锲子】范寅《越谚》卷中《名物·器用》:"锲子:则,即镰也。割稻铁器如锯。"萧山人叫"割子"。

1728【筲箕】范寅《越谚》卷中《名物·器用》："筲箕。"淘米用。圆形,上面有甩。另有淘箩,无甩。

1729【卤】范寅《越谚》卷中《名物·货物》："卤:盐泽也。越疆滨海,涨沙地碱,刮土晒淋,厥水曰卤。"

1730【烧纸】范寅《越谚》卷中《名物·货物》："烧纸:切黄纸为方块,又切为不断之条,祭祀散烧。"

1731【银锭】范寅《越谚》卷中《名物·货物》："银锭:冥镪也。以蜡箔纸糊作锭形。"

1732【馅】范寅《越谚》卷中《名物·饮食》："馅:咸上声。凡米面食物坎其中而实以杂味曰馅。其文从臽不从舀。宋人有误书受讥者,欧阳公归田录载之。"

1733【茧果】范寅《越谚》卷中《名物·饮食》："茧果:扫墓时食指头细腰积六条成一攒。"

1734【糕干】范寅《越谚》卷中《名物·饮食》："糕干:米粉作方条,焙熟成干,极松脆,为越城名物,与绍酒通市京都,故招牌书进京香糕,昔多黄色,今多白色,其粉更细而佳。"

1735【烧饼】范寅《越谚》卷中《名物·饮食》："烧饼:麦粉起酥一次名单酥烧饼,两次名双酥,实以糖则甜,曰甜烧饼,椒盐则咸,名咸烧饼。乾嘉年间转行京都矣。"

1736【京团】范寅《越谚》卷中《名物·饮食》："京团:糯粉馅

糖糝芝麻,油炸胖大,故曰京。"圆形的大谷仓叫"京"。

1737【麻糍】范寅《越谚》卷中《名物·饮食》:"麻糍:糯粉馅乌豆沙如饼,炙食,担卖。多吃能杀人。"

1738【倒藁菜】范寅《越谚》卷中《名物·饮食》:"倒藁菜:盐用白菜。此以芥菜盐入坛倒藁。"

1739【苋菜梗】范寅《越谚》卷中《名物·饮食》:"苋菜梗:其梗如蔗,段之腌之,气臭味佳,最下饭。"

1740【过酒胚】范寅《越谚》卷中《名物·饮食》:"过酒胚:括糕果肴核之堪下酒者。"

1741【洞里火烧】范寅《越谚》卷中《名物·饮食》:"洞里火烧:本名火烧饼,较烧饼为大而不起酥,其炉大而空洞,炽炭其下,贴饼其腹,故名。"

1742【鞋楦】范寅《越谚》卷中《名物·服饰》:"鞋楦:所券切,喧,去声。鞋工木胎也。"

1743【褙褡】范寅《越谚》卷中《名物·服饰》:"褙褡:背答亦名绑身,即半臂衫,男短者绑身,女长者褙褡。"

1744【八哥】范寅《越谚》卷中《名物·禽兽》:"八哥:即鸜鹆。南唐避李后主嫌名,名此。"

1745【打势】范寅《越谚》卷中《名物·禽兽》:"打势:鸡鹅鸭鸟孳尾皆名打势,本于宫刑男子割势之势。"

1746【潮鸭】范寅《越谚》卷中《名物·禽兽》:"潮鸭:皆雌能卵肥大。"

1747【阉鸡】范寅《越谚》卷中《名物·禽兽》:"阉鸡:雄鸡阉割其势。"

1748【十姐妹】范寅《越谚》卷中《名物·禽兽》:"十姐妹:又名铁嘴麻鸟,其来成群。"

1749【半洁鸡】范寅《越谚》卷中《名物·禽兽》:"半洁鸡:洁呼如脚。阉而未净,仍如雄鸡。"仍能啼,但声音嘶哑。

1750【啾固鸭】范寅《越谚》卷中《名物·禽兽》:"啾固鸭:多雄,其鸣啾啾,肉熟坚固,无肥大者,故名。"

1751【胖头】范寅《越谚》卷中《名物·水族》:"胖头:此鱼头最肥大而美,畜荡鱼者,春养冬网,四月至八月月倍长,如四月四两,五月八两,至八月共重四斤矣。"即"鳙鱼"。

1752【黄桑】范寅《越谚》卷中《名物·水族》:"黄桑:呼如盎赏,此口音之别也。背腮有刺骨,毒人,鸬鹚且畏之。"小说家汪曾祺在《故乡的食物》中说:"昂嗤鱼的样子也很怪,头扁嘴阔,有点像鲇鱼,无鳞,皮色黄,有浅黑色的不规整的大斑,无背鳍。而背上有一根很硬的尖锐的骨刺。用手捏起这根骨刺,,它就发出昂嗤昂嗤小小的声音。这声音是怎么发出来的,我一直没弄明白。这种鱼是由这种声音得名的。"萧山人把它叫作"昂叫"。

1753【鲻鱼】范寅《越谚》卷中《名物·水族》:"鲻鱼:兹。似鲤而肥甘,烹不去鳞,美在鳞皮间。"

1754【鲭鱼】范寅《越谚》卷中《名物·水族》:"鲭鱼:青。又名螺蛳鲭,专食螺蛳,其身浑,其色青,其胆大凉。"

1755【鳊鱼】范寅《越谚》卷中《名物·水族》:"鳊鱼:边。阔腹扁身,缩项锐头,或赤眼,越湖希罕。"

1756【浑鱼】范寅《越谚》卷中《名物·水族》:"浑鱼:浑。似鲻而小,其眼红。"

1757【鲥鱼】范寅《越谚》卷中《名物·水族》:"鲥鱼:鲥,时。出严陵富阳者佳,美倍鲻,亦在鳞皮间。"

1758【鲚鱼】范寅《越谚》卷中《名物·水族》:"鲚鱼:齐,上声,即刀鱼。"

1759【白鲦】范寅《越谚》卷中《名物·水族》:"白鲦:条。形狭而长若条然,重不过八两。"

1760【吐铁】范寅《越谚》卷中《名物·水族》:"吐铁:出海滨。半壳半肉,宁波桃花者佳。"

1761【蠼螋】范寅《越谚》卷中《名物·虫豸》:"蠼螋:岐休。似蜈蚣而短小,其脚细多而长。"

1762【灰鳖虫】范寅《越谚》卷中《名物·虫豸》:"灰鳖虫:中必。生灰仓间。越炊稻草多灰,故灶有灰仓。"

1763【蜓蚰蠃】范寅《越谚》卷中《名物·虫豸》:"蜓蚰蠃:即蛞蝓。"

1764【带壳蜓蚰蠃】范寅《越谚》卷中《名物·虫豸》:"带壳蜓蚰蠃:即蜗牛。"

1765【黄花】范寅《越谚》卷中《名物·花》:"黄花:暮春遍坂细花棉叶无梗,贴地而生,采春麦果。"

1766【茅草】范寅《越谚》卷中《名物·草》:"茅草:其根细白如蔗,名地甘蔗,有白针,孩童采食皆甘。"

1767【柏树】范寅《越谚》卷中《名物·木》:"柏树:十月叶丹即枫,其子可榨油,农皆栽田边。"柏树与枫树不是同一种树。

1768【路路通】范寅《越谚》卷中《名物·木》:"路路通:杉子落山检藏,以备烟熏。"路路通是枫树的子,不是杉树子。

1769【塘柴】范寅《越谚》卷中《名物·木》:"塘柴:越惟炉炊用薪,呼薪为柴。柴丕备筑塘者为上,故呼塘柴。"塘柴是筑塘时用来巩固塘脚的木桩。萧山有两句谚语:"捞塘柴,剥死狗。"是讽刺那些专门捞公家便宜的人的,可以参考。

1770【礅磋瓜】范寅《越谚》卷中《名物·瓜》:"礅磋瓜(冷饭瓜、呃杀瓜):较香瓜为大,以其形如礅磋而粉糯噎喉,然味实美。"

1771【山里果子】范寅《越谚》卷中《名物·果》:"山里果子:即山查。"

1772【四角菱】范寅《越谚》卷中《名物·果》：“四角菱：芰也。又名牛菱。”

1773【广仙】范寅《越谚》卷中《名物·谷》：“广仙：早稻，长米红斑。”

1774【毛豆】范寅《越谚》卷中《名物·谷》：“毛豆：毛豆成熟曰白，夏曰六月白，七八九秋熟曰七月白八月白九月白。”

1775【蚕豆】范寅《越谚》卷中《名物·谷》：“蚕豆：此豆细圆，吴呼寒豆。”通称豌豆。孙锦标《南通方言疏证》“豌豆”项下说：“《通州物产志》豌豆，俗名小蚕豆。《本草》豌豆种出西胡。按豌音安，通俗谓之豌豆，或谓之小豆。”

1776【罗汉豆】范寅《越谚》卷中《名物·谷》：“罗汉豆：此豆扁大，只能用菜，吴呼蚕豆。”蚕豆又叫佛豆，罗汉豆大概是由佛豆变化出来。孙锦标《南通方言疏证》“蚕豆”项下说：“《通州物产志》蚕豆，以蚕月熟，故名。大者名虾蟆青。《新志言》《尔雅》，戎菽谓之荏菽。郭璞曰，即胡豆也。今四月大豆，通言蚕豆。广东曰马豆，四川谓之胡豆、戎、马，皆大也。按蚕音徂含切，海门云蚕豆，音如残，此正音也。通俗云蚕豆，音如泉，盖音转也。”

1777【淘米泔水】范寅《越谚》卷中《名物·谷》：“淘米泔水：此即浙也。孟子接浙。”

1778【大熟时年】范寅《越谚》卷中《名物·谷》：“大熟时年。”丰收年。

1779【三十六桶】范寅《越谚》卷中《名物·谷》:"三十六桶:此草根似蒜者,采晒磨粉,漂过三十六桶水方可充饥,否则呕杀。道光十三年越大饥,予村多食此。"

1780【菜】范寅《越谚》卷中《名物·蔬》:"菜:白菜、芥菜、苋菜、荠菜、韭菜、萝卜菜、油菜、菠菜、蒿菜、冬芥菜、腌菜、干菜、小白菜、鸡毛白菜、卷心菜、大叶芥、九脑芥。"

1781【天葱】范寅《越谚》卷中《名物·蔬》:"天葱:此种搁檐上,大地葱十倍。孟夏杪上结爪。"

1782【雪里蕻】范寅《越谚》卷中《名物·蔬》:"雪里蕻:冬芥雪中起小蕻腌食,宁波美味,越不常得。"

1783【馊】范寅《越谚》卷中《名物·气味》:"馊:暑天饭过夜坏味。"

1784【蔫】范寅《越谚》卷中《名物·色》:"蔫:烟。色不鲜。"

1785【红花似嫩】范寅《越谚》卷中《名物·色》:"红花似嫩:谓鹤发童颜者,即六郎貌似莲花之意。"

1786【拜坟岁】范寅《越谚》卷中《名物·风俗》:"拜坟岁:上元之前儿孙数人香烛纸锭果盒谒墓。"

1787【上坟】范寅《越谚》卷中《名物·风俗》:"上坟:即扫墓也。清明前后,大备船筵鼓乐,男女儿孙尽室赴墓,近宗晚眷助祭罗拜,称谓上坟市。"

1788【分岁】范寅《越谚》卷中《名物·风俗》:"分岁:除夕祭先事后竣,合家聚饮祝颂。"

1789【送寒衣】范寅《越谚》卷中《名物·风俗》:"送寒衣:十月祭墓之名,亦数人而已。"

1790【暖房】范寅《越谚》卷中《名物·风俗》:"暖房:洞房置酒果聚食也。"萧山谓之"暖房酒"。

1791【催生】范寅《越谚》卷中《名物·风俗》:"解□:罢去声。嫁女孕育期前送孩衣衲。即《梦粱录》催生。"俗称"催生衣"。

1792【得周】范寅《越谚》卷中《名物·风俗》:"得周:产儿周岁,母家备礼又往,即晬盘也。《爱日斋丛抄》曰试周。"

1793【回门】范寅《越谚》卷中《名物·风俗》:"回门:嫁后初次女以婿归登堂拜见,备盛筵厚贽曰回门。"姜长卿《崇川竹枝词》:"回门满月斗时妆,姐妹交呼见礼忙。不看新娘看新婿,双双羡煞锦鸳鸯。"注:"新婿与女同往,归宁父母,谓之'双回门'。"双回门也是古已有之。《春秋·宣公四年》"冬,齐高固及子叔姬来。"《公羊传》:"其诸为其双双而俱至者与。"可知双回门的事在春秋时就有。

1794【香市】范寅《越谚》卷中《名物·风俗》:"会稽有香炉峰供观音,二月十九以前男女进香成市。"

1795【跳大头】范寅《越谚》卷中《名物·风俗》:"上元灯戏之一。纸糊大头套而跳之。《西京赋》假头也。"

1796【丢巧针】范寅《越谚》卷中《名物·风俗》:"七夕前夜,碗水露置及午,针置水面取影卜瑞。"

1797【晒酱缸】范寅《越谚》卷中《名物·风俗》:"晒酱缸:六月富家做酱油,贫家亦晒绿麦、酱酱瓜下饭。"

1798【秤人】范寅《越谚》卷中《名物·风俗》:"秤人:立夏日秤之,可免蛀夏。"

1799【正月初一穿,三十日夜吃】范寅《越谚》卷中《名物·风俗》:"正月初一穿,三十日夜吃。"萧山作"正月初一穿,年三十日夜吃。"

1800【结缘】范寅《越谚》卷中《名物·风俗》:"结缘:各寺庙佛生日,散钱与丐、送饼与人,名此。"

1801【人(音)】范寅《越谚》卷下《音义·字音各别》:"人:银。"樊恭烜《浙江象山方言考》:"人,村师课徒读如辰,土音呼如银,皆误也,其本音当如忍之平声,半齿音也,一变为正齿音,再变为牙音,今音犹不如土音之近古。"

1802【子(音)】范寅《越谚》卷下《音义·字音各别》:"子:执。惟瓜子松子及鸡鹅鸭蛋呼子者音止,余皆呼执。"

1803【日(音)】范寅《越谚》卷下《音义·字音各别》:"日:业。"

1804【家(音)】范寅《越谚》卷下《音义·字音各别》:

308

"家:枷。"

1805【水（音）】范寅《越谚》卷下《音义·字音各别》：
"水:史。"

1806【自（音）】范寅《越谚》卷下《音义·字音各别》："自:
荠,去声。"

1807【合（音）】范寅《越谚》卷下《音义·字音各别》："合:
蛤。"合寿材、十合为一升,合都读作"蛤"。

1808【外（音）】范寅《越谚》卷下《音义·字音各别》："外:额
害切。"

1809【然（音）】范寅《越谚》卷下《音义·字音各别》："越皆
呼弗,无不音。然:社。不然:呼弗社。"

1810【晚（音）】范寅《越谚》卷下《音义·字音各别》："晚:慢
上声。"

1811【无（音）】范寅《越谚》卷下《音义·字音各别》：
"无:唔。"

1812【未（音）】范寅《越谚》卷下《音义·字音各别》："未:米
去声。"

1813【是（音）】范寅《越谚》卷下《音义·字音各别》："是:实
又音社。"

1814 【左(音)】范寅《越谚》卷下《音义·字音各别》:"左:借。"左手,读作"借手"。

1815 【右(音)】范寅《越谚》卷下《音义·字音各别》:"右:顺。"右手,读作"顺手"。

1816 【未曾(音)】范寅《越谚》卷下《音义·字音各别》:"未曾:未米去声,曾心净切。"

1817 【在(音)】范寅《越谚》卷下《音义·字音各别》:"在:垒。"在这里,说成"垒个里"。

1818 【有(音)】范寅《越谚》卷下《音义·字音各别》:"有:钮。仅曰有从本音,与无字连说,者,皆音钮。"

1819 【让（音）】范寅《越谚》卷下《音义·字音各别》:"让:酿。"

1820 【打（音）】范寅《越谚》卷下《音义·字音各别》:"打:订。持瓦石击人之谓。"

1821 【归（音）】范寅《越谚》卷下《音义·字音各别》:"归:居。"

1822 【杂(音)】范寅《越谚》卷下《音义·字音各别》:"杂:入。杂货店叶此。"

1823 【争(音)】范寅《越谚》卷下《音义·字音各别》:"争:张。"争气,说成"张气"。

1824【惹(音)】范寅《越谚》卷下《音义·字音各别》："惹:娘乃切。"惹祸,说成"娘乃祸祟"。

1825【吼(音)】范寅《越谚》卷下《音义·字音各别》："吼:平声。有不服事而叫喊曰发吼。"

1826【来(音)】范寅《越谚》卷下《音义·字音各别》:"来:雷。"

1827【鼻(音)】范寅《越谚》卷下《音义·字音各别》:"鼻:弼。"

1828【龟(音)】范寅《越谚》卷下《音义·字音各别》:"龟:居。"

1829【去(音)】范寅《越谚》卷下《音义·字音各别》:"去:弃。"

1830【生(音)】范寅《越谚》卷下《音义·字音各别》:"生:色羊切。"

1831【死(音)】范寅《越谚》卷下《音义·字音各别》:"死:西上声。"

1832【省(音)】范寅《越谚》卷下《音义·字音各别》:"省:笙掌切。"

1833【二(音)】范寅《越谚》卷下《音义·字音各别》:

"二:义。"

1834【五（音）】范寅《越谚》卷下《音义·字音各别》："五:俉。"

1835【贵（音）】范寅《越谚》卷下《音义·字音各别》："贵:遽。说物价叶此。"

1836【贱（音）】范寅《越谚》卷下《音义·字音各别》："贱:荐线切。"

1837【贼（音）】范寅《越谚》卷下《音义·字音各别》："贼:石。"

1838【数（音）】范寅《越谚》卷下《音义·字音各别》："数:许。数钱数物之数叶许音,余仍音素。"

1839【系（音）】范寅《越谚》卷下《音义·字音各别》："系:寄。系裤系带。"

1840【缀（音）】范寅《越谚》卷下《音义·字音各别》："缀:载。缀花缀珠。"

1841【夏（音）】范寅《越谚》卷下《音义·字音各别》："夏:杭挜切。"

1842【叠（音）】范寅《越谚》卷下《音义·字音各别》："叠:突。叠墙。"

1843【孝(音)】范寅《越谚》卷下《音义·字音各别》:"孝:好去声。"

1844【交(音)】范寅《越谚》卷下《音义·字音各别》:"交:高。"

1845【热(音)】范寅《越谚》卷下《音义·字音各别》:"热:业。"

1846【纬(音)】范寅《越谚》卷下《音义·字音各别》:"纬:裕。"

1847【野(音)】范寅《越谚》卷下《音义·字音各别》:"野:耶上声。"

1848【宁(音)】范寅《越谚》卷下《音义·字音各别》:"宁:能上声。"

1849【核(音)】范寅《越谚》卷下《音义·字音各别》:"核:活。"

1850【吃(音)】范寅《越谚》卷下《音义·字音各别》:"吃:蛤。口音不清。"

1851【耳(音)】范寅《越谚》卷下《音义·字音各别》:"耳:拟。"

1852【钱(音)】范寅《越谚》卷下《音义·字音各别》:"钱:田。"

1853【绞（音）】范寅《越谚》卷下《音义·字音各别》："绞:告上声。"

1854【剖（音）】范寅《越谚》卷下《音义·字音各别》："剖:破上声。"

1855【某（音）】范寅《越谚》卷下《音义·字音各别》："某:母。"

1856【学（音）】范寅《越谚》卷下《音义·字音各别》："学:杭入声。"

1857【颜（音）】范寅《越谚》卷下《音义·字音各别》："颜:岩。"

1858【尾（音）】范寅《越谚》卷下《音义·字音各别》："尾:米。"

1859【监（音）】范寅《越谚》卷下《音义·字音各别》："监:橄去声。"

1860【捡（音）】范寅《越谚》卷下《音义·字音各别》："捡:橄。"

1861【轮（音）】范寅《越谚》卷下《音义·字音各别》："轮:轮流轮当年。"

1862【眉（音）】范寅《越谚》卷下《音义·字音各别》：

"眉：迷。"

1863【鸟（音）】范寅《越谚》卷下《音义·字音各别》："鸟：刁上声。"

1864【吹（音）】范寅《越谚》卷下《音义·字音各别》："吹：此平声。"

1865【只（音）】范寅《越谚》卷下《音义·字音各别》："只：结。"

1866【这（音）】范寅《越谚》卷下《音义·字音各别》："这：葛。"

1867【跪（音）】范寅《越谚》卷下《音义·字音各别》："跪：具。"

1868【折（音）】范寅《越谚》卷下《音义·字音各别》："折：入。折本。"

1869【望（音）】范寅《越谚》卷下《音义·字音各别》："望：网去声。"

1870【捉（音）】范寅《越谚》卷下《音义·字音各别》："捉：作。"

1871【认（音）】范寅《越谚》卷下《音义·字音各别》："认：佞。"

1872【都（音）】范寅《越谚》卷下《音义·字音各别》："都：去声。"

1873【到（音）】范寅《越谚》卷下《音义·字音各别》："到：带。弄到如此。"

1874【误（音）】范寅《越谚》卷下《音义·字音各别》："误：护。误事误期。"

1875【蹈（音）】范寅《越谚》卷下《音义·字音各别》："蹈：闹。"

1876【说话（音）】范寅《越谚》卷下《音义·字音各别》："说话：叔华。"

1877【斗概（音）】范寅《越谚》卷下《音义·字音各别》："斗概：夹。"

1878【产母（音）】范寅《越谚》卷下《音义·字音各别》："产母：要俉。"产妇，说成"要俉娘"。

1879【枝条（音）】范寅《越谚》卷下《音义·字音各别》："枝条：刁。"（西湖）六条桥，说成"六刁桥"。枝条，读作"枝刁"。

1880【眼泪（音）】范寅《越谚》卷下《音义·字音各别》："眼泪：戾。"

1881【便宜（音）】范寅《越谚》卷下《音义·字音各别》："便宜：依。"

316

1882【端午(音)】范寅《越谚》卷下《音义·字音各别》:"端午:多俉。分言如字。"

1883【张牙舞爪(音)】范寅《越谚》卷下《音义·字音各别》:"张牙舞爪:着野糊糟。此四字连说成句者,音皆别,分言仍不别。"

1884【泰犹犹(音)】范寅《越谚》卷下《音义·重文叠韵》:"泰犹犹:泰上声。"

1885【昏都都】范寅《越谚》卷下《音义·重文叠韵》:"昏都都。"

1886【干巴巴】范寅《越谚》卷下《音义·重文叠韵》:"干巴巴。"

1887【肉笃笃】范寅《越谚》卷下《音义·重文叠韵》:"肉笃笃:小儿肥貌。"

1888【花朵朵】范寅《越谚》卷下《音义·重文叠韵》:"花朵朵:美女也。"

1889【险凛凛】范寅《越谚》卷下《音义·重文叠韵》:"险凛凛。"

1890【懈踏踏】范寅《越谚》卷下《音义·重文叠韵》:"懈踏踏:忒辣切。"

1891【大弼弼】范寅《越谚》卷下《音义·重文叠韵》："大弼弼：大音陀。"

1892【滑溚溚】范寅《越谚》卷下《音义·重文叠韵》："滑溚溚。"

1893【湿答答】范寅《越谚》卷下《音义·重文叠韵》："湿答答。"

1894【及搂搂】范寅《越谚》卷下《音义·重文叠韵》："及搂搂。"不大方。

1895【冷清清】范寅《越谚》卷下《音义·重文叠韵》："冷清清。"

1896【答答帝】范寅《越谚》卷下《音义·重文叠韵》："答答帝。"

1897【刚刚好】范寅《越谚》卷下《音义·重文叠韵》："刚刚好。"

1898【狼狼里籍】范寅《越谚》卷下《音义·重文叠韵》："狼狼里籍：即狼藉。"

1899【噜噜嗦嗦】范寅《越谚》卷下《音义·重文叠韵》："噜噜嗦嗦（噜里噜嗦）：即噜嗦。"

1900【上上落落】范寅《越谚》卷下《音义·重文叠韵》："上上落落。"

1901【进进出出】范寅《越谚》卷下《音义·重文叠韵》："进进出出。"

1902【仔仔细细】范寅《越谚》卷下《音义·重文叠韵》："仔仔细细。"

1903【和和气气】范寅《越谚》卷下《音义·重文叠韵》："和和气气。"

1904【平平稳稳】范寅《越谚》卷下《音义·重文叠韵》："平平稳稳。"

1905【停停当当】范寅《越谚》卷下《音义·重文叠韵》："停停当当。"

1906【零零碎碎】范寅《越谚》卷下《音义·重文叠韵》："零零碎碎。"

1907【攒】范寅《越谚》卷下《音义·单词只义》："攒:积攒也。聚钱谷由少至多曰攒。"

1908【安】范寅《越谚》卷下《音义·单词只义》："安:放置物件也。"

1909【潯】范寅《越谚》卷下《音义·单词只义》："潯:货。洗谓之潯。舟中涤器作屛。"

1910【甩】范寅《越谚》卷下《音义·单词只义》："甩:刮患

切。明才子山阴徐文长用刀杀妻，坐狱当死。张太史元汴改用为甩乃免。越俗篮甩箱子甩等字从此。"

1911【畓】范寅《越谚》卷下《音义·单词只义》："畓：渠盖切。越写不绝田契曰畓。又竿棒靠壁。"

1912【齅】范寅《越谚》卷下《音义·单词只义》："齅：兄去声。以鼻就臭闻其美恶。"

1913【焐】范寅《越谚》卷下《音义·单词只义》："焐：污。物煮熟仍用文火煨。又我冷而求暖于人。"

1914【吮】范寅《越谚》卷下《音义·单词只义》："吮：忍。口含舌舐而取物味，吮饭吃。"

1915【呷】范寅《越谚》卷下《音义·单词只义》："呷：吸饮。"

1916【拨】范寅《越谚》卷下《音义·单词只义》："拨：不。以物与人曰拨。官府支给银米曰酌拨。"

1917【挤】范寅《越谚》卷下《音义·单词只义》："挤：手逼物出汁，挤奶挤疮。"

1918【烊】范寅《越谚》卷下《音义·单词只义》："烊：羊。金银铜铁锡入冶融汁。"

1919【挨】范寅《越谚》卷下《音义·单词只义》："挨：哀。强进也；循序也。"越语谓许多人挤在一起叫"挨屎渣"。

1920【靫】范寅《越谚》卷下《音义·单词只义》:"靫:音歇。越贬人物不美曰靫。"

1921【擤】范寅《越谚》卷下《音义·单词只义》:"擤:亨上声。手捺鼻屏气出涕脓。"

1922【搓】范寅《越谚》卷下《音义·单词只义》:"搓:蹉。两手捻物,搓草绳。"

1923【掐】范寅《越谚》卷下《音义·单词只义》:"掐:苦洽切。爪按曰掐。越俗病经掐人中。"茹三樵《越谚释》卷上:"掐:官府追捕罪人曰掐,盖近世之为官府者,多好作市语,去曰掐去,来曰掐来。而越人乃讹其音,作肯嫁切。以至禽鸟虫鱼无不言掐者,尤为无义。或曰,此字当为喀音之转。"

1924【摅、摸】范寅《越谚》卷下《音义·单词只义》:"摅摸:不视而轻手抚摩曰摅(屋都切),暗索曰摸。"

1925【搀】范寅《越谚》卷下《音义·单词只义》:"搀:俗用为搀和字,酒搀水,谷搀沙。"

1926【摄】范寅《越谚》卷下《音义·单词只义》:"摄:失。引持也。越谓鬼怪攫物曰摄。"

1927【擎】范寅《越谚》卷下《音义·单词只义》:"擎:鲸。手托物高举也。擎天柱。"

1928【揋】范寅《越谚》卷下《音义·单词只义》:"揋:哑去声。强与人物也。揋买揋药。"

1929【掞】范寅《越谚》卷下《音义·单词只义》:"掞:俗音蛋。掞花脸。"

1930【油】范寅《越谚》卷下《音义·单词只义》:"油:诱。以油涂器也。"

1931【剁】范寅《越谚》卷下《音义·单词只义》:"剁:多去声,斫也。越谚与斩连说曰斩斩剁剁。"

1932【扳】范寅《越谚》卷下《音义·单词只义》:"扳:班。挽也,引也。扳价扳罾。"

1933【禁】范寅《越谚》卷下《音义·单词只义》:"禁:平声。不胜重任曰禁勿起。能胜曰禁得起。"

1934【传】范寅《越谚》卷下《音义·单词只义》:"传:去声。越妪面诹辄曰,某传尔。或曰,我背后传尔。如经传之传,语最古雅而耐人寻味。"

1935【哜嘈】范寅《越谚》卷下《越谚剩语》卷上:"哜嘈:喻琐屑也。沈周《客座新闻》载俚语诗,姑姑嫂嫂会哜嘈。越语逆乱哜嘈。"

1936【陶成】范寅《越谚》卷下《越谚剩语》卷上:"陶成:物希可贵曰陶成。若干少赢余曰无陶成。"

1937【歇旰】范寅《越谚》卷下《越谚剩语》卷上:"歇旰:暑天午卧。"

1938【体泰】范寅《越谚》卷下《越谚剩语》卷上："体泰：从容也。"

1939【种荡】范寅《越谚》卷下《越谚剩语》卷上："种荡：栽菱之谓。"

1940【恶识】范寅《越谚》卷下《越谚剩语》卷上："恶识：不睦也。言与识者相恶。"

1941【陶窑】范寅《越谚》卷下《越谚剩语》卷上："陶窑：陶冶窑灶，消耗甚费，俗以喻用度。"

1942【落地】范寅《越谚》卷下《越谚剩语》卷上："落地：妇人产儿下来曰落地。"

1943【讨相骂】范寅《越谚》卷下《越谚剩语》卷上："讨相骂：如俗语相骂。"

1944【勿割舍】范寅《越谚》卷下《越谚剩语》卷上："勿割舍：割爱舍施。"

1945【遭回禄】范寅《越谚》卷下《越谚剩语》卷上："遭回禄：神名。说火灾。"

1946【有长情】范寅《越谚》卷下《越谚剩语》卷上："有长情。"

1947【寻短见】范寅《越谚》卷下《越谚剩语》卷上："寻短见：

迫不欲生。"

1948【笔头呆】范寅《越谚》卷下《越谚剩语》卷上："笔头呆:字画模糊呆住不写。"

1949【根生土养】范寅《越谚》卷下《越谚剩语》卷上："根生土养。"

1950【无边无岸】范寅《越谚》卷下《越谚剩语》卷上："无边无岸。"

1951【转湾落角】范寅《越谚》卷下《越谚剩语》卷上："转湾落角。"

1952【手忙脚乱】范寅《越谚》卷下《越谚剩语》卷上："手忙脚乱。"

1953【轻事重报】范寅《越谚》卷下《越谚剩语》卷上："轻事重报。"

1954【火烧眉毛】范寅《越谚》卷下《越谚剩语》卷上："火烧眉毛。"

1955【影格】范寅《越谚》卷下《越谚剩语》卷下："影格:塾童写本也。"

1956【叫喊弗应】范寅《越谚》卷下《越谚剩语》卷下："叫喊弗应。"

1957【天从人愿】范寅《越谚》卷下《越谚剩语》卷下："天从人愿。"

1958【见笑大方】范寅《越谚》卷下《越谚剩语》卷下："见笑大方。"

1959【力不从心】范寅《越谚》卷下《越谚剩语》卷下："力不从心。"

1960【满面春风】范寅《越谚》卷下《越谚剩语》卷下："满面春风。"形容愉快和蔼的面容。《红楼梦》第五回："满面春风的问好。"亦犹"和颜悦色"。

1961【矫枉过直】范寅《越谚》卷下《越谚剩语》卷下："矫枉过直。"

1962【人微言轻】范寅《越谚》卷下《越谚剩语》卷下："人微言轻。"

1963【文过其实】范寅《越谚》卷下《越谚剩语》卷下："文过其实。"

1964【一目十行】范寅《越谚》卷下《越谚剩语》卷下："一目十行。"

1965【双管齐下】范寅《越谚》卷下《越谚剩语》卷下："双管齐下。"

1966【意到笔随】范寅《越谚》卷下《越谚剩语》卷下："意到

笔随。"

1967【兵不厌诈】范寅《越谚》卷下《越谚剩语》卷下："兵不厌诈。"

1968【投鼠忌器】范寅《越谚》卷下《越谚剩语》卷下："投鼠忌器。"

1969【妄自尊大】范寅《越谚》卷下《越谚剩语》卷下："妄自尊大。"

1970【有名无实】范寅《越谚》卷下《越谚剩语》卷下："有名无实。"

1971【大而无当】范寅《越谚》卷下《越谚剩语》卷下："大而无当。"

1972【美秀而文】范寅《越谚》卷下《越谚剩语》卷下："美秀而文。"

1973【好事多磨】范寅《越谚》卷下《越谚剩语》卷下："好事多磨。"

1974【口说无凭】范寅《越谚》卷下《越谚剩语》卷下："口说无凭。"

1975【傥来之物】范寅《越谚》卷下《越谚剩语》卷下："傥来之物。"傥来物：无意得来的东西。

1976【三姑六婆】范寅《越谚》卷下《越谚剩语》卷下:"三姑六婆:尼姑、道姑、卦姑是谓三姑;牙婆、媒婆、师婆、姊(mán)婆、药婆、稳婆是谓六婆。"

1977【出乖露丑】范寅《越谚》卷下《越谚剩语》卷下:"出乖露丑。"

1978【谈何容易】范寅《越谚》卷下《越谚剩语》卷下:"谈何容易。"谓谈说论议并非易事。多以指向君王进言。何容,犹言岂可。东方朔《非有先生论》:"吴王曰:'可以谈矣。'先生曰:'於戏!可乎哉,谈何容易!'"《意中缘》剧:"谈何容易,又没长房暗缩归程。"

1979【其应如响】范寅《越谚》卷下《越谚剩语》卷下:"其应如响。"

1980【贫者士之常】范寅《越谚》卷下《越谚剩语》卷下:"贫者士之常。"

1981【老牛舐犊】范寅《越谚》卷下《越谚剩语》卷下:"老牛舐犊。"

1982【老生常谭】范寅《越谚》卷下《越谚剩语》卷下:"老生常谭。"《世说新语》:"何晏、邓飏令管辂作卦,卦成,辂称引古义,深以戒之,飏曰:'此老生之常谈。'""谭"即"谈"。

1983【半间不界】范寅《越谚》卷下《越谚剩语》卷下:"半间不界。"不深刻,肤浅不彻底。

1984【四远驰名】范寅《越谚》卷下《越谚剩语》卷下："四远驰名。"

1985【筷】茹三樵《越谚释》卷上："筷：箸本无筷名。今人皆以箸为筷者，推其始，盖以箸音如伫，而讹为迟，故改为快以厌之，而快多以竹，遂加竹为筷也。酒政有猜拳之一法，亦呼九为快。故老尝言，始于江广估客，风水忌其淹久，以九为快，与以迟为快，正同一讳名之例。夫以速为快者，速则快尔，而速非快也。南北朝以来，号私兵为快手。其后郡县供追捕之役者，有马为马快，无马为步快。于是速之为快稍稍见史文。快本俗义，而况于箸之为筷乎？曲礼羹之有菜者用挟，其无菜者不用挟。郑注，今箸名挟提，是箸有挟名。挟者，夹也。北人以箸取物，尚谓之夹。南人谓之兼，兼字无义。要是夹音之转。……"

1986【砦】茹三樵《越谚释》卷上："砦：顾氏亭林曰，古者凿水以通输挽，谓之漕。漕者凿也，音之转尔。由此而类之。凿水为漕，是凿之转。凿木为槽，亦是凿之转。并当去声。饲马以木，谓之槽。喂豕以石，谓之砦。砦如寨音，此又槽音之转，仍当作槽字。其物虽有木石之异，其为凿则一也。按鹤有鹤柴，鹿有鹿柴，柴去声读，谓以柴作栅也。山居者，作栅以为虎狼盗贼之防，谓之寨。而兵家顿止处，因有营寨之名。其实即是柴字。为山寨营寨者，以木为不足，易之以石，作字者亦遂于柴之木易之以石。盖砦之为砦，其由来不过如此，与饲豕之槽风马殊矣。岂得漫相通假乎？今水官验水之法，水溢于堤，谓之出槽，不溢，谓之平槽，浅，谓之半槽。文移往来皆作槽，不作漕。又今物有沟形者，皆谓之槽，木工之凿，更有所谓槽凿者。"

1987【生活】茹三樵《越谚释》卷上："生活：孟子民非水火不生活。此生活二字所自。今百工各治其事，谓之做生活，最可

328

验。市人一切买卖,谓之活计,亦谓之生计。惟其为活计生计也,故两人共事者,谓之夥计。或以生计为生意,讹矣。然义亦可通。浮浪子弟以饮博荒其业,是不知生活者也。不知生活直是自趋死路,岂可不惕然猛省。"

1988【惰贫】茹三樵《越谚释》卷上:"惰贫:越民之中,有所谓惰贫者,于古无可考。按贫者丐也。今入养济院者,谓之孤贫,其册曰孤贫册,其粮曰孤贫粮。彼以孤贫,此以惰贫,亦其例也。或曰此惰民也。民之为贫,以音近致讹。周礼九职,自士农工商,以至转移执事,皆有常业,其无常业者,为游惰之民,游惰之民,可以曰游民,独不可曰惰民乎?此其说诚然。然古者游惰之罚,并无锢其子孙者。此亦何罪至此矣。明神宗时,张宫谕元汴修会稽县志,秉笔者实徐秀才渭,至今称名志焉。其志惰贫,寥寥数言,不过两行许,且亦述里巷不根之言。谓是焦光瓒部曲,以降金故锢之。传其疑而不敢信。焦光瓒不知为何人,降金不知是何年月,其为官锢与?则宋季哀顽不闻有是政令,其为私锢与?又谁肯服之。且逃私叛卒,罪坐其魁,岂应及众?而当日之降金者亦多矣。焦光瓒部曲岂应独罹此酷。其为不然,可一言决也。吴越事,特详于国语,其他若越绝,吴越春秋,虽后人依托为之,然必有旧传,未尽失实。颇闻勾践时,简国中之寡妇淫佚者,则皆输山上,壮士忧愁者,令游山下,以适其意,此其所孕育,皆出于野合,其势自不得与齐民齿,或者支流蔓延,遂成此一种乎?此虽未必为凿据,但今之为惰贫者,自绍郡八邑外,宁台金衢严处以及上江之徽州皆有之,则皆古之越地也。渡浙江而西,入吴境即无有。意当日卧薪尝胆之余,务驱除其游惰,又法严而令必能使三四千年之后犹守之而不改如此,亦可见当日生聚教训精神之强固矣。然而天地有往复,日用有乘除,世无与为终古之罪。吾越自汉晋以来,名流接踵,南宋为三辅地,尤士大夫所聚,其时说部盛行,土风物产,街衢纤语,无所不登载,而惰贫一种,绝不闻谈议及之,况谋所以处之者。今者幸蒙国家特与荡涤,化贱为良,然不追其所自始。无以见本朝德意之宽大。又或者有司之奉行,未尽得其条理,以致其名尚在,用敢私识之,以俟后之志越者订焉。"

1989【靳】茹三樵《越谚释》卷上:"靳:今人以用力为使靳。按左氏传曰,吾从子如骖之靳。驾车之马,以服为主,服马速,则骖马不得独迟。故必靳而从之。有力谓之有靳,无力谓之无靳,忽然用力,谓之靳头。"

1990【坫】茹三樵《越谚释》卷上:"坫:古所谓坫者,盖垒土为之,以代今人桌子之用。其在私居,则大夫有阁而士有坫。阁,即今之桌子。士不得有阁,故坫也。其在行礼之所,则诸侯以上,始设坫于两楹之间,以为反爵之用。而大夫士并无之。论语所谓邦君为两君之好,有反坫是也。北方山桥野市,凡卖酒浆不托者,大都不设桌子,而有坫。因而酒曰酒店,饭曰饭店。即今京师自高梁桥以至圆明园一带,盖犹见古俗,是店之为店,实因坫得名。"

1991【虾】茹三樵《越谚释》卷上:"虾:虾为水族之美。今人以为常馔。而其物不见于经。惟易林有之曰,鲤鲔鲋虾,积福多鱼。至吴越春秋,载越王夫人之歌,有心在专兮素虾,何居食兮江湖,则其字仍作虾蟆之虾。"

1992【拾】茹三樵《越谚释》卷上:"拾:物在于地,拾而取之,天下之人谓之拾。越人乃作传之上声。因而不得其字。不知仍是拾耳。盖拾读涉,如礼拾级聚足之拾,读涉可验。而涉者传之入也。诗之厌浥行露,厌亦浥浥,亦厌。又如大学,此之为自谦,其义则慊,其音则惬,正同。"

1993【摸索】茹三樵《越谚释》卷上："摸索：高诱淮南子注，摸苏，犹摸索，摸摸索索。存所求而未得也。或又为迟钝之讥辞。按易震苏苏，震索索。先儒皆以为与诉诉同。其后又转而为扪捼。越人之言，无扪捼，有弄捼，捼苏昆切。"

1994【吸】茹三樵《越谚释》卷上："吸：诗朝跻于西，崇朝其雨。越谚，朝日吼，不到昼。与诗意正同。但吼字不可解。西河毛氏引之作朝日鲎，则更不可解。夫此物曰虹，曰霓，曰蝃蝀，亦有呼之为降者。宁人顾氏曰，古降字与虹同音，今人不能读降为虹，反呼虹为降，一经指出，其义已豁，至其所以为吼者，耿耿数十年矣。今臆之当是吸字。盖虹之在天而下属于地，如龙之吸水然。而越人读吸为喝，喝之转音为吼，故俗每言龙吼水。他如小儿之吼食，蚂蝗之吼血。凡此之吼，皆当为吸，其明验也。或曰，吸之与吼亦远矣。何以古无此转也。则请得而证之。曰，谋夫孔多是用不集，发言盈廷，谁敢执其咎，集可以协咎，则吸何不可以转吼也。"

1995【东西】茹三樵《越谚释》卷上："东西：今人以物件为东西，考之于古无可证。唯束晰贫家赋，债家至而相敦。乃取东而偿西，稍为近之。"

1996【搽】茹三樵《越谚释》卷上："搽：宁人顾氏曰，今人读涂朱傅粉之涂为宅加切。唐元稹石榴诗二十韵花字韵中押一涂字，胭脂懒颊涂是也。后人又改为搽字。"

1997【饧】茹三樵《越谚释》卷上："饧：方言，饧谓之糖。诗有簧笺箫，编小竹管，如今卖饧者所吹，音义饧，夕清反。又音唐。然饧应易声为饴之转。故释名曰，饧，洋也。煮米消烂洋洋然也。今所以名糖者,曰洋糖,曰饧(情)糖,又或谓之沙糖,皆与古同。但古糖皆米糖,无蔗糖,今所尚则蔗糖尔。以蔗糖之在面白而霜者为洋糖。其在中赤而粒者为饧(情)糖,以其尾为沙糖,划为三名,强作分别,与古异。其米麦熬而成者,今亦有之,则直谓之糖。”

1998【唐】茹三樵《越谚释》卷上:“唐:唐者空也。诗中唐有甓,以其在门之内,阶之前,露而不屋,故谓之唐。今人隔屋而巷者,亦谓之弄唐。言而无实,则谓之荒唐。无故相振触,则谓之唐突。他如庄子之唐肆,佛书之唐捐,皆空义。”

1999【角】茹三樵《越谚释》卷上:“角:粉米麦作小饼,置菜馅其中,裹之,捏作三角形,谓之角子,水之,谓之水角子,而北音无入,呼角如饺音,俗因名之为饺子。其实饺之为饺字,书注为饴,与角子之角,盖风马牛也。两饼相合,俗又谓之合子。”

2000【介】茹三樵《越谚释》卷上:“介:今越人以如此为是介,如何为那介。介者,个尔。按大学引秦誓,若有一个臣,而秦誓本文作若有一介臣,故国语之一介嫡男,一介嫡女,左氏传之一介行李,并是一介。惟个之为介,故戏场爨弄,北曲谓之科,而南曲谓之介,亦可证。然越人亦有所谓介个者。”陈训正《甬谚名谓籀记》:“介字从八,亦义取分别。今俗以隔字夹字当之。俱一声之转。因有分别义。故彼与此皆可用介字为指词。如介头、介一向,读作该。介种、介许多、介辰光,读若革是也。又如此曰是介、如此则曰介么如此大小曰介样大小。嫌其太过亦曰介,如介厚、介刻薄是也。又谓儼若有其事曰好像存介事,则又作其字解矣。俱读如字。”陈训正《甬谚名谓籀记》卷一:“介字从八,亦义取分别。今俗以隔字夹字当之。俱一声之转。因有分别义。故彼与此皆可用介字为指词。如介个、介一向。介种、介许多、介时光,读若革是也。又如此曰是介,如此则曰介末,如此大小曰介样大小。嫌其太过亦曰介,如介厚、介刻薄是也。又谓俨若有其事曰好像有介事。则又作其字解矣。俱读如字。"

2001【趏】茹三樵《越谚释》卷上:"趏:广韵有趏字,以身踊躍曰趏。音透,亦作透。然只是跳音之转。"

2002【擝】茹三樵《越谚释》卷上:"擝:广韵有擝字,音房,注理也。即俗所谓擝闲事者,然只是理音之转。又凡物散而聚之曰擝,则仍当云房字。盖房者掠取之名。"陈训正《甬谚名谓籀记》卷二:"擝,理也。音赢。今俗有擝顺毛一语。"

2003【错暂】茹三樵《越谚释》卷上:"错暂:今人误有振触,谢之曰错(磋去声)暂。错者过也,暂者后不复然也。或曰,今人以刀砍物曰斩,当是错(磋去声)斩,此已不必矣。"

2004【菜薂】茹三樵《越谚释》卷上:"菜薂:菜心之直起者,俗谓之菜,呼贡切。"

2005【臽】茹三樵《越谚释》卷上:"臽:臽者以杓分水也。以沼切。其音如窑之上声。盖俗音中之最古者。然说文引诗或簸或臽。"

2006【撮泡茶】茹三樵《越谚释》卷上:"撮泡茶:诗人荼苦,尔雅苦荼。茶者荼之减笔字,前人已言之,今不复赘。茶理精于唐,茶事盛于宋,要无所谓撮泡茶者。今之撮泡茶,或不知其所自,然在宋时有之,且自吾越人始之。按草青之名,已见于陆诗,而放翁安国院试茶之作,有曰,我是江南桑苎家,汲泉闲品故园茶。只应碧缶苍鹰爪,可压红囊白雪芽。其自注曰,日铸以小瓶蜡纸,丹印封之。顾堵贮以红蓝缣囊,皆有岁贡。小瓶蜡纸,至今犹然。日铸则越茶矣。不团不饼,而曰草青,曰鹰爪,则撮泡矣。是撮泡者,对礲茶言之也。又古者茶必有点,无论其为礲茶,为撮泡茶,必择一二佳果点之,谓之点茶。点茶者,必于茶器正中处,故又谓之点心。此极是杀风景事。然里俗以此为恭敬,断不可少。岭南人往往用糖梅,吾越则好用红姜片子。他如莲子榛仁,无所不可。其后杂用果色,盈杯溢盏,略以瓯茶注之,谓之果子茶,已失点茶之旧矣。"

2007【勾】茹三樵《越谚释》卷上:"勾:勾者所以聚也。即箍桶之箍。桓公九合诸候,即勾合,敢使鲁无鸠,即无勾。今人醵钱为会曰纠会。而左氏传之九合亦作纠合也。今勾音乃如邱。"陈训正《甬谚名谓籀记》卷二:"箍,以篾束物。出异字苑。按此字今俗正读为枯。当是揪之音转,本音孤,则为勾之音转。"

2008【饼子】茹三樵《越谚释》卷上:"屑麦而饼之,有厚有薄,是饼之正也。谓之烙饼。但言饼而不言烙者,既饼则烙可知也。饼而缕之燖以汤,谓之汤饼,今北人谓之面条子,而南人乃直谓之面。南人饭米而不饭麦,其于麦事往往略之而不详也。饼而以酵发之,而蒸之,谓之蒸饼。蒸饼糁以椒盐,卷而食之,南人谓之卷蒸,不复知其饼也。以水和面,以热锅四烫之而成饼,谓之煎饼。南人谓之麦镬烧,贫饼也。曰汤饼,曰蒸饼,曰煎饼,三者皆见于史文。要之皆饼之通也。饼有单无复,饼而复之,则以馅故也。汤饼煎饼不可馅,则亦不复。蒸饼之复者,南北皆谓之馒头。而饼之复者。北人旧谓之不托。不托皆入声字,转而为波波,波波有声无字,则谓之火烧。火烧者犹曰烙之云尔。北人火烧不言饼,以其识饼故。而南人谓之火烧饼,则直以复者为饼,不知饼之单也。则复饼者饼之变也。康成周礼注,以鸟为稻饼,此注之最精者。今南人有鸟而不谓之稻饼,其他无论为麦为稻，凡复而饴者，有盐有饧，有菜有肉，有果仁，美巧纷出而多谓之名无虑数百种。自明季诸缙绅创之，苏杭诸市肆触类而引申之，其意在于馅而不在于饼，而皆谓之饼，是饼之亡也。……"

2009【胵】茹三樵《越谚释》卷上："胵：诸羽族亦有胃，谓之胵胵。今减胵单称胵，以胵之入也，转其声如肫，俗亦谓之胵。小儿往往剥鸡胵胵之皮，冒之为小鼓，曰鸡胵鼓。葬家好象形，亦有所谓雁胵穴者。"

2010【酒钓】茹三樵《越谚释》卷上："酒钓者勺也。以勺从木曰杓，以勺从金曰钓。既为斟酒之器，虽其形稍变，安得谓今之钓非古之勺也。以钓为斟酒之器，亦即以钓为量酒之器。盖三钓而一斤，两斤而一升也。南人以木器汲水，谓之钓桶，是又因酒钓而通之者也。至于钓鱼之钓，反因钓酒之钓而得名，以其下而取之也。其象也。俗不知钓之为勺，而以为酒吊。于是衙门案卷移所属而下取之者，谓之吊案吊卷。于是吊之谓吊，遂见于官书，则俗文之广也。又今人以绳系物，悬之檐栋间，曰吊，亦当作钓。盖以绳系物，是又钓鱼之象也。若夫吊之本义，则人持弓也，以弓贯矢凶惨之物也。能无痛乎，痛之故吊之也。"

2011【膰】茹三樵《越谚释》卷上："膰：字林补逸。膰，臭貌。按膰有美有恶，或兼美恶言之。今俗人云膰臭，则专指其臭之恶者。膰盖与齆瀺同义，然虫在马牛皮者谓之蟒蟒，则疮，疮则溃，溃则臭恶不可闻。似不如从蟒为长。"陈训正《甬谚名谓籀记》卷二："膰，臭貌。出字林。音蓊。今俗谓臭为膰气。"

2012【乖脊】茹三樵《越谚释》卷上："乖脊：曰乖曰脊，皆背也。而今人谓痒曰乖脊，以痒不可受而背痒为尤甚也。所以背痒谁搔，汉光武至形之诏旨，为能极人情之至。然头痒而曰头乖脊,脚痒而曰脚乖脊,未免失其义矣。或曰疥脊也。凡牛马驴骡之属,多疥其脊,即传所谓瘃蠡者,或又以疥终不可以为乖,则又以乖加瘃。今字书有瘃字,则愈求而愈远。又痒亦作癢,其实只是养,诗言中心养养是也。古人往来通问,必曰无恙,恙者病也。或曰恙者虫也。然物病不痒,不虫亦不痒。痒,搔蛘也。"

2013【弹】茹三樵《越谚释》卷上:"弹:弹所以行丸者。今人乃谓丸为弹子。故凡一切鸟卵皆谓之弹,鸡曰鸡弹,鸭曰鸭弹,以其似丸也。庄子所谓见弹而求鸮炙,见卵而求时夜。即其理。或乃讹之为蛋,谬甚。"

2014【镫】茹三樵《越谚释》卷下:"镫:按诗于豆于登。释之者谓木豆谓之豆,瓦豆谓之登。皆所以盛菹醢之属。而尔雅曰,镫者锭也。郭璞注,古者以人执烛,今易之以镫。盖即然烛之器矣。然烛之器,今谓之烛台,细其茎,而厚其柎,原有登形。盖即古之所谓登者,而锭于其中。因其锭也,遂不谓之登,而谓之镫尔。至楚词遂曰兰膏明烛。又曰华灯错些。渐且然烛于中而笼其外,有帱有覆,可挈可悬,以至于今。其制工巧百出矣。或谓古用薪燎,不用油燎,遂以汉宫蜡烛一语为事始,殆不识镫之与登辗转相嬗之义。"

2015【杓】茹三樵《越谚释》卷下:"杓:古酒以樽,写樽以杓,故于酒言酌,酌者,杓也。至于剖瓜而去其瓢,谓之瓢。杓以酌酒者,亦或用以酌水。如泂酌彼行潦是也。故以木为杓,即加木为杓,而名之为木杓。又有以铜以铁者,即谓之铜杓铁杓。然以其兼瓢之用也。又读杓为瓢,今杓有瓢音焉。北斗七星,以四星为斗,以三星为柄,其形似杓,谓之斗杓(读'瓢')。诗又有之,维北有斗,不可以挹酒浆。其音瓢也,其义杓也。或曰杓音标。"

2016【幽血】茹三樵《越谚释》卷下："幽血：记，毛血，告幽全之物也。注，毛告全，血告幽。毛之告全可解，血之告幽不可解。今牛羊鸡豕一切血以火凝之，皆谓之幽血，此殆以其色言之。如所云幽幽南山，其叶有幽者，应通作黝。盖血杂则色赤而淡，血纯则黝，此盖古经之文尚传于流俗之口如此。"

2017【幼】茹三樵《越谚释》卷下："幼：越人谓蚕眠曰幼，曰幼一，幼二，幼三，最后一眠，谓之幼大。本俚言而放翁用之入诗，如所云，妇喜蚕三幼，奴贪雨一犁，则久成典要矣。幼者，盖俯其头之谓。故越人每以伛偻为幼，如所云幼头圣（阔）脑之类。圣亦作颈。皮日休诗学海正狂澜，予头向水颈。"陈训正《甬谚名谓籀记》卷一："颈，内头水中。莫勃切。又乌添切。今俗正读乌没切。"

2018【忽】茹三樵《越谚释》卷下："忽：越人以睡醒为一觉。诗尚寐无觉是也。而乍睡乍醒，则谓之忽。忽字于经无考。吴人无论大觉小觉，皆谓之忽。按西河毛氏越语肯綮录作寤，谓字出唐韵。而升庵杨氏六书索隐直作忽，其说为长。盖忽睡忽醒，即谓之忽，似不必另制一字。杨氏又谓，忽古作勿，尤简妙。"

2019【步】茹三樵《越谚释》卷下："步：凡维舟而可上下者曰步。柳子厚铁炉步志言之最详。吾越水乡，以舟代车马，舟之所聚，皆以步称。有赁舟者必于步。俗或作埠。徐笠山自序其文航简钞有所谓大八步、小八步是也。乡中村市各有步，步必有船，朝往而暮还，谓之步船。"

2020【慢】茹三樵《越谚释》卷下："慢：吴越王夫人方归宁。遣使迎之，曰，陌上花开，可缓缓归矣。东坡因之作缓缓归曲，赓和者非一，遂为近世乐府佳题。予谓此送辞，非迎辞。今越人所

337

谓慢慢去。质言之,则慢慢去,文言之,即缓缓归。故曰,此送辞也。或谓以缓为慢无据,则郑风已曰叔马慢忌。"

2021【鸭哩哩】茹三樵《越谚释》卷下:"鸭哩哩:越人呼鸡曰羿羿,见庄子所谓羿鸡翁者,象其声也。呼鸭曰哩哩,不可解。不知哩者来耳。鸭哩哩者,鸭来来耳。按诗,贻我来牟。汉书作贻我厘牟。春秋,公会郑伯于时来,公羊,作祁黎。仪礼狸首注曰,狸之言不来,则哩者来音之转,故诗之来字皆叶支韵。又如稽大不理于口,言不为众口所赖。漆身为厉之厉,亦读癞。即以俗证之,秃头疮俗谓之癞头,亦谓之腊梨头。"

2022【苙】茹三樵《越谚释》卷下:"苙:孟子,如追放豚,既入其苙。儿时读而疑焉。豚则何以入苙。今思之,苙当如腊音。今之豢豕者必以栅,谓之猪苙栅是也。北音无入,既已读苙如蜡,即可转苙为拦,苙之者拦之耳。今又以栅有拦义,改之为拦。除夕祭牛栏猪栏是也。越人凡于半路截而要之,不曰拦住即曰苙住。且床苙船苙灶苙,无不言苙者。或曰,诗言荷襄荷苙,苙者,草帽耳。草帽岂可以拦猪。然诗又言,台苙缁撮。缁撮在中,台苙在外,在外而虚其中,所以拦之也。且苙圆有圈形,南人谓之猪苙栅,北人亦谓之猪圈也。"

2023【晏】茹三樵《越谚释》卷下:"晏:晏者,迟也。论语,冉子退朝。子曰何晏也。迟之耳。朝朝曰朝,夕朝曰夕。朝退而晏。盖已及午矣。越人以午为昼,午前为上昼,午后为下昼。而以正午时为晏昼。或不言昼直谓之晏。午食则谓之晏饭。证之于古,飨礼繁故早,燕礼简故迟。惟其迟,故燕亦作晏。"

2024【涕】茹三樵《越谚释》卷下:"涕:诗之涕泗滂沱,注疏曰,自目曰涕,自鼻曰泗。易子齐咨涕洟。注疏曰,自目曰涕,自鼻曰泪。至卫风之泣涕如雨，则以为彼泣此涕。故素问以泣涕为兄弟，盖古无泪字，涕即泪也。今人则曰，眼泪鼻涕。"

2025【吓】茹三樵《越谚释》卷下："吓：惊之为吓也。以吓固惊声也。庄子，鸱鸢腐鼠之吓是已。然节南山之诗曰，赫赫师尹，赫赫之势，足以骇人矣。又既之荫女，所予来赫，皆佚赫，不作吓。"

2026【沉沉】茹三樵《越谚释》卷下："沉沉：史记，夥颐，涉之为王沉沉者，言其居之深也。注读作潭潭。唐人所云，侯门深似海，即潭潭之义。故称人之居必曰潭府。通书相问候，并及其妻子，则曰阃潭。越人以溺死为潭，字作去声，不知潭字尚属可删，何况潭矣。至颗颐者，惊羡而叹之之声，犹今所云阿咦者。"

2027【山株】茹三樵《越谚释》卷下："山株：今越人砍柴既了，又挖其根卖之，则谓之柴株。其挖之也用橛，谓之山株橛，或直谓之山株，橛者掘也。孟子掘地注海譬若掘井，作掘。左传阙地及泉，作阙，而农书载古谚有云，土滋冒橛，耕者急发掘之，为橛久矣，但杕谓之橛。橛又谓之椿。故以椿系船，谓之打橛子。盖木之全者为根，半者为橛，凡物之半而不全者皆橛耳。禅人有干矢橛之说，可类也。则橛自有木义在。山株之较大者，用之于田，呼为耜头。其实今耜非古耜。古者牛耕未起，率以人耕。在易，揉木为耒，斲木为耜。说文，耜臿也。古之耜头，大约如今之犁头，先直插于土中，而后以足掀之。今南人之耜与橛，北人皆有之，然皆谓之橛头。"

2028【三江】茹三樵《越谚释》卷下："三江：越城北三十里，有三江口，盖浦阳江之尾闾，明时于此建闸，即名之曰三江闸。然所谓三江者，浦阳江、曹娥江并钱塘江也。盖浦阳入于曹娥，曹娥既会浦阳,并而入于钱塘,然后由龛赭两山以入于海,故谓越之三江,即禹贡之三江可也。"

2029【薧】茹三樵《越谚释》卷下:"薧:周礼之鲜薧。薧者,干鱼也。今之干鱼多矣,惟刀鲚之小者,盐渍之走四方,谓之鱼薧,然贫者之馔尔。今之干鱼,大抵谓之鲞,无薧名,其音如想。但鲞字于古无考。古者干物皆谓之腊,故干鱼亦谓之鱼腊,所谓三牲鱼腊是也。"陈训正《甬谚名谓籀记》:"薧,干鱼。音考。今俗鱼薧字作烤。非。"

2030【络索】茹三樵《越谚释》卷下:"络索:曲调有所谓金络索、银络索者,其声繁而促一气不断。今人言语多而可厌者,谓之络络索索,盖本诸此。而北音无入声,络索转而为噜苏。南人效之亦谓之噜苏。或曰噜噜苏苏。"

2031【擘】陈训正《甬谚名谓籀记》卷一:"擘,甬俗谓分为擘,实即八字。《说文》八,象分别相背之形。故拇指食指之间,俗称甫八,讹为虎擘。分财货为擘账。或谓当是派字。实亦八字之转也。又裂物为二亦曰擘。多裂之为碎擘。此则分析之义。"

2032【彳亍】陈训正《甬谚名谓籀记》卷一:"彳亍,俗读若七。状人行细步声。"

2033【瀹】陈训正《甬谚名谓籀记》卷一:"肉及菜或鸡子于釜汤中,稍煮即出,称曰瀹,俗读若芍。按瀹,渍也。渍不须煮,此当是粥。粥,内肉及菜汤中,薄煮出之,以勺切。又沸汤曰涫水。涫声转为滚,俗以滚字当之。非。又今人以暖火煮物曰烀,实为孚字。按煮,孚也。字亦作火字旁。尔雅,孚孚,蒸也。俗

340

讹作烀。又俗称就人体取暖曰孚。孚,卵孚也。俗呼俱同烀。"

2034 【贵】陈训正《甬谚名谓箍记》卷一:"物价贵贱之贵,俗读若居,上声。当古音如是。"

2035 【佗】陈训正《甬谚名谓箍记》卷一:"今俗以手取物曰佗。佗,负何也。本谓以肩负物。云手佗者,引伸义。作驮,非。何,儋也。儋,何也。此为担、荷本字。"

2036 【攒极】陈训正《甬谚名谓箍记》卷一:"攒,最也。俗读若赞。市中人每夸称货物出众曰攒极。又俗最为交惯。合音即攒也。"

2037 【㰦】陈训正《甬谚名谓箍记》卷一:"㰦,口相就也。音乌。转为于。今俗以口哺小儿食曰㰦。佚饫者非。"

2038 【缏】陈训正《甬谚名谓箍记》卷二:"缏,缝也。今俗称密缀曰缝,疏曰缏。音便。"

2039 【嫋】陈训正《甬谚名谓箍记》卷二:"嫋,声类云。细腰貌。音苕。今俗称女身纤长曰身嫋。"

2040 【骰】陈训正《甬谚名谓箍记》卷二:"骰,骰子。博陆采具。出声谱。音投。今俗讹为设音。而别以豆代骰。"

2041 【戽斗】陈训正《甬谚名谓箍记》卷二:"戽斗,舟中渫水器。呼古切。今凡舀水洒水,皆称为戽。读若虎。"

2042 【抨】陈训正《甬谚名谓箍记》卷二:"抨,弃也。音潘。

今俗以山林价卖与人斫取曰拌。又读若伴。匀搅也。"

2043【嬲】陈训正《甬谚名谓籀记》卷二:"嬲,戏相扰。奴鸟切。今俗称憎厌之人曰嬲人。作鸟,非。"

2044【嗉】陈训正《甬谚名谓籀记》卷二:"鸟嗉。音素。今俗读如固。称鸡之嗉曰鸡顿固。即嗉字。"

2045【旰】陈训正《甬谚名谓籀记》卷二:"旰,日晚也。古案切。今俗称朝夜为朝旰。读如霭。"

2046【溚】陈训正《甬谚名谓籀记》卷二:"溚,泥滑。音挞。今俗滑溚字。"

2047【梢】陈训正《甬谚名谓籀记》卷二:"梢,舁也。今俗凡两人扛物,前者称前梢,后者称后梢。"

2048【溲】陈训正《甬谚名谓籀记》卷二:"溲,便也。音骚。今俗尿骚臭字当从此。"

2049【犌】陈训正《甬谚名谓籀记》卷二:"犌,吴人谓㸬曰犌。於杏切。今俗语小牛誉即此字。"

2050【缠】陈训正《甬句方言脞记》:"缠,抣战呼十为全。遗物于地而拾之。亦呼为缠。缠、拾,双声也。甬俗,全、泉、旋、缠,音无别。十、拾、入,亦同音。"

2051【结管】陈训正《甬句方言脞记》:"俗称时常为区长,亦曰结管。案区长即居常之转变。结管为惯之合音。又句西人呼

342

足管。因结节声似而递转为足音也。”

2052【呒结杀】陈训正《甬句方言脞记》：“俗詈人有始无终曰呒结杀。忧其无终曰寨结杀。案即无结束什样结束之转也。评斥人勿上进曰勿张冒。疑是勿向好之转。或曰冒当是貌字，勿争貌即勿争颜面之谓。争俗读张上声。”越语中有“争气”一语，“争”就读若“张”。

2053【乱切百刀】陈训正《甬句方言脞记》：“俗有七跷八欹一语。案即欹跷不齐之声讹。乱切百刀，即乱杂不调之声讹。千丝扳顿，即参差不同之声讹。污里污遭，即无里无表之声讹。（谓不清楚也。）污脸恶作，即无赖龌龊之声讹。呒清呒乌，即无清无浊之声转。凡诸形容语，大都皆双声叠韵之转变。”

2054【直头】陈训正《甬句方言脞记》：“俗称直脚即直将也。料想之词。如直脚是介、直脚勿成功等。犹云想必如此、想必勿成也。亦有称直头者。头或断之声讹。”

2055【倭七倭八】陈训正《甬句方言脞记》：“俗称绪理紊乱为倭里倭退。疑即或联或脱之声讹。倭和同音。和或双声。退、脱，亦一声之转。又俗称不确定为倭七倭八。亦即或七或八之转讹也。

2056【犯关】陈训正《甬句方言脞记》：“俗语犯关，即难关之声讹。或曰巫家关煞之说。犯关，即犯煞也。犯之不吉，故以为难。”

2057【海无忌惮】陈训正《甬句方言脞记》：“俗称放诞不宁约束曰海回忌惮，实即肆无忌惮之讹。”

2058 【劳扰】陈训正《甬句方言脞记》："俗称贪食曰劳扰。按即饕之音变。或曰是饕之讹。"

2059 【拨人家】陈训正《甬句方言脞记》："俗以物与人，称拨人家，亦称博人家。按即畀字。畀、拨、博，皆双声也。"

2060 【结昆】陈训正《甬句方言脞记》："人体充实，俗有结昆。按即坚固之转。坚、结、固、昆，皆双声也。"

2061 【沙胡咙】陈训正《甬句方言脞记》："俗称破声为沙。如伤风失音为沙胡咙。器破璺（纹）则发沙音。按此字甚古。内则，鸟麀色而沙鸣。注，沙犹嘶也。斯、沙一声之转。"

2062 【录】陈训正《甬句方言脞记》："横截竹木，俗呼为录。如录作几段是也。按字当为铬。通俗文，去节曰铬。本指铬竹，假为横截之通称。又僧人剃度曰落发，亦即铬字。说文，铬剔也。"

2063 【落】陈训正《甬句方言脞记》："佣人窃取主人材物，俗称为落。如落布、落米是也。疑即略字。不以其道取之曰略。略、洛，均从各得声。又是一声之转。"张南庄《何典》卷二："娘儿们商议将银子落起大一半，拿小一半来送与饿杀鬼。"据刘半农的注释："落，干没也。"越语中有"打落头"、"落袋"的话，大概也是这个意思。

2064 【弄送】陈训正《甬句方言脞记》："俗称嬉弄人曰弄送。按即丧字。谓因弄而致丧也。丧、送一声之转。故丧命亦称送命。或曰是损字。句北滨海之乡，读损为宋。按损、宋亦双声。"

2065【勃】陈训正《甬句方言胜记》:"俗以箸挑拨米屑等物令松曰勃。疑即集韵之摩字。摩,手起物令虚也。读裴上声。裴、勃,一声之转。"

2066【稗】陈训正《甬句方言胜记》:"稗俗称稗草,读若婆。稗、叛、婆,皆双声也。"

2067【一淘】韩邦庆《海上花列传·方言简释》一画:"一淘:(1)一起、一同。'阿曾一淘来'。(2)一次、一群。'陆里来一淘小把戏'。"

2068【一堆】韩邦庆《海上花列传·方言简释》一画:"一堆:(1)在一处。'也说勿定倪两家头来浪一堆勿来浪一堆'。(2)一带、附近的地方。'倪山家园一堆阿曾去查查嗄'。"

2069【个】韩邦庆《海上花列传·方言简释》三画:"个:(1)这。'陆里晓得个冒失鬼奔得来跌我一跤'。(2)的。'耐也勿要去个好'。"越语这里就说"个里"。

2070【大(dù)膀】韩邦庆《海上花列传·方言简释》三画:"大膀:大腿。'王老爷臂膊上、大膀上'。"

2071【大(dù)老母】韩邦庆《海上花列传·方言简释》三画:"大老母:正妻,区别小老母(妾)而言。'为仔大老母搭俚勿对'。"与大老母相对为"小老母"。

2072【勿】韩邦庆《海上花列传·方言简释》四画:"勿:(1)不。'小侄也勿懂啥事体'。(2)'勿曾'两字的合音,读若

'分'。'问阿招,说勿来'。"

2073【勿对】韩邦庆《海上花列传·方言简释》四画:"勿对:合不来。'为之大老母搭俚勿对'。"

2074【勿入味】韩邦庆《海上花列传·方言简释》四画:"勿入味:不通情理。'耐勿搭客人坐也罢哉,只要我看见耐搭客人一道坐仔马车来,我来问声耐看。故末叫勿入味哚'。"

2075【勿作兴】韩邦庆《海上花列传·方言简释》四画:"勿作兴:不应该、不适宜。'耐剥脱俚裤子,阿是勿作兴个'。"

2076【手巾】韩邦庆《海上花列传·方言简释》四画:"手巾:洗脸毛巾。'耐去茶馆里拿手巾揩揩涅'。"

2077【手照】韩邦庆《海上花列传·方言简释》四画:"手照:手执的油灯。'取只手照拉同瑶官出外照看'。"

2078【日脚】韩邦庆《海上花列传·方言简释》四画:"日脚:日(rè)子。'阿有啥好日脚等出来'。"

2079【方子】韩邦庆《海上花列传·方言简释》四画:"方子:药方。'吃下去方子才勿对哴'。"

2080【打磕铳】韩邦庆《海上花列传·方言简释》五画:"打磕铳:瞌睡。'单剩仔大阿金坐来浪打瞌铳'。"《新方言》:"《庄子·外物篇》:'䲷蟟不得成。'案,䲷蟟,犹征伀也。淮南谓假寐曰䲷蟟,上音如冲,下音如惇。吴越曰打磕䲷,音如冲。直隶曰打蟟儿,音如堆。"《新方言》"打"皆作"杠"。《一文钱》剧:"做了一日生活,到夜头就要打磕铳。"

2081【由头】韩邦庆《海上花列传·方言简释》五画:"由头:(1)关键,引申为关心的话。这个词是由旧时公文前面的'摘由'产生的。'不知不觉讲着由头,竟一直讲到天晚'。(2)吴语中'由头'还有'借口'的意思,如'找个由头'。"

2082【发寒热】韩邦庆《海上花列传·方言简释》五画:"发寒热:发热。'连搭仔自家发寒热才勿晓得,再要坐马车'。"

2083【对过】韩邦庆《海上花列传·方言简释》五画:"对过:对面的屋子。'该搭龌龊煞个,对过去请坐吧'。"

2084【对勿住】韩邦庆《海上花列传·方言简释》五画:"对勿住:即'对不起',冒犯、歉仄。'连搭我也对勿住耐哚老堂哉哩'。"

2085【写意】韩邦庆《海上花列传·方言简释》五画:"写意:(1)舒适、愉快。'阿是要写意多花哩'。(2)轻松、容易。'耐倒说得写意哚'。"

2086【头脑】韩邦庆《海上花列传·方言简释》五画:"头脑:领头人、首领。'头脑末两品顶戴'。"

2087【价末】韩邦庆《海上花列传·方言简释》六画:"价(qǎ)末:那么。'价末到陆里去鸟'。"

2088【后生】韩邦庆《海上花列传·方言简释》六画:"后生:男青年。'突然有一个后生'。"又叫"后生家"。元郑德兴《㑳梅香》："后生家不存心于功名，却向女色上头留心。"《梦笔生花·杭州俗语杂对》："先出世；后生家。"

2089【众生】韩邦庆《海上花列传·方言简释》六画："众生：畜生，也用作骂人的话。'短命众生，敲杀哩'。"

2090【伉大】韩邦庆《海上花列传·方言简释》六画："伉（dù）大：笨蛋、愚蠢的人。'耐个伉大末，再要自家吃哩'。"

2091【厌气】韩邦庆《海上花列传·方言简释》六画："厌气：无聊。'有辰光两三点钟坐来浪，厌气得来'。"

2092【场面】韩邦庆《海上花列传·方言简释》六画："场面：（1）表面。'场面蛮要好，心里来浪转念头'。（2）也作排场、场合讲。'大场面'就是大排场，'热闹场面'就是就是热闹场合。"

2093【回音】韩邦庆《海上花列传·方言简释》六画："［普］回音：答复。'约定廿九回音'。"

2094【吃力】韩邦庆《海上花列传·方言简释》六画："吃力：费劲。'就是个正生，《迎像》《哭像》两出吃力点。'"

2095【吃没】韩邦庆《海上花列传·方言简释》六画："吃没：侵吞、强占。'阿怕倪吃没仔了'。"

2096【那价】韩邦庆《海上花列传·方言简释》六画："那价：怎样、如何。'教我那价去见我娘舅嘎'。"

2097【寻开心】韩邦庆《海上花列传·方言简释》六画："寻

348

开心：自得其乐。'耐倒一干仔来里寻开心'。吴语中'寻开心'用作开玩笑的意思。"

2098 【汏】韩邦庆《海上花列传·方言简释》六画："汏：洗。'下半日汏衣裳'。吴语中'寻开心'。"樊恭烜《浙江象山方言考》："俗称洗衣，不用手搓，但于水中摇曳之者，音如大，即汏字之转音。又取水中之物，漉之使干，土音呼如捋，即沥字之转音。"

2099 【当心】韩邦庆《海上花列传·方言简释》六画："当心：注意、小心。'倪也要当心点哚'。"

2100 【光景】韩邦庆《海上花列传·方言简释》六画："光景：情况、样子。'倪个闲话无拨啥轻重，说去看光景'。"

2101 【壮】韩邦庆《海上花列传·方言简释》六画："壮：肥胖。'长远勿见，好像壮仔点哉'。"

2102 【过】韩邦庆《海上花列传·方言简释》六画："过：传染。'耐个病过拨仔阿姐，耐倒好哉'。"

2103 【交关】韩邦奕《海上花列传·方言简释》六画："交关：多。'比俚哚好交关哚'。"也有"相关联"的意思，如"性命交关"。

2104 【体面】韩邦庆《海上花列传·方言简释》七画："体面：声誉、排场。'我也蛮有体面哚'。"

2105 【来哚】韩邦庆《海上花列传·方言简释》七画："来哚：在。'寓来哚庙里'。"

2106【来里】韩邦庆《海上花列传·方言简释》七画:"来里:在这里。'听见说杭州黎篆鸿来哩'。"

2107【坍台】韩邦庆《海上花列传·方言简释》七画:"坍台:失面子。'耐去叫幺二,阿要坍台'。"

2108【坑】韩邦庆《海上花列传·方言简释》七画:"坑:藏。'拿去坑好来浪'。"

2109【忒】韩邦庆《海上花列传·方言简释》七画:"忒:太、过分。'勿要晚歇忒起劲仔'。"

2110【扳差头】韩邦庆《海上花列传·方言简释》七画:"扳差头:找岔儿、挑剔毛病。'最喜欢扳差头'。"

2111【辰光】韩邦庆《海上花列传·方言简释》七画:"辰光:时候、时间。'送票泛来是啥辰光'。"

2112【花头】韩邦庆《海上花列传·方言简释》七画:"花(hǔ)头:把戏、手段。'故歇个清倌人比仔混倌人花头再要大'。"

2113【困】韩邦庆《海上花列传·方言简释》七画:"困:睡眠。'今朝勿曾困醒,懒朴得势'。"

2114【呆大】韩邦庆《海上花列传·方言简释》七画:"呆大(dù):傻子、笨蛋。'耐个呆大末少有出见'。"

2115【呆致致】韩邦庆《海上花列传·方言简释》七画:"呆

致致：发呆、精神不振。'耐看王甫近日来神气常有点呆致致'。"

2116【别脚】韩邦庆《海上花列传·方言简释》七画："别脚：即'蹩脚'，穷困、流落。'耐再要说张先生，别脚哉呀'。"

2117【时髦】韩邦庆《海上花列传·方言简释》七画："时髦：行时、出色、当行，'做倌人也做得个时髦'。"

2118【张】韩邦庆《海上花列传·方言简释》七画："张：也作'张张'。探望、窥看。'从帘子缝里一张'。"

2119【佯嘻嘻】韩邦庆《海上花列传·方言简释》八画："佯嘻嘻：也作'洋嘻嘻'。假痴假呆。'瑞生佯嘻嘻挨坐床沿'。"

2120【乖】韩邦庆《海上花列传·方言简释》八画："乖：[普]聪明、机智，引申为狡滑。'耐倒乖杀哚'。"

2121【拉倒】韩邦庆《海上花列传·方言简释》八画："拉倒：罢了、事情破裂。'俚说是无长性，只好拉倒'。"

2122【抵桩】韩邦庆《海上花列传·方言简释》八画："抵桩：（1）即使……也不过。'抵桩也象仔我末哉呪'。（2）必然肯定。'史三公子抵桩勿来'。"

2123【事体】韩邦庆《海上花列传·方言简释》八画："事体：事情。'再有一桩事体要搭耐说'。"

2124【苦恼子】韩邦庆《海上花列传·方言简释》八画："苦恼子：苦命人、可怜。'双宝苦恼子，碰着仔前世个冤家'。"

2125【法子】韩邦庆《海上花列传·方言简释》八画:"法子:办法。'教我阿有啥法子嗄'。"

2126【底下人】韩邦庆《海上花列传·方言简释》八画:"底下人:仆役。'耐轿子也勿坐,底下人也勿跟'。"

2127【该】韩邦庆《海上花列传·方言简释》八画:"该:有。'该过七八个讨人'。"

2128【空心汤团】韩邦庆《海上花列传·方言简释》八画:"空心汤团:口惠而实不至、欺骗。'空心汤团吃饱来里,吃勿落哉'。"

2129【夜头】韩邦庆《海上花列传·方言简释》八画:"夜(yá)头:晚上、夜里。'前日夜头末闹热仔一夜天'。"

2130【闹热】韩邦庆《海上花列传·方言简释》八画:"闹热:热闹。'倪节浪末再要闹热闹热'。"

2131【垫房】韩邦庆《海上花列传·方言简释》九画:"垫房:妻子去世后续娶。'要讨李漱芳做垫房'。"

2132【相好】韩邦庆《海上花列传·方言简释》九画:"相好:朋友,往往指男女间的关系。'张大少爷阿有相好嗄'。"

2133【咬耳朵】韩邦庆《海上花列传·方言简释》九画:"咬耳朵:说悄悄话。'两个唧唧哝哝咬耳朵说话'。"

2134【屋里】韩邦庆《海上花列传·方言简释》九画:"屋里:(1) 家中。'来哚屋里做啥哩'。(2) 妻子。'屋里勿曾晓得,道仔我来里该搭,来问一声'。"

2135【姘头】韩邦庆《海上花列传·方言简释》九画:"姘头:(1) 有不正当关系的男女。'阿金有几花姘头嗄'。(2) 合伙,这是申第一义引申出的。'耐要铣行末,同葛仲英搭仔个姘头'。"清葛元煦《沪游杂记》:"《字典》载姘,音怦。男女私合曰姘。沪上野鸳鸯成群逐队,其事始于娼家仆妇,男女相悦,人遂目之曰'姘头儿'。"

2136【差仿勿多】韩邦庆《海上花列传·方言简释》九画:"差仿勿多:相似、接近。'要是差仿勿多客人,故末宁可拣个有铜钱点总好点'。"

2137【倒运】韩邦庆《海上花列传·方言简释》十画:"倒运:不顺利、受折磨。'只好我去倒运点哉哩'。"

2138【起花头】韩邦庆《海上花列传·方言简释》十画:"起花头:想方设法开别人玩笑。无事找麻烦也叫'起花头'。'我晓得,耐要起我花头'。"

2139【挨勿着】韩邦庆《海上花列传·方言简释》十画:"挨勿着:轮不到、无关系。'陪勿陪挨勿着俚说哦'。"

2140【栈房】韩邦庆《海上花列传·方言简释》十画:"栈房:旧时称旅馆为客栈或栈房。'我叫娘姨到栈房里看仔耐几埭'。"

2141【起劲】韩邦庆《海上花列传·方言简释》十画:"起劲:

高兴、卖力。'勿要晚歇忒起劲仔'。"

2142【做亲】韩邦庆《海上花列传·方言简释》十一画:"做亲:结婚。'再三四年等耐兄弟做仔亲'。"

2143【做人家】韩邦庆《海上花列传·方言简释》十一画:"做人家:节俭,引申为吝啬。'阿是我面浪来做人家哉'。"

2144【聋髭】韩邦庆《海上花列传·方言简释》十一画:"聋髭:聋子。'耐呆包打听阿是聋髭'。"

2145【野】韩邦庆《海上花列传·方言简释》十一画:"野:很、厉害。'说倒会说得野哚'。"

2146【绷场面】韩邦庆《海上花列传·方言简释》十一画:"棚场面:勉强应酬、勉强支持。'就不过耐一个人去搭俚绷绷场面'。"

2148【缠煞】韩邦庆《海上花列传·方言简释》十二画:"缠煞:纠缠、误会。'少大人要纠缠哚'。"

2147【搭浆】韩邦庆《海上花列传·方言简释》十二画:"搭浆:敷衍、搪塞。'俚嘴里末也说是蛮好,一径搭浆下去'。吴语评物品质量低劣,也称'搭浆货'。"

2149【摆架子】韩邦庆《海上花列传·方言简释》十三画:"摆架子:自高自大、装腔作势。'阿是来里王老爷面浪摆架子'。"

2150【搲便宜】韩邦庆《海上花列传·方言简释》十三画："搲便宜：因物品价廉而购买。'种果毒大户搲便宜'。"

2151【碰着法】韩邦庆《海上花列传·方言简释》十三画："碰着法：碰巧、偶然的机会。'碰着法有啥进益，补凑补凑末还脱哉'。"

2152【缥致】韩邦庆《海上花列传·方言简释》十四画："缥致：即'标致'，容貌、姿态美丽。'想秀宝毕竟比王阿二缥致些'。"

2153【慢慢交】韩邦庆《海上花列传·方言简释》十四画："慢慢交：不着急。'耐哚慢慢交用（饭）'。"

2154【豁脱】韩邦庆《海上花列传·方言简释》十四画："豁脱：损失、花费。'双宝进来个身价就算耐才豁脱仔'。"

2155【顺手牵羊】张南庄《何典·序》："一路顺手牵羊，恰似拾蒲鞋配对。"比喻顺便拿走人家的东西。《拜月亭》剧："若要活的。顺手牵羊，一去牵过来。咄！这厮看刀！"

2156【花花世界】张南庄《何典》卷一："中界便是今日大众所住的花花世界。"泛指人世界（含贬义）。

2157【山脚跟】张南庄《何典》卷一："山脚跟头有一个大谷。"山脚边。

2158【横财】张南庄《何典》卷一："发了横财，做了暴发头财主。"意外得来的钱财（多指用不正当的手段得来的）。

2159【年纪一把】张南庄《何典》卷一:"如今年纪一把,儿女全无。"也说"一把年纪",犹言年纪不小了。

2160【七老八十】张南庄《何典·卷一》:"你们两个尚不至七老八十。"犹云耄耋之年。《荡寇志》七十一回:"你看便有妇人,也都是七老八十。"

2161【拔起脚】张南庄《何典》卷一:"忙拔起脚道'。"拔起脚常说成"拔起脚就走",意为立即动身。

2162【打蛇打在七寸里】张南庄《何典》卷一:"恰正打蛇打在七寸里。"谓击中要害。《王文成年谱》:"谓魏良政曰:'以吾良知,求晦翁之说,譬如打蛇得七寸。'"也可作恰到好处讲,如还物价,常有"打蛇打到七寸里"的话。

2163【踏烊】张南庄《何典》卷一:"前门进,后门出,几乎连阶沿砖都踏烊易了。"即被脚底磨损。越语有'门槛踏烊'一语,表示门庭若市。

2164【碰鼻头转湾】张南庄《何典》卷一:"一直望前跑去,碰鼻头转湾。"即到不能再前进的地方拐弯。

2165【会(钞)】张南庄《何典》卷一:"会过茶钱,起身问道。"(在饭馆、酒馆,茶馆、澡堂、理发馆等处)付账(多指一人给大家付账)。也说"会钞"。

2166【半开半掩】张南庄《何典》卷一:"只见两扇庙门,半开半掩。"一半开着,一半闭着。

2167【隙着一祭缝】张南庄《何典》卷一："只见两扇庙门,半开半掩,隙着一祭缝。"原来写作门字中间一个奇字,但据刘半农的注释:这字"读如希,谓露出一线,隙字之音转。"

2168【急惊风撞着了慢郎中】张南庄《何典》卷一："倘有小舍人急惊风撞着了慢郎中,来不及。"急病碰到慢医生。

2169【铜钱堆出大门外】张南庄《何典》卷一："你横竖铜钱堆出大门外。"形容钱多。

2170【乡下狮子乡下跳】张南庄《何典》卷一："正叫乡下狮子乡下跳。"即从实际出发,按照条件办事。跳音条,作舞弄解释。《通俗编·余识》:"乡里狮子飨下跳。"但也有说成"乡下狮子乡下舞"的。这个"舞"字也正是那个"跳"字。

2171【急来抱佛脚】张南庄《何典》卷一："闲时不烧香,急来抱佛脚。"也说"临时抱佛脚"。

2172【掮木梢】张南庄《何典》卷二："掮下无数木梢。"干吃力不讨好的事,其人谓之"木梢客人"。也说"背木梢"。

2173【一只眼开一只眼闭】张南庄《何典》卷二："山门塑个遮眼神道,一只眼开一只眼闭的。"似见未见,表示马虎。也说"开只眼睛,闭只眼睛"。

2174【无千无万】张南庄《何典》卷二："那四面八方来看戏的野鬼,无千无万。"表示数目多。

2175【诈酒三分醉】张南庄《何典》卷二:"正诈酒三分醉的在戏场上耀武扬威。"貌似喝醉了酒,其实只醉了三分罢了,疯疯癫癫都是骗人的。

2176【手无缚鸡之力】张南庄《何典》卷二:"我们都是手无缚鸡之力的。"形容力气很小。

2177【人多手杂】张南庄《何典》卷二:"幸亏人多手杂,一霎时都已七停八当。"犹人多力量大。

2178【上天无路,入地无门】张南庄《何典》卷二:"打得活鬼上天无路,入地无门。"极言无路可走。

2179【牛头弗对马嘴】张南庄《何典》卷二:"就说三言两语,也是牛头弗对马嘴的。"比喻答非所问或事物两下不相合。

2180【铜钱眼里翻斤斗】张南庄《何典》卷二:"这饿杀鬼是要向铜钱眼里翻斤斗的。"比喻把钱看得很重,所谓"吝啬鬼"。

2181【不怕官,只怕管】张南庄《何典》卷二:"老话头:不怕官,只怕管。"

2182【在他檐下过,不敢不低头】张南庄《何典》卷二:"老话头:……在他檐下过,不敢不低头。"《琵琶记》剧:"在他檐下过,谁敢不低头。"《水浒传》二十七回:"古人道:'不怕官,只怕管。'在人屋檐下,不敢不低头。"

2183【空口白牙】张南庄《何典》卷二:"我们亦不好空口白牙去说什么。"即凭空说话。

2184 【见钱眼开】张南庄《何典》卷二:"老爷虽说见钱眼开。"形容视钱如命。

2185 【看弗上眼】张南庄《何典》卷二:"只怕少了也就要看弗上眼的。"看不中,即不满意。

2186 【牯牛身上拔根毛】张南庄《何典》卷二:"也不过是牯牛身上拔根毛,无甚大不了的。"损失不了多少。

2187 【杀人弗怕血腥气】张南庄《何典》卷二:"都是杀人弗怕血腥气的朋友。"形容其人残忍得很。

2188 【七打八】张南庄《何典》卷二:"前日造庙时已将现银子用来七打八。"据刘半农的注释:"七打八,或作七搭八,犹言七八成。"

2189 【瘆】张南庄《何典》卷三:"那阵风也瘆了,依旧平和水港。"据刘半农的注释:"瘆,平读。"越语中也有"瘆落去"的话,常指火势、风势而言。

2190 【留得青山在,那怕没柴烧】张南庄《何典》卷三:"中要留得青山在,那怕没柴烧。"元人《看钱奴》剧:"我只道留下青山怕没柴。"《泾谚汇录》:"留得青山在,不愁没柴烧。"孙锦标说:"此慰贫者之语也。"

2191 【换汤弗换药】张南庄《何典》卷三:"依旧换汤弗换药鹕拿出两个纸包来。"无实质性的不同。

2192【吊长丝瓜】张南庄《何典》卷三："摆上老八样头素菜来,不过是吊长丝瓜,丫叉萝葡……"意谓细长。越语常用来形容瘦长的人。

2193【七七做,八八敲】张南庄《何典》卷三："七七做,八八敲的闹了四五十日。"形容旧日丧家的繁文缛节。

2194【三不知】张南庄《何典》卷四："三不知六事鬼走来。"犹云忽然或不料。越语中也有"三弗知头"的话。

2195【茄花色】张南庄《何典》卷四："换了一身茄花色素服。"茄花呈紫色,表示并不鲜艳。有时作差、"蹩脚"解释。

2196【若要俏,须戴三分风流孝】张南庄《何典》卷四："正是若要俏,须戴三分风流孝。"越语作"若要俏,戴个三分风流孝"。风流孝即非重孝。

2197【无事不登三宝殿】张南庄《何典》卷四："我无事不登三宝殿。"即有事才上门。《义侠记》剧："无事不登三宝殿,欲请神针特造谒。"《荡寇志》九十七回："孙婆道:'无事不登三宝殿,老生要烦三郎,画幅手卷。'"

2198【虱多弗痒】张南庄《何典》卷四："谁说虱多弗痒的么。"越语作"虱多弗痒,债多弗愁"。

2199【前生前世】张南庄《何典》卷五："只不知你们前生前世,鸟法如何。"另有"今生今世"与之相对。越语常说:"你是我前生前世的冤家。"

2200 【搭陶搭队】张南庄《何典》卷五："终日搭陶搭队的四处八路去找快活。"交朋友,多指贬义。越语中有"搭陶搭得不好"的话。另有"和陶和伙"的话,也是越语中常说的。

2201 【触千捣万】张南庄《何典》卷五："把雌鬼'触千捣万'乱骂起来。"猥亵语。越语中也有"触千捣娘"的话,意思与此相同。

2202 【嚼舌头】张南庄《何典》卷五："嘴花掞撇的专喜嚼舌头根,不甚贤惠。"胡言乱语。越语只说"嚼舌头"。

2203 【口眼弗闭】张南庄《何典》卷五："若不依我,就死了也是口眼弗闭的。"不甘心。

2204 【薄皮棺材】张南庄《何典》卷五："弄一口薄皮棺材危装裹了,就扛去葬在活鬼坟余地上。"材料单薄,质量极差的棺材。

2205 【新箍马桶三日香】张南庄《何典》卷五："也未免新箍马桶三日香。"越语有"新造毛坑三日香"的话。

2206 【弄怂】张南庄《何典》卷五："便都将嘴骗舌头的来弄怂他。"作弄、调排。

2207 【提调】张南庄《何典》卷五："或是在面前背后提调。"指挥调度。

2208 【强头倔脑】张南庄《何典》卷五："一个个拳头大,臂膊粗,强头倔脑的。"不听话。

2209【巴弗能够】张南庄《何典》卷五:"巴弗能够出门去了。"犹言盼他不到。

2210【百步无轻担】张南庄《何典》卷五:"百步无轻担的,怎好烦劳你。"担子虽轻,路远了就费力。

2211【打杀老婆触死屄】张南庄《何典》卷五:"反欲打杀老婆触死屄起来。"做事死板,不能变通。

2212【娘妗】张南庄《何典》卷六:"不免受娘妗的鹘雳气。"又叫"娘舅姆",即舅妈。

2213【鉴貌辨色】张南庄《何典》卷六:"还亏他心里明白,鉴貌辨色。"即"察颜观色"。

2214【路出嘴边】张南庄《何典》卷六:"老话头:路出嘴边。"路陌生,问了就清楚。越语有"路生东(在)嘴边"。

2215【摇头豁尾巴】张南庄《何典》卷六:"尽都摇头豁尾巴四散去了。"即"摇尾乞怜",是狗以谄媚的姿态讨好主人的样子。

2216【身强力壮】张南庄《何典》卷六:"犹如脱胎换骨,霎时间已觉身强力壮。"年轻男子的模样。

2217【无法无天】张南庄《何典》卷六:"你是什么公子,辄敢这般无法无天。"形容胆大妄为的人。

2218【担搁】张南庄《何典》卷六:"若再担搁,只恐又生别情。"亦作"耽搁"。延误。

2219【进退两难】张南庄《何典》卷六:"迨于进退两难之际。"形容处境困难。

2220【随缘乐助】张南庄《何典》卷六:"巴望人随缘乐助。"随你愿意捐多少就捐多少。随缘即"随喜",都是佛教用语,即见人做功德而乐意参加。

2221【先开花后结子】张南庄《何典》卷七:"因讨那先开花后结子的谶语,取名花娘。"比喻先生女儿后生儿子。

2222【手头活动】张南庄《何典》卷七:"财来财去的觉手头活动。"指手头有钱。即拮据、"手头紧"的对面。

2223【骨瘦如柴】张南庄《何典》卷七:"忽见赶茶娘骨瘦如柴。"形容消瘦之极。

2224【羊落虎口】张南庄《何典》卷七:"若臭花娘子跑去,真是羊落虎口。"所谓投其所好、正中下怀。元人《孟良盗骨》剧:"俺家姓杨,被番兵陷在虎口交牙峪,这叫做羊落虎口,正犯了兵家所忌。"

2225【有话有商量】张南庄《何典》卷八:"有话有商量的好不快活。"意即情投意合。

2226【卵子推冰缸里】张南庄《何典》卷八:"说得他卵子推冰缸里,冷了下半段。"越语也有"卵子奔在冰缸里"的话,只是解释稍有不同,是慢吞吞、不着急的意思。

2227【阵头大，雨点小】张南庄《何典》卷八："谁知阵头大，雨点小，霎时雨藏云收。"越语作"雷声大，雨点小"。比喻声势大而实际效果小，似有"虎头蛇尾"之感。

2228【赔弗是】张南庄《何典》卷八："你须赔了我弗是，方说与你听。"等于说"认错"。

2229【兔子弗吃窠边草】张南庄《何典》卷八："兔子弗吃窠边草的；这只兔子如何倒在窠边吃草?"另有"强盗弗吃窠里食"，意思与此相同。不侵犯本地人的利益，目的也许只是为了隐蔽自己。《通俗编》："'鸬鹚不打脚下塘'，《全唐诗》录唐谚云'兔儿不吃窠边草'，义与之同。"

2230【斜撇雄鸡】张南庄《何典》卷八："把一只斜撇雄鸡抓住。"指雄鸡在交配前斜着身子向母鸡靠拢的样子。越语作"歪撇雄鸡"。

2231【口口声声】张南庄《何典》卷八："又见地里鬼口口声声叫他'先生'。"不住地说。

2232【豆腐西施】张南庄《何典》卷八："有一个标致细娘，叫做豆腐西施。"鲁迅在小说《故乡》中也写道："在斜对门的豆腐店里确乎终日坐着一个杨二嫂，人都叫伊'豆腐西施'。"难道出典就在这里? 但也可能民间早已有了这种习惯。

2233【濛濛天亮】张南庄《何典》卷八："已经濛濛天亮。"即黎明时刻。也说"天濛濛亮"。

2234【强中更有强中手】张南庄《何典》卷八:"岂知强中更有强中手乎。"能干的还有能干的,不是"老子天下第一"。元人《桃花女》剧:"强中更有强中手,恶人终被恶人磨。"《回山》梆子腔:"强中更有强中手,方显梁山手段高。"

2235【气急败坏】张南庄《何典》卷九:"见怨鬼气急败坏跑进门来。"上气不接下气的。形容十分慌张或恼怒。

2236【眼乌珠宕出】张南庄《何典》卷九:"眼乌珠都宕出来。"凶相十足。

2237【天高皇帝远】张南庄《何典》卷九:"这里乡村底头,天高皇帝远的。"谁也管不着。

2238【墨测黑】张南庄《何典》卷九:"露出那墨测黑的胸膛。"乌黑。也叫"墨黑"。

2239【不费吹灰之力】张南庄《何典》卷十:"不费吹灰之力,抱了就走。"形容做事情非常容易,不费什么力气。

2240【墙坍壁倒】张南庄《何典》卷十:"到了臭鬼家里,但见墙坍壁倒。"环境破败不堪。

2241【连头搭脑】张南庄《何典》卷十:"一声响,把他连头搭脑罩住。"表示全部,与越语"一塌括之"意思相同。

2242【眼饱肚中饥】张南庄《何典》卷十:"真是眼饱肚中饥,敢怒而不敢言。"与越语"眼饱肚弗饱"意思相同。

2243【兄弟陶里】张南庄《何典》卷十："不如依旧男妆,说是兄弟陶里。"据刘半农注释:"陶里,犹言辈。"越语有"自陶伙里",也就是自己人或"哥们儿"。

2244【捋顺毛】张南庄《何典》卷十："名为衣冠禽兽,捋顺了毛,倒也驯良。"就是顺着他的意思办。与此相左的就是"捋虎须"了。

2245【烟尘抖乱】张南庄《何典》卷十："忽望见前路烟尘抖乱。"烟雾和尘埃滚滚,多指战火纷飞或人烟稠密的地方。

2246【妈】樊恭烜《浙江象山方言考》:"妈:母之本音在第一部,音如每,转而入第四部,读莫后切,再转而入第五部,读木补切,再转而为妈,则转入十七部矣。"

2247【缚】樊恭烜《浙江象山方言考》:"缚:韵会,缚,伏约切,按其变音如曝如伏,转去则如蒲卧切。为婆之去声,俗凡以绳缚物呼如婆上声,即缚字。"

2248【条】樊恭烜《浙江象山方言考》:"条:说文,小枝也,徒疗切,土音有呼如都疗切者,音义皆近鸟,叠韵也。其引由之义为条达条例。俗凡路几条,呼如几大,或即达之转音,然条亦其双声也。又字几行,亦呼如几大,或即第之双声,然条亦其双声也。又以绳缚物呼如几道,而条亦其转声也。"

2249【鬎】樊恭烜《浙江象山方言考》:"鬎:《说文》,鬎,角有所觸发也,居月切。今土音如巨月切,牙音第一转第三。"

2250【阉】樊恭烜《浙江象山方言考》:"阉:凡畜之去势者,

366

曰犗，曰骟，曰𬴂，曰騰，曰羯，曰阉，曰镦，曰善，曰净，曰宦，曰扇（骟之假借）。今俗谓牛之去势者曰羯，曰鸟，曰镦鸡，曰骟猪，曰阉，呼犗之音如古大切，音之变也。"

2251 【铺】樊恭炬《浙江象山方言考》："铺：《说文》，鬻，炊釜沸溢也，蒲没切。段曰，今江苏俗谓火盛水溢出为铺，鬻转语也。今土音如喷，亦鬻之转音。又汤沸其声字字，又沸则起沫。土音皆呼如字，疑亦此鬻字。"

2252 【腌】樊恭炬《浙江象山方言考》："腌：渍肉也，于业切。段曰，今淹渍字当作此，淹行而腌废，又曰，肉谓之腌，鱼谓之鮨。今凡不鲜之物皆曰腌，其音皆不读于业切，而呼如淹，盖亦假淹为腌也，腌淹亦双声字。"

2253 【虚】樊恭炬《浙江象山方言考》："虚：《唐韵》，虚，朽居切，空虚也，俗凡肿亦曰虚，音有如朽开切者，如海之平声。凡价不实亦曰虚，音有如朽丹切者，盖因居音可转如干燥之干也。"

2254 【敲】樊恭炬《浙江象山方言考》："敲：敲之正音如俏，其古音如考平声，俗以楂从上击下曰栲，从下横掠曰敲，栲无击义，亦敲字也。又人死亦曰敲，即《杨子方言》，弃物为敲之义。"

2255 【湔】樊恭炬《浙江象山方言考》："《说文》，湔，湔水出蜀郡绵虒玉垒山东南，入江，一曰，半澣也，子仙切，段曰，半澣者，澣衣不全濯之，仅濯其垢处曰湔。今俗语犹如此，此相沿古语，如云，湔裙是也。按今俗呼半澣之语，音如责，谓但去污迹也，则字可作迹，其实即湔之入声。又浣字俗读入声如颈。"

2256 【伏】樊恭炬《浙江象山方言考》："《说文》，伏，司也，房

367

六切。段曰,司今之伺也。按房六切,音如服,若变重唇则如匐,若从匐转去则如抱,如捕。俗谓伏卵曰捕,即伏之去声,故他韵书,有扶富切音。"

2257【埘】樊恭烜《浙江象山方言考》:"埘,犹培也,埘培二音,皆可转蒲。俗谓加土音如捕,必埘培二字也。附之土音可如护,腐之土音可如户,则埘之土音亦可如护也。"

2258【江】樊恭烜《浙江象山方言考》:"江,古音如工,今音古双切,土音如冈,如姜,是以绛讲皆有近姜之音,此江阳合韵,音相通转,成为不东不阳之音,东冬转阳之枢纽也。"

2259【病】樊恭烜《浙江象山方言考》:"病,俗如呼八庚彭字之去声,如耳聋曰聋病,病本皮命切,同部音通也。又妇人怀孕有病曰病儿,病呼如弊,亦双声字。"

2260【靪】樊恭烜《浙江象山方言考》:"《说文》,靪,补履下也,当经切。段曰,今俗谓补缀曰打,补靪当作此字。按今靪书靪纽襻,亦必借此靪字,但音呼如登,又谓补屦下曰靪屬头,靪音打,屬音桥,登靪打三字,皆双声。"

2261【嗾】樊恭烜《浙江象山方言考》:"《杨子方言》,秦晋冀陇谓使犬曰嗾,《广韵》、《集韵》,并苏后切,音叟。今猎人使犬声如苏和切,音之转也。"

2262【駓】樊恭烜《浙江象山方言考》:"《诗》,駓彼乘黄,《毛传》,駓,马肥强貌。俗谓强壮者曰駓駓响,曰駓駓跳,駓之引申义也。"

2263【腾】樊恭烜《浙江象山方言考》："腾之本义为徒,也登切。段曰:引申为驰也,为跃也。按俗谓行之速者,曰腾腾,即其引申之义。"

2264【莿】樊恭烜《浙江象山方言考》："《尔雅》茦莿,注,草刺针也,关西谓之刺,燕北朝鲜之间曰茦。《玉篇》,鸟,楚革切,音册。今俗呼草芒刺人音如绰,当楚角切,变音也。"

2265【葻】樊恭烜《浙江象山方言考》："《唐韵》,葻,卢含切,《说文》,草得风貌。俗呼草木之仆倒者,音如礴,其音之转变与十灰之来同。"

2266【胖】樊恭烜《浙江象山方言考》："《说文》,胖,半体也,一曰,广肉,普肉切。按今俗言广肉者,音如雨雪其鸟之雾,盖借膀字为之。膀字,《集韵》有铺郎切,音脹。又大腿曰足膀,因之猪之腿亦曰膀蹄,胖膀双声,俗呼如雾者,其胖耶,抑膀耶?"

2267【泰】樊恭烜《浙江象山方言考》："泰之本义滑也,他盖切,俗凡因滑而倒曰打滑泰,音他达切。"

2268【溇】樊恭烜《浙江象山方言考》："《说文》,溇,雨溇溇也。一曰:汝南人谓饮酒,习之不醉曰鸟。段曰:谓不善饮者,每日饮少许,久久习之,渐能不醉,其方言曰溇,力主切。俗凡本不如是,习之成惯,遂不可已,呼如里,古四部侯厚候之字,多入五部,是以娄声之字,可读屡,可读履,屡音可转稆,音虽变改,双声不乱。"

2269【郁】樊恭烜《浙江象山方言考》："《说文》,郁,木丛,迂弗切。按郁者,积也,谓郁积而茂盛也,其引申之义为郁陶,为幽

369

郁。今文人多读迂玉切,犹不如土音流传之得其真也。俗以酸醋和紫菜曰郁,衣服之不平而有裥者亦曰郁,骨节损伤亦曰郁,皆有不舒之意,皆呼迂弗切。"

2270【郣】樊恭炬《浙江象山方言考》:"《说文》,郣,郣地,蒲没切,一曰,地之起处曰郣。段引《周礼》郑注,郣壤粉解者,又引《广雅》,鸟,尘也,又曰:今俗谓粉之细者曰郣,皆此郣字。按俗呼耕起之土曰泥郣头(亦可写作泥坡头,《说文》:'坡,坡土也。'),谓粉之细而成块者曰积郣。亦曰积蒲,郣与蒲语之轻重耳。又谓山中土高处曰郣头,音如薄,此音之变,如呼鹁鸪曰薄鸪。又勃姑曰步姑,荸荠曰蒲荠,亦曰蒲夷,荠子齐与夷,齿音第一第三第五相通之证也。"

2271【大弗过的眼睛】思衡《越语备检》:"大弗过的眼睛:景观再大,也比不上眼界宽,所以都算不了什么。"

2272【热锅上的蚂蚁】思衡《越语备检》:"热锅上的蚂蚁:心急如焚,就像热锅上的蚂蚁。《水浒传》五十五回:'如热锅上马蚁,走投无路。'《红楼梦》三十九回:'急的热锅上马蚁。'"

2273【木七木八】思衡《越语备检》:"木七木八:呆笨的意思。木,方言谓笨叫木。如木大,即呆笨的人。"

2274【粽子头,梅花脚,田塍埭上打飞脚】思衡《越语备检》:"粽子头,梅花脚,田塍埭上打飞脚:狗头像粽子,脚印像梅花。在狭窄的田塍上跑得飞快。"

2275【爹麻脸,娘红脸,生出儿子小白脸】思衡《越语备检》:"爹麻脸,娘红脸,生出儿子小白脸:谜底是花生。"

2276【柴乊】思衡《越语备检》："柴乊：诸暨人何植三,曾著诗集曰《农家的草紫》,其中有一首小诗云：'妹是鲜花,伊是柴乊,教我怎的不爱你。'自注道：'乊,俗字,读若滋,树木老根,俗称柴乊。'"范寅在《越谚》卷中"柴乊"项下说："山间有一种盘错老根,逢春生稊,名此。"

2277【近瞭眼】思衡《越语备检》："近瞭眼：即近视眼。俗语有'近瞭眼望钱塘江'的话。"近瞭眼,据孙锦标在《南通方言疏证》中说："《通俗编》《说文》,瞭,察也,音砌。按今短视曰近瞭,当用此字。俗作觑。今云近视眼,当作近瞭眼。瞭视亦音转也。"

2278【猫脚弗仄,狗脚弗跷】思衡《越语备检》："猫脚弗仄,狗脚弗跷：凡遇到小孩的手或脚受伤,大人便说：'猫脚弗仄,狗脚弗跷。'既是禳解,又是安慰。"

2279【大食户】思衡《越语备检》："大食户：大食量。白居易《久不见韩侍郎戏题四韵以寄之》诗云：'户大嫌甜酒,才高笑小诗。'户大,酒量大。与大食户相对,越中叫胃口细,含有斯文的意思。"

2280【展期】思衡《越语备检》："展期：延长期限。《辞海》展字项下说：'放宽也。'写作转期,不通。"

2281【吕布跌落地,貂蝉传弗其】思衡《越语备检》："吕布跌落地,貂蝉传弗其：妇女晾衣服,不小心把衣服掉在地上,又赶快将它拾起来。吕布指衣服；貂蝉指妇女。拾,方言读若传去声；弗其,不及。"

2282 【掇】思衡《越语备检》:"掇:即端,平举移动。俗语有掇碗、掇梯子、掇马桶的话。《水浒传》第二回说:史进喝叫庄客不要开门,'掇条梯子,上墙打一看时,只见……'"

2283 【下遭】思衡《越语备检》:"下遭:即下一回。儿歌云:'油菜炒年糕,吃了味道好,下遭还要炒。'"

2284 【大牵网】思衡《越语备检》:"大牵网:鱼网的一种。这是一匹很长很长的网,有许多匹小网连缀而成;捕鱼时先将网用船装了从水面上放下去,然后分两头从岸上拉起来。看似笨拙,却最稳当。日本人也常用这种网捕鱼,称为拉大网,在板本文泉子的小说《如梦记》中有很好的描写。"

2285 【头埭】思衡《越语备检》:"头埭:犹头绪。没头绪谓没头埭或没头没埭。埭,读若大,原作畦字讲,如一埭地即一畦地。越中也常用作村子的名称,如李家埭,汪家埭。"

2286 【天高皇帝远】思衡《越语备检》:"天高皇帝远:谁也管不着。"

2287 【钉头碰铁头】思衡《越语备检》:"钉头碰铁头:即冤家遇到对头。碰,俗读若甏去声。另有碰鼻头转湾、碰鼻头草,也都读这个音。"

2288 【筛锣】思衡《越语备检》:"筛锣:越中人遇有急难,如火烧、倒堤、强盗抢,辄击锣呼救,谓之'筛锣'。"赵彦卫在《云麓漫抄》中说:"今人呼洗曰'沙锣',又曰'厮锣',国朝赐契丹、西夏,使人皆用此语。究其说,军中不暇持洗,以锣代之。又中原人以击锣为筛锣,东南亦有言之者,筛、沙音相近也。"

2289【凹脸塌鼻头】思衡《越语备检》:"凹脸塌鼻头:形容面貌丑陋。"

2290【翻箱倒笼】思衡《越语备检》:"翻箱倒笼:比喻搜索彻底。多含贬义。"

2291【瘟鸡死鸭臭酱油】思衡《越语备检》:"瘟鸡死鸭臭酱油:比喻几个臭味相投的人聚在一起。"

2292【田要冬耕,儿子要亲生】思衡《越语备检》:"田要冬耕,儿子要亲生:冬耕的田害虫少,靠得住;儿子也一样,亲生的就亲热、听话。"

2293【人怕戳,字怕笃】思衡《越语备检》:"人怕戳,字怕笃:戳,挑驳;笃,直挂。字只有挂起来才能看出好坏。"

2294【海阔洋洋,忘记爹娘】思衡《越语备检》:"海阔洋洋,忘记爹娘:有些人一旦跑出家门,被外面的花花世界所吸引,就连父母亲都忘记了。"

2295【拖脚抹地】思衡《越语备检》:"拖脚抹地:形容长衫或裤子太长,盖住了脚甚至碰到了地。"

2296【花花轿子人抬人】思衡《越语备检》:"花花轿子人抬人:坐轿的是人,抬轿的也是人。为什么同样是人,竟有如此不同? 也可作人事难料解,即今天我抬你,或许明天你抬我。"

2297【天下文章一大抄,看你会抄不会抄】思衡《越语备检》:"天下文章一大抄,看你会抄不会抄:抄亦有道。周作人在致鲍耀明信中说:'《十三妹》虽然亦是聪明人,但尚时杂意气,且不知《文抄公》之难,披沙拣金,有时抄文实比自做尤难,此须自己经过才能知道耳。'"

2298【割麦如救火】思衡《越语备检》:"割麦如救火:麦子成熟,必须立即收割,一刻也不能拖延,就像救火一样紧迫。其实,不光是麦子,别的作物也一样。譬如'雨后春笋',仿佛今天是笋,明天就变成竹了。"

2299【黄鼠狼给鸡拜年】思衡《越语备检》:"黄鼠狼给鸡拜年:不怀好意。"

2300【公说公有理,婆说婆有理】思衡《越语备检》:"公说公有理,婆说婆有理:众说纷纭,莫衷一是。"

2301【人会料,天会调】思衡《越语备检》:"人会料,天会调:天想干什么,往往出于人所逆料。所谓人定胜天,至今还只是一种理想而已。"

2302【强龙斗不过地头蛇】思衡《越语备检》:"强龙斗不过地头蛇:当地恶势力之可怕。"

2303【红萝卜上在蜡烛账上】思衡《越语备检》:"红萝卜上在蜡烛账上:萝卜比蜡烛便宜,以此冒彼,所以能从中得利。红萝卜有长条与圆球两种,长条的状如红蜡烛,更像今天的所谓火腿肠。"

2304【杨梅来医病】思衡《越语备检》:"杨梅来医病:整句为'桃子来起病,李子来送命,杨梅来医病。'极言杨梅的好处。"

2305【夏至杨梅满山红,小暑杨梅要出虫】思衡《越语备检》:"夏至杨梅满山红,小暑杨梅要出虫:杨梅的果期不长,从夏至到小暑只有二十来天的时间。"

2306【黄鼠狼跟着黄瓜荡】思衡《越语备检》:"黄鼠狼跟着黄瓜荡:自己没有主张,只好跟着别人的意见做。荡,来回幌动。"

2307【苍蝇戴豆壳】思衡《越语备检》:"苍蝇戴豆壳:形容帽子太大。"

2308【戏文做来人头看】思衡《越语备检》:"戏文做来人头看:做戏是为了娱乐大家,教育大家。人头,即人头郎,指大众。"

2309【肚痛埋怨灶司】思衡《越语备检》:"肚痛埋怨灶司:归咎于别人。灶司,即灶神,俗称灶司菩萨。"

2310【水蛇要肚饱,田鸡要性命】思衡《越语备检》:"水蛇要肚饱,田鸡要性命:各人为各人的利益打算。青蛙,俗称田鸡,又称水鸡。"

2311【竹笋打水一场空】思衡《越语备检》:"竹笋打水一场空:用错了工具,徒劳一场。比喻做事无实效。"

2312【亲眷盘还盘,邻舍碗还碗】思衡《越语备检》:"亲眷盘还盘,邻舍碗还碗:农民好客,懂得礼尚往来;物事虽小,却于联络感情有大作用。"

2313【新亲热及及,老亲挂上壁】思衡《越语备检》:"新亲热及及,老亲挂上壁:喜新嫌旧,人之常情,也不能说是世态炎凉。挂上壁,即高高挂起不加理睬。"

2314【浪子回头金不换】思衡《越语备检》:"浪子回头金不换:浪子能回心转意是很不容易的事,真比金子还可贵。"

2315【前怕狼,后怕虎】思衡《越语备检》:"前怕狼,后怕虎:形容顾虑重重,畏缩不前。也说成'前怕虎,后怕狼'。"

2316【前朝后代】思衡《越语备检》:"前朝后代:比喻时代遥远。"

2317【镬里弗滚,汤罐里连滚滚】思衡《越语备检》:"镬里弗滚,汤罐里连滚滚:绍兴灶有双眼与三眼之分,眼即锅子(镬子)。在锅子与锅子之间埋有汤罐,饭熟后汤罐里的水也热了,可以用作洗脸或洗碗。现在却倒过头来,锅子里不滚,汤罐里却滚个不停。这是说当事人不着急,旁观者却着急得很,因此常用来讽刺那些爱管闲事的人。"

2318【外甥大于天皇】思衡《越语备检》:"外甥大于天皇:外甥在外婆家受到宠爱,专横跋扈,就跟天皇老子一般。安徽宁国地方也有'外甥皇帝,娘舅狗屁。'的话。"

2319【一条边】思衡《越语备检》:"一条边:明田赋制度,把赋与役合而为一,称一条鞭法。亦作一条边。方言却用来作为一门心思或一心一意讲。"

2320【凹砧板,钝薄刀】思衡《越语备检》:"凹砧板,钝薄刀:好的与好的彼此结合,现在称为'强强联手'。差的跟差的碰在一起就不妨叫作'凹砧板钝薄刀'了。"

2321【日坍屋,夜坍桥】思衡《越语备检》:"日坍屋,夜坍桥:白天人多在田间工作,屋里少有人在;夜里少有人在桥上走,所以人们就以此作为上天的功德。"

2322【吃补食无效,但看田里壅料】思衡《越语备检》:"吃补食无效,但看田里壅料:料,肥料。"

2323【落水三分净】思衡《越语备检》:"落水三分净:衣服放在水里洗涤,无论如何总能洗掉一些污垢。比喻做事,做总比不做好。"

2324【只问此事何人做,不问此事几个工】思衡《越语备检》:"只问此事何人做,不问此事几个工:做事情总以质量为第一,为求质量好,花多少时间都值得。'又要马儿好,又要马儿不吃草'是不可能的事,不然,其结果必然是偷工减料、粗制滥造。"

2325【青蛙田鸡活剥皮,酱油蘸蘸好东西】思衡《越语备检》:"青蛙田鸡活剥皮,酱油蘸蘸好东西:青蛙凭了它本身的鲜味,不必多加别的配料,用酱油蘸着吃即可。"

2326【大麦弗割割小麦】思衡《越语备检》:"大麦弗割割小麦:谓乱了次序。譬如弟弟比哥哥先结婚,或妹妹比姐姐先出嫁,都可以用这句话来说。"

2327【会趁不如会省】思衡《越语备检》:"会趁不如会省:节约的重要。趁,趁钱、赚钱;省,节省、节约。"

2328【腌茄子】思衡《越语备检》:"腌茄子:茄子即落苏,有多种吃法;用盐腌了就叫腌茄子。据施蛰存在《云间语小录》中说,松江人叫'扴落苏':'松人所嗜,乃落苏之初成实者,长不过一二寸,渍以盐,贮瓦钵中,闺人用手频频揉揆之,使软,使盐味透入,用石压之,三五日后,便可供食,是谓扴落苏。夏日晚湌,人家多食炒饭,泡以茶,曰茶淘饭,佐以扴落苏一碟,虽中人之家亦然,民风俭也。'"

2329【人家过弗落去养鹅鸭】思衡《越语备检》:"人家过弗落去养鹅鸭:养鹅鸭利润较高,特别是鸭子。但很辛苦,除了整天在田野间奔跑外,夜里还要跟鸭子住在野外的鸭棚里,冒风霜雨露之外,还要防黄鼠狼和蛇的侵袭。与此句相配,还有一句是'戏文做弗落去出菩萨'。这句话也符合实际情况,且看《西游记》里描写的八十一难,哪一次不是由菩萨出来解困的。安徽宁国一带地方也有'呒商量,养猪娘'的话。"

2330【看鹅嬉嬉,看鸭报死】思衡《越语备检》:"看鹅嬉嬉,看鸭报死:鸭子的行动迅速,牧鸭者跟在后面疲于奔命,仿佛是在报死(将死讯告诉亲友);而鹅则遇草便吃,行动迟缓,所以牧鹅者就像是在那里游玩一样。"

2331【见蛇不打大恶人】思衡《越语备检》:"见蛇不打大恶人:蛇可以分有毒无毒两种,这里说的大概是指毒蛇,它往往有备无患似的躺在路边草窝里,只等你去碰着它,有防不胜防之概。为求安全计,往往见了就把它打死。据说这句话还出于大慈大悲的观世音菩萨之口,我也曾在一本什么书上看到过。我很赞成这个主张,不仅是毒蛇,就是一般的无毒蛇,看它们一扭一扭的样子,也着实令人肉麻,所以许多人见到了也没有不把它打死的。"

2332【口吃粮,肚思量】思衡《越语备检》:"口吃粮,肚思量:从前我母亲常说这句话,意思是:人应该多动脑子;人是吃米麦的,与食草的畜牲不一样。所以她用这句时总是在我做错了什么事的时候。"

2333【老虎直头眼】思衡《越语备检》:"老虎直头眼:据说老虎只看前面,不喜欢东张西望,所以比其他猛兽如豺狼野猪都要好对付些。但是这实在是老虎的缺点,所以人们就拿这句话来比喻那些做事鲁莽的人。"

2334【扶肩搭背】思衡《越语备检》:"扶肩搭背:指行为不端正的人。"

2335【九月重阳,菱桶乱撑】思衡《越语备检》:"九月重阳,菱桶乱撑:菱角长在水里,属于一定的人家,为了有所区别,就用粗草绳把它拦起来。别人不得随便闯入。但是到了九月重阳,采菱的事已经基本结束,此时菱蓬多已枯萎,即使还有几粒菱角存在,为数也已经不多,所以按照民间的不成文法,任何人都可以进去'收蓬'。"

2336【二月二,做河泥】思衡《越语备检》:"二月二,做河泥:二,方言读若腻,所以与泥是押韵的。俗语说:'吃补食无效,但看田里壅料。'料,肥料。从前农民用的肥料,大致可以分为三类:畜肥、土肥和草肥。土肥又分两种,即河泥与焦泥灰。河泥就是沉淀在河底或池塘底里的污泥,因为富于菱芡等水草的腐植质,所以可以用来肥田。而河流或池塘大部分属于公有,所以做河泥也要统一行动,一般定在二月初二。"

2337 【罱夹】思衡《越语备检》:"罱夹是做河泥时的主要部件,状如老虎钳,清人吴景旭有一首《罱泥行》的诗,上半云:'一溪小雨直如发,尖头艓子长竿揭,凭将两腕翕复张,形模蛤蚧相箝镊。载归取次壅桑间,平铺滑汰孩子趺。'罱夹的底部装有三角形的一个网兜,名称已经忘记,只记得有一个谜语就是说这种东西的:'摸摸嫩浦浦,闻闻臭血血。上头扒开来,底下都漏出。'听上去有点不大雅驯,其实却是一样农具。"

2338 【头上三尺有神明】思衡《越语备检》:"头上三尺有神明:俗语说,若要人不知,除非己莫为。头上三尺有神明,也是儆告人不要做坏事。'神道设教'虽然不一定妥当,但用意还是不错的。"元曾瑞卿《留鞋记》剧:"也须知举头三尺有灵神。"《通俗编》:"'举头三尺有神明',《南唐书》徐铉有此语。"又《翡翠园》剧:"正是凡事劝人休碌碌,举头三尺有神明。"

2339 【韧结结】思衡《越语备检》:"韧结结:这三个字用来赞美清明团子,可以说是最适切也没有了。儿歌云:'黄花麦果韧结结,关勒大门自要吃:半块拿弗出,一块自要吃。'全是小孩子意思口气,率直天真,也是歌谣中的杰作。"

2340 【养花天】思衡《越语备检》:"养花天:江南三四月间,雨量最多,但都不大,而且多在夜里落;俗语说:'清明前后落夜雨',又说:'棠梨花开落夜雨',夜里落雨,天亮雨止,轻阴微阳,对花卉的生长特别有利,所以爱花的朋友就喜称之谓'养花天'。南唐郑文宝《送曹纬刘鼎二秀才》云:'小舟闻笛夜,微雨养花天。'宋邵雍《暮春寄审言龙图》云:'伤酒情怀因小会,养花天气为轻阴。'"

2341【六神无主】思衡《越语备检》:"六神无主:因惊慌或着急而毫无主意。六神,迷信的说法,以为人的五官及心脏都有神明主宰,称为六神。"

2342【头伏火腿二伏鸡,三伏吃对金银蹄】思衡《越语备检》:"头伏火腿二伏鸡,三伏吃对金银蹄:金银蹄即火腿脚爪与新鲜脚爪。"

2343【十个硬好汉,抵不上一副烂船板】思衡《越语备检》:"十个硬好汉,抵不上一副烂船板:形容船的运载能力大。"

2344【乌头黑鬓】思衡《越语备检》:"乌头黑鬓:形容人的发美;或指人正当年富力强。"

2345【回】思衡《越语备检》:"回:回购。出于情面关系,从别人那里购买准备自用的东西,方言叫回。如《水浒传》第五十七回所写:呼延灼用'连环甲马'攻打宋江,失败后落荒而走,在一家村店中叫酒保取酒肉来吃,酒保说:'小人这里只卖酒,要肉时,村里却才杀羊;若要,小人去回买。'呼延灼说:'你可回一脚羊肉,与我煮了……'。"

2346【伛】思衡《越语备检》:"伛:将身子俯下去,方言叫伛,如'伛倒去'。吴语中也有这句话。如张南庄在《何典》卷六说:'伛上去吹,又碰了一鼻子灰。'与伛字意义相近,还有一个'哈'字,如说'哈着腰'。"

2347【不落手】思衡《越语备检》:"不落手:即没有放开手。

如小孩有病，母亲整夜抱着他，就说'不落手的一夜'。也可以用于爱不忍释，如《水浒传》第七回里说林冲买到了一把好刀，高兴得不得了，作者描写道：'林冲当晚不落手看了一晚，夜间挂在壁上。未等天明，又去看那刀。'文人爱书，亦犹武人爱刀，成语有'爱不忍释'，正可以与林冲彼此辉映。"

2348【二月清明笋像枪，三月清明呒处张】思衡《越语备检》："清明节若在农历二月，笋正好钻出地面，一根根挺然翘然地长在地上，就像锋芒奕奕的枪那么有生气。但若是在三月里，笋早就变成竹了，还到哪里去找它呢。张，看的意思。"

2349【晒谷场】思衡《越语备检》："晒谷场：过去田稻一年一熟，农民将新收割的谷子晒在门前稻地上，如果不敷应用，就得临时修筑晒谷场。《诗经》里说：'九月筑场圃，十月纳新禾。'陆游也在诗里说：'鞭地如镜筑我场'，都是说的筑晒谷场的事。为了便于曝晒，场地必须搞得平正扎实，这就是'鞭地如镜'这四个字的由来。"

2350【蓑衣】思衡《越语备检》："蓑衣：雨具的一种。《诗经》云：'尔牧来思，何蓑何笠。'《传》：'蓑，所以备雨；笠，所以御暑。'以草为原料，草有两种：一种稻草，农民所着，比较粗糙，穿在身上，就像刺猬似的；一种莎草，十分细致轻巧，常被文人写进诗文中去，如唐张志和在《渔歌子》中云：'青箬笠，绿蓑衣，斜风细雨不须归。'又叫莎裳，如皮日休在《行次野梅》诗中云：'为说松江堪老处，满船烟月湿莎裳。'有时候又叫绿蓑，如《红楼梦》里香菱学做古诗，就有'绿莎江上闻秋笛'之句。关于蓑衣，《红楼梦》第四十五回有一段对话：黛玉又看那蓑衣斗笠不是寻常市卖的，十分细致轻巧，因说道：'是什么草编的？怪道穿上不像那刺猬似的。'宝玉道：'这三样都是北静王送的。'"但是古代的蓑字是写作"竹林头"的。我曾经问过一个专家，他说："现在写作草字头。"在我们萧山，蓑衣都是用棕丝织成的，虽然名称还是叫蓑衣。不过另有一种叫"乌龟壳"的，却是用竹篾箬壳编成的，状如乌龟壳，农民耘田时常用它来挡雨，轻巧而不累赘，比蓑衣实用。这是不就是古代的蓑衣呢？疑不能明。

2351【漏】思衡《越语备检》："漏：大人哄小孩入睡，方言叫漏。《水浒传》第二十七回写道：武松在十字坡遇到孙二娘、张青，武松说：'我见阿嫂瞧得我包裹紧，先贼急了，因此特地说些风话，漏你下手。'漏含有诱骗的意思。"

2352【漫】思衡《越语备检》："漫：普通话说'朝这边去'，越语则说'漫个里去'。《西游记》二十一回也有用到这个字的：'行者漫门缝儿钻将进去。'说法与我们一模一样。漫含有往、朝、向的意思。"

2353【撝】思衡《越语备检》："撝，据梁东汉《汉字结构及其流变》一书说，撝，为四川方言，撝量也（你撝二斤米给我吧），从手，焉声。越语中也有这句话，如我同你撝撝看，即我同你比一下长短。传说乌梢蛇要撝人，见了人就直立起来，如果它比人高，人就会死。不过买米却不用这个字，用量字。"

2354【淘饭】思衡《越语备检》："淘饭：以汤下饭，俗称淘饭。或者叫汤淘淘。张岱在《家传》中写先子（祖父）张耀芳的轶事云：'先子善饭……壮年与朱樵风表叔较食量，每人食肥子鹅一只，重十斤，而先子又以鹅汁淘面，连啜十余碗，表叔捧腹而遁。'"

2355【淬】思衡《越语备检》："淬：以火接触皮肉或别的东

西,方言称为淬。张岱在《家传》中写仲叔联芳的事云:'仲叔讳联芳……而头仄向左,文恭公忧之,乃以大秤锤悬髻上,坠其右,坐乡塾,命小傒持香伺左,稍偏则淬其额,行之半年,不复仄。'"

2356【年纪八十八,弗可笑别人头仄眼瞎】思衡《越语备检》:"年纪八十八,弗可笑别人头仄眼瞎:头仄,头弯向一边。如明人张岱写他的仲叔联芳云:'仲叔讳联芳……而头仄向左,文恭公忧之,乃以大秤锤悬髻上,坠其右,坐乡塾,命小傒持香伺左,稍偏则淬其额,行之半年,不复仄。'"

2357【田塍】思衡《越语备检》:"田塍:田间小路。也就是陶渊明《桃花源记》里所说的阡陌。张岱在《姚长子墓志铭》中写道:'乡人义姚长子,裹其所磔肉,虆葬于锺堰之寿家岸,无主后者,纵为牛羊践踏之墟,邻农旦日去一锸,其不为田塍道路者几希矣。'"其实,说小路也未必完全妥当,有的田塍狭小得很,只能当作一种间隔,行走非其宜也。这样的田塍只有狗可以自由来往,所谓"打飞脚"也,人是很难走的。

2358【骑马郎郎】思衡《越语备检》:"骑马郎郎:小孩坐在大人的头颈里,越语叫骑马郎郎。古语叫乘肩,周作人《儿童生活诗》第九首云:'跳山扫墓比春游,岁岁乘肩不自由。喜得居然称长大,今年独自坐山兜。'自注道:'兜子轿为山行乘物,两竹杠间悬片板作座位,绳系竹木棍为踏镫,二人舁之甚轻便。小儿出行,多骑佣人肩上,姜白石词,只有乘肩小女随,可知此风在南宋时即有之。'"

2359【小人打堆,毛坑顶碎;老人打堆,烟管火一大堆】思衡《越语备检》:"小人打堆,毛坑顶碎;老人打堆,烟管火一大堆:打堆,即普通话扎堆。顶即打或丢,一声之转。"

384

2360【干菜肉】思衡《越语备检》:"干菜肉:菜干,通称霉干菜,其实并不霉,只有腌过了头,才有霉的感觉,但是其味特别好,只是外地人难以领略罢了。取干菜与猪肉同蒸,名为干菜烊肉,简称干菜肉,为越中名菜之一。在1960年所谓困难时期,我寄了一包干菜与茶叶给在北京的知堂,他在回信中说:'承赐干菜与茶叶,皆是难得的佳品,感念嘉惠,如何可言。小包已于今日收到,唯尚未尝试,故乡食法最普通的是煮干菜肉,而数月无肉(牛羊亦无有),无从实行。素食则以煮豆腐,但豆腐之不见亦已更久了。或者拟煮罐头肉试之,唯此不免辱没干菜耳。'我想干菜肉之所以美味,是所谓取长补短所致。干菜固然揩了猪肉的油,而猪肉也因此变得温文尔雅起来,至少不像先前那么油腻了。"

2361【猫惊狗惊,囡囡弗出惊】思衡《越语备检》:"猫惊狗惊,囡囡弗出惊:越中小儿受了惊吓,大人必如此说,一边还拍拍他的胸脯。囡囡,对小孩的爱称,并不分男女。"

2362【贵人多忘事】思衡《越语备检》:"贵人多忘事:多含讽刺。"

2363【细顾细认】思衡《越语备检》:"细顾细认:即仔仔细细。如说:'我细顾细认看了一遍。'认,俗读若银去声。"

2364【以会哭,以会笑,两只黄狗来抬轿】思衡《越语备检》:"以会哭,以会笑,两只黄狗来抬轿:当小孩哭过后笑,别人就拿这句话来羞辱他。以会就是'又是'。"

2365【铳出口】思衡《越语备检》:"铳出口:话不经思考,一下子说出去，俗语叫'冲口出'，但也有说成'铳口出'的。冯梦龙《黄山谜》山歌《盘问》云：'我是铅弹打人铳口出，小囡儿家踏水暂时错。'踏水即越语所谓车水，车在这里与错是双关，总的意思是说：承认自己说错了话。"

2366 【面善】思衡《越语备检》："面善：面貌熟悉。善，熟悉。《水浒传》第二十回写'刘唐下书'，宋江一下子认不出来，就说：'足下有些面善。'另外，还有'面生兜熟'一语，也是越中人常说的，意思是在熟悉与陌生之间，所谓似曾识，正像宋江之于刘唐一样。"

2367 【失晓】思衡《越语备检》："失晓：这句话也是越中人常说的，譬如睡到早晨该醒的时候不醒，就说：'我困失晓了。'《水浒传》第一回也曾这样写道：'太公问曰：客官失晓，好起了。'"

2368 【作死】思衡《越语备检》："作死：《水浒传》第二十七回写武松发配孟州，路过十字坡，看出孙二娘不怀好意，就故意拿风话撩拨。孙二娘心想：'这贼配军却不是作死，倒来戏弄老娘！'越语中也常说这句话，有时还说'作死作活'。不过单用一个'作'字的时候也有。反正意思都差不多，当作自己找死解释。另外，我小时候住在故乡，每到夏天雷雨过后，天气特别燠闷，人都从屋子里跑出来，池塘里的鱼也好像受不了这种燠闷，懒洋洋地漂浮到水面上来，这种情况，人们就惯用一个字曰'作'。"越语又有"天作有雨，人作有祸"的话，"作"也作"作死"讲。

2369 【将息】思衡《越语备检》："将息：休憩；调养。《越谚》云：'无钱买补食，困困当将息。'《水浒传》第二回云：'被我父亲一棒打翻，三四个月将息不起，有此之仇。'"

2370【大弄】思衡《越语备检》:"大弄:大干一场。举个例子来说。《知堂回想录》五十《东湖逸话》:'原来徐伯荪的革命计画是在东湖开始的,这还说不到什么革命,简直是不折不扣的"作乱",便是预备"造反",占据绍兴,即使"占据一天也好",这是当日和他同谋的唯一的密友亲口告诉我的。当初想到的是要招集豪杰来起义,第一要紧的是筹集经费,既然没有地方可抢劫,他们便计划来拦路劫夺钱店的送现款的船只。……这个计划实在迂缓得很,但是他们竭力进行,正在这个时节却来了一个军师,一席话把这可笑的计划全盘推翻,他们同意这种小生意泼有做头,决心来大干一番。这位军师即是陶成章号焕卿,乃是陶观察的本家,他主张联络浙东会党,招集各地豪杰,都"动"起来,然后大事可成,这是他的"光复会"的主张,民族革命的一张大纛。'"《水浒传》第二回说:"这厮们既然大弄,必然早晚要来俺村中啰唣。"越语中也常说这句话,但不一定是指革命运动或打家劫舍的事。

2371【太岁头上动土】思衡《越语备检》:"太岁头上动土:好大胆子。《水浒传》第二回:'你也须有耳朵,——好大胆! ——直来太岁头上动土?'太岁,古代天文学中假设的星名,与岁星相应。旧时方士术数以太岁所在为凶方,有忌兴土木建筑或迁徙房屋等迷信的说法。"《还魂记》剧:"敢太岁头上动土,向小姐脚跟挖窟。"《玉搔头》剧:"若还谏他出争,那就是太岁头上动土。"

2372【怨怅】思衡《越语备检》:"怨怅:犹怨恨。《水浒传》第四回:'若是留提辖在此,诚恐有些山高水低,教提辖怨怅。'"

2373【盘】思衡《越语备检》:"盘:犹爬。萧山人说'爬上又爬下'为'盘上盘落'。《水浒传》第七回:'李四便道:我与你盘上去,不要梯子。'"

2374【对头】思衡《越语备检》:"对头:犹仇敌。越语中有'怨家对头'的话。《水浒传》第八回:'你二位也知林冲和太尉是对头。'"

2375【落得】思衡《越语备检》:"落得:意思是在权衡利害得失后作出决定,巴不得如此。《水浒传》第八回:'你不要多说,和你分了罢,落得做人情,日后也有照顾俺处。'"

2376【面汤】思衡《越语备检》:"面汤:洗脸水。《水浒传》第八回:'薛霸起来烧了面汤,安排打火做饭吃。'汤,开水或热水。绍兴灶设有汤罐,就是燉热水以便洗脸或洗碗。越中人至今称洗脸水为'面汤水'。"

2377【刷白烟囱】思衡《越语备检》:"刷白烟囱:指表面和善、内心恶毒的人。从前我有个堂房的婶婶就是这样的一个,但是大家不知道怎样来形容她,后来经堂房的一个大哥说了,才觉得再没有比这四个字剀切生动了。"

2378【团团围定】思衡《越语备检》:"团团围定:四周围住。《水浒传》第十一回:'林冲看见四面高山;三关雄壮,团团围空。'萧山人说'团团围住'。"

2379【过路财神】思衡《越语备检》:"过路财神:指钱虽多却积攒不起来,犹如过路的财神,徒有钱多的虚名罢了。另有'漏斗手'一语,意思与'过路财神'差不多。"

2380【闲常】思衡《越语备检》:"闲常:平时。《水浒传》第十六回:'你不知这里正是强人出没的去处,地名叫黄泥冈,闲常太平时节,白曰里兀自出来劫人,休道最这般光景,谁敢在这里停脚?'闲,越语读若'限',平声。"

2381【吃勒邋遢做菩萨】思衡《越语备检》:"吃勒邋遢做菩萨:听起来像是不讲卫生,但仔细一想也不无道理。过于要求洁净,就会减少自身的免疫能力,所以也不是件好事。"

2382【猫生猫值钿,狗生狗值钿】思衡《越语备检》:"猫生猫值钿,狗生狗值钿:猫狗都爱护自己的幼崽。值钿:爱护、珍惜。这是天性,是母爱,是冥冥之中的天所赋予的职责;如果连亲生的母亲都不爱他、珍惜他,那他又怎么能成长壮大呢?"

2383【麻鸟虽小,五脏六府俱全】思衡《越语备检》:"麻鸟虽小,五脏六府俱全:言规模不大,各种设施却一样也不少。"

2384【斗大红烛难照后】思衡《越语备检》:"斗大红烛难照后:后即未来。未来的事谁也难以预料,所以不能随便讥笑别人。所谓'年纪活到八十八,不能笑别人头仄眼瞎。'陆游诗云:'死后是非谁得知,满村听唱蔡中郎。'这又是指死后别人对自己的评价,也有告诫立身须谨慎之意。"

2385【压手】思衡《越语备检》:"压手:感到沉重。交款时因数目过大,就说:'感到有点压手。'"

2386【当着弗着】思衡《越语备检》:"当着弗着:着,方言作火烧讲,如火着,着杀鬼。当着弗着即该烧的不烧(不该烧的却烧的很旺)。《还魂记》剧:'老大王,你可也当着不着的。'"意思是说老大王多此一举。

2387【天下乌鸦一般黑】思衡《越语备检》:"天下乌鸦一般黑:乌鸦可以代人代事,意谓天下的坏人坏事,大体上都是差不多的。"

2388【穷人生病是福】思衡《越语备检》:"穷人生病是福:穷苦百姓整年劳动,没有休息的日子,只有生了病才不得不停下工来。这是他们的自我解嘲,也是所谓忧愤的颓丧,听了是很感动的。"

2389【救急容易救穷难】思衡《越语备检》:"救急容易救穷难:'急'是一时的,'穷'是长时期的,所以为难。"

2390【落水叫救命,上岸讨包裹雨伞】思衡《越语备检》:"落水叫救命,上岸讨包裹雨伞:求救是应该的,一味依赖别人,而且得寸进尺就不符合做人的道理。"

2391【坐定】思衡《越语备检》:"坐定:犹一定,表示语气肯定。如《西游记》第十五回:'行者大怒道:"不消讲了! 这个老母,坐定是那个观世音!"'越语中另有'嵌板'一语,语气也表示肯定。如果上述的话让萧山人来说,就变成了'用不到多说多话! 这个老婆婆,嵌板是亨个观世音菩萨不会错!'"

2392【天上晓得一半,地下晓得全完】思衡《越语备检》:"天上晓得一半,地下晓得全完:讽刺那些信口开河、夸夸其谈的人。全完即完全。这里为了押韵,才颠倒用之,平时说话不是如此。"

2393【三长两短】思衡《越语备检》:"三长两短:指意外的灾难、事故,特指人的死亡,含有讳言死的意思。"

2394【纸包不住火】思衡《越语备检》:"纸包不住火:事情既

然发生,要想不让人知道是不可能的,犹如纸包不住火。"

2395【清官难断家务事】思衡《越语备检》:"清官难断家务事;《红楼梦》八十一回:'实是俗语说的:清官难断家务事。'家务事琐碎而复杂,盘根错节地纠结在一起,不知道如何下手去清理。"

2396【车旱田水】思衡《越语备检》:"车旱田水:天久晴未雨,稻田干裂,戽多少水都不顶事似的。农民踏着水车在飞跑,所缺的也是近于干菜汤的酽茶水,满满的一茶瓶茶,不到两个小时就喝完了。这种情况,在我们那里叫'车旱田水'。"

2397【赖被窝】思衡《越语备检》:"赖被窝:躺在被窝里不肯起来,特别是在寒冷的冬天。它与失晓不同:失晓是睡着的、不自觉的,好睡所致;而赖被窝则是清醒的、自觉的,由赖散所致。"

2398【脚踏两头船】思衡《越语备检》:"脚踏两头船:对事物认识不足,下不了决心,或心存投机,都可能出现这种情况。"

2399【荒苍蝇,熟蚊虫】思衡《越语备检》:"荒苍蝇,熟蚊虫:以苍蝇、蚊子的多寡,来测试年成的好坏。苍蝇喜欢潮湿,雨水多繁殖起来就快。水稻离不开水,但是那是在育秧、发棵的前期,立秋以后开始灌浆、结穗,却更需要干燥,所以如果苍蝇多了,便预示着今年收成不好。相反的,如果蚊子多了,证明这一年是个大熟之年,因为蚊子是喜欢干燥的。"

2400【外婆家,饭淘箩;丈姆家,鸡蛋窠】思衡《越语备检》:"外婆家,饭淘箩;丈姆家,鸡蛋窠:越中风俗,在诸多亲戚中,最稔熟、亲近的是外婆家,任意来去不必说,喜欢住多久就住多久。

吃饭更是小事一桩！其次是丈姆家,俗语说,'丈姆娘看女婿,越看越欢喜',常以上宾之礼相待,不过最好的点心却是'糖吞鸡蛋',据说它不仅美味,还很滋补。"

2401【学到老,学不了】思衡《越语备检》:"学到老,学不了:学无止境;学海无涯。"

2402【一旦权在手,便把令来行】思衡《越语备检》:"一旦权在手,便把令来行:恶人得势,势不可当。"

2403【吃饭不忘种田人】思衡《越语备检》:"吃饭不忘种田人:知恩不忘。"

2404【充好老】思衡《越语备检》:"充好老:假冒头头。充,充当;好老,大好老。"

2405【传袋】思衡《越语备检》:"金埴《不下带编》卷二:'人家娶妇,于彩舆将迎之时,其兄若弟一人自闺中抱之而升,迨诣门,则新婿亲抱出,于中堂礼讫,传席以入,弗令履地。此风自唐时已然。'乐天《春深嫁女家》诗云:'青衣转毡褥,锦绣一条斜'是也。盖步致花烛,砌接红毡,堂及洞房,云铺地锦,青衣拥簇,转转更番,以达于新妇之居。斯时饮对交杯,声喧擦幛,咸可想见于四句中矣。今杭俗用米袋承毡,名曰'传袋',又曰'袋袋相传',袋隐代。传代之义甚佳,可作娶妇新料用。"

2406【做七】思衡《越语备检》:"王应奎《柳南随笔》卷四:'或问人死每遇七日,则作佛事,谓之"做七",何欤? 曰:"人生四十九日而魄生,亦四十九日而魄散。"曰:"何以遇七辄散也?"曰:"假如人以甲子日死,则数至庚午为一七,甲,木也,庚,金也。金能剋木,午又冲子,谓之天剋地冲。故遇七日而散,至七七日而散尽也。"曰:"然则做佛事亦有益乎?"曰:"此俗尚也,愚夫愚妇之所为也!"见徐复祚《村老委谈》。'"

2407【装洋大人】思衡《越语备检》:"装洋大人:人犯了错误,受到旁人的指责,其人却是没知没觉,装出一副听不懂的样子。洋大人,即西洋官员。与普通所谓装蒜、装糊涂有些相像。"

2408【挑雪填井】思衡《越语备检》:"挑雪填井:永无填满的一天。与成语'欲壑难填'意思相近。"

2409【挑雪填井】思衡《越语备检》:"气急彭亨:气喘貌。凡腹中胀急者,谓之急彭亨。又有'大肚彭亨',指孕妇。"

2410【做人家】思衡《越语备检》:"做人家:犹节约。孙锦标《南通方言疏证》'当家、作人家'项下说:'《史记·秦始皇纪》百姓当家,则力农工。(按当读平声。《晋书·食货志》汉灵帝言桓帝不能作家,曾无私蓄。按作音做,今俗云做人家是也。)'"

2411【脸白潦潦】思衡《越语备检》:"脸白潦潦:脸色苍白,无血气。病态。潦,原作面字旁。孙锦标《南通方言疏证》:'《通俗编》《玉篇》:潦,力小切。面白潦潦也。《越语肯綮录》,今越人谓神减而面瘠者,曰白潦潦。按通俗读潦若僚,所谓脸白潦潦是也。'"

2412【扒灰】思衡《越语备检》:"扒灰:清王有光《吴下谚联》卷一'扒灰':'翁私其媳,俗称爬灰。鲜知其义。按昔有神庙,香火特盛,锡箔镪焚炉中,灰积日多,淘出其锡,市得厚利。庙邻知之,扒取其灰,盗淘其锡以为常。扒灰,偷媳也。锡、媳同音,以为隐语。'另一说：王有光《吴下谚联》卷三'爬灰'：'王荆公子雱，早世，其妻另筑小楼以居，荆公时往窥焉。媳错会公意，题诗于壁，有"风流不落别人家"句。公见之，以指爪爬去壁粉。外间"爬灰"之语，盖昉于是。'"

2413 【喝西北风】思衡《越语备检》："喝西北风：清王有光《吴下谚联》卷一'吸西风'：'讽人无饭吃，称为吸西风。风不可当饭，何取乎风？风如可当饭，何独取乎西？盖小东大东，杼柚已空。唯南有箕，无簸无扬。唯北有斗，无酒无浆。何处容得一无生计之人长嘘短吸。唯西伯昌善养百姓□□□□亩田，母鸡母薿，数口无饥。流风犹在，于此一吸，可得三日饱。'"越语中有"喝西北风"的话。

2414 【吃白食】思衡《越语备检》："吃白食：清王有光《吴下谚联》卷一'吃白食'：'白食，即《毛诗》所咏素餐。今作欺诈人财物解，误也。孟子谓安富尊荣、孝弟忠信等功效，乃不素餐。素史氏更进一解：不但有益于世为不素；即益于世，亦是日间不作一善事，不增一学问，不发一好议论，便是素餐。一日如是，虚度一日；一年如是，虚度一年。素餐孰大于是。即日取诸宫中而吃之，亦是白食。'"

2415 【十八变】思衡《越语备检》："十八变：清王有光《吴下谚联》卷一'十八变'：'谚称十八变者二：一曰黄梅天；二曰姐姐家。黄梅天纯阳；姐姐家纯阴。物纯则变，言十八，大衍之数也。'"越语有"黄花大姑娘十八变"的话。大，大数；衍，演。大衍，指用大数以演卦。

2416 【放虎归山】思衡《越语备检》："放虎归山：清王有光《吴下谚联》卷一'放虎归山'：'虎本在山，出而害人，负嵎之势，莫之敢撄。一旦下山,为人所缚,当杀之以绝其患。乃或纵而放之归山,日后复逞其害,不可制矣。素史氏曰:不然。夫山中之虎甚多,杀其一,岂能杀其二杀其三。唯守其藩篱,固其墙壁,谨其出入,虎其如予何! 吾愿人勇以防虎,知以避虎,即放虎亦不失其为仁。'"

2417【木排上带信】思衡《越语备检》:"木排上带信:清王有光《吴下谚联》卷一'趁木排船':'商人买木,下山入水,以篾缴捆成木排。本商从人,分段搭棚,为食息之所,与圈航相似,谓之木排船。其行难以道里计,行人未有趁此者。嘉定黄陶庵嫁女颇远,令仆一郎探之,不无持赠,临行,嘱有便舟可附之。一郎不慧,问及木排,谓便道也,竟趁之。抵其家逾二日时当夏日,所携鲜食,虫已蠕蠕动矣。'"越语中有"木排上带信"这句话,表示"有年无月";何时到达,不得而知。

2418【有眼瞎子】思衡《越语备检》:"有眼瞎子:清王有光《吴下谚联》卷一'有眼瞎子':'世以不识字为有眼瞎子,浅矣。吾郡孝廉乔敷在先生,论文决科第,言必有中,最是有眼之人。晚年一跌仆地,起时双眸仍炯炯也,竟无一字认得。盖神物收摄离朱目力,另寻赤水玄珠去也。若其人本不通文义,厥目正如胎生无缝,何称有眼。又或平时鉴赏极当,一朝秉节衡文,竟如乔公一跌之后者,实蹈此谚。'离朱,人名。古之明目者。《孟子·离娄》上作离娄。汉赵岐注:'离娄者,古之明目者,盖以为黄帝之时人也。黄帝亡其玄珠,使离朱索之。离朱即离娄也,能视于百步之外,见秋毫之末。'《赤水玄珠》,书名。明孙一奎撰。共三十卷,分七十门。又采诸名家言及与人辨难之语,撰《绪余》两卷。大意以明证为主,故于寒热虚实表里气血八端,剖析尤明。"

2419【眼饥肚里饱】思衡《越语备检》:"眼饥肚里饱:清王有

光《吴下谚联》卷一'眼饥肚里饱':'此是馋犬小照。主家给犬饭食,非不饱也,见有鱼肉必窃食之;乃或邻家复见饭食鱼肉可得而吃食者,亦如本家。是乞其余已无不足,仍又过之他。别见他人自啖饭食鱼肉,犬之两眼睁睁凝注,转转流连,其人或出遗矢,犬即随后啖其所遗饭食鱼肉轮回之渣滓,津津乎仍以饭食鱼肉者。有时肚中满溢,呕而出之,又旋吐而旋收之,睅其目,不顾皤其腹也。'"越中有"肚饱眼弗饱"的话。

2420【大虫欺小虫】思衡《越语备检》:"大虫欺小虫:清王有光《吴下谚联》卷一'大虫欺小虫':'江南有虫名曰地蟀,乃伤口佳品。大者如钱,次如棋如豌,小者如豆如粟如虮。大者食小者,小者食尤小者,递食递长,亦递少,久之仅存一大。医师捣烂入药。'"越中有"大虫吃小虫,小虫吃虾米"的话。而不闻此乃是指蟀虫而言。

2421【八月半,蚊虫多一半】思衡《越语备检》:"俗谚云:'八月半,蚊虫多一半;九月九,蚊虫叮捣臼;十月十,蚊虫死到划直直。'划直直,死光。"

2422【神仙难断瓜里事】思衡《越语备检》:"神仙难断瓜里事:瓜的好坏,连神仙也无法判断。"

2423【长脚鹭鹚青脚梗】思衡《越语备检》:"儿歌云:'长脚鹭鹚青脚梗,要死要活撑两撑。'鹭鹚有长的脚和大的翅膀,都是生活所必须。英国怀德著《塞耳彭自然史》,在《与巴林顿第二十四书》中说:'鹭鹚身子很轻,却有那大翅膀,似乎有点不方便,但那大而空的翼实在却是必要,在带着重荷的时候,如大鱼及其他。'小孩子眼睛尖,一眼就看出来了。"

2424【路祭】思衡《越语备检》："路祭的事，古代就有。就是出殡时在沿途设筵致祭。宋王谠《唐语林》八：'(唐)明皇朝，海内殷赡。送葬者或当冲设祭，张施帏幕，有假花、假果、粉人、粉帐之属。'原意是对死者的崇敬，到后来却变成了一种'敲榨'。而且丧家愈有钱路祭就愈多。因为丧家得视祭品的丰俭付钱给设祭者，而且宁多而毋少。"

词目笔画索引

（词前数码为正文中词条的序号）

三画

401

402

403

405

408

414

416

417

418

419

422

十画

433

436

十五画

438

439

附录一　我所知道的知堂

　　五十年代初，我刚进大学念书，学科中有一门散文，老师印发了不少范文给我们，其中就有周作人的文章，我读了非常喜欢，所以就拉扯开去找他别的书来看，于是《自己的园地》《雨天的书》《陀螺》《两条血痕及其他》，等等，就这样一本本地被我从满是灰尘的旧书摊头找了来了。我为什么喜欢读知堂的文章呢？我觉得他知识渊博，看问题通情达理，文章又简练自然。同时，又多谈越事。我也喜欢读鲁迅先生的文章，尤其是《朝花夕拾》和《野草》。我为了进一步了解这些文章的含义，阅读了不少参考书，有旧书，也有新出版的，其中如《鲁迅的故家》，就是我所喜欢的一本书。这本书作为"鲁迅研究资料"，于一九五三年由上海出版公司出版，作者署名为周遐寿，不知道何许人也，据我当时的推测，他大概是绍兴周家台门里的一个什么人。

　　诚如出版公司编辑部在该书的《说明》中所说："作者以耳闻目见的事实，提供了弥足珍贵的材料，给鲁迅研究者以参考。"我读了这本书后，果然得益匪浅，文章又干净利落，所以十分佩服。但是，我也发现那里讲的有些民俗风物，跟我所知道的稍有不同，所以就写了一封信给作者，不知道住址，就请出版公司转交。不想一个月以后，我忽然得到从北京寄来的一封信，拆开一看，署名的不是"周遐寿"而是"周启明"，同时还在旁边加括弧注释道："通用名字。"这时候，我才恍然大悟，原来周遐寿就是周启明，而周启明即周作人我原是知道的。他的回信是这样写的：

　　从出版公司转到来信，承见示萧绍风俗异同，甚感兴趣，亦极有价值。"五猖会"五场，近似目连戏，值得加以记录研究，惜

440

现今人缺少此闲暇耳。将来拙著如有改版(不是单纯的再版)时极愿补充修正,如关于马熊便是很好的资料……

我与知堂的通信,开始于1954年的夏天,当时他住在北京家里,我在南京读书。截止"文革"前夕,十二年间一共收到他的来信五十二封,内容除了政治以外,可以说无所不谈,如写文章,出书,翻译,天气,身体,朋友,风俗,名物。总之,如果按照他从前在书信集序中的界说,这五十二封全是"信"而不是"书",因为"书乃是古文之一种,可以收入正集者,其用处在于说大话,以铿锵典雅之文词,讲正大堂皇的道理,而信即是尺牍,原是不拟发表的私书,文章也只有寥寥数句,或通情愫,或叙事实,而片言只语中便有足以窥见性情之处,这就是信的特色。"这段话不仅很切要地说出了书与信的区别,而且拿来作为他这五十二封信的评价也很恰当。

知堂的这些信件,全都用毛笔书写,信纸有的还是花笺,并且钤有知堂的各种印章,记得有一幅是根据常建的《十三日寻李九庄》诗意制成,不仅印有杨柳、桃花、人物、小舟,而且还把那首诗也印了上去,"故人家在桃花岸,直到门前溪水流"。信封上的发信地址,大多用的是一颗橡皮图章:"北京新街口八道湾十一号周启明。"分作两行排列。所用的印章约有五六颗,其中有一颗是"周作"二字,知堂还特地在旁边加上注释:"此印系仿砖文,乃陈师曾氏所刻。"

另外,还有几颗印章也值得一说。据说这是一个姓冯的无锡人刻的,知堂在来信中告诉我,此人名寄魂,别号寒研斋,"并未见过面,似系旧式文人,颇善刻印"。后来,我托一个无锡的友人去打听,又说此人为张志丹的弟子,家住在仙蠡墩,印刻得颇好,只是要看他高兴,否则一年半载难以预料,有时候甚至连石头也弄得不翼而飞,可见真是一个怪人,知堂说他是个"旧式文人",话是不错的。

总之，这五十二封书信，内容已如上述，还有这些花笺和字迹，以及众多名家的篆刻印章，都是很有价值的文物。但是在十年动乱期间，我为了保存这些信件，担惊受怕，不知道冒了多少风险．而结果却仍不得不忍痛付之一炬。幸亏预先录有副本，才不至于荡然无存。

　　我在与知堂的交往中，除了收到他几十封"或通情愫，或叙事实"的信札，还时常收到他从北京寄来的书籍、诗稿、剪报、照片和字幅。光书来说，转赠的不算在内，就有八册之多。《石川啄木诗歌集》、《立春以前》(旧书)、《过去的工作》、《知堂乙酉文编》、《俄罗斯民间故事》、《乌克兰民间故事》、《古事记》、《木片集》(校样本)。这些书虽然都没有写什么题记，因为是伴随着信寄来的，在信中都有关于这些书的说明，所以如果把这些说明移到书上面，不就等于是一篇篇很好的题记吗？如关于《石川啄木诗歌集》云：

　　《啄木诗歌集》印得很不惬意，上边因此没有写什么题记，预购也不多定，只有五册罢了。日本文的还有《浮世理发馆》、《古事记》、《枕草子》，稿都存在那里，未能出版，现在想动手的乃是希腊后期作家的散文，从前曾译过几篇的路喀阿诺斯文集，此也是我所喜欢的一种书，但希望这一回没有人来捣乱，随意加添什么进去耳。

　　这里不仅有关于书本身的说明，也有译者的个性存乎其间，他对出书的要求是很严格的，并不像有些人那样以为只要能出版就好。这使我想起鲁迅的一番话来："……看看水果店之对付水果，何等随便，使果树看见，它一定要悲哀，我觉得作品也是如此，这真是无法可想……"我以为知堂的愤怒也正是属于这样的悲哀。

　　其次，再说说字幅。我虽然后来与知堂比较熟稔，却从来没有主动提出向他要书或写字,当然借书是有的,而且也不止一次。他送我字幅计有两次,查来信可以知道,都是由于我喜欢读他的旧诗,他这才把旧诗写在白纸上,既可以读诗,又可以看字,一举两得,盛情可感。如1960年来信所说:"先生如欲得杂诗,当以白纸小幅写呈一二首。或请示知纸幅大小,但不能长及二尺耳。"知堂虽然这么说,我却没有将纸幅大小告诉他。因为我觉得老年人写字太费劲,他又是在半身不遂之后,勉为其难,实在不好意思。经过十年浩劫,我越发感到这样做是对的,因为即使当时贪得无厌再多要一些,其结果还不是"一场欢喜一场空",只多了一蓬青烟,多了一份懊恨而已。

他送我的字幅两次共有五张,有的是写在花笺上的;大多是自作的杂诗,但其中也有一张写的是陆游的《闻雨》,诗云:

> 慷慨心犹壮,蹉跎鬓已秋。
> 百年殊鼎鼎,万事只悠悠。
> 不悟鱼千里,终归貉一丘。
> 夜阑闻急雨,起坐涕交流。

关于这首诗,我想起了一件事情:1960年春天,我接到南京一个老同学的来信,说胡小石师要用蓝印泥,教我向西泠印社询问一下。但是我孤陋寡闻,竟不知道这种印泥的用处,乘给北京写信之便,就去请教了知堂,因此他便从故纸堆中检出这一张字幅来送给我,并在来信中说:"因时值先母之丧,故印泥系用蓝色。"算是对我的问题作了回答。不过即便是这样,知堂的心境还是可以从诗中看出来,与自作的杂诗并没有两样。

末了,我还想附带说一件事情,就是我每次接到知堂寄来的书什么的,总发现他包扎得整整齐齐,棱棱角角,从来没有胡乱一捆就付邮的。这使我想起了川岛在回忆鲁迅时说的一段话:"鲁迅先生每次给我们书时,总是用报纸或别的包书纸包得整整齐齐,棱棱角角的,包外面再用绳子扎好。所用包书的纸,往往是人家给他寄书来时用过的纸,绳子也是人家用过的。"知堂与鲁迅毕竟是亲兄弟,所以在许多方面都有着共同的特点,这包扎书籍的事情虽然很小,却也可以看出他们对书籍的爱护,对劳动的尊重,同时如果从被送者的一边来考虑,岂不也有所谓"千里送鹅毛,礼轻情意重"的意思吗? 我之所以颇有感触者正是为此。

　　上面我说过,知堂送过我不少书,还有字幅等等,我是很感激的。我也知道"礼尚往来"这句古话,所谓来而不往非礼也。但是,我有什么可以作为回赠呢? 俗语说:"秀才人情纸一张。"我既不会写字,又不能著书,所以我是连这一张纸也拿不出的。我想来想去,就只好买些茶叶、霉干菜之类的土产托邮局寄去,聊表我一点心意罢了。不想这却正投其所好。如 1961 年 7 月 14 日的来信所说:

　　承惠干菜,顷已试食,因偶有机缘,得"侨汇"肉票,购得鲜肉,煮"干菜肉"吃了,很难得的得尝乡味,甚感佳惠,至于茶叶则每日在喝,亦令人每"饭"不忘也。阅报知浙江亦苦旱,鄙人虽去乡已有四十余年,然颇为故乡担心,北京今年也缺雨。常年七月中必有大雨,而今则雨师之工作才只洒道而已。

　　一个人离乡不管怎么长久,想起故乡的风物,总难免会有怀念之情。这样的例子古今都有。鲁迅在《朝花夕拾》小引中说:"我有一时,曾经屡次忆起儿时在故乡所吃的蔬果:菱角,罗汉豆,茭白,香瓜。凡这些,都是极其鲜美可口的;都曾是使我思乡的蛊惑。"知堂也有这种情况,他甚至认为爱故乡的土产就是"爱乡",而爱乡又是爱国的基本。他说:

　　对于故乡的"人"或者有的因性急而不满意,但对于故乡的

444

物大抵没有人不感到怀念,至少也总有一两种,有如鲁迅所说的别处人不懂得的罗汉豆,以及北方种不好的大菱。我们说到土产,觉得有兴趣,便因为是故乡的出品,如不是我的,也总是别个人的故乡所出产,我们吃到甚至只是说到的时候,回忆过去的情景,或是想象中的别处地方,虽是没有到过却也同样的有意思的背景与事情。以一个具体的实际故乡为基本,联想到别的各个故乡,即是整个中国的可爱,这种感情并不是抽象的可以制造出来的。

这么一说,那么我原先以为只是聊表我的一点心意的越中土产,如茶叶、干菜、酱鸭、花生之类,就大有"礼轻情意重"的况味了。而他在来信中对上述诸物的赞不绝口,也不仅仅是出于礼貌的客套,更不是老人嘴馋热衷于口腹之欲的无意识的流露了。同时,我还认为他对故乡风物(姑且以故乡为例)的博闻多识,也正表现了他对物产的浓厚兴趣,"多识于鸟兽草木之名",这本来是中国历来读书人所看重的一项基本功,而知堂则更是以近代科学理论为指导,一贯从事民俗,歌谣研究而颇具成效的,就拿信中所谈,虽然只是意到笔随、一鳞半爪的知识,却也是他学问的一部分,所以很值得重视。

1966 年岁暮,所谓"革命大串联"已经到了尾声,我有机会到北京去,住在崇文区一个友人工作的工厂里。第二天,即 12 月 11 日,我打算去看望知堂,所以很早就出门了。9 时许,我找到了八道湾 11 号。这是一个旧式墙门,门是朱漆的,颜色已经褪淡,上面的桐油石灰也开始脱落。门好像是朝南开的,因为门口正好有一个老太太倚着门枋站在那里晒太阳。我在门口徘徊犹豫了好几回,引起那个老太太的疑问:"你找几号?"我告诉她说 11 号。她就说:"这不就是吗?"其实,我哪里是找不到门牌,实在是怕走进去,一是怕遭到盘问,引起麻烦,二是怕知堂已遭不测,因为八道湾正处在"打砸抢"搞得最凶的西城区,风暴所及,一定是很猛烈的。

但是，我想既然来了，机会难得，哪里有不进去的道理。于是就大着胆子走进去了。先是一个东西狭长的天井，中间自南到北一条路，两边一字儿排着两排平房，只见有个穿军装的男人站在窗槛上擦玻璃窗。"难道已经军管了吗?"但是，我又立刻为自己解释:不会的，他不像是在为营房搞卫生，一定是这里的居民。再说，我从前从照片和文章中看到，知堂家的院子不是这样的，他也许是住在里面的一进。我这样想时就又鼓起了勇气向前走。

到了第二进，果然发现了一个大院子，种着不少花卉树木，虽然是在冬天，却也可以想像得出夏天繁茂的光景。这里却是一整排平房，不过结构与前面的不同，门窗都是木作格子，纸糊得严严的，只有中间的大门开着，门口有两个夫妇模样的中年人在那里操作家务。我估计他俩就是知堂的儿子和媳妇。我上前去向那个妇人打了个招呼，告诉她我是从杭州来的，想见一见周启明先生。这妇人好像对我有点印象，所以二话不说，就叫我等一等，管自己跑到右边凸出的那间小屋子里去了。

一会儿，那妇人从小屋子里跑出来，告诉我随着她去。我于是就跟着她，转过一个弯，来到小屋子里。这小屋似乎是四方形的，总有十五六个平方大，中间是一个暖炕，头靠着东墙，炕上有棉被摊着，看得出知堂就睡在这里。不过，在我进去的时候，知堂已经从炕上起来，着黑色的短棉袄裤，帽子也不戴，俯着头默默地站立在炕那边的地上。我从他那样子可以看得出，他一定以为又是有什么人来找他麻烦了，所以预先做出"挨斗"的姿势，默默地站立在那里。暖炕的脚后边有一扇玻璃窗，当然是关着的;窗下放着一张小半桌，上面搁着一棵大白菜，从小桌旁边的煤炉推测起来，此时的知堂大概已经与其子女"划清界线"，一个人独自生活了。

还是我先开口说话，我说:"周先生，你身体可好?"他说:"好好,好好。"其实,我看他脸容黄瘦,精神萎顿,像是正在害着不轻的病;原先蓄着的长须也剪短了,与两年前他送给我的那张半身照,自己在信中戏称为"仿佛有点胡志明的意味"的相片比,真有天渊之别。接着,是短时间的沉默。不过,这一回倒是他先开口,他忽然问我:"你是教书的?"我回答他说是的。说实在的,我当时真也想不出有更多的话要说,因为我此次来访,只是关心他的安危,现在见他还是好好的,目的已经达到,所以反而因为安心而无话可说。同时,在他则更是有话不想说,说什么好呢? 他一向最服膺余澹心《东山谈苑》里的一则笔记:"倪元镇为张士信所窘,绝口不言。或问之,元镇曰,一说便俗。"现在他所面临的是比倪元镇更为严酷的屈辱,他个人倒也罢了,人民何辜,也遭受这样的苦难。他不是不会说,只是不愿说;一说便俗,不如沉默,"沉默的海"。再则,我见他那瑟缩着的身子,像真有点支持不住的样子,所以就只好匆匆地结束了这场难得的会见。我从背包里取出一罐茶叶、十包酥糖,都是我从杭州、苏州特地带去的,就把它放在暖炕上,说:"这点东西请你收下吧。"他就说:"谢谢,谢谢。"最后,我向他告辞,他这才慢慢地抬起头来,对着我深深地望了一眼。

这是我第一次会见知堂,但也是我最后一次见知堂,因为六个月以后,即到了第二年的 5 月 6 日,他就与世长辞了。

附录二　周作人信札录存

这是周作人先生写给我的五十二封信,通信时间为 1954 年到"文革"前夕(1966 年)。通信缘因及有关内容,我都在《我所知道的知堂》中说过,这里就不重复。这里要说的只有一点,这些信是在"文革"中匆忙录出,来不及查考邮戳上的年份。周先生写信有个习惯,在信纸上只写月日,不写年份。若要了解年份,可以参看周先生的日记,因为据我所知,他是收信、发信都有记录的。后来我见到《周作人与鲍耀明通信集》,鲍氏抄录了周作人从 1960—1966 年的日记 837 则,其中就有 47 处也提到了我,换句话说,我有 33 封信可以从那里找到根据。这是很可喜的事。至于其余的 19 封信,大概就只能等《周作人日记》的全稿印出来了。2014 年 1 月记于杭州孩儿巷寓所。

一　1954 年

旭升先生:从出版公司转到来信,承见示萧绍风俗异同,甚感兴趣,亦极有价值。五猖会五场,近似目连戏,值得加以记录研究,惜现今人缺少此闲暇耳。将来拙著如有改版(不是单纯的再版)时极愿补充修正,如关于马熊便是很好的资料。盐奶①后来改用烧盐,亦曾知道(盐奶系烧盐时自然结成,后因专卖此物遂少见了),二物硬度相同,盐奶也须擩碎,但柳②系指后来动作,据云愈多柳愈好,至于加冷茶,则未前闻也。先此奉复,即致敬

---

① "盐奶"旁注:"盐灶煮盐时。"
② "柳"原是动作,本应写作提手旁,考虑到铅字里没有这个字,就改写为"柳"。

礼。周启明①,六月三日。

二 1961 年

五康先生:附呈拙书数纸,其中是遇刺客后所书,一写放翁诗,因时值先母之丧,故印泥系用蓝色,又一纸则是近时所书,唯纸稍有黑点耳。均是废物,乞赐留存,幸恕懒惰,不立刻落笔也。此请近安,三月十六日,启明顿首。

三 1961 年

五康先生:手书诵悉。承赐寄糖果,全家九人已经分享,谢谢,佳品殊不易得,此间亦甚为珍贵也。并承预告将有干菜茶叶之赐,感何可言。香港印书就只是那么一回事,但图出版而已,诗集近有希望,正在计划中。前此来信说进城备课,现在什么学校任课乎,甚愿知之。专此即请近安。遐寿顿首,四月廿三日。

四 1961 年

旭升先生:来信及稿件均已收到,大稿一读,觉得对于读鲁迅小说的人大有益处,就鄙见所及,在一二处稍加修改,至于其中引用拙文,只要有用尽可采引,注明与否全无什么关系。拙作系匆匆写出,且离乡已久,亦殊不能完备,得有先生等各位加以补充,亦幸事也。匆匆奉复,即赠近安,周启明,六、廿九。

---

① “周启明”旁边加括弧注道:“通用名字。”

五　1961 年

五康先生:手书诵悉。承见告郁家的事甚感。有同乡周君(艾文)在天津出版社任职,对于达夫甚为佩服,曾编集他的旧诗,意欲出书,乃因纸张关系,书已付排而未能刊出,不日因公南下,云有暇拟至富阳一访达夫旧迹,届时或过杭州往访亦未可知,特先为介绍一下。曹聚仁君系浦江人,写有《蒋畈六十年》一书,尚可观览,曾以两册见赠,今寄上一册,请收阅。杭州尊寓从前记得是 21 号,不知怎的后来又记有地址乃是 19 号。以是疑莫能明。望来函为决定之,去信姑写廿一,想亦可到也。此请近安。周作人顿首,十一月五日。

六　1962 年

五康先生:日前接到惠赐年糕,适于岁末收到,甚有意义,至为感荷,特此致谢。北京今年天气不甚寒冷,据说由于西伯利亚温暖之故,故寒潮亦不来,杭州想当更加温和矣。即请日安。二月五日,周启明上言。

七　1962 年

五康先生:手书敬悉。《绍兴儿歌集》开始编写,寄给民间文学社,答云现在注重新民歌,旧者暂缓,仍要发表,姑且从缓。姑且编成再说,但这回只得稍从简略,不象《述略》那样,只作普通儿歌集编罢了。尊名第二字,未知有误否,因原本看不清,依样写上,幸祈恕之。此请台安。六月十八日,周启明上。

八 1962 年

五康兄：来函诵悉。承惠寄花生亦已于同时领到，小孩们大为欢喜，谢谢。今因《石川诗歌集》适出版，寄呈一册，祈收阅，唯编辑不良，甚不洽意，校对亦有缺陷，极是没法的书，来信说学校有变动不知已决定否，但换中学亦佳，想仍在杭州。内人卧病已有数年之久，三四月以来渐益加剧，终于四月八日去世，年已七十五，亦殊无所恨矣，火葬后已埋在私家墓地里，目下虽然稍觉寂寞，唯老僧似的枯寂生活或于我也适宜，拟俟稍静定后可以多做点翻译工作也。草草不尽，即请近安。作人启，五月十二日。

九 1962 年

五康兄：十四日手书诵悉。知将惠寄菱角，甚感，但未知可以邮寄否？萧山名物昔日只闻其名，不曾得见实物，虽然萧绍只有一站的水路。又承询喜吃何物，亦难具体的说明，大抵江浙的吃食皆所素嗜，在此刻亦说不得许多，只是能够得到的东西就好，但又要不很费力气与钱——却是购办得来的。这条件其实是很不容易的。闻浙江鱼虾尚可买得，但此物不能寄远，无可奈何耳。拉杂写来，不知说的是些什么，就此收住吧。久无酒卖，近日以六元三角钱买得一瓶白葡萄酒，喝了一杯，不免迳醉矣，草草不尽，即请日安。十月十六日晚，作人启[①]。

十 1962 年

五康兄：兹有一事奉询。兄在富阳任教，不知关于郁达夫故

[①] 署名下一仿砖文印曰"苦茶庵知堂记"。

451

家的事,有所闻知否? 闻其家近旁有一工场,偶有爆炸情事,乃遭波及,不知情况如何? 又知其旧有夫人孙荃近尚健在,有子郁天民,想已长大,则不知在何处工作,如有所知乞见示一二,是为至祷。有友人蒐集达夫遗诗,已经成书,唯因纸张关系,亦至今未能出版也。北京天气颇冷,近日早上只有摄氏四五度,想不日将至零度以下,杭州想当尚温暖。即请近安。作人顿首,十月廿四日。

十一　1962 年

五康先生:廿五日来书诵悉。《木片集》至今尚能出版,总算是大幸了。《儿歌集》因为今年是歌谣周刊四十年纪念,《民间文学》拟出特刊,所以叫我做了一篇文章,并擎了《儿歌集》去看去了,但能出版与否尚不可知,其实不出也没有什么要紧。"我田引水"系日本成语,意思是说农夫把水往自己的田引去,譬喻说及问题喜欢把自己拉上。"衣著悉如外人",意云与外边的人没有什么不同,故诗云"衣裳无新制",即并无什么新的样式耳。北京近日天气尚不甚冷,今早室外看寒暑表尚有十二度,但天色阴沉恐要下雨。草草,即请近安。十月卅一日,作人启。

十二　1963 年

五康兄:十日手书诵悉。《杂诗》早已搁浅,原因是旧诗海外无人读,无人愿意出版,《木片集》则似旧运未脱,又已蹈了覆辙,天津的出版社本说在第四季度印出,今已逾期将两个月。大约又将废约,将预付的稿费一笔勾消,算来仍是出版社吃了亏也。近来因应香港《大公报》之约,为它的晚报写回想录。名曰《药堂谈往》,计费光阴两年,于上月才写毕,有卅余万字,云自春节后登载,每日千字亦有一年够用,但不知如期发表否。但港方报纸

452

即系此方所办者,亦不能进口,然则在国内亦看不到耳。承示关于郁家的事,甚感兴趣。故居重修大是好事,即养吾先生亦殊古道可风,甚表钦仰。北京来客不知为谁,想亦系"创造"关系的人物也。春来天气渐暖,想浙中自更见和暖。此请近安。二月十三日,作人启。

十三 1963年

五康先生:日前寄一信,想已收到,诗稿一册今日才寄出,系当时消遣之作,实无足观览也。承赐寄藕粉,已经收到,如此良品非当地不可得,此地偶然有买,类系代用之物,费心谢谢。数年前所译《古事记》现已出版,奉呈一部,唯因大病之后所译,又缺少参考,马虎了事,自己也不满意,姑以呈阅。即请近安。四月四日,作人启。

十四 1963年

五康兄:好久不通信了,想必起居安善。《回想录》承在香港友人曾君设法,将交私人书店出版,大约一个月内可能决定,这样也算了一件事。但出版大约也费些时日.或者在本年之内吧。今年天气大热,一星期来每天下午都几乎一百度①,但今天看情形要一百出头了吧。此请近安。作人顿首,七月二日。

十五 1963年

五康先生:承寄回诗稿业已收到矣。尚有一部分,现由孙伏园君借去阅看,当俟交还时再行寄呈。北京今年天气比去年为

---

① "一百度"旁注:"华氏。"

热,但现在三伏中却还不甚利害,因每日几乎总有阵雨故也。闻杭州今年亦甚热,不知如何。草草,即请近安。七月廿三日,作人启。

十六 1963 年

五康先生:日前承寄还拙诗已经收到了。顷已从孙伏园君处换回诗稿的下半部,于昨晚挂号寄奉,乞赐收阅,唯作诗本非我所擅长,所以没有什么可赏鉴的罢了。北京正在暑伏之中,虽幸几乎每天有阵雨.故还凉快,但在燠热的时候却也十分可以,与上海南京差不了多少。即请近安。八月三日,作人启。

十七 1963 年

五康先生:手书敬悉。承寄回拙稿已收到,又赐酥糖谢谢。通知已来,当于今日去领。来书备承奖饰,深为惶恐,但亦不无知己之感耳,可为一笑,日前理故纸,于其中找到达夫书简数通,因写小文,寄至香港《大公报》,在《晚报》上发表,今附呈请赐一阅,唯末后说及要人至富阳,达夫的兄弟不肯往见,却被删去了,可见要人是不能说的! 此请近安。十月十九日,作人启。

十八 1963 年

五康先生:手书敬悉。过蒙褒奖,甚为惶恐,唯亦不无知己之感,言之可笑。承赐酥糖已领收分吃了,近来诸种吃食似又上市,多年所不见也。前日写一信,昨令付邮,乃由家里人疏忽路上遗失了,万一有好心人如拾付邮筒亦未可知,但恐难有希望,故复此信。专此即请近安。十月廿一日,作人启。

十九　1963 年

五康先生：三日信收到了。承问之《药堂语录》，已早出版，敝处有一册今寄上，又《俄罗斯民间故事》一册则可以奉赠，《语录》则奉借者也。又所问"腊月二十八"，不知见于何文，是否系僧家用语，意云无常迅速，转瞬死期到来，有如腊月二十八之逼近除夕也。《药堂杂文》封面画上题语，意云交情很好不亦美哉，画上以茨菇洋芋相并放着，表示交情（日语曰"仲"，谓中国的关系）。此请近安，作人启。十一月九日。

二十　1964 年

五康先生：日前承寄回《药堂语录》一册，已照收到矣，尚未奉复为歉。近时复阅过去所写随笔，觉得尚能达意，较长篇者为简明，有日本文人亦曾有此论，然或者也是现今精力衰退之征，故近为港报写小文，常有不及从前之感也。回想录《谈往》据说明春可以登出，但去年也这么说，所以真否尚待事实证明耳。此请近安。作人启，一月十二日。

二十一　1964 年

五康先生：二十日手书敬悉。学校调整的事怎么样了，希望没有多大变动。《啄木诗歌集》印得很不惬意，上边因此没有写什么题记，预购也不多定，只有五册罢了。日本文的还有《浮世理发馆》《古事记》《枕草子》，稿都存在那里，未能出版，现在想动手的乃是希腊后期作家的散文，从前曾译过①几篇的路吉亚诺斯

---

① "曾译过"旁注曰："据英文转译，这回则依原文耳。"

文集,此也是我所喜欢的一种书,但希望这一回没有人来捣乱,随意加添什么进去耳。此请近安。五月廿五日,作人启。

二十二 1964 年

五康兄:包件已领到,茶叶试饮都很不错,要比普通龙井为佳,因为平常泡到第二回很淡了,这却还不至于。附有南方食品,见之欣喜,虽然并不怎么想吃,北京自去年起可以买到杨梅,个子很小,却也看了喜欢。近日留了颔下胡须,照得一相①附奉一纸,请察收,仿佛有点胡志明的意味,亦可笑也。即此顺请近安。七月十二日,作人启。

二十三 1964 年

五康先生:十三日手书诵悉矣。承惠寄茶叶,甚感佳惠。北京买茶叶甚难,因百物不要排队,唯独茶叶则买者甚多,大半因为太贵,故不多买,却因此也就屡次须要买了,其次是工业券若绿茶每两辄须要一元以上,券则零点八也。承询著作,他年所有,现有几篇小文章,曾登在香港《大公报》之《晚报》上,如需一看②,下次可以附呈。废名旧作今已无存,因为友人欲得已悉举以赠之矣。闻旧书店里近亦难再得。此请近安。七月十六日,作人启。

二十四 1964 年

五康兄:廿五日手书诵悉。拙文附上六篇,今因恐信太沉重,其余俟下次再寄。日前寄上废名旧稿一册,乞察览。旧书已

---

① 相片背后题字曰:"一九六五年六月廿二日知堂八十一。"
② "需一看"旁注云:"今附去一篇。"

456

不易得,盖其一原因在于前此三反时期有大多数悉已做了纸料,近来则又珍重收藏,为各图书馆买去了。此颂近安。七月廿八日,作人启。

二十五　1964 年

五康兄:承赐茶叶甚佳,正在瀹饮,得来书承寄回剪报,今又寄上八张,只是投稿骗钱而已,说不上什么作文,乃蒙抄录,未免破费工夫矣。北京近日正在雨季,故通常每日有雨,天气亦随之不很热了,只是雨太多亦是有害,于农作有损也。即请近安。八月四日,作人启。

二十六　1964 年

五康兄:八日手书诵悉。兹又拣出旧文两篇,特寄阅。得港发信,知《知堂回想录》(即《药堂谈往》)已自八月起在香港《新晚报》登载,俟剪报寄到当再呈阅,此录尚系两年多前所写,自己也有点忘记了。但得登出,总是好的。又前次信中所问《花旦艺术》上人名,乃系寄魂,姓冯,并未见过面,似系旧文人,颇善刻印,如此纸所盖诸印皆其所作也。此请近安,八月十四日,作人启。

二十七　1964 年

五康兄:前寄信附有《回想录》想已收到。近来港报少发表文章,只有下列三篇,但不记得是否有已经送阅的在内,最好请于便中将已见到的篇名写出,则幸甚矣。写的却也不少,不过大多数未发表,稿就搁在那里了。北京已是秋天了,早晚凉快,不过下午还有点热罢了。杭州近来大概也已经凉爽了吧? 专此即请近安。九月二日,作人启。

二十八 1964 年

五康兄：前寄信当已达览，今又寄上《回想录》剪报十二纸，祈察阅，今有一件事奉托，请便中为向茶叶店一问，能否代邮寄茶叶，计如前此兄赐的一种（名称为何?）一斤需价几何，外加木箱寄费，共需若干（是否需要特种购货券，北京则每一两绿茶需券一八，即每斤共八枚也），示知为荷。如要此项券，则北京的写明北京，恐在两方又不适用也。即请近安。九月五日，作人启。

二十九 1964 年 9 月

五康兄：十日手书敬悉。茶叶并不要很好的，只要在杭州能买到的龙井茶便好，价钱大约不过十多元一斤，而话须说在先，这茶是我奉托的，所以请一定算账，拜托拜托。北京也可买到，大约普通的一元三角一两，不过要排班等候罢了。《回想录》一到附呈，专此，即请近安。十四日，作人启。

三十 1964 年

五康兄：二日得廿九日手书，承代买茶叶，甚为感荷，仍如前约寄上十元，但计算寄递等费当仍不足耳。附下之干鱼，故乡叫作鳘鱼鲞，当即鳖①鱼肝油之鱼，唯昔见广告图上鱼大如人，今此种当系近海所产。北京中秋后渐见寒凉，盖春秋短几乎无有，故夏天过去就是冬天了。杭州盛暑方去，或者当有几时好气候欤。此请近安。十月五日，作人启。

---

① "鳖"字旁注："读若米。"

三十一　1965 年

五康兄:得五日来书,知承寄茶叶甚感,不日当可收到。北京近来买茶叶已不难,只须稍为排队即可买到,有碧萝春每两八角五,似比龙井为好,贵的需要一元九角。《绍兴儿歌集》民间文学社说可当资料印出,所以拿去了,恐怕也是有年无月,浙江人民出版社来信索看,就没有给寄去,其实即寄去也是一样,这些东西没法出版,只是白费当时一点工夫,也不足惜了。专此即请近安。七月九日,作人启。

三十二　1965 年

五康兄:得四日手书,并惠赐相片,甚为感谢。知仍在富阳任课;周末想归杭州来吧。《回想录》承友人斡旋,云香港书局准可出版,但未可预料期日,因为篇幅太多,或者至早要明年才有希望吧。如出版,当即寄呈。现仍在译稿,唯只是存在出版社罢了。恐最近这些年一时难望印出来耳。草草,即请近安。十月十三日,作人启。

三十三　1966 年

五康兄:得二月十三日津津有味的手书,乃搁置了许多日子方才答复,实在是很对不起,但是这却有一个原因的,因为在接到信的一天里,我因外出买物,回来失足倾仆,左脚受伤,睡了十多天这才可以坐立,但还不能行走自如。虽说如是,这也是万分侥幸的事,居然没有重大损伤,因为医生怕至少老年骨头在什么地方要断折了,现在才知所伤的只在筋骨而已。可是这就已经耽误了我不少事情了,你的信没有复,便是其一。现在且说介孚公所说的故事罢,能言牛是指学生,豆腐山是说终年吃豆腐不会完,吐血鸡只看见鸡血做的汤,却不见鸡肉,所以这一定是有一只光会吐血的鸡了。《梦忆》中"以结上文两节"的话,我也不很明白它的意思,因为越中年末年始对于祖墓,有送寒衣,拜坟岁,及扫墓三重仪文,而扫墓则作为结束,未知是否是说此意。路路通是枫树子,说杉树子是错的。角鹿即是鹿的俗称,百草园中说有角的鸡乃系传讹。马熊只是凭传闻而说,究竟是否有既象马而又会吃人的动物.这件事大属疑问,大概事实是一种豺狼,看见的人于惊慌中觉得它似乎是高大,又听它走路阁阁有声,其实有蹄的兽都不是食肉的。草草奉答,未能尽意。即请近安。三月十日,作人启。

三十四

五康先生:今日从故纸堆中不意捡出前年六月十四日来信,虽当时已曾奉复,唯以后经过未及说明,因特补写,聊以奉闻。《越中儿歌集》经改写为《绍兴儿歌集》,稍加说明,于一九五八年九月十五日卒业,民间文学研究会友人虽颇见赏识,唯因其时正在大搞新民歌,此种旧儿歌暂不能出版,有同乡友人问过东海出版社亦是同样结果,以是原稿尚高搁架上也。专此即清近安。二月廿七日,周启明上言。

三十五

五康先生:得手书久不复,现在已是月余,至为抱歉。承寄下严陵照片六枚,已照收到,此种古迹禁①不起迁移改造,如用地

---

① "禁"字旁注一"经?"字,因为我在信中写错了一个字,他来信代为改正,却又加上一个疑问号表示商榷之意。

必须，便直捷的废止可也。愚见不知以为然否？承询《杂诗》出版消息，现尚无确耗，大抵出版不甚顺利，因销路有限，无人①愿刊行，新加坡虽有友人劝印，而马来亚政府近与东南亚反动运动有关，因此也觉得不大好，故未决定也。先生如欲得杂诗，当以白纸小幅写呈一二首，或请示知纸幅大小，但不能长及二尺耳。此请近安。二月廿八日，周启明顿首②。

三十六

五康先生：十日晚八时方思早睡，投递员送一布包至，启视时则一酱鸭，故乡珍味，多年未得矣，辱承嘉惠，感何可言，急忙煮食，未及致函道谢，而已将吃尽，思之可发一笑。专此即请近安。四月十六日，作人启。

三十七

五康先生③：得二日手书迟迟未复为歉。现尚在乡下工作否，若是劳动当有一定日期，是在什么地方，当也是杭州近郊也。北京天气已复常，但尚未大热，大约当在夏至前后方入盛夏。闻杭州多雨，虑于田稻有损，此间则已放晴，看看端节将近，市上很是热闹，但买东西者亦甚寥寥也。此请近安。五月二十日，作人启。

---

① "无人"旁注"香港"。
② "顿首"下钤有方印一枚，文曰"知堂问讯"。
③ "五康先生"下注云："《木片集》已收到，又及。"

三十八

五康先生：十六日手书诵悉。知仍留原处教书，甚善。沈鹏年因写鲁迅电影剧本事来访过一回，所言日记出版事盖不可信，鲁迅博物馆曾云拟蒐集我的日记，已将以前一部分送去，民十七年以后的则因正在写回忆录须留查考还不曾交出，但它那边也只是收存备查考，决不会得出版，沈君所说当是误传也。即请近安。六月二十六日，启明。

三十九

五康先生：今日偶写字两纸，即以奉呈，老病之余拙劣殊甚，幸勿笑也，姑作抄呈拙诗看可耳。十余年前旧稿近在香港刊行，名曰《知堂乙酉文编》，如能顺利寄到，当以一册寄上，其中亦登有《往昔》数首也。匆匆不尽，即请近安。三月二日，启明顿首。

四十

五康先生：廿八日手书诵悉。知近因公务烦忙，拙稿须至月末乃能归还，此事不成问题，唯此等恶札，乃蒙费光阴研究，未免恐惶耳。北京近日市面亦日见繁富，但闻供应虽多，而求者则因手头干涸，未见踊跃，徒有望洋兴叹而已。今年比较天热，近日总是华氏百度，想杭州或当较好。此请近安。七月三日，作人启。

四十一

五康先生，承寄下栗子昨已收到，谢谢。北京今年果子较多,比去年已好多了。但尚买不到栗子（去年只黑市有买,每斤须一元五）,得此甚感嘉惠。《草叶集》搁置二年,近始交涉付印,改名为《木片集》,大约年内可以印成了,并以附闻。近写《回忆录》,亦将写完,共有三十余万字。匆匆不尽,即请近安。十月十六日,作人启。

四十二

五康先生:前寄一函,想已察览。承惠干菜,顷已试食,因偶有机缘,得"侨汇"肉票,购得鲜肉,煮"干菜肉"吃了,很难得的得尝乡味。甚感佳惠,至于茶叶则每日在喝,亦令人每"饭"不忘也。阅报知浙江亦苦旱,鄙人虽去乡已有四十余年,然颇为故乡担心,北京今年也缺雨,常年七月中必有大雨,而今则雨师之工作才只洒道而已。此请日安。七月十四日,启明①。

四十三

五康先生:来信敬悉。《如梦记》昔曾译出,分登艺文杂志上,其后原稿售给香港大公书局,而书局年前已歇业,故终未出版。现敝处存有草稿一份,系杂志所登一部分,也有别人补抄的,颇是杂乱,唯倘要借阅,则可以寄上。专此奉复。即询日安。七月四日,启明。

四十四

五康先生:廿三日手书敬悉。承赐干菜与茶叶,皆是难得的佳品,感念嘉惠,如何可言。小包已于今日收到,唯尚未尝试,故

---

① "启明"下有方印曰"知堂问讯"。

乡食法最普通的是煮干菜肉，而数月无肉（牛羊亦无有），无从实行，素食则以煮豆腐，但豆腐之不见亦已更久了。或者拟煮罐头肉试之，唯此不免辱没干菜耳。茶叶明日当煮井水瀹饮，敝处井水颇佳，自来水虽是卫生，而中有化学气味，反似乎是一种缺点。专此表示谢意。即请日安。六月二十九日，作人顿首①。

四十五

五康先生：手书敬悉。我于五七年春间因血压高犯病，休息两年，至去年始勉强恢复工作，有译稿数种放在出版社，尚未出版，大约在本年内当有希望。解放前作《立春以前》，在发行前书店关门，恐未得见，尚有旧敝本聊以奉赠，乞收入。又旧作《乙酉文编》经曹聚仁②君携往香港，为计划出版，上半名《过去的工作》，亦附奉一册，下册名《乙酉文编》，又旧诗在南京所作，名《老虎桥杂诗》，亦拟灾梨枣，届时当可呈览。此请近安。三月二十日，周启明。

四十六

五康先生：承赐寄虾皮，已于昨日送到了。来书对于虾皮似有微词，唯此种与北京现时所有者迥不相同，实为上等之品，且此间平时亦绝不易得，唯逢节日始能配给每户各得少许而已。特此致谢。前日方寄一信，想已到矣。即请近安。十月四日，周启明。

---

① "顿首"下有一印，曰"周作"，旁注云："此印系仿砖文，乃陈师曾氏所刻。"
② "曹聚仁"旁注曰："在香港办报，因与国务院关系，时来北京。"

四十七

五康兄：廿六日手书已收到。承赐寄虾皮甚为感谢，现虽尚未到，特预先致谢。拟借阅二书，均无以应命，甚歉，散文只用原书读，别无讲义，废名的《谈新诗》则原是讲义，由友人编印为书，惜现已无存，目下北京旧书店甚难买到，故亦无从去找旧本也。我近写《药堂谈往》①，系是回忆的性质，已写至"五四"的前夜，将来或拟出版，但此恐亦非年内的事，只能徐以待之耳。此请近安。启明白，十月二日②。

四十八

五康兄：十一日手书诵悉，承赠酥糖亦于昨日领到，费心至为感荷。北京点心自昔皆甚粗恶，价亦不廉，至近时始稍落价，此种南方食品市上绝不易得，偶或有之，报上大加张扬云来自上海，及询诸市上则多已售缺矣。此间所谓酥糖，大率以麦糖抽丝互扭，中夹黄豆粉，称豆酥糖，如江浙之用纸包者乃自上海来者也。草草即请近安。二月十七，作人启。

四十九

五康兄：七日手书诵悉。鄙人近唯从事翻译，偶给香港《大公报》系统报纸写一点小文，别无著作，以前给国内报刊所写，经某出版社选集，定名为《草叶集》及《木片集》，两次排版均未得刊

---

① 《药堂谈往》即后来在香港出版的《知堂回想录》。

② 信末注云："平常称先生，表示尊敬亦累疏远。稍稔熟则改称'兄'，此系鄙人旧例也。"

行,但尚留有校本,今便寄呈请一阅。匆匆不尽,即请近安。二月十日,作人启。

五十

五康兄:十三日手书诵悉。《木片集》小文悉已登载过,诗则十九没有发表,唯未曾整理,只存草稿,你如欲阅当于日内将《往昔》三十首及《儿童杂事诗》七十二首稍成片段的,寄奉请一阅,别有另碎的诗容再说可也。白莲花寺前邹宅,不知是否系海宁的邹家,从前曾经买到过些他家藏书。不过现在只有一册抄本留存而已。即请近安。三月廿四日,作人启。

我现在通用的名字是启明,其次是作人,其余别名都不大用了,例如遐寿和知堂,已少有人知道①,所以来书外面希不要再写遐寿。再及。

五十一

五康兄:二十日手书诵悉。刘氏改姓的缘因,实是为避钱缪的名字(其实只是同音,所谓"嫌名",不过拍马屁的人也要避讳),所以取得了缪的金字偏旁,刘大白原名金伯桢,及民国初年始行复姓。不过民间传说也很有趣。酒醉的人高鼾沉睡,给小孩以"猪"的印象,所以有那样的歌吧。北京今年也多雪,但是下的不多,只有寸许而已,富阳却下了那么大雪,颇出意外。匆匆,即请近安。作人启,二月廿四日。

---

① "知堂"旁注云:"投递员在内。"

五十二

　　五康兄：廿六、七日来信均收到了。港报因为近日发表回想录，所以少有文章登出，旧有几篇也弄不清哪几篇已经送阅了，故这回没有寄。姑将登出之回想录寄请一看，以后当再送呈。匆匆，即请近安。八月三十日，作人启。